KB189135

텐진 빠모의

서양인을 위한 불교 강의

REFLECTIONS ON A MOUNTAIN LAKE

By Tenzin Palmo

© 2002 by Tenzin Palmo

Korean Translation © 2024, Bulkwang Media

Published by arrangement with Shambhala Publications, Inc., Boulder through Sibylle Books Literary
Agency, Seoul

이 책의 한국어판 저작권은 시빌에이전시를 통해 미국 Shambhala 사와 독점 계약한 불광미디어에 있습니다.
저작권법에 의해 한국 내에서 보호를 받는 저작물이므로 무단 전재 및 무단 복제를 금합니다.

완역판 텐진 빠모의

서양인을
위한
불교 강의

텐진 빠모
Jetsunma Tenzin palmo
지음

김윤종
옮김

불광출판사

차 례

일러두기

- 이 책은 1996년과 1997년 미국, 그리고 1998년 호주에서 진행되었던 텐진 빠모의 강의를 편집한 영문 도서 『REFLECTIONS ON A MOUNTAIN LAKE』(2002)의 온전한 우리말 번역입니다. 이 책은 이미 2004년 열림원이라는 출판사를 통해 『텐진 빠모의 마음공부』라는 제목으로 국내 출간된 적이 있으나 당시에는 총 14장 중 두 개의 장(13장과 14장)은 아예 번역되지 않았으며 번역된 장 중에서도 본문은 물론 '묻고 답하기' 부분도 일부 삭제된 채 출간되었습니다.
  이번 출간에는 본문 전체를 빠짐없이 번역하였습니다. 특히 첫 출간 당시에는 티베트불교 용어가 우리말로 정착되지 않은 것이 많아 혼란을 주었으나 이번에는 정착된 표현으로 수정하였으며, 당시 번역과 편집 과정에서 있었던 불교 용어 오류도 최대한 바로잡았습니다.
- 외래어의 표기는 국립국어연구원의 외래어 표기법 기준에 따랐습니다. 하지만 외래어 표기법과 상관없이 이미 출판과 언론 등에서 굳어진 용어는 그대로 따랐습니다. 또 티베트의 인명과 지명, 그리고 빨리어에는 된소리를 적용하였습니다.
- 티베트 용어의 발음 표기는 텐진 남카 스님과 촉제 스님의 도움을 받았습니다. 두 차례에 걸쳐 60여 개가 넘는 발음에 대한 질문지를 보내드렸는데 발음뿐 아니라 의미도 일러주시며 교정 과정에서 발생할 수 있는 실수를 줄일 수 있도록 도움을 주셨습니다. 지면을 통해 다시 한번 감사하다는 말씀드립니다.
- Buddha가 고타마 싯다르타를 의미할 경우 '붓다'로 그 외 보통명사일 경우는 부처님 혹은 부처로 옮겼습니다.
- 본문 중 괄호 안에 음영 처리된 부분은 독자의 이해를 돕기 위해 편집자가 붙인 것입니다.

서 문

이 책은 1996년과 1997년 미국에서, 그리고 1998년 호주에서 진행되었던 제 강의를 녹음한 후 출판에 적합한 형태로 다시 풀어 엮은 것입니다.

저는 강연에 연자로 초대되면 대개 초청하시는 분들에게 주제를 정해달라고 부탁합니다. 주제가 선택되면 그에 따라 즉흥적으로 말씀을 드립니다. 제가 무슨 말을 할지, 또는 정확히 어떤 방향으로 얘기가 진행될지, 저나 청중 모두 정확히 알지 못합니다. 이렇게 결말이 정해지지 않은 방식은 제가 특정 청중에 대해 더 잘 반응하고 또 생생하게 토론할 수 있도록 도와줍니다. 물론 이런 대화는 토론의 주제에 대해 끝까지 파고들어 분석하는, 그런 것을 제공하지는 않습니다. 다만 그 순간 중요해 보이는 것을 다룰 뿐이지요.

필연적으로 어느 정도 내용의 중복이 있을 수 있습니다. 그래서 책을 편집하면서 어떤 경우는 제외하고, 또 강조가 필요한 부분이라고 판단되거나 반복이 전체 맥락의 일부라고 판단되는 경우 그대로 남겨 놓기도 했습니다.

불법(Dharma)에 대한 가르침을 듣는 동양과 서양 청중의 면면과 성향은 매우 다릅니다. 동양에서는 어떤 법회에서든 청중은 주로 남성과 여성 수행자, 말하자면 전문가들입니다. 이와 달리 서양에서는 청중 대부분이 불법에 대해 진심으로 흥미를 갖는 일반인들로, 정식 수행을 경험할 시간이 상대적으로 적었던 분들입니다. 당연히 대화의 내용과 형태는 각각의 경우 듣는 사람들의 필요에 맞춰 정해야 합니다.

이 책에서 저는 단지 학문적인 호기심에만 머물거나 우리 일상의 상황에 적용하기에 너무 동떨어진 내용이 아닌, 실제 유용하고 의미 있는 것들을 최대한 제공하려고 노력했습니다. 따라서 대부분 일상적인 용어를 쓰고, 평균적인 지성을 가진 사람이라면 제가 드리는 말을 충분히 이해할 수 있도록 애썼습니다. 붓다도 그 당시 일반인들이 쓰던 말로 전문적인 개념의 의미를 표현하셨던 바 있습니다. 예를 들어 '스칸다(skandha, 蘊)'는 '합산하다' 또는 '정신-육체적 요소'로 번역되지만, 문자 그대로는 뭔가 쌓아놓은 '더미'를 의미합니다. 붓다께서는 또한 말씀의 의미를 설명하기 위해 일상의 이야기와 실제로 있었던 이야기를 예로 들곤했습니다. 이렇듯 불법에 대해 접근하기 어렵고 장벽이 존재한다고 느낄 필요는 없습니다.

많은 친구와 도움을 준 이들의 헌신적인 노력이 없었다면 이 책이 만들어질 수 없었을 것입니다. 그 과정에서 가장 쉬운 역할을 맡은 사람의 저입니다. 우호적인 청중들 앞에서 그냥 떠들어대기만 하면 되었으니 말입니다. 그러면 그 끝없는 대화들을 받아 적는 지루하고 힘든 작업이 뒤따르고, 이어 맥락과 순서에 맞게 정리하는 작업에 들어갑니다. 과업을 완수하는 데 수주에서 수개월의 헌신적인 노력이 들어가니 고마운 마음과 경이로움이 이루 말할 수 없었습니다. 특히 호주 강연 녹음을 기록하는 일을 주관하신 존경하는 텐진 왕모(Tenzin Wangmo)께 고맙다는 말씀을 드리지 않을 수 없습니다. 그 일은 소니아 데이비스(Sonia Davies), 크리스티나 피블스(Christina Peebles), 제니 베스위크(Jennie Beswick) 그리고 왕모[Whitethorn]께서 해 주셨습니다. 미국 녹음본의 기록은 아리아 아햄(Arya Aham, Francesca Jenkins)의 굉장한 노력과 헌신으로 이루어졌습니다. 원고를 처음부터 끝까지 꼼꼼하게 살피고 많은 소중한 제안을 주신 스노우 라이온 출판사의 편집자들에게도 진심으로 감사드립니다. 무엇보다 폴린 웨스트우드(Pauline Westwood)에게 깊은 감사를 드리지 않을 수 없습니다. 그는 녹음본의 기록뿐 아니라 내용을 선택하고 편집하는 지난한 일까지 맡아 주셨습니다. 이 책은 제 말뿐 아니라 이 모든 분의 노력으로 만들어진 것입니다. 언급한 분들과 그 외 다른 분들 모두에게 진심으로 감사드립니다.

1

푸른 눈의
수행자

아마 많은 분이 이 자리에서 제가 수행담을 풀어놓을 걸로 기대하고 있을 겁니다. 하지만 처음부터 무턱대고 풀어놓기에는 어려운 주제입니다. 또 여러분들이 무얼 기대하고 있을지 알 수도 없습니다. 우선, 제가 어떻게 수행을 시작하게 되었는지부터 시작하겠습니다. 거기서 시작해서 이야기가 어디로 흘러가는지 함께 지켜보도록 하지요. 저는 2차대전이 한창이던 때 영국 런던에서 나고 자랐습니다. 제 어머니는 심령술사였습니다. 매주 수요일 저녁, 집에서는 강령술 집회가 열렸죠. 그럴 때면 탁자가 방안을 붕붕 날아다니는 것 같은 일들이 벌어지곤 했습니다. 이런 저의 성장 배경에 대해 지금도 정말 감사하고 있습니다. 어린 시절부터 죽음 이후에도 의식이 계속 이어진다고 믿게 만들어 주었으니까요. 실제로 가족들 사이에서 죽음은 흔한 대화 주제였습니다. 이런 이유로 저는 죽음에 대해 어떤 두려움이나 의구심도 가진 적이 없었지요. 어떤 방식으로든 매일 죽음에 대해 생각했습니다. 죽음에 대한 알아차림은 삶에 커다란 의미를 부여합니다.

어렸을 적 저는 우리가 모두 날 때부터 완벽하다고 믿었습니다. 우리의 본성은 완벽 그 자체이고, 우리가 진정 누구인지 발견하기 위해 여기 존재하는 것이라 믿었습니다. 우리의 본래 완벽한 품성을 드러낼 때까지 몇 번이고 반복해서 다시 돌아와야만 한다고 믿었습니다. 저에게 있어 의문은 '그렇다면 어떻게 하면 완벽해지는가?'였습니다. 선생님과 신부님 등, 어쩌면 답을 알지도 모른다고 생각되는 모든 사람에게 이 질문을 던졌습니다. 심지어 강령술 도중 심령 안내자에게도 질문했습니다. 모든 이들의 대답은 대동소이했는데 "글쎄, 착한 아이가 되어야겠지." 또는 "친절한 사람이 되어야지." 같은 것이었지요. 하지만 어린아이였음에도 불구하고 저는 이런 생각이 들었던 기억이 납니다. '네, 물론이죠. 하지만 그게 다는 아니잖아요.' 사람들이 선하고 친절해야 함은 당연합니다. 하지만 매우 친절하고 매우 선함에도 불구하고 완벽하지 않은 사람들을 저는 알고 있었습니다. 완벽에는 그 이상의 무엇이 필요함을 알았습니다. 선함과 친절함이 기초이지만, 거기에 더 해야 할 뭔가가 있었습니다. 그게 무엇인지는 알 수가 없었지요. 청소년기를 '어떻게 하면 완벽해지는가? 완벽하다는 것이 어떤 의미인가? 내가 찾는 것이 무엇이지?' 같은 질문에 대한 답을 찾는 일에 온통 매몰되어 보냈습니다. 서로 다른 신앙들을 경험해 보기도 했습니다. 여러 신부님, 목사님 들과 신앙에 관해 토론했던 기억이 납니다. 유대인이었던 저의 올케와 신에 대해서 토론하기도 했습니다. 열세 살 무렵에는 『꾸란』을 읽어보려 시도했지만 그리 오래가지는 못했습니다. 제게 있어 문제는 이 모든 신앙이 영혼과 그 영혼의 창조주와의 관계에 대해 언급하는 것으로 시작된다는 것이었습니다. 제시되는 방법이라고는 헌신의 길뿐으로, 영혼이 자신 외부의 창조주를 찾는 것이었습니다. 하지만 그런 건 제게 아무 의미도 없었어요. 아무리 생각해도 신이란 산타클로스의 상위 호환일 뿐이었습니다.

열여덟 살이 되자 실존주의에 관심이 생겼습니다. 사르트르와 까뮈를 읽었지요. 그 시절 어느 도서관에서 일을 하고 있었고, 우연히 어떤 작은 책을 집어 들게 되었습니다. 제목은 『흔들림 없는 마음(The Mind Unshaken)』이었습니다. 제목이 마음에 들었어요. 어느 영국 기자가 자신이 태국에 머물 때의 얘기입니다. 삼법인, 사성제, 팔정도 등등 불교의 기초 교리가 적혀 있었습니다. 그것은 일종의 놀라운 계시였습니다. 완벽한 길이 세상에 이미 마련되어 있고, 그것이 제가 이미 믿고 있는 모든 것들을 포용한다는 사실에 흥분했던 일이 지금도 생생하군요. 이런 내용의 가르침을 주는 종교가 실제로 존재한다는 사실은 제게 경이로움 그 자체였습니다! 그밖에 제가 마주쳤던 모든 종교는 신적인 존재를 어떤 필수 불가결한 요소로 설정했었습니다. 이와는 대조적으로 불교는 내면으로 인도하는 길이었고, 외부의 창조주 또는 하나님에 대해 어떤 언급도 하지 않았습니다.

그 책을 반쯤 읽었을 때, 저는 어머니께 말했습니다. "저는 불교 신자예요." 어머니께서 말씀하셨죠. "그거 멋지구나, 아가야. 책을 마저 읽으면 그에 대해 전부 말해 줄 수 있겠네." 반년 뒤에는 어머니도 불교 신자가 되었습니다.

그렇게 런던에서 잘살고 있었지요. 제가 읽은 책들에서 한결같이 말하는 바는 수행의 핵심이 욕망 없이 존재하는 것이라는 내용이었습니다. 그래서 저는 제 옷가지들을 버렸습니다. 화장도 그만두고, 남자친구와는 헤어졌지요. 노란색 옷을 입기 시작했는데, 일종의 그리스 스타일의 튜닉(Greek tunic) 같은 것이었어요. 그때 가진 옷 중에 제가 상상하는 승복에 가장 가까운 옷이었습니다. 거기에 검은색 스타킹을 신고 다녔습니다. 그때까지 다른 어떤 불교 신자도 만나보지 못했다는 점을 말씀드리고 싶군요.

저의 어머니는 정말 참을성이 많으셨어요. 이런 제 행동에 한마디 언급도 하지 않으셨습니다. 그렇게 6개월이 지났고, 저는 생각했습니다. '다른 불교 신자를 좀 찾아보는 게 좋겠어. 내가 유일한 사람일 수는 없잖아.' 그래서 전화번호부에서 "불교 신자" 아래 들어 있는 목록을 뒤져보고는 불교 모임을 찾아내었습니다. 어느 날 그곳으로 찾아갔고, 불교 신자들이 그리스식 튜닉 따위는 입고 다니지 않는다는 걸 발견했지요. 그곳에는 저보다 훨씬 오래전부터 불교 신자였던 사람들이 있었고, 모두 평범한 옷들을 입고 있었어요! 심지어 어떤 여자분은 화장도 하고 하이힐도 신고 있었습니다! 돌아와 어머니께 예전에 입던 옷을 버리다니 얼마나 안타까운지 하며 투덜대었습니다. 그러자 어머니는 옷장 열쇠를 하나 건네주며 말씀하셨습니다. "한번 들여다보렴." 열어보니 제가 버린 옷가지들이 전부 들어 있었지요!

당시에 저는 신실한 테라와다불교(남방불교, 상좌부불교 등으로 불리기도 한다. 이하 테라와다불교로 통일한다.) 신자였고, 런던에 있는 스리랑카 불교 사원에 열심히 다녔습니다. 테라와다불교의 명료함에 푹 빠져 있었지요. 실은 테라와다불교에 대한 모든 것이 좋았습니다. 물론 서양에 소개된 테라와다불교의 가르침은 테라와다불교 국가에서 실제로 일어나는 일들과는 거의 관계가 없었습니다. 거기서는 완전히 다른 광경을 볼 뿐이었지요. 서양에서 열리는 법회에는 종교적 의식이나 기도는 거의 포함되지 않았습니다. 그냥 매우 논리적이고 깔끔하고, 명상을 많이 강조하는 편이었습니다. 그리고 바로 그 점이 저는 매우 만족스러웠지요. 딱 하나 마음에 들지 않는 것이 있었는데, 바로 아라한(arhat)이라는 개념이었습니다. 아라한은 다소 냉정한 존재로 보였습니다. 바로 그 점이 걱정스러웠지요. 아라한과(阿羅漢果)를 증득하는 것이 이 길의 정점으로 여겨졌기 때문입니다. 침대에 누워 그런 걱정을 하던 기억이 나는군요. 그 길을 따르고 있지만 그것이 인도하는 곳을 과연 내가 좋아할지 확신이 서지 않았습니다. 결국 지금 바른길을 가고 있는지 자문하는 지경에 이르렀습니다.

붓다에 대해 생각할 때면 언제나 공경의 눈물을 흘리고는 했습니다. 붓다를 사랑했고, 그분처럼 되길 원했지요. 하지만 아라한들처럼 되는 것은 원하지 않았습니다. 그러던 어느 날 보살(bodhisattva)에 관한 글을 접하고 생각했지요. '아하!' 이게 바로 내가 되고 싶은 것이로군. 보살에는 아라한이라는 개념에는 빠져 있는 자비라는 요소가 있었습니다. 우리 자신을 위한 길을 가고 있을 뿐 아니라, 다른 이들의 유익을 위한 길 또한 따르고 있다는 그 개념이 마음에 들었어요. 저는 생각했습니다. '이거야말로 내가 원했던 것이군. 나는 보살이 될 테야.' 이때가 열여섯 초반이었습니다. 당시 런던의 불교도 대부분은 테라와다불교도였지만 '험프리스의 선(Humphries Zen)'이라 불리던 세력도 조금 있었습니다. 물론 그 험프리스는 크리스마스 험프리스(Christmas Humphries, 1901~1983, 서양 최초의 불교 단체인 불교 협회[Buddhist Society]의 전신 런던 불교의 집[London Buddhist Lodge] 설립자. 다양한 불교 이론을 소개했는데, 스즈키 다이세츠와 교류하며 일본 선불교를 소개하는 책을 쓰기도 했다.)를 의미합니다. 그는 자신만의 고유한 참선 형태를 고안해 내었지요. 그것은 다른 그 어떤 것과도 달랐습니다. 선승(禪僧)들이 영국에 있는 그의 센터를 방문할 때면, 그들은 기가 막혀서 할 말을 잊었습니다. 크리스마스 험프리스가 아주 긴 시간 동안 연설을 한 후 선승들을 돌아보며 요청하고는 했습니다. "자, 이제 한 말씀 해주시지요?" 그러면 선승들은 대개 이런 대답을 했지요. "제 생각에 당신이 다 말씀하신 것 같습니다만." 그러고는 그냥 침묵하는 식인 것이었지요. 테라와다불교와 험프리스의 선이 그 시절 제가 접할 수 있는 불교의 모든 것이었습니다. 당시 티베트불교는 라마교라고 불렸습니다. 미개한 샤머니즘, 흑마술, 그리고 해괴망측한 성적인 종교의식보다 조금 나은 무엇으로 여겨지던 시절이었습니다. 기본적으로 불교가 전혀 아닌 것들이지요. 그 누구도 그것과 엮이고 싶어 하지 않았습니다. 어찌 되었든 티베트불교는 아주 복잡하고 의례적인 것으로 보였고, 저는 전혀 흥미를 갖지 않았습니다.

　스스로 이런 불교적인 환경에 오랜 시간 있었던 듯 느꼈지만, 실제로 약 1년의 시간밖에는 되지 않았었지요. 내 안에서 너무나 많은 것들이 진행되고 있을 뿐이었습니다. 어쨌든 어느 날 제가 불교에 대해 전반적으로 훑어주는 어떤 책을 읽고 있었는데, 그 책의 마지막 부분에 티베트불교를 소개하는 짧은 챕터가 딸려 있었어요. 거기에 쓰여 있기를 티베트에는 네 가지 전통이 있다. 닝마빠(Nyingmapa), 샤꺄빠(Sakyapa), 까규빠(Kagyupa) 그리고 겔룩빠(Gelugpa). "까규빠"라는 단어를 읽었을 때 내면으로부터 어떤 목소리가 들렸습니다. "너는 까규빠야." 제가 말했지요. "까규빠가 뭔데?" 그러자 그것이 말했습니다. "그건 중요하지 않아. 너는 까규빠라고." 심장이 덜컥 내려앉는 듯했습니다. 저는 생각했지요. '맙소사, 세상에 이런 일이? 지금까지 평탄한 삶이었건만 지금 무슨 일이 일어난 건지.' 그래서 제 주위에서 티베트불교에 대해 조금이라도 알고 있는 유일한 사람을 찾아갔습니다(그녀도 그리 많이 아는 것은 아니었어요). 그녀에게 말했죠. "내 생각에 나는 까규빠인 것 같아요." 그랬더니 그녀가 말했어요. "오, 밀라레빠(Milarepa)를 읽었나보군요?" 제가 대답했지요. "밀라레빠가 누군데요?" 그러자 그녀가 에반스 웬츠(Evans Wentz)가 쓴 밀라레빠 전기를 건네주었습니다. 황망히 되돌아와서 그 책을 읽어 내려가자 제 마음은 미친 듯이 두근거리기 시작했습니다. 그것은 전에 읽었던 그 어떤 책과도 달랐어요. 책을 다 읽어갈 즈음 저는 제가 정말로 까규빠라는 걸 깨달았습니다.

이제 스승을 찾을 필요가 있음이 제게는 명백해졌습니다. 당시 많은 글을 읽고 있었고, 이내 거기에 비구니에 대해 언급된 적이 한 번도 없었음을 알아차렸습니다. 오직 비구에 관한 이야기뿐이었지요. 그래서 솔직히 약간 우울해졌습니다. 그러다 어느 날 까규빠 비구니 수행처가 있다는 얘기를 듣게 되었습니다. 인도의 댈하우지 (Dalhousie)라는 곳이었습니다. 그래서 설립자인 영국인 프레다 베디 (Freda Bedi)라는 분에게 편지를 썼습니다. 그녀는 대단한 분이었습니다. 옥스퍼드 대학 시절 만난 인도인과 결혼해 30년간 인도에 살았습니다. 인도 독립운동에 관여했다는 이유로 영국인이었음에도 불구하고 영국 정부에 의해 투옥되기도 했지요. 인도가 독립을 달성한 후에는 인도 정부를 위해 일했습니다. 1950년 세워진 인도 공화국의 초대 총리였던 네루, 그리고 인도 독립운동의 상징이었던 간디의 부인과도 친했습니다. 인도 정부는 프레다 베디에게 댈하우지에 가서 티베트 난민을 도와달라고 요청했습니다. 이 요청을 기꺼이 응낙한 프레다 베디는 댈하우지로 가서 환생을 한 젊은 라마승을 위한 학교, 그리고 비구니 수행처 운용을 시작했습니다. 저는 그녀에게 편지를 써서 거기로 가서 함께 일할 수 있을지 물었습니다.

그 와중에 저는 영국에서 몇몇 라마들을 만나보기도 했습니다. 동양 및 아프리카 연구학교에서 일을 하며 티베트에 관한 공부도 할 수 있었습니다. 제가 만난 라마 중에 초걈 트룽빠(Chogyam Trungpa)라는 젊은 툴쿠(tulku, 활불)가 있었습니다. 그는 아꽁 린뽀체(Akong Rinpoche)와 함께 영국에 왔었습니다. 둘은 모두 옥스퍼드대학교에서 공부하였습니다. 1962년에서 1963년 사이, 저를 비롯해 티베트 불교에 관심이 있는 사람 몇이 둘과 교류를 시작했습니다. 우리는 트룽빠를 만나면 항상 묻곤 했지요. "언제 다시 볼 수 있지요?" 그러면 그가 말했습니다. "다음 주말." 한 주는 그가 우리에게 오고, 다음 주는 우리가 그에게 가는 식이었지요. 트룽빠는 런던에 친구가 거의 없었습니다. 하루는 그가 제게 말했습니다. "아마도 믿기 힘들겠지만, 티베트에서 전 상당히 고위 라마승이었습니다. 이런 상황이 올 거라고는 꿈에도 생각지 못했습니다만, 제가 당신에게 명상을 좀 가르쳐 줄 수 있을는지요? 적어도 한 명의 제자는 있어야 하거든요." 그래서 제가 말했지요. "물론이죠, 왜 안 되겠어요?"

당시 저는 여전히 인도 여행 계획에 열중하고 있었고, 이에 대해 트룽빠는 응원해 마지않았습니다. 1964년 제가 스무 살이 되던 해, 드디어 배편으로 인도로 가게 되었습니다. 그건 매우 즐거운 여행이었어요. 댈하우지에 도착해서 프레다 베디를 도와 영 라마 홈 스쿨(Young Lamas Home School)에서 일했습니다. 거기서 라마 조빠(Lama Zopa)를 처음 만났습니다. 그는 댈하우지에 사는 젊은 툴쿠(tulku)들 중 한 명이었지요.

하루는 어떤 지역 공동체로부터 그들이 생산하는 수제 종이와 관련한 편지를 한 통 받았습니다. 그들이 생산한 수제 종이를 판매

할 시장을 알아봐 줄 수 있는지 알고 싶어 했습니다. 편지 말미에는 "캄뚤 린뽀체(Khamtrul Rinpoche)"라는 서명이 있었습니다. 그 이름을 읽자마자 티베트불교와 관련한 여러 책에서 읽었던 것처럼 그에 대한 믿음이 저절로 일어났습니다. 다음날 프레다 베디에게 캄뚤 린뽀체가 누구인지 물었습니다. "그는 둑빠 까규(Drukpa Kagyu)의 덕망 있는 라마야. 우리가 기다리는 바로 그 라마지."

댈하우지 사원에서는 몇몇 라마승의 방문을 기다리고 있었고, 그들의 방문에 대비해 작은 집을 빌리기도 했습니다. 캄뚤 린뽀체 역시 그 안에 포함되어 있었지요. 우리는 그가 여름 내내 머물기를 기대하고 있었습니다. 저는 프레다 베디에서 물었습니다. "그는 까규빠지요." 프레다 베디는 그렇다고 확인해 주었고, 저는 "그럼 제가 그에게 수계를 받을 수 있겠네요."라며 확인 겸 부탁을 했습니다. "그럼, 그럼. 그는 경이로운 라마야. 그가 왔을 때 부탁드려봐." 이때가 5월 초입이었습니다. 저는 5월 내내 그를 기다렸지요. 6월이 되어서도 내내 기다렸습니다. 6월의 마지막 날, 그날은 저의 스물한 살 생일이었습니다. 보름달이 뜬 만월이기도 해서 사원에서는 특별한 행사가 있는 날이기도 했죠. 전화벨이 울렸고 프레다 베디가 받았습니다. 전화기를 내려놓으며 그녀가 저를 보며 말했습니다. "네 최고의 생일선물이 방금 버스정류장에 도착했다는구나." 저는 얼어붙었습니다. 드디어 나의 라마께서 오셨어! 수행처로 달려가서는 티베트식 복장으로 갈아입고 카타(khata, 환영과 축복을 기원하며 방문자의 목에 둘러주는 흰 천)를 들었습니다. 그러고는 우리가 임대한 집으로 돌아와 린뽀체께서 오셨다는 말을 전하고 맞이할 준비를 하게끔 했습니다. 학교로 돌아오자 그가 이미 거기 있었습니다. 방으로 거의 기어 들어 가다시피 했던 기억이 납니다. 너무 얼어붙어서 그를 쳐다보지도 못했지요. 그가 어떤 분일지는 상상도 가지 않았습니다. 심지어 사진을 본 적도 없었으니까요. 늙었을까? 젊었을까? 뚱뚱할까? 말랐을까? 전혀 짐작조차 할 수 없었습니다. 제가 본 것이라고는 그의 가사 끝자락과 갈색 신발이 다였지요. 그 갈색 신발을 향해 엎드려 절하곤 앉았습니다.

프레다 베디가 말하고 있었지요. "여차저차해서 저 아이는 불교 협의의 일원이지요." 그때 제가 그녀에게 말했습니다. "그분께 제가 수계받길 원한다고 말씀드려 주세요." 그녀는 제 말을 린뽀체에게 전했습니다. 린뽀체께서 답을 주셨죠. "물론." 이 목소리는 마치 이렇게 말씀하시는 듯했습니다. "당연히 저 아이는 수계를 원하겠지, 그 외에 달리 뭘 원하겠는가?" 그가 "물론"이라고 말하는 것을 들었을 때 처음으로 고개를 들어 그분을 보았습니다. 그를 보자 마치 두 가지 일이 동시에 일어나는 듯했지요. 하나는 알아보겠다는 느낌, 마치 오랫동안 보지 못했던 옛 친구를 만나는 것 같은 느낌이었습니다. 동시에 제 안의 가장 깊은 무엇인가가 갑자기 외형을 갖추고 드러나는 느낌도 들었습니다.

일은 그렇게 진행되었지요. 프레다 베디는 매우 친절했습니다. 매일 저를 린뽀체에게 보내주어 그가 거기 머무는 동안 제가 그의 비서인 듯 활동할 수 있도록 해주었습니다. 어느 날 그에게 말씀드렸습니다. "비구니가 되고 싶습니다." 다시 한번 그가 대답했지요. "물론." 하지만 그곳에서 계(戒)를 주지는 않겠다고 말했습니다. "너를 내 수행처에 데려가서 내려주고 싶단다." 대략 3주 후에 린뽀체와 함께 그의 수행처로 갔고, 저는 승려로서 첫 번째 계를 받았습니다. 또한 샤꺄 트리진(Sakya Trizin) 성하를 뵈러 갔고, 그러고 나서는 태국으로 여행을 갔습니다. 약 6개월 후 제가 태국에서 돌아왔을 때는 캄뚤 린뽀체를 비롯해 그곳에 있던 승려들이 댈하우지로 아예 거처를 옮긴 상태였습니다.

캄뚤 린뽀체는 대략 팔십 명의 승려들과 삼백에서 사백 명가량의 일반인들로 이루어진 공동체의 수장이었습니다. 그 공동체는 수행 집단이자 공예품을 만드는 집단이기도 했습니다. 우선 캄뚤 린뽀체가 뛰어난 예술가, 화가, 그리고 시인이었습니다. 공동체 구성원 모두 상당히 높은 경지에 이른 공예품 기술자였습니다. 거기엔 멋진 탕카(thangka, 티베트 불화) 화가들도 있었고, 아름다운 카펫을 만들기도 했으며, 그밖에 대단한 목공예품을 만들어내기도 했지요. 그 공동체는 지금도 여전히 예술적인 재능으로 유명합니다. 그들이 댈하우지로 거처를 옮길 때 저도 비서로서 제 스승과 함께했습니다. 또한 젊은 승려들에게 영어를 가르치는 일도 했지요. 돌이켜보면 그 시간은 참으로 축복받은 날들이었습니다. 스승님과 다른 모든 툴쿠(tulku), 요기 들과 매일 함께였으니까요. 동시에 그 시절은 제 인생에서 가장 고통스러운 시간이기도 했습니다. 수행처에 있는 80명의 승려 중 저는 유일한 서양인이자 유일한 여성이었기 때문이지요. 저는 극도로 외로웠습니다. 그들과 함께 생활할 수 없었고, 그들과 함께 먹을 수도 없었고, 그들과 함께 의식을 집전할 수도 없었고, 그들과 함께 공부할 수도 없었습니다. 일반인도 아니었지만 그렇다고 승려도 아니었습니다. 그 조직 안에는 비구니를 위한 자리가 없었습니다.

제가 남자였다면 일이 훨씬 수월했을 겁니다. 린뽀체와 함께 생활할 수 있었을 테고, 아무 문제도 없었을 것입니다. 하지만 제가 여성이었기에 그들도 저를 어떻게 대해야 할지 잘 모르는 듯했습니다. 한번은 캄뚤 린뽀체께서 말씀하셨습니다. "이전 생에서 나는 언제나 너를 가까이 두고 가르침을 줄 수 있었단다. 하지만 이번 생에 너는 여성의 몸을 선택했다. 최선을 다하겠지만 내가 너를 항상 가까이 두기는 무척 어렵게 되었구나." 그분께서는 분명 최선을 다하셨을 것입니다. 6년 후에 공동체는 현재의 위치인 따시종(Tashi Jong)으로 옮기게 되었습니다. 따시종은 다람살라에서 약 세 시간 정도 떨어진 캉그라(Kangra) 계곡에 위치하고 있습니다. 따시종으로 수행처를 옮긴 지 3개월 정도가 지났을 때 캄뚤 린뽀체께서 말씀하셨습니다. "너도 이제 여길 떠나 수행할 때가 되었다." 제가 네팔로 가겠다고 말씀드리자 린뽀체께서 말씀하셨습니다. "네팔은 그리 좋지 않다. 라홀(Lahoul)로 가는 것이 좋겠구나."

라홀은 히말라야의 한 계곡으로, 대략 해발 3,300미터에서 3,600미터에 걸쳐 있는 곳입니다. 히말라야는 인도 북부를 가로지르며 긴 산맥을 형성하고 있지요. 그 산맥의 한편에 티베트가 위치하고 반대편이 인도입니다. 라홀은 히말라야에 속한 수많은 작은 계곡 중의 하나입니다. 지리적으로 인도에 속하지만, 문화와 종교는 티베트에 속한 곳입니다. 마날리(Manali)와 라다크(Ladakh) 사이에 위치하고, 1년 중 8개월은 눈 때문에 주변으로 통하는 모든 길이 막힙니다. 계곡 양쪽으로 고도가 나 있는데, 눈으로 막히면 8개월간은 쓸 수 없게 되는 길이지요. 당시에는 전화를 비롯해 장거리 통신을 할 방법이 전혀 없었습니다. 대부분 지역에 전기 공급도 되지 않았지요. 날씨가 좋지 않으면 편지 배달조차 몇 주 동안 불가능했습니다. 근처에 정주하는 인도인들에게는 그곳이 시베리아처럼 취급되었습니다. 극단적인 고립 때문에 사람들은 그곳을 싫어했습니다. 하지만 수행하고자 하는 사람에게 그곳은 완벽한 장소였어요.

라홀에 처음 도착해서는 작은 까규빠 사원에 기거했습니다. 산 옆에 사원이 있었고, 그 위에 독립된 집들이 있었지요. 돌로 틀을 세우고 틈새는 진흙으로 마감한 납작한 지붕의 전형적인 티베트 가옥들이었습니다. 라홀의 관습대로 사원은 비구와 비구니가 함께 사용했습니다. 그래서 아주 좋았지요. 물론 비구들이 종교의례를 행할 동안 비구니들은 부엌에서 요리를 해야만 하긴 했지만 말입니다. 하지만 저는 의례가 진행될 때 비구들과 함께 참여하는 것을 확실히 못 박았습니다. 요리를 배우기 위해 라홀에 온 건 아니니까요! 수행 구역에 저만의 작은 집이 생겼습니다. 거기서는 너무나 즐거웠어요. 조그마한 공동체였고, 모두가 우호적이었습니다. 라홀 주민들은 매우 사교적인 편이어서, 뭔가 일이 생기면 모두 모여 공동체 전체가 하나인 것처럼 일했습니다. 차례로 한 집씩 돌아가며 음식을 준비해 제공하면서, 모두가 함께 일했지요. 물론 근사한 일이긴 했지만 수행하고자 하는 사람에게는 커다란 방해가 되는 것이기도 했습니다. 처음 라홀에 도착했을 때 선배 비구니 중 한 명이 이렇게 말했습니다. "자, 그래서 얘야… 접시랑 컵이 각각 스무 개씩은 필요할 게야." 제가 대답했어요. "접시 스무 개랑 컵 스무 개, 어디다 쓰는데요?" 그녀가 설명했지요. "우리는 겨울이 되면 같이 모여 파티를 한단다. 그리고 우리는 스무 명이지." 그래서 제가 말했어요. "겨울이 되면 전 수행에 들어갈 겁니다. 그리고 제가 파티를 벌인다 해도 각자 자기 컵이랑 접시는 들고 올 수 있잖아요." 이내 겨울이 왔고 저는 집중 수행에 들어갔습니다. 그렇게 한 사람은 저 하나뿐이었지요.

그곳은 정말 추웠습니다. 하지만 해가 나면 너무나 즐거웠어요. 매번 눈이 오고 나면 누구나 지붕 위의 눈을 치워야만 했습니다. 지붕은 흙을 다져 만들어진 것이었지요. 지붕이 마르면 모두 지붕 위에 올라가 앉아 햇볕을 즐기면서 이쪽 지붕에서 저쪽 지붕으로 큰 소리로 외치며 대화를 즐겼습니다. 그 모든 와중에 저만이 홀로 만트라를 외우며 방 안에 앉아 있었지요. 집중 수행에 썩 좋은 위치는 아니었습니다. 하루는 어떤 젊은 승려가 제 위의 방으로 이사를 왔습니다. 마치 위층에 사나운 야크를 한 마리 들여놓은 것 같더군요. 그래서 어딘가 조용한 곳으로 거처를 옮길 때가 되었다고 결심했습니다. 사원 위쪽으로 올라가 수행할 작은 집을 지을 공터를 물색했습니다. 라홀은 티베트어로 카르샤 칸도 링(Karsha Khandro Ling)이라

고 불리는데, 다키니들(Dakinis, 깨달음의 에너지만 충만한 여신들)의 땅이
라는 뜻입니다. 바즈라요기니(Vajrayogini, 금강유가모)와 차크라삼바라
(Chakrasamvara, 승락금강)의 신성한 산이 거기 있습니다. 많은 승려가
거기 여전히 다키니들이 살고 있다고 확신했습니다. 요즘은 그렇게
많이 눈에 띄지는 않지만, 그래도 거기 사는 것은 확실하다고 말이
지요.

　　그곳은 매우 성스러운 장소였습니다. 저도 정말로 다키니들이
가까이 있다고 느꼈습니다. 그래서 사원 위로 올라가 거처를 물색할
때 다키니들에게 말했습니다. "내게 수행할 장소를 찾아준다면 정
말 열심히 수행만 할 거라고 약속할게." 그러자 별안간 뭔가 엄청난
힘으로 "그래, 네 얘기는 잘 들었다. 좋은 장소를 구하게 되리라."라
고 말하는 듯한 강한 느낌이 들었습니다. 언덕을 다시 내려오며 뛸
듯이 기뻤습니다. 모든 게 잘될 거라는 확신이 들었지요. 다음 날 아
침, 동료 비구니 중 한 명에게 찾아가 사원 위쪽에 수행할 작은 거처
를 만들 작정이라고 말했습니다. 돌아온 답은 이랬습니다. "어떻게
집을 지으려고 그러니? 그러려면 돈이 필요한데, 넌 한 푼도 없잖아.
그러지 말고 동굴에서 기거하는 건 어떻겠니?" 그래서 제가 말했지
요. "아시다시피, 라훌에는 동굴이 거의 없어요. 동굴이 있는 곳은 물
이 없고요. 물이 있는 곳은 사람들이 너무 많습니다." "그래 맞는 말
이다." 그녀가 답했습니다. "늘 그렇게 말해 왔다만, 어떤 나이 많은
비구니가 언덕 위에 동굴이 하나 있다고 말했던 기억이 어젯밤 떠오
르더구나. 목초지로 된 입구에 나무도 많고, 근처에 샘도 하나 있다

고 들었다. 내가 실제로 본 것은 아니다만, 그 나이 많은 비구니가 그곳을 찾았다고 말하더구나." 그래서 제가 말했지요. "좋습니다. 가서 한번 찾아보죠."

우리는 나이 많은 비구니를 데려와야만 했습니다. 그분의 나이는 당시 여든이었습니다! 하지만 다행스럽게도 산양처럼 팔팔한 분이었지요. 수행처의 책임자, 몇몇 비구들, 몇몇 비구니들과 함께 나이 든 비구니, 그리고 저는 언덕을 올랐습니다. 길을 가는 동안 모두 계속 저에게 말했지요. "안돼, 안돼, 안돼, 네가 여기 머물 수는 없어. 여긴 너무 외진 곳이라고. 굴뚝에서 연기가 나는 게 보일 정도는 되어야 해." 그들의 생각은 굴뚝에서 연기가 며칠 보이지 않으면 제게 무슨 일이 있음을 알 수 있다는 것이었지요. 하지만 그런 주장에는 동의할 수가 없었습니다. 실은 원래 있던 사원에서 제가 매우 아팠던 적이 있었는데 며칠 동안 아무도 몰랐거든요. 그와 반대로 제가 완전히 건강한 채로 평소처럼 매일 불을 피우고 있었음에도 두 사람이 제게 찾아와 "며칠 동안 네 굴뚝에서 연기를 보지 못했어. 너 괜찮니?"라고 한 적도 있었습니다. 이 감시 시스템이 결코 믿음직스럽지 못하다는 걸 알고 있었습니다!

우리는 드디어 동굴 앞에 당도했습니다. 사원에서 대략 한 시간가량 떨어진 곳이었지요. 솔직히 말하면 그건 사실 동굴이라고 말하기도 어려웠습니다. 그저 비를 겨우 피할 수준의 튀어나온 바위 아래 공간이었어요. 땅을 평탄하게 고르고 앞쪽에 돌을 쌓아 놓은 정도였지요. 몇 년 전에 마을 사람들이 아래쪽을 좀 파놓은 덕분이었습니다. 그곳에서 여름 한철 가축을 먹이며 몇 달간 기거하기 위해서였죠. 한 명이 그 아래 서 있을 수 있을 정도의 공간은 되었습니다. 쌓아 놓은 돌들은 그럭저럭 그대로 있었습니다. 저는 일단 그곳으로 옮길 준비는 기본적으로 되어 있었습니다. 제가 말했어요. "여기군요. 여기 기거하겠습니다." 모두가 말렸습니다. "아니, 아니, 안 돼. 여기 머물 순 없어. 너무 높아. 이 정도 높이에서 살았던 사람은 아무도 없어. 추워서 죽을 수도 있다고." 저는 물러서지 않고 말했어요. "집보다 동굴이 더 따듯해요. 얼어 죽지는 않을 겁니다." 같이 갔던 이들은 여전히 고집을 피우며 말했습니다. "여기 살 수는 없어, 여긴 너무 외진 곳이야. 사람들이 와서 널 털어갈 수도 있다고." 저는 라홀에는 도둑이 없다고 그분들에게 상기시켜 드렸지요.

일행은 결국 마지못해 제 주장에 동의했습니다. 사실 제가 거기 있는 동안 누구도 침입한 적이 없었어요. 문을 열어 둔 채로 있어도 말이지요. 오가며 들르는 사람들은 있었지만 아무것도 훔쳐 가지 않았습니다. 이런 걱정을 하는 사람들도 있었습니다. "근처 군부대에서 온 남자들이 널 강간할 수도 있어." 그래서 제가 말했지요. "그들이 여기까지 올라올 시간이면 너무 지쳐서 강간할 엄두도 못 낼 걸요. 그럼 그냥 옆에 앉혀서 차 한 잔 대접하면 되겠지요. 그런 일을 걱정하지는 않겠어요!" 그러자 그들이 말했어요. 정확히는 말했다고 저만 생각했던 것이지만. "여기 뱀도 있을 거야." 뱀은 티베트어로 뒬(sbrul)입니다. 제 생각에 그들이 "뒬도 있을 거야."라고 말했던 것 같습니다. 그래서 제가 말했지요. "뱀은 걱정하지 않아요. 전 뱀을 좋아해요." 그리고 그건 사실이었어요. 제가 이 말을 하자 모두 겁에 질린 듯했습니다. 하지만 후에 생각해보니, 아마도 일 분 정도일까, 라훌에는 뱀이 살지 않는다는 걸 떠올렸지요. 곧 그들이 뷜이라고 말했던 것이 아니라 트룰(trul)이라고 말한 것임을 알아차렸습니다. 트룰은 유령이라는 뜻이지요. 제가 유령 따위는 신경 쓰지 않고, 심지어 유령을 좋아한다고 말한 것으로 들렸을 테지요. 사람들은 이구동성으로 선언했습니다. "뭐 그 정도라면, 여기 머물러도 되겠군."

얼마 지나지 않아 비구 두 명과 몇몇 석공들이 마을에서 올라와 벽을 손봐주었습니다. 창문을 내고 문을 달아 주었지요. 그러고는 공간을 둘로 나누어 한편에는 물품을 보관할 수 있게, 다른 한편에는 기거할 수 있게 만들어 주었습니다. 다시 한번 비구들이 석벽을 점검해 준 후 비구니들과 제가 안팎으로 진흙을 발랐습니다. 그들이 모든 것을 만들어 주었습니다. 제 좌복과 불단(佛壇)까지 말이지요. 들어간 돈은 모두 해서 이백 루피였고, 거기서 제가 지낸 기간이 12년이었으니까, 꽤 남는 장사였습니다!(1960년대는 대략 4.76루피가 1달러 정도였다. 모두 40달러쯤 쓴 셈이다. 물론 당시의 달러 가치 역시 지금보다는 높았다.)

겨울에 눈이 오면 여섯 달 정도는 주위에 아무도 없었습니다. 이렇게 절대 방해받지 않는 시간이 엄청나게 늘어났습니다. 집중 수행 기간에는 수행 중인 사람들조차 접촉이 금지되어 있었습니다. 그래서 승려들이 모여 있는 사원에서는 서로 피하려고 한밤중에만 나다닐 수 있었죠. 예를 들어 눈이 깊이 쌓이면 한 손에는 등불을 들고,

다른 한 손에는 물통을 든 채로 길을 만들면서 나아가야 했으니까요. 동굴에서는 그런 문제들이 없었습니다. 겨울이 되면 물은 눈을 녹여 구했습니다. 누가 찾아올 걱정 없이 편히 밖에 앉아 있을 수 있었지요. 나무들, 멀리 떨어진 산들, 그리고 광활한 하늘을 보고 있노라면 마음에도 커다란 공간이 생깁니다.

동굴에서 약 1.5킬로미터 정도 떨어진 곳에 아름답고 조그마한 샘이 있었습니다. 여름이면 동굴 앞에 텃밭을 만들어 감자와 순무를 길렀습니다. 순무는 아주 유용했어요. 뿌리뿐 아니라 잎새 부분도 이용할 수 있었기 때문이죠. 그것들을 잘게 다져서 겨우내 말려두었습니다. 길고 긴, 아무것도 자랄 수 없는 기간이 있었으니까요. 일단 한 번 눈이 내리면 그걸로 끝이었습니다. 만일 성냥을 준비하는 걸 깜박했다면, 최악입니다. 짧은 여름을 길고 긴 겨울을 준비하는 데 써야만 했지요.

많은 동물이 동굴 주위를 배회하곤 했습니다. 눈이 내린 아침이면 온갖 종류의 발자국을 볼 수 있었습니다. 한번은 눈표범의 발자국도 본 적이 있어요. 표범 자체는 본 적이 없었지만 확실하게 남겨진 발자국을 발견했습니다. 그것을 그림으로 남겨 나중에 몇몇 동물학자에게 보여주었지요. 그들이 확실히 눈표범이 맞다고 확인해 주었습니다. 눈표범은 독특한 발자국을 남기기 때문이지요. 그 녀석의 발자국은 제 창틀에 찍혀 있었습니다. 동굴 안을 한 번 들여다봤던 게 확실하지요. 늑대들도 있었어요. 전 늑대를 사랑해요. 한번은 제가 밖에 앉아 있을 때, 다섯 마리로 이루어진 늑대 무리가 종종걸음으로 다가왔습니다. 그냥 서서 저를 바라보고만 있었고, 저도 그들을 바라보고 있었어요. 너무나 평화로운 순간이었습니다. 그 녀석들은 조용히 저를 바라보며 몇 분간 머물렀고, 이윽고 우두머리가 발길을 돌리자 나머지 녀석들도 그를 총총히 따라갔습니다. 때로 녀석들은 제 동굴 위에 앉아서 몇 시간이고 하울링을 하기도 했어요.

그 긴 겨울 동안을 대개는 수행하며 보냈습니다. 일반적으로 여름에는 집중 수행을 하지 않았습니다. 짧은 여름 몇 달간 겨울을 날 준비를 하는 데 썼습니다. 그리고 가을이 오면 따시종으로 내려가 스승님을 뵈었습니다. 그간 어떻게 지냈는지 말씀드리고 지침을 받고 방향을 점검했지요. 그곳에서의 마지막 3년 동안은 오직 수행에만 전념했습니다. 당연히 동굴을 떠난 적이 없었습니다. 라홀 출신 형제분이 필요한 물품을 가져다주었습니다. 어느 해인가 매번 물건을 가져다 준 분이 6개월가량 물품을 가져다주지 않은 적이 있었어요. 그리고 그건 정말이지 흥미로운 경험이었습니다!

그 위쪽에서 저는 너무나 행복했어요. 때로 스스로 묻고는 했습니다. "세상 어디든 머물 수 있다면 어디에 있을래?" 저는 언제나 동굴을 선택했어요. 그리고 이렇게 묻기도 했습니다. "무엇이든 할 수 있다면 지금 이 순간 뭘 하고 싶어?" 그리고 그 대답은 이 동굴 속에서 수행하는 것이었지요. 그 시절은 저에게 좋은 시간이었습니다. 그곳에서 수행할 기회를 가졌던 것에 대해 깊은 감사를 느낍니다. 라홀은 너무나 멋진 곳이었어요. 무엇보다도, 그곳은 다키니들의 축복을 받은 땅입니다. 두 번째로 그곳 사람들은 정말 정직했어요. 폭력적이지 않았습니다. 심지어 취했을 때도 그냥 넋두리할 뿐이었지요. 그럴 때면 울면서 말했습니다. "오, 이 얼마나 낭비된 인생인가. 승려가 되어 불법을 공부했어야 하는 것을." 그들은 폭력적인 면이 전혀 없었습니다. 캄파족(Khampas. 티베트에서 가장 용맹하다고 알려진 사람들이다. 1956년 티베트 동북 지방에서 일어난 반중[反中] 무장봉기의 중심 역할을 하기도 했다.)과 달리 말입니다. 칼을 꺼내 사람들을 찌르는 것 같은 행위는 일절 없었어요. 오래전 몽골군이 쳐들어와 약탈을 시작하자 사람들은 보물을 모두 땅에 묻고 도망갔다고 합니다. 후에 몽골군이 물러나자 숨어 있던 사람들이 돌아와 묻었던 것들을 다시 꺼내어 삶을 이어 나갔다고 해요. 그들은 너무나 평화로운 사람들입니다. 맞서 싸우기를 선호하지 않습니다. 거기 있는 시간 동안 단 한 번도 거기 사람들과 문제가 일어난 적이 없었습니다. 여자가 혼자 고립되어 지낸다는 것이 평범한 일은 아니었음에도 말이지요. 모든 사람이 제가 거기 있다는 것을 알고 있었습니다. 누군가 동굴에 들르는 일이 있다면, 그건 마을 어른인 아비(Abi) 노인이 야크를 잃어버렸을 때뿐이었지요. "혹시 내 야크 본 적 있소?" 또는 "양 세 마리를 잃어버렸어요. 혹시 보지 못했나요?"라는 식이었습니다. 그게 다였어요. 인도 전역에서, 아니 서구를 포함해서도 이보다 더 안심하며 안전하게 홀로 지낼 수 있는 곳은 없었을 것입니다.

홀로 지내는 경험은 매우 값진 것이었습니다. 왜냐하면 무슨 일이 일어나든, 내적인 것이든 외적인 것이든, 스스로 해결하는 법을 배워야 했기 때문입니다. 당신은 전화를 걸어 기술자를 부를 수도 없고, 친한 친구와 수다를 떨 수도 없지요. 기분전환을 위해 텔레비전을 켤 수도 없습니다. 심지어 겨울이 되면 산책을 할 수도 없어요. 어떤 일이 일어나든 그저 거기 앉아 해결해야만 합니다! 이 기간은 제가 내적 자원을 계발하고 자신감을 기르는 데 도움이 되었습니다. 자신의 문제를 풀기 위해 다른 누군가에게 쪼르르 달려갈 필요가 없음을 알게 되었습니다. 스스로 그다지 실용적이거나 능력이 있지 않다고 늘 생각해 왔기에, 그리고 금방 포기하고 남들에게 도움이나 조언을 구하는 편이었기에, 이 기간은 대단히 유용한 시간이었지요.

　　모든 것을 스스로 해결해야 하는 시간을 통해 어떻게 흙담을 쌓는지, 나무는 어떻게 하는지 등 외딴 곳에서 먹고살기 위해 어떻게 해야 하는지를 배웠을 뿐 아니라 마음을 어떻게 다루어야 하는지도 배우게 되었습니다. 마음이 어떻게 작동하는지 알게 되었지요. 외적인 방해가 없는 시간이 무한정 있었기에, 그냥 앉아서 마음이 기능하는 걸 지켜볼 수 있었습니다. 생각과 감정이 어떻게 일어나고, 그것들을 우리가 어떻게 구분해내며, 어떻게 다시 그것들을 구분과 차별 없이 볼 수 있는지, 그리하여 그 모든 생각과 감정을 녹여내 다시 텅 빔으로 만들 수 있는지 말이지요. 이런 기회를 가졌던 저는 정말 행운아였습니다. 되돌아보면 제 인생에서 이때가 가장 배움이 컸던 시간이 아니었나 싶습니다.

　　마지막 3년의 집중 수행이 끝나가던 때는 인도에서 보낸 세월이 24년쯤 되었을 때입니다. 이제는 다시 서구와 연결을 되살릴 때가 되었다는 느낌이 들었습니다. 다시 서구문화를 접하고 소위 '서

구적인 뿌리'를 재정립해야 할 필요를 느꼈습니다. 하지만 어디로 가야 할지 전혀 생각이 나지 않았어요. 어떤 이들은 미국으로 오라고 했고, 또 어떤 이들은 호주를 제안했지요. 몇몇은 영국으로 다시 돌아가라고 얘기했습니다. 그 어느 곳도 맞지 않아 보였습니다. 스스로 물었습니다. '그래서, 넌 어디로 가고 싶어?' 대답이 없었어요. 특별히 가고 싶은 곳은 없었습니다. 하지만 이제 앞으로 나아가야 할 때라는 느낌은 확실했지요. 인도에서 알고 지내던 미국인 부부가 있었습니다. 그들은 당시 유럽 곳곳을 여행하던 중이었지요. 편지를 보내 제게 이렇게 말했습니다. "우리가 완벽한 장소를 찾아냈어요. 이탈리아로 오세요. 아시시(Assisi)로." 편지를 받자마자 이런 생각이 들었습니다. "바로 이거야, 아시시." 이탈리아는 인도 다음 단계로 합당해 보였습니다. 매우 인도 같거든요. 관료주의, 우편 체계, 전반적으로 제대로 돌아가는 게 전혀 없는 환경. 즉시 그곳이 마치 고향인 듯 느껴졌습니다.

아시시는 멋진 곳이었어요. 성 프란치스코(Francis of Assisi)의 탄생지이자 고향으로, 매우 영적인 분위기를 풍겼습니다. 아시시를 둘러싸고 있는 구릉에는 인도와 관련된 몇몇 그룹이 있었지요. 대략 세 개 정도의 아쉬람과 인도음악 학교가 있었습니다. 그곳의 친구들은 모두 영적인 여정과 모종의 관계를 맺고 있었어요. 힌두교, 불교, 기독교 등 다양했습니다. 당연히 아시시는 프란치스코파의 본거지였고, 그들은 유쾌한 친구들이었지요. 그 모든 상업주의와 떼로 몰려다니며 넘쳐나는 관광객들에도 불구하고, 그곳에서는 아주 특별하고 강력한 영적인 느낌을 느낄 수 있었습니다. 마치 인도의 보드 가야(Bodhgaya)가 그런 것처럼 말이지요. 많은 사람이 그곳에서 심오한 영적 체험 기회를 가졌고, 이는 그냥 관광하러 온 사람들도 마찬가지였습니다. 그곳은 그런 곳이었어요.

아시시에 머물며 다양한 일들을 했습니다. 몇 번인가 아시아에 다녀오기도 했어요. 그러던 1992년, 제가 있던 사원에 계시던 라마께서 비구니 수행처를 만들길 권하셨습니다. 캄뚤 린뽀체께서는 1980년에 돌아가셨는데, 그분도 돌아가시기 전에 몇 번인가 말씀하셨지요. "나는 네가 비구니 사원을 만들었으면 좋겠구나." 물론 당시에는 엄두도 나지 않았습니다. 그런데 따시종의 툴쿠께서 "우리는 정말 여기에 비구니 사원이 있었으면 좋겠어. 네가 시작해주면 좋겠네."라고 말씀하셨을 때, 저는 '그래 이제 때가 되었어.'라고 생각했죠. 그리고 지금까지 그 일을 계속해오고 있습니다. 세워질 비구니 사원은 밀라레빠의 제자 래충빠(Rechungpa)를 통해 전해 내려온 아주 특별한 수행 전통을 다시 도입할 예정이었습니다. 전통 그 자체는 매우 광범위하고 매우 심오했지만, 특별히 여성을 위한 부분이 하나 있었습니다. 티베트에는 똑덴마(togdenma)라고 하는 여성 수행자들이 있습니다. 이들은 산속 동굴에 기거하며 수행하는 비구니들이었지요. 아쉽게도 중국의 티베트 병탄 이후 거의 사라진 것으로 보였습니다. 그런데 아직 이 법맥을 잇는 라마승이 두 명 정도 남아 있었습니다. 비구니 사원을 세운 후, 공부하러 오는 사람 중에 적당해 보이는 비구니들을 뽑아 이 수행법을 배울 기회를 주는 것이지요. 뭔가 빨리하지 않으면 너무 늦을 수 있었습니다. 그 수행법은 횃불처럼 반드시 일대일(person to perston)로 전승될 수밖에 없었습니다. 한 번이라도 꺼지면, 그걸로 끝이었지요. 더 이상 전할 수 없는 것이었어요. 그것은 '구전(oral transmission)'으로 알려져 있었습니다. 만약 이들 두 연로한 라마들이 수행법의 전수 없이 돌아가시면 그것은 영원히 소실될 것이었어요. 비구니 수행처 옆에는 여성을 위한 국제 수행 센터도 세워질 예정이었는데, 그렇게 해서 전 세계의 여성들이 적절한 환경에서 명상을 할 수 있게끔 하고자 함이었지요. 남성들을 위해서는 게스트하우스를 마련했습니다. 시간이 지나면 비구니 스스로가 가르침을 줄 수 있기를 바랐습니다. 지난 2년 동안 이 프로젝트에 대한 국제적인 지원을 얻기 위해 다양한 지역을 여행하고 다녔습니다.

문_ 결국 유령을 좋아하게 됐나요?

답_ 그렇습니다. 마을 사람들이 제게 경고했던 그 모든 문제에 대해 제 스승께 조언을 구했었습니다. 강간을 당할 거라느니, 강도를 당할 거라느니, 유령 같은 것들 말이죠. 그랬더니 이렇게 말씀하셨지요. "다른 것은 내 모르겠다만 악령 따위는 없다는 건 확실하단다." 그래서 뭔가 괴이한 일이 일어나면 저는 생각했지요. "괜찮아. 이곳에 악령은 없어. 그러니 문제가 될 게 없어." 제 마음은 어떤 두려움도 만들어내지 않았습니다. 무엇이 나타나든 순한 녀석일 거라는 확신이 있었거든요.

문_ 말씀에 확신과 명료함이 넘치시는 듯 들립니다. 저는 룽(lung)이라고 불리는 신경 이상에 대단히 관심이 많습니다. 수행하는 일부 사람들에게 일어나고, 특히 의심과 공포의 형태로 나타난다고 하더군요. 그에 대해 조언해 주실 게 있을까요?

답_ 12년 중 마지막 3년에 걸친 집중 수행을 시작할 때쯤 다람살라에 있는 티베트 의사를 찾아가 제가 말했지요. "긴 수행을 시작하려 합니다. 제 생각에 전 건강하지만 혹시 나중에 나타날 문제는 없을지 맥을 한 번 짚어 주세요." 그랬더니 그가 진맥을 하고 이렇게 말하더군요. "건강하네요. 다만 맥이 좀 약한 편입니다." 그건 저도 이미 알고 있던 것이었어요. "그밖엔 모두 괜찮습니다. 하지만 서양인들 대부분은 집중 수행에 들어가면 룽에 걸려요. 그래서 룽 처방을 좀 드리도록 하겠습니다." 그렇게 약을 받아 들고 왔습니다만, 한 번도 그 약이 필요했던 적은 없었습니다. 사람들이 룽에 걸리는 이유는 너무 열심히 하려 애쓰기 때문이에요. 그들은 스스로 불가능한 목표를 세웁니다. 이상적인 수행자의 상(像)을 만들어내서는 한계 너머까지 밀어붙이지요. 티베트 수행법은 이를 부추기는 경향이 있습니다. 달성하기 어려운 엄청난 숫자(수십만 번 또는 수백만 번)의 반복을 요구하죠. 그래서 어떤 형태의 수행이었든 그것을 마칠 때 사람들이 하는 첫 번째 질문은 "만트라를 몇 번 외웠습니까?"이지요. "얼마나 잘 외웠습니까?" 또는 "어떤 경험을 했습니까?"가 아니고 "몇 번?"이란 말입니다. 계속 더 많이, 더 많이 할 필요가 있으며, 모든 것이 절대적으로 완벽해야만 한다는 생각이 있어요. 그러면 많은 긴장을 유발하게 되고 종종 룽에 이릅니다.

우리가 배워야 하는 것은 이완입니다. 마음을 비우고 확장하는 것이지요. 이런 방식으로, 열린 마음을 지니고 수행할 수 있습니다. 팽팽한 긴장감 속에서 하는 것이 아니란 말입니다. 한 번 긴장이 시작되면 수행하면 할수록 더 심해집니다. 그건 악순환이에요. 일단 룽에 걸리면 극도로 긴장하고 경직되어 버립니다. 긴장하고 경직되어 있기에 룽에 걸리는 것이기도 하고요. 그래서 너무 밀어붙이지 말고 약간은 느슨하게 시작하는 것이 중요합니다. 육체적인 운동을 곁들여서 말이지요. 그렇지 않으면 자신을 해칠 뿐입니다. 더 깊어짐에 따라 점진적으로 더 많이 하세요. 바닥에 닿을 때까지 말이지요. 하지만 여전히 매우 이완된 마음을 유지합니다. 그러고는 마지막에 가서 다시 서서히 횟수를 줄입니다. 그래야 수행에서 빠져나올 때 몸에 무리가 가지 않습니다. 마음을 이완된 상태로 유지하는 것이 매우 중요합니다. 각성 상태에서도 마찬가지예요. 이완된 마음이라는 게 나태한 마음을 의미하지 않습니다. 그것은 열려 있고 텅비어 있다는 의미지요. 늘 그렇듯 이를 갈며 분투하는 그런 상태가 아닙니다. 수행에 들어가는 사람들이 이런 열린 텅 빈 마음을 유지하는 법에 대해 조언을 듣지 못하는 것이 딱할 뿐입니다. 이에 대해서는 롱첸 랍잠(Longchen Rabjam)께서 많은 말씀을 하셨지요. 그가 설명하셨던 것은 이완 상태에 있을 때 마음이 내키는 대로 어디든 갈 수 있게 허용하는 것이 아니라, 일정한 범위 안에 있도록 유지하는 법입니다. 물론 일단 룽이 발병하면 이 모든 것이 소용없습니다. 유일한 처방은 어딘가 햇살 좋은 해변을 찾아가 누워 쉬는 것뿐이지요.

수행은 시련이 아니라 즐거움이어야 하고 기쁨이어야 합니다. 왜냐하면 마음이 그가 하는 일에 기쁨을 느끼면 더 몰입하게 되어 마침내 수행과 하나가 되기 때문이지요. 마음을 너무 밀어붙이면 마음이 수행을 밀쳐내게 됩니다. 곧 내면의 충돌로 이어지지요. 이 충돌이 룽을 만들어냅니다. 우리는 스스로 한계를 잘 이해하고 자신에게 연민을 품어야만 합니다. 그다음 마음을 내 편으로 이용하는 방법을 배울 필요가 있고, 그러면 수행을 즐길 수 있게 됩니다. 그래서 스스로 한계 이상 밀어붙이지 않는 것이 너무나 중요합니다. 제가 주관하는 세션에서는 지치기 전에 멈추도록 가르칩니다. 마음이 그 경험을 여전히 즐기고 있을 때 멈추면, 마음이 기억합니다. "이거 정말 재밌었어." 그러면 다음에도 열정적으로 임하게 되지요. 반면 기진맥진할 때까지 밀어붙이면, 마음이 이렇게 말합니다. "아이고 이정도면 충분해." 마음이 그것을 지루하고 피곤한 거라고 기억하고 다음번에 저항을 만들어냅니다. 마음의 지지를 받으면 정말 즐겁게 해낼 수 있어요. 그럼 룽에 걸리고 싶어도 안 걸립니다. 충돌이 있을 때만이 룽에 걸리지요.

문_ 동굴에서 수행하며 6개월 동안 음식을 전해 받지 못했다고 말씀하셨습니다. 그때 무슨 일이 일어났는지 궁금합니다.

답_ 엄청 야위었지요. 당시 이미 하루에 한 끼 식사만을 하고 있었는데, 그 한 끼의 양마저 줄여야 했습니다. 밀라레빠가 동굴에서 홀로 죽게 해달라는 기도를 늘 드렸다는 기록이 어딘가에 있습니다. 저도 같은 기도를 진심으로 드렸지요. 한번은 7일 밤낮으로 거대한 눈보라가 덮쳐서 동굴 전체가 온통 암흑천지였던 적이 있었습니다. 문을 열어도 그냥 얼음벽으로 막혀 있어서 저는 그 작은 공간에 갇혀 빠져나올 수가 없었습니다. 저는 생각했습니다. '바로 이것이로군.' 그래서 감로(bdud rtsi)라는 알

약을 꺼내 들었습니다. 감로는 죽을 때 복용하는 약이었습니다. 제가 마지막으로 쉴 숨을 기다리며 그것을 손에 쥐고 준비했습니다. 이미 공기는 확실히 훨씬 더 희박해졌습니다. 저는 더욱 깊이 호흡하기 시작했어요. 진심 어린 기도를 제 스승께 드렸습니다. 그 순간에 한 가지 걸리는 것은 오직 스승님뿐임을 정말로 이해했습니다. 오, 좀 더 헌신해야 했건만!

그때를 돌아보니 스스로 놀랍군요. 폐소공포증이 일어나지 않았습니다. 그냥 완벽하게 차분했어요. 완벽하게 받아들임뿐이었습니다. 아무 문제도 없었어요. 이 목숨을 위협하는 상황을 어떻게 헤쳐 나가야 할지 알 수 없었지만, 한편으로 그냥 아무렇지도 않았습니다. 그러다 문득 내면에서 울리는 린뽀체의 목소리가 들렸습니다. "삽으로 파서 나와라." 다행히 문이 안으로 열리는 구조였기에 망정이지 그렇지 않았다면 살아나올 수 없었을 겁니다. 처음에는 삽을 썼습니다. 파낸 눈은 안에 쌓을 수밖에 없었죠. 그다음엔 냄비뚜껑을 썼어요. 그렇게 터널을 만들어 나갔습니다. 그다음 무작정 기었습니다. 뒤돌아보니 그저 암흑뿐이더군요. 다시 앞을 보니 역시 암흑뿐이었습니다. 하지만 아주 작은 구멍이 보였고, 결국 빠져나올 수 있었습니다. 올려다보니 눈보라는 여전히 몰아치는 중이었지요. 그래서 거꾸로 기어들어 와서는 터널을 막았습니다. 그렇게 하기를 세 번 반복했어요. 한 번 빠져나오는데 한두 시간 정도 걸리더군요.

세 번째만에 밖으로 나와 주위를 둘러보았습니다. 나무들이 없었어요. 보이는 게 아무것도 없었습니다. 그냥 온통 하얀색이 었습니다. 원래 제 기도 깃발은 아주 높이 달려 있었는데 그것 도 사라진 상태였습니다. 동굴도 없었어요. 아무것도 없었습니 다. 헬리콥터가 이리저리 날아다니는 것이 보였습니다. 저는 생 각했지요. '오, 누군가 눈 덮인 아름다운 라훌을 보고 싶었나보 군.' 후에 몇몇 마을이 완전히 파괴되었고 이백 명에 달하는 사 람들이 죽었다는 것을 알았지요. 그 헬리콥터는 부상자들을 실 어 나르고 물자를 들여오는 일을 하고 있었던 것입니다. 하지 만 동시에 이해가 가질 않았어요. 라훌의 집들은 굉장히 벽이 두껍습니다. 거기다 3층 건물만큼 높아요. 안에는 커다란 방이 보통 열 개에서 열세 개 정도 있었습니다. 각각의 집들이 거의 요새와 같았어요. 그런데도 눈사태로 매몰된 것이었습니다. 몇 주를 눈에 구멍을 뚫었다 막았다 하며 지냈지만, 저는 살아남 아 이렇게 얘기를 하고 있군요.

문_ 당신이 계속 영감 어린 상태를 유지하는 비결은 자신이 찾은 강력한 명상 또는 관조에 의한 것인가요?

답_ 실은 잘 모르겠습니다. 말씀드리기가 쉽지 않아요. 집중 수행을 유지하는 데 계속 영감 어린 상태가 필요한 것은 아니었어요. 제가 집중 수행을 한 이유는 그것이 가장 근사한 일로 보였기 때문입니다. 하지만 한번은 봄에 눈이 녹으면서 동굴이 온통 물바다가 되었던 게 기억이 나는군요. 5월이었고, 땅은 다 녹았어요. 그래도 눈은 끊임없이 왔습니다. 그 말인즉, 눈이 계속 지붕을 뚫고 들어온다는 의미입니다. 그것을 막아줄 얼음이 더 이상 없으니까요. 그냥 하염없이 흘러내렸고, 동굴 안 모든 게 젖었습니다. 저 또한 감기 같은 게 걸렸어요. 몸이 극도로 안 좋았던 기억이 납니다. 저는 생각했죠. '그래, 동굴에서의 삶에 대해 그들이 한 말이 옳았어. 이 끔찍한 젖은 상태에서 살기를 누가 원하겠어?' 춥고 비참하고 여전히 눈이 내리고 있었습니다. 그러다 갑자기 이런 생각이 들었어요. '너 아직도 윤회(samsara)에서의 행복을 추구하고 있니? 우리는 늘 즐거운 일만 있기를 바라고, 그렇지 못할까 봐 두려워하지. 붓다도 고(苦, duhkha)에 대해 말씀하셨잖아?' 그러고는 갑자기 깨달았습니다. '이건 중요하지 않아. 정말이지 하나도 중요하지 않아. 윤회는 고(苦)야. 아무 문제도 없어. 왜 행복을 바라지? 행복이 거기 있으면, 행복이 거기 있을 뿐. 만약 행복이 거기 없다면, 도대체 뭘 바라는데? 그건 정말 중요하지 않아.' 이를 가슴 깊이 느꼈을 때, 그 모든 희망과 두려움의 무게가 그냥 단번에 날아갔습니다. 그 순간 모든 생각은 증발해 버렸고, 그냥 더 이상 아무 문제도 없었어요. 그야말로 막대한 안도감이었습니다. 붓다에게 너무나 감사함을 느꼈어요. 그 말씀이 참으로 진실임을 깨달았기 때문이었습니다. 윤회가 고(苦)야. 그래서 어쩌란 말이지? 무엇을 기대하고 있지? 고통받고 있으면 왜 우리는 그렇듯 야단스럽게 호들갑을 떠는 걸까요? 아무 문제가 될 것이 없습니다. 그냥 나아갈 뿐이지요.

동굴에서의 시간은 저에게 엄청난 축복이었습니다. 수행을 할 수 있는 무한정의 시간과 공간이 주어진 것, 해야 할 수행이 있는 것, 주위의 사람들이 너무나 다정하고 기꺼이 도움을 주는 것, 내가 건강하다는 것, 그리고 그 어떤 문제도 사소한 것에 불과하다는 것, 이 모든 것이 저를 계속 나아갈 수 있게끔 만들어 주었습니다. 엄청난 즐거움이었어요. 또한 제 스승님의 바람을 충족시켜 드렸다는 느낌도 있었습니다. 법통을 이었다는 등등 말이지요. 그리고 당시에는 내가 하기로 예정되어 있던 바로 그것을 하고 있고, 동시에 그럼으로써 종국에는 다른 존재들에게 이로움을 줄 수 있으리라는 생각도 했습니다.

집중 수행을 마치고 달라이 라마를 만나 뵈러 갔습니다. 여쭤보고 싶었던 한 가지는 제가 서양에서 비구니 사원을 만드는 것을 도와야 하는지, 아니면 다시 집중 수행을 해야 하는지였습니다. 그분이 이렇게 얘기할 거라고 확신하고 있었어요. "오, 18년간 수행을 했다니, 당연히 비구니 사원을 만드는 일을 시작해야 하겠구나. 너의 보리심(bodhichitta)은 어디 있지? 세상에 나아가 남들을 도와라." 달라이 라마에게 이 질문을 하는 게 거의 의미가 없어 보였지만, 어찌 되었든 질문을 하기로 마음을 먹었습니다. 그래서 질문을 했고, 달라이 라마가 대답을 하셨지요. "글쎄, 물론 비구니 사원을 시작하는 것도 아주 좋아. 그리고 그렇게 될 거란다. 하지만 거기에 너무 많은 시간을 쓰지는 말거라. 일이 년 정도면 충분하다. 그러고는 다시 집중 수행에 들어가거라. 네 경우에는 집중 수행을 통해 일체 존재들에게 봉사하는 것이 가장 중요하단다." 제 생각과 완전히 일치했습니다. 그리고 그것이야말로 저를 살아가게 하는 힘이었어요. 또한 그것이 제 스승님의 의도를 진실로 충족시키는 것임을 잘 알고 있었습니다.

문_ 당시에 집중 수행을 그만둔 이유는 무엇이었나요?

답_ 12년의 집중 수행 중 마지막 3년에 걸친 폐문 수행을 끝내면 동굴을 떠나기로 사전에 이미 마음먹은 상태였습니다. 그렇게 되리라고 알고 있었어요. 이듬해 3월에 집중 수행을 마치리라 예상했지만 실제로는 그해 가을에 마치게 되었습니다. 웅성거리는 소리가 들렸고, 이어 문을 두드리는 소리가 들렸습니다. 이는 극도로 경계가 되는 상황이었습니다. 왜냐하면 제가 있던 곳은 온통 돌담으로 막혀 있었고, 문에는 세 가지 언어로 이렇게 씌어져 있었거든요. "수행 중. 들어오지 마시오." 제가 들은 첫 번째는 누군가가 울타리 문을 넘는 소리였습니다. 일 년간 물품을 가져다주는 라훌 형제들을 제외하면 아무도 본 적이 없었어요. 제가 방문을 열자 거기에는 경찰관이 서 있었습니다. 그가 봉투를 건네주었어요. 열어보니 경찰서장의 서명이 있는 서류가 들어 있었습니다. 이렇게 씌어 있었어요. "모든 기록을 살펴보았습니다. 당신이 이 나라에 불법으로 지난 3년간 체류

했음을 확인하였습니다. 24시간 이내에 내려오십시오. 그렇지 않으면 경찰이 강제조치에 들어갈 수밖에 없습니다." 이것이 제 집중 수행의 마침표였습니다! 책에 적힌 지침들에 따르면 동굴 수행 후에는 바깥 생활에 서서히 익숙해지도록 1~2주 정도의 시간이 필요했습니다. 하지만 저는 다음날 끼롱(Keylong)으로 내려가서 서장을 만나 이 상황을 설명해야만 했지요. 그가 말했어요 "대단히 유감스럽습니다만…."

아주 긴 이야기입니다. 이전 경찰서장이 제 비자를 계속 갱신시켜주기로 약속했었고, 그가 있었을 때는 줄곧 그렇게 해주고 있었습니다. 하지만 서장이 바뀌면서 공식적으로 더 이상 그렇게 해줄 수 없게 되었지요. 신임 서장이 와서는 이 지역에 외국인이 있는지 살펴보았습니다. 신임 서장은 이전에 심라(Simla)에서 근무했었는데, 거기에는 외국인은 많이 살았다고 하더군요. 하지만 라훌에서 유일한 외국인이 저였지요. 신임 서장은 서류를 검토해본 후 저의 체류가 불법적이라는 결론을 내렸습니다. 그러고는 경찰관을 보내 저를 내려오게 했던 것이지요. 그가 말했습니다. "대단히 유감입니다만, 당신은 그동안 이 나라에 불법체류하고 있었습니다. 그게 당신의 잘못이 아니었다는 걸 알고는 있습니다만, 저로서는 '추방명령' 서류를 드릴 수밖에 없어요. 열흘 안에 떠나야 합니다." 제가 대답했지요. "하지만 그건 불가능해요. 저는 인도에서 24년을 지냈습니다. 고작 열흘 내에 떠날 수는 없어요. 어쨌든 덕분에 지금 막 집중 수행에서 나오게 되었네요. 고맙습니다." 그러자 그는 자신이 한 달간 휴가를 떠날 예정이고 자신이 복귀할 때까지 명령을 미루고 있겠다고 말했습니다. "그 동안 당신은 물건들을 챙기고 스승님들께 작별 인사를 할 수 있을 겁니다. 하지만 그 후에는 떠나야만 해요." 그렇게 마무리되고 저는 동굴로 돌아왔습니다. 그러다가 다시 이전 서장이 돌아오게 되었어요. 그는 내게 이런 메시지를 올려보냈습니다. "1년 단수 비자를 드릴 수 있을 것 같습니다." 그렇게 일 년을 더 보낼 수 있게 되었지요. 그곳에서 좀 더 지낸 후 내려왔습니다. 이것이, 조금은 황망했던, 제가 집중 수행에서 빠져나온 이야기입니다.

문_ 매일 몇 시간씩 명상한다든지 하는 규칙이 있었나요?

답_ 네, 보통은 그랬습니다. 새벽 세 시에 일어나 첫 번째 세션을 시작해 여섯 시까지 계속했습니다. 그러고는 약간의 차와 잠바(tsampa, 밀과 보리로 만든 티베트의 주식이다. 보통 죽으로 만들어 먹는다.)로 식사를 했어요. 그런 다음 여덟 시쯤 다시 시작해서 열한 시경까지 세 시간 더 명상하고 점심을 먹었죠. 점심 후에는 그림을 그리고는 했어요. 왜 있잖아요, 부처님과 보살들. 뭐 그런 종류의 것들 말이에요. 저는 동네 필경사이기도 했습니다. 제 티베트어 손글씨는 다른 승려들의 것보다 훨씬 좋았어요. 그래서 경전을 필사할 필요가 있을 때 저에게 주곤 했습니다. 티베트어로 된 책도 몇 권 가지고 있었습니다. 그러고 나면 차를 한 잔 더 마셨습니다. 그다음 저녁 세션에 들어갔습니다. 좌복을 하나 가지고 있었고 거기서 수행하고 잠도 잤습니다.

문_ 앉은 채로 주무셨다는 말씀이세요?

답_ 한동안은 앉아서 잤습니다. 앉아 있는 걸 좋아했어요. 알아차림의 상태를 유지하는 데는 더없이 좋았습니다. 아주 길게 자지는 않았지만, 아주 깊이 잤어요. 그러다 깨게 되면 그냥 등을 좀 펴는 스트레칭을 했습니다. 하지만 그건 제 몸에는 그다지 좋지 않았어요. 특히 등에는 말이지요. 늘 등에 문제를 달고 지냈고, 그래서 결국에는 좌복에 웅크리고 그 자세로 자게 되었습니다.

문_ 여성으로의 환생이 있는지 또는 어떨 때 그런지 궁금해하신 적은 없으세요?

답_ 여성으로 환생하는 경우가 더러 있습니다.

문_ 라마가 말입니까?

답_ 많지는 않지만 더러 있습니다. 예를 들면 칸도 린뽀체(Khandro Rinpoche) 님이 있어요. 그녀는 빠드마삼바바(Guru Rinpoche)의 배우자였던 예쎼 초걜(Yeshe Tsogyal)의 환생으로 불렸습니다. 그러나 특별한 자질을 갖춘 여성이라면 누구든 예쎼 초걜로 간주될 수 있습니다. 그렇지 않다면 어째서 그 여성이 그런 자질을 가졌겠어요? 또한 그녀는 좀 더 직접적으로 15대 까르마빠(Karmapa) 배우자의 환생이었습니다. 그는 티베트에 있는 추르푸(Tsurphu) 사원의 명상 지도자였고요. 그녀는 민돌링 린뽀체(Mindroling Rinpoche)의 따님이었습니다. 그분은 덕이 높은 닝마빠 라마였습니다. 경이로운 분이셨지요.

문_ 저는 당신의 어머니께서 이 모든 일에 대해 어떻게 생각하셨는지 궁금합니다.

답_ 제 어머니는 인도로 건너와 저와 약 열 달 동안 같이 지내셨습니다. 인도를 사랑하셨어요. 그녀는 인도인들을 사랑하고, 티베트인들을 사랑했습니다. 깜뚤 린뽀체에 귀의했으며 타라(Tara, 타라라는 이름은 관세음보살의 눈 또는 눈물에서 나왔다는 의미이다. 티베트에서는 '모든 부처의 어머니'라고 불릴 정도로 인기가 높다. 녹색 타라는 재난의 구제를, 백색 타라는 깨달음의 인도를 상징한다. 여성으로 묘사된다.)에게 기도를 드렸습니다. 결국에는 영국으로 돌아가야만 했는데, 음식을 잘 먹을 수가 없으셨기 때문이에요. 정말 멋진 어머니십니다. 내가 인도로 갈 거라고 말했을 때 이렇게 말씀하셨죠. "오, 좋지. 언제 떠날 거니?" 그녀는 제 수행의 든든한 후원자셨습니다. 제가 돌아오길 바라는 감정적인 편지 따위는 한 번도 보내신 적이 없었습니다. 내가 떠나가 버린 이후 때때로, 한 십 년에 한 번씩, 이렇게 말씀하시고는 했어요. "휴가온 셈치고 한 번쯤 돌아오고 싶지는 않니?" 그래서 십 년에 한 번 한 달간 돌아갔었습니다. 그녀는 대단하셨어요. 수년간 능력이 닿는 최대한 저를 지원해 주셨습니다. 일을 그만둬 더 이상 할 수 없을 때까지 매달 약간의 돈을 제게 보내주시기도 했어요. 어머니는 한 십 년 전쯤, 제가 집중 수행에 들어있을 때 돌아가셨습니다. 제 아버지는 제가 두 살 때 돌아가셔서 사진에는 등장하지 않으시지요.

문_ 그렇게 오랜 시간 집중 수행에 들었던 후에 이탈리아로 갔는데 적응이 힘들지는 않으셨나요?

답_ 저는 제가 어디에 있든 바로 그곳이 내가 있을 곳이라고 여기는, 뭐 그런 마음을 갖고 있습니다. 그러니 제가 이탈리아에 도착했을 때, 그곳이 바로 제가 있을 곳이었어요. 요즘 라훌이 생각 나는 경우는 거의 없습니다. 당신이 라훌에 대해 물어보고 제가 대답하고 있는 지금 이 순간에만 라훌이 떠오르는 식이지요. 지금은 제가 미국에 있으니 유럽에 대해서는 생각하지 않습니다. 사람들이 제게 아시시에 관해 묻기 전에는 말이지요. 질문이 들어오면 그때야 아시시에 대해 생각하기 시작합니다. 하지만 보통은 아시시에 대해 전혀 생각하지 않아요. 제 마음속에서, 제가 있는 곳이 어디든 그곳이 제가 있어야 할 곳입니다. 그리하여 저 혼자 있을 때라면, 좋습니다. 사람들과 함께 있다면, 그것 역시 좋아요. 그게 일어나는 일의 전부입니다. 다만 그러할 뿐인 거죠.

문_ 죽기 전에 복용하는 감로(bdud rtsi)라는 알약이 있다고 말씀하셨는데, 그게 무엇이고, 어떤 작용을 하나요?

답_ 그것들은 온갖 약초, 보석, 다양한 유물, 그밖에 귀한 것들로 만들어집니다. 예를 들면, 까르마빠의 저 유명한 흑환약에는 마르빠(Marpa, 까규빠의 창시자. 밀라레빠의 스승이기도 하다.)의 쟁기 성분이 들어가 있습니다. 온갖 종류의 것들이 알약에 들어갑니다. 만들어진 후에는 라마들이 거기에 푸자(puja, 의식)를 집전합니다. 때로 몇 달에 걸쳐서 하지요. 이 알약들에 에너지를 주입하기 위해 수많은 의식과 기도를 합니다. 그래서 고도의 자성을 띤다고 알려져 있어요. 그것들은 필시 당신의 의식의 흐름에 축복을 내린다고 되어 있습니다. 우울한 상태이거나 아플 때, 그리고 특히 죽음에 다다랐을 때 그것을 복용합니다. 불행히도 정말로 특별한 것들은 비단으로 아주 단단히 포장되어 있어서 당신이 죽어가고 있다면 포장을 벗기는 일이 상당히 어려울 수 있어요. 게다가 그 알약들은 매우 단단합니다. 죽어가는 마당에 어떻게 그런 작업을 정확히 해낼 수 있을지, 저로서는 전혀 상상도 못 하겠습니다. 어찌 되었든 그것들은 의식의 흐름을 돕도록 고안된 축복 받은 물질입니다. 특히 죽음과 같은 응급상황에서 말이지요. 동굴에 기거할 때 몇몇 종류의 것들을 지니고 있었습니다.

2

발심(發心)과 수행

선센터에서 강연을 할 때는 많이 긴장하게 됩니다. 특히 법사(Roshi)님을 바로 옆에 앉혀 놓고 할 때는 말이지요! 이곳에 왔을 때, 어떤 얘기를 해야 할지 아무 생각이 나지 않았어요. 법사님 아래서 공부하던 분들이라면 분명 뭔가 새로 들어야 할 내용이 있을 리가 없으니까 말이지요. 그런데 어젯밤 문득 이 아침에 제가 얘기하고 싶은 것은 동기(발심)에 관한 것이라는 생각이 들었습니다. 우리가 왜 여기 있고, 왜 수행하는지, 처음으로 돌아가 되돌아보자는 것입니다.

대승불교 전통에서는 불법을 공부함에 세 가지 기본적인 동기가 있다고 말합니다. 첫 번째는 우리 삶 속에 무엇인가가 원했던 방향과 일치하지 않는다는 자각입니다. 연고 안에 언제나 파리가 한 마리 빠져 있는 격이지요. 아름다운 집을 갖고, 사랑스러운 관계들로 연결되고, 자녀들도 부모의 바람대로 커 주고 있고, 본인의 일을 정말로 사랑하고, 한마디로 모든 게 완벽한 이상적인 상황에서조차 삶에서 뭔가가 결핍되어 있다는 느낌을 지울 수가 없는 것이지요. 대부분은 이보다 더 실질적인 어려움을 가지고 살고, 어린 시절 또는 과거에 생긴 내적인 문제들이 있습니다. 그리고 그것들이 우리가 환경에 적응하는 능력에 영향을 끼치지요. 상황과 관계없이, 우리는 그냥 편안하지 않습니다. 그래서 삶을 좀 더 편안하게 만들어줄 어떤 길을 찾아 나섭니다. 삶에 의미를 부여하고, 조금 더 견딜 만하게 만들어주는 그런 것 말이지요. 몇몇은 불법을 공부하고 수행한다면 다소간 긴장이 완화되고 기분이 더 나아질 거라는 희망을 품고 접근합니다. 우리는 더 많은 내적 평온을 구하고, 조금이라도 더 많은 이해를 구하지요. 기본적으로 그것이 우리의 윤회하는 삶을 좀 더 편하게 만들어 주리라 희망합니다. 마치 탁월한 효과를 보이는 정신 치료처럼, 그것이 우리의 삶과 일상에 더 잘 적응하도록 만들어 주리라 기대하는 겁니다.

또 어떤 사람들은 불법을 공부하면 우리의 삶이 더 흥미진진하고 신날 것이라 기대하면서 접근합니다. 이런 기대는 금방 사라지지요. 어젯밤, 우리는 사람들을 불교의 길로 이끌어준다는 환각제의 효과에 관해 토론하였습니다. 이런 환각제는 특히 1960년대에서 1970년대 사이에 유행했었지요. 물론 환각제 문화가 거기 또 다른 현실이 존재한다는 사실에 사람들이 마음을 열게 했던 것은 맞습니다. 하지만 역시 지금껏 지적되어 왔듯이 환각제를 과다하게 복용하던 사람들의 문제는 흥미진진한 경험을 갈망하도록 조건화되어 버린다는 점입니다. 늘 뭔가가 일어나야만 하는 거죠. 이는 또 다른 쾌락주의적 집착에 불과할 뿐입니다. 일부 사람들이 이를 영적인 일별 (glimpse)로 간주하지만, 실제로는 전혀 영적이지 않아요. 며칠간 좌선을 해도 뭔가 흥분되는 일이 일어나지 않으면 이런 사람들은 시간을 낭비했다고 여기며 그냥 포기해버리고 맙니다.

진짜 발심의 첫 번째 단계는 세상에는 고통이 존재하며, 고작 즐거운 외적 환경을 만들어내는 것으로는 우리의 내적인 허기를 달랠 수 없다는 자각으로부터 나옵니다. 이는 우리를 불법 수행으로 이끄는 동기 중 가장 낮은 수준의 단계로 여겨집니다. 조금 시간이 지나면 아무리 평온한 상태에 있어도, 아무리 행복함을 느껴도 우리의 삶은 너무나 불안정하다는 사실을 자각하는 시점에 다다릅니다. 미래에 어떤 일이 벌어질지는 절대 알 수가 없지요. 오늘은 건강하지만 내일이 되면 아플 수도 있습니다. 오늘은 우리가 사랑하고 마음을 쓰는 사람들이 곁에 있지만 내일이면 그들이 사라져 버릴 수도 있어요. 오늘은 멋지고 안전한 직장을 다니고 근사한 집이 있습니다. 하지만 내일 직장을 잃고 집세를 내지 못하게 될 수도 있어요. 그러면 거리에 나앉는 거지요. 결국 우리의 상황은 일정 부분 커다란 감옥에서 사는 것 같다는 자각이 옵니다.

한번은 이에 대해 꿈을 꾼 적이 있습니다. 수많은 방과 무수한 층이 존재하는 거대한 감옥 안에 있는 꿈이었어요. 몇몇 방들은 마치 호텔 최고급 객실 같았습니다. 아주 고급스러운 방에 사람들이 잔뜩 모여서 즐기고 있었지요. 사람들이 고문당하고 있는 동굴 같은 다른 층들도 있었습니다. 하지만 저 높은 층에 올라 호화로운 삶을 살든 아래로 굴러떨어져 고문당하든 여전히 감옥임에는 변함이 없고, 다음번에는 어떤 방에 집어넣어질지 누구도 알지 못하지요. 그곳에 진정한 자유는 없기 때문입니다. 이제 올라가기도 하고, 다음번에 내려가기도 하는 거죠. 알 수가 없어요. 꿈속에서 저는 돌아다니며 생각했습니다. '모두 감옥에서 빠져나가야 해. 여기서 벗어나야만 해.' 저는 사람들에게 가서 말했어요. "보세요, 이건 끔찍한 상황이에요. 우리 모두 여기 완전히 갇혀 있단 말입니다. 여기서 나가야만 합니다." 그러자 몇몇 사람들이 말했어요. "글쎄요, 뭐 사실입니다. 여긴 감옥이에요. 하지만 여긴 근사해요. 꽤 안락하답니다. 여기서 지내도 괜찮습니다." 또 다른 사람들은 이렇게 말했습니다. "글쎄요, 맞습니다. 우리도 나가고 싶지만, 정말 너무 어렵습니다. 여기서 나간 사람들을 본 적이 없어요." 수많은 사람에게 얘기하고 다녔지만 떠날 동기를 충분히 가진 사람들을 찾는 게 너무 어려웠습니다. 결론적으로, 우리가 어디를 가든, 어떤 상황에 있든, 언제나 불안정하다는 점을 결국은 깨달을 수밖에 없습니다. 다음 순간 무슨 일이 일어날지 절대 알 수 없습니다. 그것은 이생은 물론 미래생에서도 마찬가지입니다. 삶은 너무나 짧아요. 그 모든 미래생이라고 다르겠습니까? 우리는 어디로 가고 있나요?

그러고 나서 우리는 두 번째 발심 단계에 들어섭니다. 이 윤회에서 벗어나고자 하는, 윤회를 넘어 열반(nirvana)에 이르고자 진지하게 노력하는 단계이지요. 이런 관점에서 보면 열반은 최후의 안식처입니다. 다시는 돌아올 필요가 없지요. 열반이 어떤 상태인지는 모르겠지만, 거기 머무를 수 있습니다. 열반은 생각을 넘어서 있기에 그것을 정의할 수는 없습니다. 하지만 그것을 열망할 수는 있어요. 그것을 자각할 수 있습니다. 열반은 누구든 이번 생에 깨달을 수 있는 무엇입니다. 그리하여 불교도 중에 많은 이들이 분명히 가지고 있을 두 번째 발심은 모두 함께 이 윤회에서 탈출하려는 커다란 노력을 기울이는 것입니다. 그리고 이는 타당한 열망이지요.

하지만 그렇게 되면 우리는 이제 세 번째 발심에 부딪힙니다. 누가 먼저 탈출하는가 하는 질문에 직면하는 것이지요. 사실 우리는 각각 존재하는 물방울들이 아닙니다. 그렇게 보일는지 몰라도 말입니다. 다른 모든 부분을 남겨두고 한 방울만 떼어내는 것은 불가능합니다. 사실 우리는 강력하게, 깊이 상호 연결되어 있기 때문이지요. 우리는 거대한 거미줄의 한 가닥입니다. 전체 구조에 영향을 끼치지 않고 딱 한 가닥의 줄만 떼어내는 게 가능할 리가 없습니다. 전통적인 비유는 우리가 모두 어떤 커다란, 광활한 늪에 빠져 있다는 이야기입니다. 빽빽하고, 질척이고, 오염된 늪입니다. 그리고 모두가 익사 직전이지요. 모두 단단하고 마른 땅으로 빠져나오고 싶어 합니다. 그래서 각자 엄청난 노력을 기울이지요. 그렇게 빠져나옵니다. 조금은 진흙투성이지만, 뭐 괜찮아요. 그러고는 자, 이제 뭘 할까? 뒤돌아보며 "유감이야 친구들, 정말 유감이야. 모두 늪에 빠져 죽어가고 있네. 하지만 난 빠져나왔지. 그러면 이만 갈게. 어쩌면 너희도 결국 빠져나올 수 있을지도 몰라."라며 그냥 뒤돌아 떠납니까? 어머니나 아버지가 늪에 빠진 자녀에게 "미안하다 애들아, 난 빠져나왔는데." 하면서 방치합니까? 부모, 남편, 아내, 형제, 자매, 친애하는 친구를 뒤에 남겨두고 자기만 살 수 있습니까? 불타는 집에서 자신만 빠져나오고 자녀, 부모, 그리고 다른 모든 이들은 그냥 둡니까? 심지어 어떤 사람들은 강아지를 구하기 위해 불타는 집으로 다시 달려 들어가기도 합니다. 무한히 반복되는 삶 속에서 모든 존재가 우리의 자녀, 친애하는 어머니와 아버지, 친구, 남편과 아내였음을 깨달은 이후라면 그들을 뒤에 남겨두는 건 일고의 가치도 없지요. 이것이 세상을 바라보는 관점을 설명하는 전통적인 방법입니다. 빠져나온 우리가 늪의 가장자리를 서성이는 이유는 오직 다른 이들을 구하기 위함입니다. 여전히 늪에 빠진 상황이라면 아무리 돕고 싶어도 할 수가 없습니다. 그래도 도우려고 시도한다면 그냥 모두 함께 수렁으로 더 깊이 빠져들 뿐이지요. 다른 이들에게 효과적으로 유익을 주고 싶다면 먼저 스스로 굳은 땅에 발을 딛고 있어야 합니다.

보리심이란 무엇일까요? 보살의 서원에 어떤 의미가 있을까요? 그냥 "저는 모든 지각 있는 존재들(중생)을 구하리라 맹세합니다."라고 말하는 데서 그치는 것은 아무 소용이 없습니다. 언제, 어디서, 어떻게 하시렵니까? 요점은 스스로 이렇게 물어야 한다는 것입니다. "우리는 왜 수행하는가?" 행복을 또는 자유를 얻기 위해 수행합니까? 또는 남들에게 유익을 주려고 수행합니까? 이는 단순히 학문적인 토론이 아닙니다. 우리가 영성의 길을 감에 있어 진정한 동기이기 때문입니다. 그리고 그것에 따라 우리 앞에 펼쳐지고 일어나는 모든 것의 색깔이 결정되기 때문입니다. 이것은 마치 물에 물감을 한 방울 떨어뜨리는 것과 같습니다. 우리가 어떤 색 물감을 선택하는가에 따라 빨갛게도 파랗게도 물들 수 있습니다. 같은 방식으로, 수행의 진정한 이유가 수행의 결과에 색깔을 입힙니다.

말로만 "그래, 물론 난 대승불교의 길을 따르고 있지. 그러니 난 보살이야. 따라서 모든 존재들을 구하는 게 목표지."라고 하는 건 딱히 소용이 없습니다. 우리는 행하는 모든 것의 동기를 점검해야 합니다. 자신을 위해 하는가? 또는 타인을 위해 하는가? 이것이 핵심인데, 왜냐하면 무수한 지각 있는 존재들(중생)을 구하리라 맹세할 때 그 말이 어떤 의미인지 이해해야만 하기 때문이에요. 정말로 가슴으로 이를 이해하게 되면 마음에서 뭔가 변화가 일어나고, 우리의 태도가 완전히 변용됩니다. 우리 같은 중생의 한계 내에서 작은 부분에 불과할지라도, 어떤 깊은 내적인 방향 전환이 일어납니다. 그것은 말로 표현될 수 있는 무엇이 아니지만, 그런 일이 일어나면 스스로 확연하게 압니다.

진정한 동기가 언제나 거기 있다고 생각하지는 않습니다. 이제 막 보살의 길에 들어섰다면, 늘 진정으로 이타적이지는 않습니다. 만일 그렇지 않다고 주장한다면 그건 자기기만에 불과합니다. 하지만 때로는 아주 잠깐이라도 우리가 무엇에 관해 이야기하고 있는지 이해할 때가 있습니다. 이것이 대승경전에서 보살을 그렇게나 무한히 위대하다 말하고, 그렇게나 높이 칭송하는 이유입니다. 그것은 가장 작은 선행도 거대한 무엇으로 변용시킵니다. 왜냐하면 이제 더 이상 우리 자신을 위해 또는 어떤 목적을 위해 행하지 않고 전체를 위해 행동하기 때문입니다. 그러면 가장 극미한 어떤 것도 무한한 파장을 일으킵니다. 단순히 이번 생에 국한되지 않고, 끝없이 펼쳐지는 미래생을 관통하며 말이지요. 이것이 진정한 영적 이타주의의 탄생입니다.

사실 모든 시공간에 걸쳐 모든 지각 있는 존재들(중생)을 돕는다는 서원 자체는 독특한 열망이지만, 이에 대해 말하는 것은 아주 쉽습니다. 대부분의 전통 종교 안에는 그것이 아무리 금욕적인 교리를 가졌다 해도, 아무리 이타적인 자세를 강조한다 해도, 그 최종 목적은 나중에 돌아올 모종의 보상, 가령 하늘나라, 천국, 열반, 또는 더 나은 환생을 얻기 위함일 뿐입니다. 특정 종교의 가장 위대한 성인들조차 여전히 천국을 목표로 하고 있을 뿐이지요. 그렇다면 그들이 어떤 험난한 삶을 살았든, 얼마나 자기희생적인 삶을 살았든, 그건 그들이 현생 삶의 보상에 비하면 상대적으로 작다고 생각했기 때문이겠지요. 천국의 영광스럽고 영원한 삶을 기대하며 살았던 것입니다. 자, 이제 우리는 그 개념을 거꾸로 뒤집어서 말할 수 있습니다. "영광도 잊고, 천국도 잊고, 하늘나라도 잊고, 열반도 잊어라. 그런 것에 신경 쓸 여유는 없어. 저 밖에는 윤회 속에서 끝없이 고통받는 무수히 많은 존재가 넘쳐난다. 그들의 고통에는 끝이 없다." 주위를 둘러보면 그냥 목격할 수 있습니다. 윤회의 끝없는 고통이 있음을 말이지요.

미국은 다른 나라가 따라야 할 모델로 칭송받습니다. 모두가 미국의 생활방식을 열망하지요. 하지만 보세요. 얼마나 많은 문제를 모든 사람이 가졌는지! '가능한 최고의 세상'에도 얼마나 많은 고통이 존재하는지 보세요! 우리는 절대적으로 다른 존재들을 도울 수 있어야 합니다. 그것이 유일한 가치 있는 보상이에요. 그밖에 다른 것은 부질없습니다.

이것을 알게 되면 불교에서 왜 그렇게 선행을 하고, 그 공로는 다른 사람에게 되돌리는지(회향) 이해하게 됩니다. 우리는 모든 것을 보시합니다. 우리의 모든 깨달음, 우리의 모든 행복, 우리의 모든 미덕까지도 말이지요. 우리는 삶에서 모든 좋은 것들을 타인에게 되돌립니다. 이러한 태도가 가슴속에 자라기 시작하면 이해의 작은 싹이 나기 시작해서 모든 것을 변용시키지요.

티베트불교에는 마하깔라(Mahakala)라고 불리는 불법의 수호자가 있습니다. 여러분들 중에 아시는 분도 있지요. 한번은 마하깔라 기도를 하면서 이런 생각이 들었습니다. '안 되겠어, 너무 지쳤어, 그만해야겠다.' 그러자 이런 생각이 마음속에 떠올랐어요. '누구를 위해 이 수행을 하는 거지? 너 자신을 위해 이 수행을 하는 것이 아니야. 너는 이 수행을 할 줄 모르는 모든 존재를 대신해서 수행하고 있는 거야. 그러니 좀 지쳤다고 뭐가 문제라는 거지?' 우리가 어떻게 느끼는지는 중요하지 않아요. 우리가 수행해야만 하는 이유는 우리가 원해서도 아니고 누군가 보상을 주기 때문도 아닙니다. 많은 사람이 이 시점에서 이런 것들을 하는 방법을 모르기 때문이에요. 그들을 대신해서 우리가 해야만 합니다. 좌선을 할 때, 자기 자신을 위해서만 앉는 것이 아니에요. 모든 존재를 위해 앉는 겁니다. 모든 존재가 우리와 함께 앉는 것이에요. 이런 개념이 정말로 우리 마음을 관통하면 모든 것이 아주 가볍게 보이도록 만들어 줍니다. 개념 자체는 아주 무겁게 들리지만 말입니다. 처음에는 이런 생각이 들 수도 있습니다. '내게 모든 지각 있는 존재들(중생)에 대해 책임이 있다는군. 내 한 몸 책임지지도 못하는데 말이야.' 그러다가 문득 깨닫습니다. 우리가 모든 존재와 상호 연결되어 있다는 게 사실이라면 미물뿐 아니라 모든 부처님과 보살과도 상호 연결되어 있다는 깨달음이지요. 이 수행을 할 때 우리는 혼자가 아닙니다. 오직 다른 존재들의 유익을 위해 우리처럼 여기에 오신 모든 불보살의 응원을 받는 거지요.

이해하시겠어요? 우린 각각 분리된 존재가 아니에요. 우리는 따로 떨어져 있는 작은 물방울이 아닙니다. 우리는 모두 상호 연결되어 있어요. 우리는 서로 책임이 있습니다. 거기에 더해 우리는 모두 불보살과 긴밀하게 연결되어 있습니다. 불보살은 저 위 하늘 어딘가에 있는 존재들이 아닙니다. 환상 속의 존재들이 아닙니다. 불보살은 지금 여기에, 바로 우리 앞에, 바로 우리와 함께 있습니다. 우리가 그분들의 서원에 마음을 열면 그분들이 우리를 돕습니다. 그들이 지금 여기에 있다고 하는 이유는 그들이 마음의 핵심적인 본성 그 자체와 둘이 아니기 때문입니다. 또한 그들이 여기 있으며 우리를 돕고 지원한다고 하는 것은 그들 또한 모든 중생의 유익을 위해

쉼 없이 일하고 있다는 것입니다. 일단 그 모든 에너지에 연결이 되고 나면 더 이상 외롭다고 느끼지 않아요.

때로 사람들은 명상을 위해 방석 위에 앉으면 고립된 기분을 느낍니다. 하지만 고립된 게 아니에요. 우리 모두 이렇게 똑같은 공기를 공유합니다. 이 땅을 공유하지요. 음식을 공유하고, 물을 공유하고, 모든 것을 공유합니다. 우리는 모두를 공유하고, 모두와 상호 연결되어 있습니다. 평범한 중생뿐만 아니라 무수히 많은 층의 더 높은, 더 진화된 존재들과도 마찬가지입니다. 그들이 모두 지금 여기서 우리를 응원하고 있는 겁니다. 그래서 우리의 동기는 단순히 여기 앉아 있는 이 딱딱하고 작은 에고만을 위한 것이 아닙니다. 그것은 대단히 광대하고, 대단히 포괄적이며, 끝없는 세월을 관통합니다. 우리는 딱 이번 생도 아닌, 다음 생도 아닌, 다음 그다음 생까지도 아닌, 무한히 이어지는 억겁의 세월 동안 중생과 함께하겠다고 맹세한 것입니다. 하지만 이는 '나'로서가 아닙니다. 다시 말해 나, 텐진 빠모는 다음 생에 돌아오지 않습니다. 뭔가 다른 것이 여기 있을 터인데, 이 이어지는 의식의 흐름과 에너지 힘이 그것의 일부를 이룰 것이라는 뜻이지요.

발심의 또 다른 중요한 일면은 일상에서 그것에 대해 의식적이어야 한다는 점입니다. 육체에 대해서 의식적이어야 하고, 무엇을 하는지, 어떻게 말하는지, 무엇을 생각하는지에 대해서도 의식적이어야 합니다. 각각의 행위 아래 감춰진 근본 동기에 대해 언제나 각성하고 있어야 하지요. 불교에서는 깨어 있는 의식에 대해 많이 이야기합니다. 마음챙김에 대해서 많이 이야기하지요. 참선 수행의 아름다운 점 중 하나는 일상의 할 일들에 대해서도 통합된 마음챙김을 강조한다는 것입니다. 하지만 단지 마음챙김만으로는 충분하지 않아요. 어찌 되었든 은행을 털 때에도 대단히 마음챙김하면서 털 수 있는 것이니까요! 그러니 우리는 숨겨진 동기에도 의식적이어야 합니다.

불법에서는 세 가지 악(惡)의 뿌리와 세 가지 선(善)의 뿌리를 구분합니다. 세 가지 악의 뿌리는 탐욕, 분노(혐오), 그리고 그 두 개의 뿌리가 되는 기본적인 우리의 무지입니다. 육체, 말, 그리고 마음의 어떤 행위도 이들 정서의 영향 아래 행해진다면 미숙한 것이 되어버립니다. 겉보기에 근사해 보이거나 어떤 위해도 끼치지 않을지라도 상관없어요. 숨겨진 동기가 무지, 혐오, 분노, 증오, 또는 탐욕과 욕망에 물들어 있다면 - 그것은 우리의 행위와 생각과 말의 많은 부분을 포괄하지요. - 그 행위는 기본적으로 건전하지 않습니다. 반면에 이들 셋의 정반대 동기로 인한 행위, 예를 들면 비-무지, 비-혐오, 비-탐욕, 즉 호의, 사랑, 친절함, 관대함, 그리고 내적인 금욕 또는 집착 없음의 느낌으로 인해 행위는 건전한 것이라 할 수 있습니다. 이들 행위로 인한 미래의 결과가 좋으리라는 것뿐 아니라 그렇게 행하는 것 자체가 마음을 정화하는 데 도움을 주기도 하는 겁니다. 그것들은 마음의 변용을 돕습니다. 왜냐하면 그것들이 우리의 불성과 닿아 있기 때문입니다. 그것들은 임의적이지 않아요. 2500년 전 마가다국(Magadha)에서 활동하던 붓다가 혐오가 나쁜 것이라고 갑자기 정한 것이고, 지금은 괜찮은 그런 것이 아니라는 얘기입니다. 이것들은 영원한 진리입니다.

　방금 휴식 시간에 페미니스트 불교도가 저자인 책을 읽었습니다. 요즘은 그런 종류의 책들이 많이 보이는 것 같아요. 그냥 손이 가는 데로 책을 펼쳐 읽었습니다. 처음부터 쭉 읽은 것은 아니에요. 하지만 저에게 가장 충격적이었던 점은 글 속에 온통 분노가 묻어난다는 점이었습니다. 심지어 책 중 한 문단 전체가 분노에 대한 정당화였어요. 계속되는 주장은 여성에게는 분노할 권리가 있다, 여성들은 분노해야만 한다, 그리고 자신들의 분노가 틀렸다고 말하는 사람들은 모두 틀렸다는 것이었습니다. 그 문단에서 주장하는 바는 분노가 매우 깨끗하고 강력한 감정이며, 사람들이 위대한 일을 할 수 있도록 동력을 주고 많은 사악한 것들을 극복할 수 있게끔 돕는다는 것이었어요. 저자가 정말로 말하는 바는 분노가 부정적인 감정이라고 말하는 것은 틀렸다, 그리고 분노를 사랑으로 변용시키려는 노력은 특히 여성에게 역효과만 일으킨다는 것이었습니다. 그런 사고방식이라면 남자는 화를 내면 안 됩니다. 이미 충분히 많이 화를 냈으니까요. 그렇지 않아요? 남자들은 못되고, 폭력적이고, 끔찍한 짐승들입니다. 오직 여성만이 화낼 권리가 있어요.

　우리가 분노의 뿌리에서 기인한 행위를 하면 그 응답으로 더 많은 분노만을 경험할 것입니다. 붓다도 "증오는 증오로 멈출 수 없다. 그것은 사랑 또는 비-증오로만 멈출 수 있다."라고 하셨습니다. 당신이 분노를 표출하는 순간, 그것을 어떻게 정당화할지라도, 그것이 누구이든 상관없이 상대의 거대한 분노 저장소를 휘저어 놓는 격이 기 때문입니다. 그렇기에 당시에는 정당한 분노로 보일지라도 그 응답으로 받을 것은 더 많은 대립뿐입니다. 그건 불을 보듯 뻔해요. 모든 분노는 얼마나 정당한 것이든, 얼마나 정의로운 것이든, 얼마나 신성한 것이든, 모두 같은 근원에서 비롯됩니다. 바로 악의, 혐오, 또는 증오이지요. 표현되는 방식이 폭력적이든 비폭력적이든 그것은 여전히 분노일 뿐입니다. 그래서 아무리 "정당화"해도 절대로 평화, 사랑, 화합으로 이어질 수 없습니다. 어떻게 그럴 수 있겠어요?

많은 페미니스트가 남자들에게 화가 나 있습니다. 남자들을 커다랗고, 못되고, 사악한 압제자로 보지요. 하지만 아직도 여자들이 순종적인 상태에 있는 동쪽에 가보면 압니다. 여성이 결혼해서 남편의 식구들과 함께 생활할 때, 두려워해야 할 사람은 남편이 아니라 시어머니와 시누이입니다. 남편이 아니에요. 그러니 여기서 누구를 비난해야 합니까? 제가 라훌에서 생활할 때, 그곳 비구니들은 정말이지 너무나 천시받는 지위에 있었습니다. 하지만 비구들만이 비구니를 천시하고 차별했던 것은 아닙니다. 정말로 심한 사람들은 동료 비구니 중에 있었습니다. 여기서 분노의 초점을 누구에게 맞추어야 합니까? 남자들에게 화내고 여자들에게도 화를 낸다면 모든 사람에게 화를 내는 격이고, 그러면 그다음에는 어찌시렵니까? 도대체 누가 범인입니까? 끝이 없습니다. 화를 낼 때는 늘 그것을 "정당화"할 구실을 찾을 수 있는 법입니다. 문제는 외부의 대상이 아닙니다. 물론 비록 그것을 다루어야만 하지만 말입니다. 진짜 문제는 내면에서 일렁이는 분노 그 자체입니다. 스스로 드러낼 구실만을 기다리는 분노 말입니다. 그리고 우리는 불교도이기에 분노를 쏟아낼 멋진 구실이 되는 초점을 찾아 스스로 정의롭고 스스로 만족스러운 느낌을 느끼려 하겠지요! 물론 그런 행동을 취해도 용서가 되는 뭔가는 늘 존재합니다. 저 밖은 말 그대로 윤회의 구렁텅이이니까요. 하지만 진짜 문제는 우리의 부정적인 면입니다. 이것이 우리가 다루어야만 할 것이에요. 붓다도 많은 전쟁, 적대적인 부족들, 그리고 분쟁을 다루었습니다. 그분은 그들과 화합하고 받아들여질 만한 조언을 제공하셨지요. 하지만 그분은 이를 전적인 지혜와 사랑의 공간에서 행하셨습니다. 제가 하고 싶은 얘기는 부정적인 감정은 언제나 부정적인 감정일 뿐, 그것을 어떻게 정당화시켜도 변함이 없다는 말씀입니다. 우리가 점검해 보아야 할 필요가 있는 것은 내면의 감정입니다.

많은 사람이 분노를 어떻게 없앨 수 있는지 묻습니다. 불편한 느낌이기 때문이지요. 우리는 분노의 느낌을 좋아하지 않습니다. 우리는 증오의 느낌을 좋아하지 않습니다. 하지만 누구도 이렇게 물어본 적이 없어요. "어떻게 하면 제 욕망과 탐욕을 다룰 수 있을까요?" 탐욕과 욕망은 무지와 함께 여전히 우리를 윤회 속에 붙잡아 둡니다. 하지만 탐욕과 욕망이 서양에서는 그다지 부정적인 것으로 여겨지지 않아요. 어쨌든 우리에게 욕망이 없다면 이 소비적인 사회가 어떻게 되겠습니까? 전체적으로 욕망은 긍정적인 것으로 간주됩니다. 특히 그것을 충족시킬 수 있을 때 그러하지요. 욕망은 동기를 유발하는 힘으로 보입니다. 그것은 사람들로 하여금 밖에 나가 더욱더 많이 소비하도록 부추기고, 그렇게 경제가 돌아가지요. 이것이 이 모든 것 뒤에 숨은 개념입니다.

빨리어 경전에서 붓다는 증오의 업력이 탐욕의 업력보다 여덟 배는 무겁다고 하셨습니다만, 증오는 상대적으로 없애기가 쉽습니다. 탐욕의 업력이 덜 무거운 이유는 그것이 직접적으로 남에게 위해를 가하지 않기 때문입니다. 하지만 그 뿌리를 추적해 뽑아내는 것은 극도로 어렵습니다. 아무도 탐욕을 문제로 보지 않기 때문입니다. 납득할 만한 범위 내에서라면 우리는 약간은 탐욕을 부리는 것을 좋아합니다. 멋지지요. 멋진 옷을 원하고, 멋진 음식을 원하고, 멋진 집을 원합니다. 감각들이 기분 좋게 자극받습니다. 우리는 이 모든 것들에 집착이 없다면 다소 냉정하고, 건조하고, 재미없는 사람이 될 것이라는 생각을 하지요. 그래서 욕망을 포기할 동기를 부여하기가 어려운 것입니다.

티베트 라마이신 칸도 린뽀체께서는 서양의 청중이 격하게 반응하는 몇몇 단어가 있다고 말씀하셨습니다. 그녀는 그 단어를 말하고 청중의 반응을 종종 지켜보셨죠. 그중 하나가 "항복(surrender)"입니다. 또 하나는 "포기(renunciation)"이고요. 그녀가 "우린 포기할 필요가 있어요."라고 말할 때마다 청중은 움찔합니다. 그러고는 되묻지요. "무엇을 포기해야 합니까? 무엇에 항복해야 하는데요?" 포기는 중요한 수행의 과정 중 하나입니다. 물론 붓다가 그랬듯 집과 가정을 포기하고 출가하라는 말은 아닙니다. 노숙자가 되라는 의미도 아닙니다. 그것이 유일한 포기의 형태는 아닙니다. 제 생각에는 여러 방면으로, 정신적인 포기가 훨씬 힘듭니다. 애착하는 —하지만 도움이 되지 않는— 사고 패턴을 포기하는 것은 쉽지 않아요. 우리의 기억들, 기대, 백일몽, 눈치 빠른 어림짐작들 대신 지금 이 순간에 머무는 것이 쉽지 않다는 말입니다. 이 모든 것을 포기하는 것은 몹시 어렵습니다. 심지어 대단히 간소하게 사는 것처럼 보이는 사람들일지라도, 그런 경우 자체가 드물기도 하지만, 여전히 내면의 삶은 호화롭게 꾸며져 있는 경우가 종종 있어요. 제 경험에서 하는 이야기입니다. 그 어떤 것에도 매달리지 않는 것은 어려운 일입니다. '나'는 어떤 사람인가라는, 자아에 대한 집착을 끊는 것이 특히 어렵지요. 그냥 모든 것을 내려놓는 것이 어려워요. 그렇게 하는 법을 점진적으로 배워나갈 필요가 있습니다. 이것이 좌선(坐禪)의 전부예요. 마치 발가벗은 듯 앉습니다. 몸은 미동도 하지 않습니다. 안팎으로 어떤 목소리도 내지 않습니다. 그리고 떠오르는 것은 계속 흘려보내고 그냥 이 순간에 존재합니다. 자신의 백일몽에 빠져 마음속으로 이야기를 진행하지 않습니다. 벌거벗은 듯한 무방비 상태와 절대적인 단순함의 상태로 거기 앉아 있는 거지요.

이것이야말로 궁극의 포기입니다. 앉아서 신혼여행이나 연휴에 있었던 사랑스러운 것들에 대해 생각했을 수도 있습니다. 아니면 다음주에 일어날 일들에 대해 이런저런 추측을 했을지도 모릅니다. 점심으로 뭘 먹을지 생각했을 수도 있겠군요. 그냥 앉아 있었을 수도 있고요. 아무도 알 수 없습니다. 우리는 지금 마치 한 무리의 작은 아라한들처럼 앉아 있어요. 몸과 말을 통제하고 있는데 마음이 무엇을 하고 있는지 누가 알겠습니까? 그렇죠? 하지만 마음 놀음을 절제하고 명료함과 열려 있음의 상태로 단순히 앉아 있는 건 최고의 포기입니다. 마음이라는 게 원래 극도로 탐욕스러워요. 외부의 즐거움에 대해서만 탐욕을 부리는 게 아니라 정신적인 편안함에도 탐욕을 부립니다. 그리고 그건 절제하기가 더 어렵지요. 하지만 그걸 해낼 수 있게 되면 열려 있음, 단순함, 명료함의 상태로 자연스럽게 들어갑니다. 이는 깨달음의 태동으로 이어지지요. 이제 드디어 모든 부정성의 뿌리, 바로 무지를 다룰 준비가 되었기 때문입니다.

이런 형태의 실존적 무지는 단지 배운다고 없앨 수가 없습니다. 물론 공부하고 생각하고 이해해보려 노력하는 건 좋아요. 그리고 그건 우리 같은 서양 사람들에게는 특히 필요합니다. 불교적인 사고방식이 익숙하지 않으니까요. 물론 붓다가 어떤 말씀을 하셨는지 읽고 이해할 필요가 있습니다. 그렇지 않으면 자신만의 개념에 따라 엉뚱하게 해석해 버리고는 우리의 정신적 성향에 편한 쪽으로 맞춰 가르침을 받아들일 위험이 있습니다. '붓다가 실제로 어떤 말씀을 하셨는가? 붓다의 의도는 무엇이었는가?' 등을 읽고, 공부하고, 이해하는 것이 매우 중요합니다. 하지만 그것만으로는 우리의 무지를 제거할 수 없어요. 왜냐하면 우리의 알지 못함은 지능의 문제가 아니기 때문입니다. 그것은 우리 마음의 수준에 대한 것이 아니에요. 무지는 우리 마음에 온통 젖어 들어 있기에, 당연하게도 우리 사고방식 또한 무지합니다. 하지만 그 원인은 아주 깊이 숨겨져 있습니다. 여러분들도 모두 아실 겁니다. 그렇기에 읽고, 생각하고, 토론하는 것이 표면적인 무지를 다루는 데는 도움이 될지 몰라도, 근원적인 알지 못함에는 영향을 줄 수 없습니다. 이것이 여기 모두 모여 앉아 있는 이유입니다. 무지의 가장 깊은 뿌리에 가 닿을 수 있는 유일한 방법은 마음의 핵심적인 본성에 접촉하는 길뿐임을 알고 있기 때문이지요. 달리 말해 우리가 진정 누구인가를 발견하는 길뿐인 것입니다. 또는 불성의 드러남이라고나 할까요.

어제 제가 도착했을 때 법사님이 저 밖에 있는 커다란 떡갈나무에 관해 얘기했습니다. 법사님이 말하길 나무의 뿌리가 나무의 보이는 높이만큼 깊다고 했지요. 그 말을 듣고 생각했습니다. '정말이지 이건 무지에 대한 딱 맞는 비유로군.' 무지의 뿌리는 딱 그 높이만큼 깊습니다. 뿌리부터 잘라낸다면 무지의 나무는 더 이상 없습니다. 서양인들은 공부도 엄청나게 열심히 합니다. 그래서 많이 아는 것처럼 보여요. 겉으로 보면 마치 나무가 사라진 것처럼 보이는 거죠. 그 모든 무지가 사라졌습니다. 이제 온갖 강연을 하러 다니고, 불교철학으로 박사학위도 받습니다. 하지만 거기까지가 우리가 할 수 있는 전부예요. 숨어있는 뿌리는 건드리지 못한 채 그대로 남아 있을 겁니다. 아마도 더욱 풍성한 잎사귀들을 자랑하겠지요. 가지치기를 한 번 한 셈이니까요. 우리에게 진짜 필요한 것은 곧장 아래로 내려가 엄청나게 깊은 무지의 뿌리를 뽑아버리는 일입니다. 이를 해낼 수 있는 유일한 길은 마음의 본성을 확고하게 깨닫는 것뿐입니다. 이 경험은 한 번으로 부족할 수 있어요. 그건 그냥 시작일 뿐입니다. 제 스승께서는 일단 마음의 본성을 알아차리면 그때가 이 길의 시작이라고 늘 말씀하셨습니다. 그러고 나면 진짜 명상을 시작할 수 있는 거죠. 어떤 사람들은 본성을 조금 알아차린 정도로 자신이 깨달음을 얻었다고 생각합니다. 책을 쓰기 시작하고 다르마 센터를 세우는 등 활동하지요. 하지만 그건 정말이지 겨우 시작에 불과해요.

우리의 진정한 전지적 마음과 계속해서, 매 순간, 멈춤 없이, 하루 스물네 시간 떨어짐이 없기 전까지 우리는 완전한 깨달음에 도달한 것이 아닙니다. 보살에 여러 단계가 존재하는 이유가 바로 그것이에요. 우리의 과업은 자신의 무지를 다루는 것입니다. 하지만 한편으로, 일상의 매 순간 알아차림뿐만 아니라 분별력을 기르는 것도 아주 중요해요. 우리의 모든 말과 생각과 행위에서 어떻게 숨겨진 진정한 의도를 구별해 내는지 알아야만 합니다. 마음속에 불건전한 것들이 감지되면 그것들을 흘려보냅니다. 그것들을 자각하고, 그것들을 수용하고, 그것들을 부정하지 않아요. 그것들과 충돌하지 않습니다. 그것들을 바라보고, 그것들을 자각하며, 그것들이 그냥 흘러가도록 둡니다. 건전한 것들은 북돋아 주고 기쁘게 즐깁니다. 이런 식으로 차근차근 마음을 정화합니다.

3

불교 윤리

-

누구에게도 해를 끼치지 않기

오늘은 일상의 삶을 영적인 수행으로 변용시키는 작업에서 윤리적 행위의 역할에 관해 이야기하려고 합니다. 동양에 걸쳐 있는 불교국가들에서 전통적으로 연구와 수행의 과업은 남녀 승려들이 도맡아 왔음을 아마도 많은 분이 알고 있을 겁니다. 그들은 전문가입니다. 가족의 부양이나 그 밖의 세속적인 책무에서 자유롭고, 그에 따라 수행할 충분한 시간이 있습니다. 수행에만 매진하고 싶다면 누구나 승려의 삶을 선택하리라 예상할 수 있지요. 일반인들의 주요 역할은 승려들을 지원하는 것입니다. 그 대가로 승려들은 영적인 삶의 전형을 보여주어야 하죠. 또한 승려들은 전통적으로 선생님들입니다. 사원은 학교의 역할을 하고 교사는 승려들이 맡고 있죠. 승려들은 전통 동양의학 의사이기도 하고, 결혼상담사이기도 하며, 심리학자이기도 하죠. 끝이 없습니다. 사원은 모든 일상의 중심 역할을 합니다. 그리고 제가 언급했듯, 일반인들의 가장 중요한 역할은 승려들을 먹여 살리는 것이에요.

하지만 서양에서 불교는 태동한 지 2,500년이 지난 후에야 뿌리내리기 시작했고, 수행 형태에도 변화가 있었습니다. 불교 역사상 처음으로 더 이상 승려들이 수행에서 다수를 차지하지 않는 상황이 되었습니다. 서양에서는 적극적인 불교도들 대부분이 신앙에 어떻게든 참여하고자 하지만, 기존의 전통적인 수행 전체를 다 해내기에는 충분한 시간이 없습니다. 그들은 가족이 있고 일과 사회생활이 있음에도 가르침에 귀의하고 영적인 길을 따르고자 하는 사람들입니다. 이것은 커다란 도전이에요. 때때로 동양에서 서양으로 건너온 스승들은 이 점을 충분히 이해하지 못합니다. 그래서 자신들이 '영적 수행'이라고 간주하는 것과 다른 한편으로 '일상의 삶'이라고 생각하는 것 사이에 분명한 선을 그으려 하곤 하지요. 명상, 의례, 참배, 보시 등은 영적인 행위로 간주합니다. 반면 삶의 나머지 부분, 가령 가족과 함께하는 시간, 일터에 가는 것, 사회적 교류 등은 세속적인 행위에 불과하다고 여기지요. 한번은 어떤 매우 존경받는 라마께 서양 제자 중 한 명이 이렇게 질문했습니다. "저에게는 아내와 자식 그리고 직업이 있습니다. 그렇기 때문에 영적인 수행을 할 시간이 많지 않습니다. 어떻게 하면 좋을까요?" 이에 대해 라마께서는 이렇게 답하더군요. "신경 쓸 것 없다. 아이들이 다 크면 일찍 은퇴를 할 수 있고, 그때부터 수행을 시작하면 되지 않느냐."

라마께서는 저에게 이렇게 말씀하신 적이 있어요, "아닐라 (Anila)야, 넌 정말 운이 좋구나. 난 해야 할 일이 너무 많아서 수행할 시간이 없단다." 이런 생각, 즉 격식을 갖춰 앉고, 절하고, 사원에 가고, 법문을 듣고, 종교 서적을 읽는 것들로 수행이 구성되어 있고, 나머지 일과는 단지 무게 추에 불과하다는 생각은 우리에게 살면서 큰 좌절감을 줍니다. 심지어 가족과 직업을 원망하는 지경에 이를 수도 있어요. 언젠가 자유를 얻어 '진짜 수행'을 할 수 있게 되는 날만을 꿈꾸며 말이지요. 본인의 바로 그 상황들이 영적인 길에서 얻는 깨달음에 있어 가장 심오한 방편이 될 수 있건만, 삶에서 가장 좋은 그런 날들을 후회로 허비하고 있는 것일는지도 모릅니다. 우리 대부분 당장 일을 때려치우고 12년간의 집중 수행에 들어갈 생각은 없다는 가정하에, 지금 당장 이렇게 자문해 보아야 합니다. '불법 수행이 내 삶에 있어서 과연 적절한가?' 만약 사원에서의 전적인 헌신 외의 수행이 불가능하다면 서양인인 우리에게 불법이 무슨 소용이 있겠습니까?

지금 일어나고 있는 변화들이 있습니다. 이는 수행 자체도 아니고, 그 기초가 되는 철학도 아닙니다. 바로 무엇을 강조하느냐 하는 점이지요. 선불교에서 다양한 선례들을 찾아볼 수 있습니다. 선불교에서는 어떤 일이든 완전한 깨어 있음 속에서 행해진다면 우리가 하는 모든 일이 바로 영적인 행위라고 이야기합니다. 반대로 어떤 행위를 산만한 상태에서 한다면, 즉 주의를 반만 쓴다면, 그것이 아무리 영적으로 보여도 그저 또 하나의 세속적인 행위일 뿐이라고 말해요. 어떤 행위인지는 중요하지 않다는 말입니다. 누군가 높은 법상(法床)에 앉아 위대한 명상 스승으로 알려질 수도 있지만, 지금 이 순간에 머물러 깨어 있지 못한다면 거기 앉아 있는 것은 아무런 의미가 없습니다. 한편, 누군가 낙엽을 쓸고, 채소를 다듬고, 화장실을 청소할지라도, 그 과정에 완전한 주의를 유지한다면 그 모든 행위가 영적인 수행이 됩니다. 이것이 어째서 선불교 사원을 배경으로 한 영화를 보면 온전히 지금 이 순간에 존재하는 분위기를 느낄 수 있는지, 모든 일이 그토록 놀라운 내적 균형 상태에서 행해지는 것처럼 보이는지에 대한 이유입니다.

여기에 바쁜 삶을 사는 우리에게 열쇠가 될 힌트가 있습니다. 보통 지루하게 늘 하던 일, 영적인 의미라고는 없는 일이라고 생각되는 행위들을 불법의 수행으로 탈바꿈시키고, 종국에는 우리 삶 전체를 변용으로 이끌 수 있습니다. 이것이 오늘 제가 토론해보고자 하는 것입니다. 하지만 그 전에 이런 일상의 삶을 영적인 수행으로 삼는 일에 대한 또 다른 관점에 대해 조금 말씀드리고자 합니다. 제가 '영적인'이라는 단어를 쓸 때면 내심 움찔하게 되지만, 달리 어떤 적절한 표현이 있는지 모르겠다는 말씀입니다. 어쩌면 그것을 그냥 '수행'이라고만 불러야 하는지, 그리고 그렇게만 말해도 여러분이 잘 이해하실지 모르겠습니다. 이런 맥락에서 저는 '수행'이라는 말을 내적으로 변용을 가져오는 데 도움이 되는 무엇이라는 뜻으로 쓰려고 합니다.

이러한 변용을 가져오는 데는 서로 다른 두 가지 측면이 있습니다. 뭐, 결국에 그 둘은 합쳐지지만 말이지요. 하나는 내적인 공간을 만드는 것입니다. 이것은 내적인 중심 잡기, 내적인 침묵, 내적인 명료함입니다. 사물을 볼 때 우리가 보통 그렇듯이 해석을 덧붙이지 않고 정말 있는 그대로 볼 수 있게 만들어줍니다. 또 다른 측면은 가슴을 여는 법을 배우는 것입니다. 이번 대화에서 저는 후자의 측면에 대해 더 많이 다루려고 합니다. 가장 기초적인 수준에서, 이것은 해 끼치지-않기입니다. 세상을 살아가며 남들에게는 물론 자신에게도 해를 끼치지 않는 방법을 말합니다. 그리하여 누구든 우리 범위 안으로 들어오면 그 무엇도 두려워할 필요가 없음을 알게 하는 것이지요.

붓다의 길 전체가 세 가지 원칙에 기초하고 있음을 언급할 필요가 있습니다. 이를 세 가지 훈련[三學]이라고 부릅니다. 첫째, 도덕적 규칙 또는 윤리[戒]를 훈련합니다. 둘째, 명상[定] 훈련입니다. 셋째, 지혜[慧]의 훈련이지요. 요즘은 모두가 명상에 매우 많은 관심이 있습니다. 하지만 명상만을 그 맥락에서 따로 떼어 내는 것은 마치 집 지을 때 기초를 짓지 않고 벽을 세우는 것과 같습니다. 벽들이 아주 훌륭해 보일지 몰라도 견고한 기초가 없다면 무너지기 쉽겠지요. 훈련이 무엇에 관한 이야기인지 좀 더 완벽하게 이해하기 위해 이 세 가지 측면을 아주 간략하게 설명하고 넘어가고자 합니다.

불교 윤리란 어떤 대상에게도 해를 끼치지 않는 것을 말합니다. 주요 훈련 방법의 하나는 계율을 따르는 것이지요. 불자들이 지켜야 할 다섯 가지 기본 계율이 있습니다. 죽이지 말 것, 훔치지 말 것,

성적인 비행을 저지르지 말 것, 거짓말하지 말 것, 지나치게 취하지 말 것입니다. 이것들은 계명이 아닙니다. 해를 끼치지 않는 데 쓸 단순히 도구일 뿐이지요. 잠시 후에 여섯 가지 완벽함(육바라밀)에 대해 살펴볼 때 좀 더 상세히 윤리에 대해 다뤄볼 예정입니다.

명상을 잘하기 위해서는 마음을 더 평화롭게, 더 단순하게, 더 열려 있게 만들어줄 필요가 있습니다. 하지만 명상이란 게 단순히 내적 평화를 얻기 위함만은 아닙니다. 그것은 가슴을 활짝 여는 것과도 관련되어 있어요. 어떤 종류이든 남들에게 해를 끼치는 행위에 탐닉해 있는 와중에 어떻게 마음을 여는 것에 관해 얘기할 수 있겠어요? 이 두 종류의 행위는 서로 충돌합니다. 이것이 어째서 우리가 세상을 살아갈 때 모든 존재에 해를 끼치지 않으며 가능한 한 가볍게 살아야 하는지 붓다가 조언하셨던 이유입니다. 오직 그런 이후에야 마음이 진정될 수 있습니다.

우리는 모두 자신만의 연속극 속에 살고 있어요. 사건과 사물을 있는 그대로 보지 않습니다. 우리가 보는 것은 오직 우리의 해석일 뿐이에요. 우리 마음이 언제나 바삐 움직이기 때문이죠. 그럴 때 마음 자체를 살펴보려고 하면 표면 의식 아래 자리 잡은 그 무엇도 볼 수 없습니다. 하지만 마음이 고요히 가라앉으면 이윽고 투명해집니다. 이 정신적 명료함이 대상을 있는 그대로 볼 수 있게끔 만들어 줍니다. 모든 것에 우리의 의견을 투사시키는 대신에 말이지요. 이제 내면을 바라볼 때면 점점 더 미묘한 수준의 영혼을 관찰할 수 있게 됩니다. 이런 종류의 명상을 사마타(samatha)라고 부릅니다. '명상 중의 고요함' 또는 '고요하게 만드는 명상'이라는 뜻입니다. 사마타는 명상의 첫 번째 단계로, 마음을 고요하게 만들기 위해 이용됩니다. 하지만 명상에는 사마타의 완성 이후에도 다음 단계가 많이 있습니다. 이 단계에서는 비록 마음이 조용하고 평화로워졌지만, 수면 아래 수많은 쓰레기가 여전히 거기 존재합니다. 이제 그것들을 분명히 목격하지만, 결코 사라진 것은 아니죠.

이 깊은 층의 쓰레기를 다루기 위해선 위빠사나(Vipassana)를 행해야 합니다. 이른바 통찰 명상입니다. 위빠사나에는 커다란 물음표를 활성화하는 작업이 들어갑니다. 특히 티베트불교에서라면 모든 생각과 감정이라는 개념에 의문을 품고 이렇게 자문하는 것이지요. '이 모든 생각을 하는 사람은 누구인가?' 데카르트는 "나는 생각한다. 고로 존재한다."고 했습니다. 불교적인 관점에서 보면 우리는 이렇게밖에는 말할 수 없습니다. "나는 생각한다. 고로 생각들이 존재한다." 거기 생각들이 있다는 사실이 꼭 거기 생각하는 자가 있어야 함을 암시하는 것은 아니라는 얘기죠. 우리는 이렇게 말합니다. "내가 생각하고, 내가 느끼고, 내가 원하고, 내가 원하지 않는다." 하지만 늘 거미줄 한복판에 위치하는 거미처럼 보이는 이 '나'라는 게 무엇입니까? 우리는 묻지요. "생각이란 무엇인가?" 늘 끊임없이 생각하고 있음에도 우린 그게 뭔지 모릅니다. 하지만 주의의 초점을 실제 생각 또는 마음 자체에 두고 "이 생각은 무엇이지? 이것은 어떤 느낌이지? 이것은 어디서 오는가? 이것은 얼마나 머무는가? 이것은 어디로 가는가?"라고 묻는 경우는 드뭅니다.

같은 종류의 질문들을 감정에도 할 수 있습니다. "난 화가 났어."라고 말할 수 있습니다. 하지만 화가 뭐죠? 그게 어디에 있습니까? 그건 어떤 느낌입니까? 누가 화가 났다는 거죠? 모든 것과 연관 지어 기정사실로 하는 이 '나'가 도대체 무엇입니까? 다르게 비유하면 위빠사나란 양파 껍질을 벗기는 작업과 같다고 표현할 수 있어요. 끊임없이 질문해 들어가 이렇게 묻기 시작할 때까지 도달하는 것입니다. "이 핵심과 같은 '나'는 어디 있는 거지? 그게 무엇이지?" 이를 이해하는 순간 모든 것을 이해합니다. 우리의 일상적인 조건화된 생각의 수준을 딱 한 번만 넘어가 그 아래에 더 깊고 미묘한 층에 도달하면, 이른바 '조건 지어지지 않은 자(해탈)'로 알려진 상태에 도달합니다.

우리의 일반적인 사고 체계는 이원성에 기반을 둡니다. '나' 그리고 '나'가 생각하거나 행위하는 무엇에 기초하는 것이지요. 위빠사나를 수행하면 둘이 아닌, 불이(不二)의 의식으로서 주체와 대상으로 나누어지지 않은 직접적인 앎을 가져다줍니다. 예를 들면, 구름이 많은 날 하늘을 올려다보면 우리는 자연스럽게 스스로 하늘을 가리고 있는 생각과 감정이라는 구름에 연관 짓습니다. 그것들이 하얗든 까맣든, 또는 희미하든 말이지요. 우리를 날것 그대로 알아차림, 즉 광대한 푸른 하늘에 연관 짓는 경우는 드물어요. 하늘은 무한합니다. 그것이 어디서 시작합니까? 그것이 어디서 끝나나요? 우리가 고통받는 이유는 자신을 하늘로 보지 않고 구름으로 보기 때문입니다. "우리는 누구인가? 감정이란 무엇인가? 생각이란 무엇인가?"

같은 질문 속으로 깊이, 더 깊이 들어감에 따라 소위 지혜라 불리는 것이 나타나기 시작합니다.

지혜는 지적인 앎과는 전혀 무관합니다. 지적인 앎도 매우 도움이 될 수 있습니다. 그것은 대상을 명료하게 만들어 줍니다. 그러나 '뭔가에 대해 아는' 것과 '앎' 사이에는 거대한 차이가 존재합니다. 앎은 한 치의 틈도 없는 직접적인 경험의 느낌입니다. 예를 들어 설탕에 관한 많은 책을 읽었을 수 있습니다. 설탕의 화학성분에 대해 배우고, 어떻게 만들어지고 생산되는지, 또 몸속에는 어떤 종류의 당류가 있는지, 어떻게 탄수화물이 당류로 바뀌는지 배울 수 있어요. 설탕에 대해 '전문가'가 될 수 있습니다. 하지만 설탕을 맛보기 전까지 우린 설탕을 안다고 할 수 없어요. 오직 설탕에 관한 여러 가지 사실을 알 뿐입니다.

경험과 하나가 될 때 지혜가 나타납니다. 변용을 위한 즉각적인 깨달음[頓悟]이 본래 그러하지요. 이런 일이 일어나면 절대 다시는 이전과 같을 수 없습니다. 이것이 완전한 깨달음을 의미하지는 않습니다. 일부 사람들은 본인이 앉아 명상에 들고, 잠시 후 이런 벼락 같은 커다란 돌파구를 얻을 수 있으리라 상상하지요. 갑자기 환해지고, 나팔 소리가 울리고, 천사들이 등장하고, 꽃비가 내리는 그런 상상 말입니다. 이건 그런 게 아닙니다. 실제론 명상하며 때로 미미한 돌파구를 경험합니다. 마치 조건 지어지지 않은 마음의 작은 일별이라고나 할까요. 하지만 그것은 그 모든 과정이 막 시작되었다는 의미입니다. 분명 그것이 끝은 아닐 테지요!

지혜란 어떤 하나의 거대한 주제입니다. 그것은 한 개인에게 내재한 광대하고 텅 빈 성품에 대한 모든 이해와 경험되어지는 현상에 대한 모든 이해를 망라합니다. 그것은 우리의 내면을 향한 찾아 헤맴의 직접적인 결과입니다. 책에서 얻을 수 있는 뭔가가 아닙니다. 이런 정도의 깊은 통찰을 얻기 위해서는 고요하면서 동시에 유연한 마음을 가져야만 합니다. 이러한 마음 상태에 도달하기 위해선 첫째, 우리 몸과 말을 통제하는 능력을 길러야 합니다. 그래야 어떤 충돌을 일으키지 않을 수 있어요. 이렇게 세 가지 훈련 모두 서로를 지지하고 서로에게 의지합니다. 마치 삼각형의 한 변이 있으려면 나머지 두 변을 지지할 필요가 있는 것처럼 말입니다. 한 변을 떼어 내고 삼각형이 유지되길 바랄 수는 없겠지요. 세 가지 훈련은 여섯 가지 완벽함(six paramitas, 육바라밀)을 계발하기 위한 도구입니다. 이들은 깨달음을 향해 나가기 위해 필요한 초월적인 자질들을 의미합니다. 실제로는 수많은 자질이 연관되어 있지만 전통적인 체계 안에 포함된 것은 이들 여섯 가지로, 내어줌 또는 관용(보시), 윤리 또는 도덕적 규범(지계), 인내 또는 참을성(인욕), 열정적인 노력(정진), 명상(선정), 그리고 지혜(반야)입니다. 명상이 여섯 가지 자질 중 겨우 하나에 불과하다는 사실을 눈치채셨을 겁니다. 보시, 지계, 인욕은 어떻습니까? 이들 처음 세 가지 자질들을 완벽하게 만드는 작업은 완전한 영적 과정을 얻는 데 필수적이지만, 이는 사회적인 맥락에 맞춰야 할 필요가 있습니다. 홀로 고립되어 산다면, 누군가는 새들에게 모이를 줌으로써 보시의 자질을 계발할 수 있을 테고, 폭풍 속에서 또는 며칠이고 계속 내리는 눈 속에서 인욕을 기를 수 있을 테지만, 그 이상은 어떻게 하나요? 처음 세 가지 완벽함을 계발하기 위해서는 다른 사람들이 진정 필요합니다. 내어줄 대상이 없다면 어떻게 보시를 배울 수 있겠어요? 보시가 첫 번째로 언급되는 이유는 그것이 누구나 지금 당장 할 수 있는 것이기 때문입니다. 윤리적으로 완벽할 필요도, 대단한 명상가가 될 필요도, 모든 상황에서 화를 참는 대단한 인내를 계발할 필요도 없습니다. 결함투성이일 수도, 문제 덩어리일 수도 있는 우리지만, 그런데도 여전히 보시는 할 수 있어요. 내어줌은 가슴을 여는 행위입니다. 육바라밀 중 보시가 첫 번째가 된 또 다른 이유이지요.

영국에 살 때 사귀었던 친구 중에 영국인 수피(sufi, 이슬람 신비주의자) 몇 명이 있었습니다. 그들의 수장은 모로코에 있었어요. 세 살쯤 되는 아들이 있었던 친구가 있었는데, 하루는 그 친구가 아들에게 사탕을 한 상자 주고는 하나를 제게 주라고 권했어요. 녀석의 즉각적인 반응은 "싫어요, 이건 제 거예요!"였습니다. 그러자 아빠가 이렇게 말했습니다. "그래, 당연히 전부 네 것이지. 네 것이기 때문에 다른 사람들에게 나누어 줄 수 있는 것이란다." 녀석은 잠시 생각해 보고는 웃었어요. 상자를 열고는 저에게만 아니라 방안의 모든 사람에게 사탕을 나누어 주었습니다. 커다란 미소를 지으면서 말이지요. 맞습니다. 사탕이 그의 것이었기에 다른 사람들에게 나누어 줄 수 있는 거죠!

우리는 자신의 소유물을 이런 식으로 생각하나요? 어떤 것을 소유함으로써 다른 이들과 공유할 수 있다니 얼마나 행운입니까! 이것이 첫 번째 교훈입니다. 처음으로 마음을 열어 주위의 존재를 알아차리는 것입니다. 어쨌든 자기에게 필요 없는 뭔가를 줘버리는 것, 비록 그것이 시작이 될 수는 있겠지만, 그뿐만 아니라 뭔가 정말로 좋아하기 때문에 그것을 주는 것이기도 해요. 이는 사람들과 관계 맺는 아름다운 방법입니다. 그리고 언제든 할 수 있죠. 동양에서는 보시라는 개념을 잘 이해하고 있습니다. 일어나는 모든 일이 인과율에 따른 것이라고 믿기에, 번영하길 원한다면, 미래의 번영을 위한 원인을 만들어내야만 한다고 생각합니다. 그리고 번영의 씨앗[因]은 보시이지요. 이를 알기에 매우 기쁜 마음으로 주고, 받는 사람들에게 매우 감사해합니다. 이런 좋은 카르마를 쌓을 기회를 주었으니까요. 마음을 여는 효과뿐만 아니라 미래의 번영을 위한 씨앗을 심는 것이기도 한 겁니다. 이런 이유로 누군가 뭔가를 주면, 받는 이가 "고맙다."라는 말을 하지 않습니다. 고마움을 표현해야 하는 건 보시할 기회를 가진, 주는 사람 쪽이니까요.

작은 내어줌에서부터 시작할 수 있습니다. 친구들을 만났을 때 커피를 살 수도 있겠지요. 뭔가 멋진 것을 두 개 갖고 있다면 하나는 다른 누군가에게 줄 수 있습니다. 저는 인도에 사는 어떤 스와미(swami, 힌두교 고행자)를 한 분 알고 있습니다. 그는 상당히 잘 알려진 분이에요. 사람들은 늘 그에게 선물을 드립니다. 거기에는 멋진 외국산 물건들도 있는데, 인도에서는 상당히 선호되지요. 제가 충격적이었던 점은 그가 뭔가를 받았을 때 처음으로 늘 하는 생각은 언제나 '이걸 누구한테 줄 수 있을까? 누가 가장 받기 적당한 사람이지?' 라는 것이었습니다. 그는 뭔가를 자기를 위해 가지고 있는 법이 절 대 없었습니다. 그런데도 언제나 행복하지요!

일상의 삶에서 쉽게 실천할 수 있는 두 번째 자질은 지계입니 다. 불교도의 계율은 다섯 가지 규칙[五戒]으로 나뉩니다. 이들 규칙 을 지켜나가리라 다짐하는 말은 "나는 … 라는 규칙을 지키겠습니 다."라는 형태로 되어 있지요. 달리 말해 이것들은 계명(명령)이 아니 에요. 붓다는 " … 를 절대 해서는 안 된다."라는 식으로 말씀하신 적 이 없습니다. 그분은 이렇게 말씀하셨을 뿐이지요. "이것은 자신과 남을 해롭게 하지 않는 행위들을 계발하기 위한 훈련의 규칙이다." 첫 번째 계는 생명을 빼앗지 말라입니다. 의도적으로 죽이지 말라는 의미입니다. 인간뿐만 아니라 동물, 물고기, 곤충 등 의식을 가진 모 든 존재의 생명을 빼앗지 않는 것을 포함합니다. 우리가 자신의 생 명을 가장 소중한 소유물로 여기듯, 모든 존재는 자신의 생명을 가 장 소중한 소유물로 여깁니다. 붓다가 살아 계시던 시절 왕국을 다 스렸던 어떤 왕에 관한 이야기가 있습니다. 어느 날 그가 왕비와 함 께 발코니에 서 있었습니다. 그가 왕비에게 물었어요. "이 세상에서 누구를 가장 사랑하오?" 왕비는 잠시 생각에 잠겼다가 대답했어요. "아시다시피, 세상에서 가장 사랑하는 이는 자기 자신이 아닐까 생 각합니다. 폐하께서는 어떠신가요?" 왕은 그 말을 잠시 생각해 보고 말했어요. "흠, 그 말이 솔직히 사실인 듯하오. 세상에서 자기 자신을 가장 사랑하겠지." 그러고는 붓다를 찾아가 이 대화에 관해 물었습니다. "어떻게 생각하시나요?" 붓다가 말씀하셨어요. "진실입니다. 모든 존재는 자기 자신을 가장 친애합니다. 그리고 바로 그 때문에 우리는 해를 끼쳐서도, 해를 입어서도 안 되지요." 앞서 언급한 바와 같이 불교 윤리 전체는 해를 끼치지 않음이라는 원칙에 기반을 두고 있습니다. 이는 다른 이들에게 해를 끼치지 않는 것은 물론 자신에게 해가 되는 행위를 하지 않는 것까지 망라하지요. 이러한 방식으로 살면서 우리가 안녕에 아무런 위협도 되지 않으며, 함께 할 때 완벽하게 안전하다는 것을 우리의 현존의 범위 안에 들어온 모든 존재가 알게 됩니다.

두 번째 계는 주어지지 않은 것을 취하지 말라, 다시 말해 훔치지 말라입니다. 이 계는 불교 국가들에서는 매우 심각하게 받아들여집니다. 예를 들어 승려들이 누군가의 집에 갔을 때 뭔가를 살펴보려고 물건을 집어 드는 것조차 금지됩니다. 그런 행동이 그것을 가지고 싶어 하는 것이라고 해석할 여지가 있기 때문이지요. 실제로 승려들에게는 모든 것을 직접 손으로 건네주어야 한다고 되어 있습니다. 심지어 우리가 그들을 점심 식사에 초대했을 때라도 모든 음식을 하나하나 손으로 드려야 하지요. 그렇게 해서 그들이 제공되지 않은 것은 아무것도 취하지 않는다는 것에 어떠한 이의도 없게 만드는 것이에요. 몇몇 불교국가들에서는 승려들이 이를 정말로 고지식하게 따르고 있습니다. 이는 해가 없음의 또 다른 일면이에요. 사람들은 우리를 신뢰할 수 있음을 알아야 합니다. 우리는 그들의 어떤 것도 빼앗지 않을 것이고, 이는 사람들이 우리의 어떤 것을 빼앗아가길 원하지 않기 때문이지요. 이는 빌렸던 뭔가를 돌려줄 때도 적용됩니다. 사용한 즉시 돌려주어야 하고, 빌렸을 때와 똑같이 좋은 상태여야 합니다. 자신의 소유물을 타인이 존중해주길 원하는 만큼 다른 사람들의 소유물을 존중해야 합니다.

세 번째 계는 성적인 비행을 피하는 것과 관련됩니다. 자신과 상대방에게 해를 끼치는 어떤 종류의 성적인 행위에도 참여치 말라는 뜻입니다. 여기에는 행위에 대한 책임도 포함됩니다. 단순히 즉각적인 만족만을 구하지 말고, 우리 행위의 장기적인 결과와 영향을 고려하라는 것이지요. 누구와 잠자리를 같이 하는지, 또는 어떤 종류의 성행위를 하는지는 별로 문제 삼지 않습니다. 늘 스스로 해야 할 질문은 "이 행위로 인해 누군가 해를 입지는 않는가?"입니다. 그래서 불륜은 언제나 해로운 것으로 간주합니다. 누군가에게 상처를 주고, 질투, 기만, 신뢰의 부재로 이어지기 때문입니다.

네 번째 계는 진실이 아닌 것을 말하지 않음입니다. 이 계율을 지킴으로써 사람들은 우리가 한 말을 신뢰할 수 있습니다. 우리가 진실이라고 믿는 것들을 말하고 있음을 그들은 알지요. 이와 동시에 우리의 말은 도움이 되는 것들이어야 합니다. 진실해야 할 뿐만 아니라 친절하기도 해야 해요. 어떤 이들은 자신이 매우 진실한 말만을 한다고 스스로 자부하지만, 진실의 말이 실제로 아주 못된 것일 수도 있습니다. 본인이 진실만을 말한다고 자랑하는 사람들의 말을 들어보면 대개 그 말들은 남들에게 상처를 주는 말들이에요! 흥미롭습니다. 제가 어렸을 적, 전쟁 직후에 일어났던 일이 생각납니다.

그 시절 영국에서는 음식과 옷가지를 포함해 모든 것이 다 배급제였어요. 의류 쿠폰을 배급받았고, 우리는 그것을 악착같이 모아 뭔가 새것을 사려고 했어요. 그건 특별한 일이었죠. 어머니께서 크림색 코트를 샀습니다. 그것을 꺼내 입고는 제게 보여주셨어요. 그녀는 매우 기뻐했는데, 새 옷을 갖기가 여간 어려운 일이 아니었거든요. 어머니께서 물으셨어요. "어떻게 생각하니?" 저는 이렇게 답했습니다. "좀 뚱뚱해 보여요." 제가 했던 말은 사실이었습니다. 옷이 정말로 어머니를 뚱뚱하게 보이게끔 했어요. 하지만 어머니 얼굴에 나타난 실망과 상처받은 표정에 제 가슴이 덜컥 내려앉았죠. 코트를 벗으시더니 옷장에 넣으셨습니다. 그 옷은 이후 다시는 입으신 적도, 아니 쳐다보신 적도 없었습니다. "멋진 색이네요." "옷이 멋져요." 혹은 "디자인이 흥미롭군요." 정도로 말했어야만 했어요. 이런 정도의 말들도 딱 진실이었으니까요. 우리가 진실을 말할 때는 그것이 오직 진실일 뿐이어서는 안 된다는 점도 기억해야 합니다. 도움이 되고 친절해야만 해요. 우리의 목표가 남들에게 해를 끼치지 않는 것임을 기억해야 합니다. 그리고 거기엔 상대방의 감정을 헤아리는 것도 포함되는 것입니다.

다섯 번째 계는 음주하지 말라입니다. 이것은 서양에서는 그리 인기가 좋지 않은 계율이지요. 많은 이들이 말합니다. "오, 이건 정말이지 고주망태가 될 정도로 취하지 말라는 뜻일 뿐이야." 실제로 계율은 취하면 안 된다고 말하지 않습니다. 술을 탐닉해서는 안 된다고 말하고 있지요. 왜 안 되죠? 자, 무엇보다 첫째로, 불교는 알아차림과 마음의 명료함을 증진하기 위한 길입니다. 그것을 약화하는 길이 아니고요. 술을 탐닉하면 마음을 흐리게 만들어 역효과를 냅니다. 그뿐만 아니라 우리의 모든 부정적인 자질이 표출될 출구를 열어버리지요. 취하게 되면 사람들의 가장 훌륭한 자질을 표출할 수 없습니다. 드물게 취하지 않은 상태에서 사람들은 마더 테레사처럼 행동합니다. 더 흔하게는 취해서 아내들을 때리지요!

술과 관련한 티베트 우화가 있습니다. 한 승려가 산속 동굴에 살며 명상 중이었어요. 아랫마을에 사는 그의 후원자가 때때로 음식을 가져다주곤 했습니다. 후원자의 딸도 필요한 물품들을 가져다주곤 했습니다. 그런데 딸은 시간이 흘러 이 승려에게 홀딱 반해버리고 말았어요. 결국 그녀는 승려에게 하룻밤을 같이 보내자고 제안했습니다. 승려가 말했죠. "그렇게 할 수 없어요. 저는 독신을 맹세한 승려입니다. 무슨 말씀을 하시는 거죠? 어림도 없습니다." 그녀는 산에서 내려가며 대단히 실망했어요. 다음번에 왔을 때 그녀는 염소를 한 마리 데리고 왔습니다. 그러고는 승려에게 말했어요. "좋아요, 당신이 저와 하룻밤을 보내지 않겠다니 알겠어요. 그러면 우린 이 염소를 잡아서 함께 잔치를 즐겨요." "당신 미쳤어요?" 승려가 대답했죠. "전 불교 승려란 말입니다. 저는 살생하지 않아요, 그냥 가세요." 산에서 내려오며 그녀가 중얼거렸지요, "불교 승려를 속이기란 대단히 어렵군."

다음번에 그녀는 티베트 맥주인 창(chang)이 담긴 커다란 항아리를 가지고 왔습니다. 그녀가 말했어요. "좋아요, 이게 제 최후통첩

이에요. 저와 사랑을 나누든지 아니면 염소를 잡아먹는 겁니다. 그
것도 안 된다면 적어도 저랑 이 창을 같이 마시는 건 괜찮겠죠? 이
부탁마저 들어주지 않는다면 전 실망해서 자살할 거예요." 승려는
곰곰이 생각했어요. "어떻게 해야 할까? 이 불쌍한 소녀가 자기 생
명을 잃는 원인을 제공할 수는 없어. 이 중 가장 해로움이 적은 건 창
을 마시는 것이군." 그래서 그가 말했어요. "좋아요, 함께 창을 마십
시다." 그리고 그렇게 했지요. 당연하게도 승려는 완전히 취했어요.
그래서 소녀와 사랑을 나눴죠. 그리고 그 기념으로 염소를 잡아 커
다란 잔치를 열었습니다!

　　알코올 그 자체는 문제가 아닙니다. 문제는 그것이 우리의 모든
부정적 행위의 봇물을 터뜨린다는 거죠. 술에 취한 운전자가 악마
라서 사람들을 죽이는 게 아니죠. 제어 능력을 상실해서 그렇게 되
는 겁니다. 미국의 한 수감자와 서신을 주고받고 있습니다. 그는 26
년형을 선고받고 복역 중입니다. 음주 운전으로 어떤 어머니와 딸을
죽였기 때문이었어요. 음주 운전이 그 두 사람을 죽였을 뿐만 아니
라, 한편으로는 자기의 삶 또한 앗아간 셈이에요. 26년이란 갇혀 지
내기에 너무 긴 시간이죠!

　　불교 윤리는 완전히 깨달은 존재의 행동에 기초합니다. 완전히
깨달은 존재는 자연스럽게 생명을 빼앗지 않고, 훔치지 않고, 성적
인 비행을 탐닉하지 않고, 거짓말하지 않고, 술에 빠지지 않겠지요.
해롭지 않은 방식의 삶을 통해 우리의 행위들을 완전히 깨달은 존재
의 그것에 순응시키는 것입니다. 이들 계율이 당시 문화에 맞춰 정

해진 것만은 아니라는 걸 여러분들도 아실 거로 생각합니다. 계율이 2,500년 전 북부 인도와 관련이 있을 뿐, 지금의 세상에는 맞지 않는다고 말한다면 이는 정확하지 않아요. 실제로 이들 계율은 탐욕과 폭력을 기반으로 하는 현대 사회에 있어서도 딱 과거만큼, 더는 아니더라도, 적절합니다. 이들 계율을 지키는 건 집의 토대를 짓는 일입니다. 그리 재밌는 작업이 아니지요. 토대를 쌓는 일을 신나는 일이라고 말하는 사람은 아무도 없어요. 하지만 그런데도 그 보상은 매우 큽니다. 토대를 굳건히 하면 견고한 벽을 더 쉽고 빠르게 세울 수 있어요. 반면 토대가 약하면 벽들이 불안정할 겁니다. 겉보기에 근사해 보일지라도 말이에요. 자신의 행위를 맑고, 도움이 되고, 해롭지 않게 만들면 마음이 고요해집니다. 충돌이 잦아듭니다. 스스로 책망할 거리가 없어집니다. 이러한 단단한 기초 위에서 명상 수행을 시작할 수 있습니다. 명상을 시작하기 전에 우리의 행위가 완전무결해야만 한다고 말씀드리는 게 아니에요. 하지만 우리가 그런 행동들을 자기 의지로 고집한다면, 가령 동물을 사냥하고, 아내와 자식들에게 폭력을 행사하고, 주말에 가게에서 물건을 훔치고, 악의적인 헛소문을 퍼뜨리며 즐거워하고, 불법적인 애정행각을 한다면 우리 마음은 명상을 제대로 하기에는 너무 바빠집니다. 실제로 이 상태에서 명상을 시도한다면 오히려 역효과만 일으킵니다.

　가능한 한 스스로 몸과 마음에 해롭지 않은 삶을 사는 것은 매우 중요합니다. 우리에게는 그럴 책임이 있기 때문이에요. 우리가 자동차에 연료를 넣을 때 고품질의 기름을 주의 깊게 선택하듯, 자기의 몸과 마음을 양육함에 있어서도 신중하게 마음챙김해야 합니다. 일부러 가짜 휘발유나 그 밖의 해로운 물질들을 집어넣지는 않겠죠. 분명 엔진에 손상을 줄 것을 알기 때문입니다. 자신의 자동차는 주의 깊게 돌보건만, 자기의 육체는 그렇게 하지 않아요. 온갖 해로운 것들을 몸에 주입합니다. 우리 자신, 우리 마음, 사회에서 우리 자리에 더 많은 책임감을 느껴야 할 필요가 있습니다. 불교도라면 앉아서 명상하며 자애와 자비를 기르고 그것을 모든 존재에게 나누어야지요. 하지만 스스로에 대한 자비도 갖고 있지 않다면 어떻게 남들에게 자비롭기를 기대할 수 있겠습니까? 방석 위에 앉아 이렇게 생각하는 건 비교적 쉬워요. "모든 지각 있는 존재들(중생)이 행복하고 편안하길." 그리고 자애의 생각들을 저 밖 지평선 너머 어딘가 있을 모든 작은 중생에게 보내는 겁니다! 그러다 누군가 들어와 전화가 왔다고 말합니다. 그러면 말이 채 끝나기도 전에 이렇게 말합니다. "나가세요. 전 지금 친애의 명상을 하는 중이라고요." 우리가 불법 수행을 시작하기에 가장 좋은 장소는 바로 가정입니다. 가족 구성원들과는 가장 강력한 카르마적 유대를 갖고 있지요. 그렇기에 그들과 관계를 증진할 커다란 책임이 있습니다. 가족들을 향한 자애의 마음을 계발할 수 없다면 다른 존재들에 대해 말해 무엇합니까? 정말로 마음을 열고 싶다면 우선 우리와 직접적으로 연결된 사람들이 그 시작이어야 합니다. 바로 배우자, 자녀, 부모, 형제자매지요. 이것은 언제나 어려운 과업입니다. 깊이 각인된 행동 패턴을 극복해야 하기 때문이에요.

부부 사이가 특히 큰 도전과제일 수 있다고 생각합니다. 부부간에 어떻게 교류하는지 녹음하거나 동영상을 찍는 게 좋은 아이디어일지 모른다는 생각을 가끔 합니다. 나중에 자신들이 어떻게 행동했는지 보고 들을 수 있게 말입니다. 그는 늘 이렇게 말하고, 그녀는 매번 저렇게 말하고, 그리고 그럴 때마다 반응은 서투르기 그지없지요. 어떤 패턴에 묶여 있는 겁니다. 자신은 물론 자녀들을 포함한 주위 사람들에게 고통을 주고, 그런데도 그 패턴에서 빠져나오지 못합니다. 수행에 자애로움을 첨가하면 오랜 세월에 걸쳐 만들어진 경직된 패턴들을 느슨하게 만드는 데 정말 도움이 됩니다. 단순히 눈을 감았다가 잠시 후 눈을 떠서 앞에 있는 사람을, 특히 그가 배우자, 자녀, 또는 부모처럼 아주 잘 아는 누군가라면, 마치 처음 보는 사람인 듯 바라보는 것만으로 때로 아주 좋은 수행이 됩니다. 이로써 그들의 좋은 자질들을 새삼스럽게 깨닫게 되고, 그러면 그들을 향한 자애의 마음을 계발하는 데 도움이 될 겁니다.

여섯 가지 완벽함(육바라밀)의 세 번째는 인내(인욕)입니다. 이건 상대방이 존재해야만 하죠. 인내는 분노의 해독제입니다. 불법의 관점에서 보면 인욕은 극히 중요합니다. 붓다도 인내를 가장 위대한 금욕이라 칭송하셨어요. 우리는 이 경이롭고, 드넓고, 고귀한 자질을 반드시 계발해야 합니다. 이는 억압하거나 억제하거나 그와 비슷한 무엇과는 하등의 관계가 없어요. 차라리 이는 마음을 여는 행위에 관한 것입니다. 이를 계발하기 위해서는 우리를 짜증 나게 하는 사람들과 자주 접촉할 필요가 있어요. 사랑스러운 사람을 사랑하는 것은 식은 죽 먹기죠. 하지만 진짜로 우리를 시험에 들게 하는 것은 완전 불쾌한 사람과 함께 할 때입니다!

책에서 읽었던 이야기를 하나 하겠습니다. 혹시 리지외의 테레사(Saint Thérèsa of Lisieux, 1873~1897)에 관해 들어보신 분 있습니까? 그녀는 종종 "작은 꽃"이라고 불립니다. 들어본 적 없는 분들을 위해 말씀드리자면, 그녀는 프랑스 노르망디의 중류층 가정에서 자란 소녀였어요. 열다섯 나이에 카르멜회 수녀가 되었고 19세기 말 결핵으로 사망했습니다. 그때 나이가 겨우 스물넷이었어요. 현재 그녀는 잔 다르크에 이어 프랑스의 두 번째 수호성인입니다. 그녀는 폐쇄적인 작은 카르멜회 수녀원에서 약 서른 명의 다른 여자들과 살았습니다. 네 명의 자매도 같은 수녀원의 수녀였어요. 그녀의 가장 나이 많은 언니가 수녀원장이었습니다.

묵상을 목적으로 하는 무리 속에서의 삶을 한 번 상상해 볼 필요가 있습니다. 볼 수 있는 사람이라고는 무리에 속한 사람밖에 없어요. 당신이 선택한 사람들이 아닙니다. 자기랑 제일 친한 친구들을 불러 무리를 만든 것과는 다릅니다. 그냥 거기 가서 그제야 자신의 상황을 알게 되는 것이지요. 전 생애 동안 당신 전에 온 사람 옆에 앉고, 다음엔 당신 후에 온 사람 옆에 앉고 하는 식이에요. 그냥 선택권이 없어요. 함께 먹고, 함께 자고, 함께 기도하고, 여가 시간 또한 함께합니다. 그건 마치 여기 이 방에 모인 우리가 갑자기 이렇게 말하는 것 같은 겁니다. "바로 이거예요. 여러분! 자, 이제부터 남은 삶 동안 우리 외의 누구도 보지 못합니다. 서로서로 선택한 것은 아닙니다만 어쩌다 보니 그렇게 되었네요." 상상해 보세요!

　자, 이제 어떤 수녀가 있었는데 테레사는 그 수녀와 도저히 함께 할 수가 없었습니다. 이 여성에 대한 그 어떤 것도 좋아하지 않았어요. 그녀의 외모, 걸음걸이, 말투, 그리고 냄새까지. 테레사는 꽤 깔끔한 편이었죠. 수녀들은 아침에 커다란 석조 회당에 모여 묵상 시간을 가졌는데, 그곳은 아주 조그만 소리도 크게 울리는 곳이었어요. 이 수녀는 테레사 앞에 앉아 이상한 딸깍거리는 소음을 만들어 내고는 했습니다. 소음이 규칙적이지도 않아서 언제 다음번 딸깍 소리가 들릴지 예상할 수도 없었습니다. 본래 묵상을 해야 하는 자리였건만 묵상은커녕 도대체 언제 다음번 딸깍 소리가 날지 기다리며 식은땀을 흘리고는 했습니다. 앞으로 남은 삶 동안 그녀 주위에 함께 해야 하고 그 여성은 절대 변하지 않으리라는 것을 잘 알고 있었어요. 결국 그 여성이 다가오는 걸 볼 때마다 미끄러지듯 도망치려고 하는 것이 소용없음을 깨닫게 되었습니다. 그 여성이 부름을 받고 그리스도의 신부가 되었다면, 그녀의 어떤 면인가가 하나님을 기쁘게 하는 게 틀림없었어요.

　테레사는 마음을 고쳐먹었습니다. 이 수녀에게 어떤 부분인가 아름다운 면이 틀림없이 존재할 거로 생각했습니다. 본인은 아직 보지 못하지만 말이지요. 또한 이 여성이 앞으로 절대 변하지 않는다면 변할 수 있는 건 오직 테레사 자신뿐임을 깨달았습니다. 그리하여 자신의 혐오감을 두둔하고 여성을 피하는 대신, 그녀를 일부러 찾아 나서고 마치 그녀가 가장 친한 친구인 듯 대하기 시작했습니다. 작은 선물을 주는 등 그 여성의 필요를 충족시켜주기 시작했습니다. 늘 진심에서 우러나오는 가장 밝은 미소로 대했어요. 마치 자신이 가장 친애하는 친구라는 듯, 이 여성을 대할 때면 가능한 모든 것을 했습니다. 하루는 여성이 그녀에게 말했습니다. "당신이 날 왜 이렇게 많이 사랑해 주는지 정말 모르겠군요." 테레사는 생각했지요. '니가 그걸 알면 내가 이러겠냐!'

이런 식의 행동을 통해 테레사는 자연스럽게 이 여성에 대해 곰곰 생각해 보게 되었어요. 이제 더 이상 그녀는 골칫거리가 아니었지만, 그 여성이 실제로 달라진 것은 아무것도 없었습니다. 그녀는 여전히 거기 앉아 딸깍거리는 소리를 내고 있었을 겁니다. 확실하지요. 그런데도 모든 것이 변했습니다. 문제는 극복되었고, 테레사의 입장에서 보면 내면의 성장에 대단한 진전이 있었지요. 그녀가 어떤 대단한 기적을 보였던 것은 아니에요. 어떤 대단한 계시를 받았던 것도 아닙니다. 단지 뭔가 아주 단순한 것을 했을 뿐이고, 이는 우리 모두 할 수 있는 것, 바로 본인의 마음 자세를 바꾼 것이지요. 세상을 변용시킬 수는 없습니다. 하지만 우리 마음을 변용시킬 수는 있지요. 그리고 우리 마음을 변용시킬 때, '어라, 이것 봐라.' 하는 식으로, 세상 전체가 변용됩니다!

샨티데바(Shantideva)는 7세기 인도에서 활동한 학자입니다. 그는 책에 지구가 온갖 자갈, 뾰족한 암석, 엉겅퀴로 가득하다고 썼습니다. 자, 그러면 어떻게 하면 자갈, 뾰족한 암석, 엉겅퀴에 발가락이 차이지 않을 수 있을까요? 온통 카펫을 깔아 놓으시렵니까? 누구도 지구 전체를 카펫으로 뒤덮을 만큼 부자는 아니지요. 하지만 한 조각의 가죽만 있으면 발에 덧대어 신발이나 샌들을 만들어 신을 수 있습니다. 어디든 걸어 다닐 수 있지요. 우리 입맛에 맞춰 세상 전체를, 그리고 거기 사는 사람들 모두를 바꾸려 할 필요가 없습니다. 저 밖에는 수십억 명의 사람들이 있지만 오직 하나만 '나'이지요. 어떻게 모든 이들이 정확히 내가 원하는 대로 하길 바랄 수 있겠습니까? 그럴 필요도 없어요. 바꿀 필요가 있는 건 오직 우리 태도뿐입니다. 우릴 짜증 나게 하고 가장 큰 문제를 일으키는 사람들을 우리의 최고의 친구들이라고 여길 수 있습니다. 그들이야말로 우리가 배우고 변용하는 데 도움을 줍니다.

　제가 남인도에 있을 때 점성술사를 보러 간 적이 있습니다. 그에게 말했지요. "두 가지 선택지가 있어요. 다시 돌아가 집중 수행을 하든지 아니면 비구니 사원을 만들 수도 있어요. 어떻게 하는 게 좋을까요?" 점성술사는 저를 한 번 쳐다보더니 말했지요. "당신이 돌아가 집중 수행을 한다면 아주 평화롭고, 아주 조화롭고, 아주 성공적이고, 그리고 모든 것이 괜찮을 겁니다. 사원을 만든다면 수많은 충돌, 수많은 문제, 수많은 어려움이 있겠지요. 하지만 둘 다 좋습니다. 그러니 당신이 결정하세요." 저는 생각했어요. '집중 수행으로 돌아간다. 당장!' 그러다 어느 가톨릭 신부를 만나 다시 고민을 털어놓았습니다. 그는 이렇게 말했습니다. "뭐 당연하지 않습니까. 사원을 만드세요. 항상 평온함만 찾아다니고 도전을 피한다면 무슨 소용입니까?" 그는 우리가 거친 나무 조각 같은 거라고 말했습니다. 모서리를 부드럽게 다듬는답시고 벨벳이나 실크로 아무리 문질러 봤자 소용이 없지요. 모서리를 부드럽게 만들 때 필요한 것은 사포예요. 우리를 짜증나게 하는 사람들은 사포입니다. 그들이 우리를 매끄럽게 만들어 줄 겁니다. 영적 여정 속에서 극도로 짜증을 주는 그들을 최고의 도우미들이라고 여긴다면 많은 것을 배울 수 있습니다. 그들은 더 이상 문젯거리가 아니고 도전과제가 되지요.

아띠샤((Atisha)는 인도 뱅골 출신으로, 티베트에 건너가 불교를 넓게 펼친 인물입니다. 아띠샤에게는 인도에서부터 데리고 다니던 하인이 한 명 있었습니다. 그런데 그 하인은 정말 끔찍했어요. 아띠샤에게 폭언을 일삼고, 반항적이었으며, 전반적으로 큰 골칫거리였어요. 너무나 불쾌하고 끔찍한 그런 친구를 도대체 왜 데리고 다니느냐고 티베트인들이 물었습니다. 그들이 말했어요. "그를 돌려보내세요. 우리가 당신을 돌봐드리겠습니다." 아띠샤가 대답했어요. "대체 무슨 말씀을 하십니까? 그는 제 가장 위대한 인내 선생님입니다. 제 주위 사람 중에 가장 소중한 사람이에요!" 인내는 억압을 의미하지 않습니다. 분노를 병에 꼭꼭 눌러 담거나 스스로 책망하는 형태로 안으로 방향을 트는 게 아니에요. 일어나는 모든 것이 이생 또는 이전 생에서 언젠가 지어졌던 원인과 조건의 결과임을 보는 마음을 갖는다는 의미입니다. 우리가 누군가와 가졌던 관계가 현재 다가온 어려움의 원인인지 누가 압니까? 또 다른 생에서 우리가 그에게 똑같이 했던 것일는지 아무도 모릅니다! 만약 우리가 그런 사람들에게 보복으로 반응한다면, 그냥 스스로 똑같은 굴레에 가두는 것일 뿐입니다. 이생과 내생에서 영화의 이 장면을 몇 번이고 반복해야만 되는 셈이에요. 굴레를 벗어나는 유일한 길은 우리의 태도를 바꾸는 것뿐입니다.

공산주의자들이 티베트를 집어삼켰을 때, 수많은 승려와 라마를 투옥했습니다. 승려들은 아무 잘못도 하지 않았습니다. 단지 그때 거기 있었을 뿐이죠. 몇몇은 중국 강제 노동 수용소에 20년 또는 30년간 갇혀 있었고, 이제야 겨우 풀려났지요. 얼마 전, 저는 25년 동안 투옥되었던 어떤 승려를 만났습니다. 지속적인 학대와 고문으로 그의 몸은 마치 난파선 같았습니다. 그런데도 그의 마음이란! 그의 눈을 들여다보면 거기엔 일말의 쓸쓸함도, 망가짐도, 증오도 없었습니다. 두 눈동자가 형형하게 빛나고 있을 뿐이었지요. 마치 지금 막 25년간의 집중 수행을 마치고 나온 듯 보였어요! 그는 중국에 오히려 감사하다고 말했습니다. 본인에게 해를 가하는 사람들에 대한 압도적인 사랑과 자비를 기르는 데 정말 많은 도움이 되었다고 말입니다. 그가 말했어요. "그들이 아니었다면 전 아직도 쓸데없는 이야기나 지껄이고 있었을 겁니다." 하지만 투옥됨으로써 그는 자기 내면의 힘을 끌어낼 수밖에는 없었던 것입니다. 그런 환경에 처하면 굴복하거나 극복하거나 둘 중 하나입니다. 감옥에서 나왔을 때 그가 느끼는 건 오직 자신을 투옥한 자들에 대한 사랑과 이해뿐이었습니다.

잭 런던(Jack London, 1876~1916, 미국의 소설가)의 어떤 책을 읽은 적이 있습니다. 제목은 생각이 나지 않는군요. 별들에 대한 어떤 것이었던 것 같습니다.(『The Star Rover』(1915), 실화에 영감을 받아 쓴 소설로 국내에는 『별 방랑자』라는 제목으로 출간되었다.) 내용은 자기 아내를 살해하고 산 쿠엔틴 교도소에 수감 중인 동료 교수에 관한 이야기였어요. 감옥 경비원들은 이 사내를 전혀 달가워하지 않았습니다. 너무 똑똑했거든요. 그래서 가능한 온갖 학대란 학대는 다 했습니다. 그들이 저지른 짓 중 하나는 사람들을 아주 질긴 마대에 넣고 입구를 단단히 조여 움직이거나 숨쉬기도 어려울 정도로 만드는 것이었어요. 그건 온몸이 짓눌리는 듯한 느낌을 주었지요. 48시간 이상 그런 상태로 있었다간 누구든 사망했습니다. 그들은 이 교수를 그런 자루에 한 번에 스물네 시간 또는 서른 시간씩 가두는 짓을 계속했습니다. 이렇게 옴짝달싹 못 하는 상태에 있는 동안, 그 고통이 참을 수 없는 지경이었기에, 유체 이탈의 경험이 일어나기 시작했답니다. 결국에는 전생까지 거슬러 올라가 보기 시작했어요. 그러다가 지금 자신을 고문하는 사람들과 전생에서 엮인 인연을 보았습니다. 교수형을 당하기 직전이었음에도 자신을 고문했던 사람들에 대해 사랑과 이해 외에는 어떤 것도 느낄 수 없었지요. 그들이 어째서 그런 짓을 하고 또 그게 어떤 의미인지 정말로 이해하고 있었기 때문입니다. 그들 내면의 불행, 혼란, 그리고 분노가 지금의 시나리오를 쓰고 있음을 느꼈던 거예요.

이처럼 대단하지는 않더라도, 우리 역시 부정적인 사건들을 변용시키고 그것들을 가져다가 수행에 이용하는 능력을 길러야만 합니다. 즐거움보다는 고통으로부터 배우는 것이 더 많아요. 물론 밖에 나가서 고통을 찾아다녀야 한다는 의미는 아닙니다. 전혀 아니지요. 하지만 고통이 찾아왔을 때 그것이 어떤 형태이든, 그것을 원망하며 더 많은 고통을 창조하는 대신, 그것을 커다란 성장의 기회로 볼 수 있습니다. 가령 '그가 나를 좋아하지 않는군. 그렇다면 나도 그를 좋아하지 않을 테야.'와 같은 우리의 평범한 사고 패턴에서 빠져나올 기회 말입니다. 이 모든 것을 초월하기 시작하고 이 방법으로 마음을 열 수 있습니다. 한번은 붓다가 말씀하셨습니다. "누군가 네게 선물을 주었고 그것을 받지 않았다면 그 선물이 누구에게 속하느냐?" 제자들이 대답했어요, "주려던 사람에게 속합니다." 그러자 붓다가 말씀하셨어요. "너희들이 어떤 악담을 퍼부어도 나라면 받지 않겠다. 그러면 그건 너희들 몫이 되는 거다." 우리는 그걸 받을 필요가 없는 거예요. 우린 자신의 마음을 광활한 열린 공간처럼 만들 수 있습니다. 열린 공간에 진흙을 던진다 해도 그것이 공간을 더럽히지 못합니다. 그것을 던진 사람의 손만 더러워질 뿐이지요. 부정적인 사건과 사람들을 긍정적이고 영적인 사건과 사람들로 승화시키는 법을 배우는 것이 왜 중요한지, 그리고 인내를 계발하는 일이 어째서 중요한지 이해하시겠지요?

문_ 계율을 지키던 중에 다른 사람들이 거짓말하고 또 본인이 그걸 믿는다면 어떻게 되나요?

답_ 자, 잘 속아 넘어가는 사람이 되라는 말이 아닙니다. 마음이 점점 더 맑아지면 사물을 정말 있는 그대로 보기 시작합니다. 사람들도 있는 그대로 보기 시작하지요. 사람들이 스스로 보여주고 싶은 모습을 보는 대신 그들의 진정한 있는 그대로를 보기 시작하면, 그들에게 커다란 자비심이 느껴집니다. 하지만 그것이 바보가 되어야만 한다는 의미는 아니에요. 자비는 결코 감상적인 것이 아닙니다. 그것은 면도날처럼 날카로워요. 저는 바보의 연민에 관해 얘기하고 있지 않습니다. 진정한 자비는 맑은 시야와 궤를 같이합니다. 상황을 보면 저절로 적절한 반응이 무엇일지 알 수 있어요. 보통은 우리가 너무나 혼란스럽기 때문에 적절한 반응이 무엇인지 알지 못하는 거예요. 그렇기에 행복해지려고 너무나 열심히 애쓰는데도 점점 더 많은 혼란만을 만들어내고, 자신과 주위 모든 이들을 곤경에 빠뜨리는 겁니다. 결코 의도적으로 그러는 게 아니란 말이지요. 애초에 의도는 자신이 행복해지는 것, 그리고 가능하다면 다른 사람들 역시 행복해지는 것이었을 테지요. 하지만 우리는 그렇게 하지 않습니다. 너무나 혼란스럽기 때문입니다. 자신을 더 잘 이해할수록 남들을 더 잘 이해할 수 있어요. 그러면 상황에 적절한 방식으로 반응할 수 있고 해로움을 야기하지 않습니다. 불교의 기본적인 원칙들은 전 세계적으로 불교도가 아닌 사람들에게도 사용되고 있습니다. 모든 사람에게 적용이 가능하기 때문이에요. 불교를 이해하기 위해 정식으로 불교도가 될 필요는 없습니다. 달라이 라마께서도 평소 늘 말씀하십니다. "우리가 사람들을 만나는 목적은 그들을 불교도로 개종시키려는 것이 아닙니다. 사람들이 더 행복하고, 더 친절하고, 더 평화로울 수 있도록 도우려 노력할 뿐이지요."

붓다가 말씀하셨어요. "나의 가르침은 오직 한 가지이다. 고통 그리고 고통의 종말." 붓다는 주위를 둘러보았습니다. 사람들이 너무나 간절히 행복하길 원하건만, 그들의 혼란스러움으로 인해 자신과 타인에게 계속 점점 더 많은 고통만을 만들어냄을 목격하셨어요. 마치 우리 모두 밧줄에 묶여 있고, 풀려나려 이리저리 줄을 당겨보고 있지만 매듭을 어떻게 풀지 알지 못하기에, 그저 되는대로 이리저리 당기고 있고 줄은 점점 더 조여지기만 하는 것과 같았죠. 붓다는 이 모든 것을 변용시키는 방법을 보여주셨습니다.

진정으로 행복한 사람들이 얼마나 되겠습니까? 꿈에 그리던 남성 또는 여성을 방금 만났다고, 새 자동차를 방금 구입했다고, 새집을 마련했다고, 또는 늘 선망하던 직장을 얻었다고 진정으로 행복하다고 생각하지 않습니다. 저는 내적으로 행복한 것을 말하고 있습니다. 어떤 일이 일어나도 내면에 기쁨이 샘

솟고 가슴에서 평화가 끊임없이 거품처럼 솟아나는 그런 것에 관해 얘기하는 거예요. 이런 사람을 얼마나 알고 계십니까? 좀 있죠. 하지만 많지 않아요.

문_ 당신은 불교가 유신론적이지 않다고 말했습니다. 그러면 붓다에 대한 당신의 태도는 어떻게 설명하시겠습니까?

답_ 붓다는 신이 아닙니다. 그는 왕자로 태어났고, 온전히 본인의 노력을 통해 완전한 깨달음을 얻으셨어요. 그분은 무지와 알지 못함이라는 그 모든 경계를 부쉈습니다. 마음은 사방으로 확장되었고 또한 모든 것을 명징하게 보셨습니다. 깨어났어요. 우리는 모두 무지의 바닷속에 잠들어 있습니다. 이런 사실을 자각하고 깨어날 필요가 있습니다. 우리가 붓다에게 엎드려 절할 때, 그것은 그분에 대한 압도적인 감사의 마음 끝에 터져 나오는 것입니다. 전형을 보여주신 것에 대한 감사, 북부 인도를 45년간 떠돌며 누구에게나 평등하게 가르침을 베푸신 것에 대한 감사, 이 돌파구를 달성하기 위한 너무나 많은 서로 다른 길을 보여주신 바에 대한 감사인 거예요. 붓다는 신이 아닙니다. 뭔가를 창조한 적이 없어요. 그분은 우리의 삶을 쥐락펴락하지 않습니다. 우리를 심판하지 않아요. 그분은 우리 인간 잠재력의 전형입니다.

문_ 모든 종교가 유사한 윤리 강령을 갖는다면 어째서 불교만 그렇게 특별하죠?

답_ 모든 종교에서는 우리에게 다른 이들에게 해를 끼치지 말고 선한 사람이 되라고 얘기합니다. 모두 타인을 사랑하라고 말하지요. 대접받고 싶은 만큼 대접하라고 말합니다. 불교가 특별한 점 중의 하나는 이웃을 자신만큼 사랑하라고 말만 하지 않는다는 것입니다. 어떻게 하면 그렇게 할 수 있는지도 얘기해주죠. 자애와 연민을 계발하는 방법을 제시합니다.

문_ 불교에서도 카르마[業]에 대해 가르치지 않나요?

답_ 맞습니다. 아시다시피 불교 윤리는 우리가 몸으로, 말로, 그리고 마음으로 짓는 모든 것은 결과를 낳는다는 사실에 기초합니다. 마음이란 단순히 지능만을 얘기하는 것이 아닙니다. 거기에는 가슴이 포함됩니다. 이는 마음의 토대가 가슴 차크라(chakra)로부터 기인하지 지능에서 오는 게 아니기 때문입니다. 우리는 끊임없이 씨앗을 심고 있어요. 무지 – 혼란과 망상이라는 의미로– 에 의한, 탐욕이나 집착에 의한, 그리고 분노나 혐오에 의한 동기로 행위 하면 부정적인 결과를 받습니다. 스스로 얼마나 정당화하든 소용없습니다. 우리가 하는 정당화는 요점이 아니에요. 요점은 행위 아래 숨겨진 진정한 동기입니다. 분명한 이해, 사랑, 또는 관대함에 의한 동기로 행위를 하면 긍정적인 결과를 받겠지요.

우리는 끊임없이 자신만의 대본을 쓰고 있어요. 우리가 하는 모든 행위의 결과는 일어날 것입니다. 그게 당장일 수도 나중일 수도 있고, 이번 생에서일 수도 내생에서일 수도 있겠지만 말입니다. 그리하여 지금 우리에게 일어나는 일은 대부분 이생에서든 전생에서든 과거에 우리가 했던 일의 결과입니다. 지금일어나는 일에 우리가 어떻게 반응하는지에 따라 미래가 창조됩니다. 삶에서 일어나는 모든 것은 전적으로 자신에게 책임이 있습니다. 다른 누군가를 비난할 수 없어요. 지금 이 순간 일어나는 일에 책임이 있고 그것을 어떻게 다뤄야 하는가에도 책임감을 갖고 임해야 합니다. 일은 일어나기 마련이고 우리는 그에 반응합니다. 우리가 능숙한 태도로 반응하고 거기서 교훈을 얻을지 말지는 우리에게 달렸어요. 불교 윤리는 책임을 짊어짐에 대한 애기입니다. 매 순간 자신의 미래를 스스로가 조각하고 있음을 깨달을 필요가 있어요. 외부에서 우리를 인형처럼 조작하는 존재는 없습니다. 우리를 심판하는 자는 존재하지 않아요. 우리가 무엇을 하든 그 결과를 낳는다는 측면에서 보면 순간순간 우리가 우리를 심판한다고 할 수도 있겠습니다. 선한 씨앗을 심으면 선한 것을 수확할 것입니다. 독이 든 씨앗을 심으면 거두게 될 것은 독이 들어 있겠지요.

문_ 우리가 죽은 후에 계속 반복해서 돌아온다고 말씀하시는 건가요?

답_ 절대적으로 그렇습니다. 보시다시피, 환생이라는 개념은 엄청나게 그림을 확장합니다. 벌어지는 일에 대한 한 줌의 파편적인 견해들을 근거로 '이런 일이 왜 나에게 일어나는 거야?'라며 의아해하실 필요는 없어요. 인생에서 일어나는 많은 일들이 불가해합니다. 왜 어떤 이들은 그렇게나 선함에도 끔찍한 일들이 닥치는 걸까요? 왜 어떤 사람들은 그렇게나 밥맛인데도 화려한 삶을 살까요? 만일 우리가 그림 전체를 볼 수 있게 된다면 어떤 전혀 딴판의 모습이 보일 겁니다. 이는 차원이 다른 공간감을 선사합니다.

실제 무한에 가까운 삶들에 걸쳐 우리는 선행과 악행을 불문하고 인간이 할 수 있는 온갖 것들을 행해왔습니다. 그것도 무수히 많은 반복을 하면서 말이지요. 때로 우리는 끔찍한, 이루 말할 수 없이 악독한 짓을 저지른 사람들에 대해 읽습니다. 그러고는 이렇게 생각하고픈 유혹에 빠지지요. '나라면 절대 그렇게는 못했을 거야!' 실제로는 과거 그러한 일들을 수없이 했을 거예요. 그러니 어떻게 남을 심판할 수 있겠습니까? 그러나 중요한 것은 과거에 우리가 무엇을 했는지가 아니에요. 지금 이 순간 무엇을 하고 있는가가 핵심입니다. 지금 현존합니까? 우리 마음은 뭘 하고 있지요? 그것이 능숙한 공간에 머뭅니까, 아니면 미숙한 공간에 머뭅니까?

문_ 부처님이 여성인 경우도 있습니까?

답_ 글쎄요, 불성(佛性)은 남성도 여성도 아닙니다. 그리고 당연하지만 우리는 이제껏 무수한 횟수로 남성이기도 또는 여성이기도 했어요. 이번 생에서 어떤 성별을 갖는가는 거의 임의적인 것에 가깝습니다. 때로는 남성이고 때로는 여성이지만 마음의 본성은 남자도 여자도 아니에요. 그렇지만 대승불교에는 '여성'으로 간주할 수도 있는 약간의, 많지는 않고 그저 약간의 보살들이 있습니다. 가령 지혜의 완절무결함을 상징하는 보살이 있습니다. 그녀는 모든 부처님의 어머니로 알려져 있습니다.(원서에는 이 보살의 명호가 들어가 있지 않다. 강의에는 들어가 있었지만 책으로 옮기는 과정에서 빠졌을 수도 있고, 서양인에게는 낯선 이름이라 일부러 말하지 않았을 수도 있다. 아마 준제보살을 말하는 것으로 짐작된다. 경전에는 준제보살의 모공에서 모든 부처님이 생겨났다고 한다. 그를 흔히 불모[佛母]라 칭하는 이유다.) 그리고 타라(Tara)도 있군요. 티베트인들 사이에서 매우 인기 있는 존재입니다. 그녀는 어머니 같은 존재입니다. 왜냐하면 늘 도움의 손길을 뻗치고 있기 때문이에요. 어떤 면에서는 동정녀 마리아와도 비슷해요. 타라는 심판하지 않습니다. 그녀의 도움을 얻기 전에 선한 사람일 필요도 없습니다. 마치 어머니처럼 아이가 착한지 짓궂은지 상관하지 않습니다. 어머니이기에 무조건 돕습니다. 모든 존재들의 수호자이자 조력자로 언제든 모든 곳에 존재하지요.

여성 에너지의 한 덩어리 같은 존재들이 있습니다. 다키니들(dakinis)이라고 불립니다. 수행자들을 위해 장애물들을 제거하고 상서로운 조짐들을 만들어내는 일에 헌신합니다. 종종 언급되지요. 다키니들의 여왕 바지라요기니(Vajrayogini, 금강유가모) 또한 부처님과 비슷한 존재로 간주합니다. 바지라요기니에 집중하는 많은 수행이 있어요. 그래서 맞습니다. 여성 부처님도 있습니다. 그들 또한 더 높은 영적 수준으로 돌파하는 데 필요한 에너지의 전형입니다.

문_ 당신의 여정에서 '동굴'은 어떤 의미였습니까?

답_ 글쎄요, 개인적으로 동굴은 동굴일 뿐이라고 생각합니다. 하지만 그렇게나 오랜 시간 홀로 수행할 시간을 가졌던 건 저에게 많은 도움이 되었습니다. 제 스승들이 그렇게 권했습니다. 물론 홀로 집중 수행을 하는 것이 모든 사람에게 도움이 되는 것은 아닙니다. 그건 그 사람의 심리적인 페르소나에 따라 달라요. 어떤 사람들은 사람을 멀리하거나, 두려움에 사로잡히거나, 너무 내면으로 치달아서 타인과 관계 맺음이 불가능해지기도 합니다. 하지만 저에게는 매우 도움이 되었어요. 그리고 그런 기회를 가졌던 바에 감사드리고 있습니다. 동굴에 작별 인사를 했을 때, 그동안 그토록 많은 지원을 해준 것에 대해 고맙다고 했습니다. 하지만 동굴이 모든 사람의 영적인 길에 꼭 필요한 부분은 아니에요.

문_ 〈자유질문의 정수 속에서(In the Spirit of Free Inquiry)〉라는 동영상에서 당신이 달라이 라마께 했던 질문에 대해 더 자세히 알고 싶습니다. 그에 대해 말씀해 주실 수 있나요?

답_ 사실은 질문이 아니었습니다. 이것은 미국, 유럽, 그리고 호주 출신의 서양 불교 선생들이 다람살라에 모여 가졌던 회의 중에 일어난 일입니다. 거기에는 선불교 선생들, 테라와다 불교 선생들, 그리고 티베트-스타일의 선생들이 있었습니다. 모두 모이니 대략 스물다섯 명 정도 되었어요. 매일 우리는 달라이 라마 성하를 모시고 네 시간가량 함께 했습니다. 아주 멋진 일이었습니다. 서로 다른 사람들이 다양한 주제들에 대해 발표했지요. 마지막 날 주제가 사원 생활이었어요. 제가 서양 승려로서 맞닥뜨리는 문제들과 어려움에 대해 발표를 맡게 되었습니다. 서양인이 불교 사원에서 겪게 되는 어려움들에 대해 발표했고, 재정적인 지원도 심리적인 지원도 전무하다고 호소했습니다. 그랬더니 성하께서 눈물을 흘리셨어요. 그리고 말씀하셨죠. "자, 이제 돕기 위해 할 수 있는 일을 해야 합니다." 매우 힘이 되었습니다.

4

삶과 죽음이
끊임없이 계속되는
여섯 가지 세계[六道]

아마 〈삶의 수레바퀴(wheel of life)〉라는 티베트 탱화를 보신 분이 많을 겁니다. 죽음의 신인 야마의 턱에 커다란 수레바퀴가 매달려 있습니다. 수레바퀴는 가장 바깥쪽에 있는 열두 개의 바큇살로 지지되어 있고, 그 안쪽에는 존재 양식에 따라 여섯 개의 영역이 있습니다. 바퀴의 중심에는 세 가지 동물이 보입니다. 수탉, 돼지, 그리고 뱀이 앞에 있는 동물의 꼬리를 물고 있어요. 그들이 안쪽 원을 형성합니다. 수탉은 탐욕, 뱀은 분노, 그리고 돼지는 무지를 상징합니다. 불교 심리학에 따르면 이들 세 가지 부정적 감정이 윤회의 수레바퀴를 돌립니다. 만물의 실상을 알지 못하는 무지가 바탕이 되어 탐욕과 분노가 나타납니다. 다시 말해 '내가 원해.'와 '내가 원하지 않아.'가 우리가 살아가는 방식을 지배하고 있지요. 우리는 자신을 기쁘게 하는 것을 얻고 자신이 싫어하는 것을 피하는 데 삶을 허비합니다. 이것들이 우리를 계속 수레바퀴 속에 가둡니다.

그림의 가장 아래쪽에는 지옥 세계를 묘사한 걸 볼 수 있습니다. 당연히 많은 사람이 지옥을 믿지 않습니다. 하지만 아이러니하게도 여전히 천국은 믿고 있어요. 지옥은 순전히 허구에 불과하다고 여기면서 말이지요! 이에 대한 저만의 관점들도 있습니다. 저는 영성가 집안에서 자라면서 이 견고한 물질세계 밖에 존재의 또 다른 영역이 있다는 믿음을 접하고 안심했었어요. 하지만 어쨌든 불교에서 지옥은 딱히 물질적인 장소만은 아닙니다. 샨티데바는 『입보리행론』에서 이렇게 말합니다. "누가 벌겋게 달구어진 쇠 마루를 만들었는가? 누가 존재들을 고문하는 악마들을 만들었는가? 이 모든 것이 전도된 마음의 투사일지니." 지옥이 물리적인 현실이 아니라고 믿을지라도 남들에게 해를 끼치는 것을 즐기고 잔인함에서 즐거움을 느끼는, 분노로 가득 찬 마음이 자신의 주위에 쉽게 편집증적인 환경을 만들어 내리라는 사실은 확실히 수긍이 갑니다. 불교도들은 우리가 죽어 다른 영역으로 가게 되면, 우리를 이곳에 단단히 지지해주던 물리적 육체를 잃게 되고, 우리 마음 안쪽의 내용물들이 바깥으로 투사되면서 그것이 자신의 전체 현실이 된다고 믿습니다. 지금도 이미 이 땅에 꽤 많은 것들을 투사하고는 있지만 물리적 육체를 잃고 나면 투사되는 정도가 커집니다. 그러므로 분노와 남들의 고통에서 느끼는 가학적인 즐거움으로 이미 마음이 가득 차 있다면 그 마음 상태가 밖으로 투사되고 그 안에 있게 된 본인은 편집증적인 반응을 보이게 되는 겁니다. 여기서 당장 지옥에 대해 약간의 이해를 얻을 수도 있습니다. 물리적으로 지옥에 있는 듯한 상황에 있을 수도 있음을 모두가 알고 있어요. 가령 전쟁이 벌어진 지역에 사는 사람들이 그러하겠지요. 또한 불치의 질병으로 고통받는 사람들도 있습니다. 감옥에 갇힌 사람들도 있고, 정신질환으로 스스로 편집증적인 망상 속에서 고문당하는 사람들도 있어요. 극도로 폭력적인 배우자와 사는 사람들도 알고 있고, 학대를 일삼는 부모 밑에서 자라는 아이들도 있습니다. 이것들이 지금 여기서 모두가 알고 있는 지옥입니다.

지옥의 커다란 문제점 중 하나는 고통이 너무 강렬해서 우리가 그것에 완전히 삼켜져 버린다는 것입니다. 그래서 아무런 행동도 할 수 없게 되지요. 이런 이유로 거기서 빠져나오기란 몹시 어렵습니다. 그것이 폭력적인 남편과 사는 수많은 여성이 어째서 거기서 빠져나오지 못하는지에 관한 이유입니다. 그들은 관계에 완전히 발목이 잡혀있어요. 붓다의 전생 이야기 중에 다음과 같은 내용이 있습니다. 이미 보살의 경지에 올라 있었지만, 그 생에서는 이런저런 이유로 지옥에서 태어나게 되었습니다. 그리고 아주 무거운 마차를 이리저리 끌고 다니는 일을 하게 되었어요. 옆에 또 다른 한 사람이 있어 둘이 함께 마차를 끌었어요. 이 무거운 마차를 벌겋게 달구어진 길 위로 끌고 다녀야만 했습니다. 조금이라도 지친 모습을 보이면 양옆에 있는 간수들이 채찍질했습니다. 두 명 다 매우 지치고 약해진 상태였습니다. 더군다나 이 일이 언제 끝날지도 알 수 없었습니다. 어쩌면 영원히 계속될 수도 있었죠. 그러다가 옆에 있던 보살의 동료가 쓰러졌어요. 보살이 동료에게 말했습니다. "잠시 쉬시게나. 내가 혼자서 끌고 갈 테니." 동료가 너무 딱했기에 그가 간수들에게 말했어요. "그를 잠시 쉬게 해주시오. 나 혼자 끌겠소." 간수들이 대답했어요. "그건 불가능하다. 각자가 자신의 카르마를 온전히 짊어져야 해." 그러고는 커다란 철퇴로 보살을 때렸습니다. 그 순간 보살은 죽어 천상 세계에 다시 태어났지요.

고통스럽고 미친 듯한 상황에서 타인의 안녕을 염려하는 것은 거의 불가능합니다. 그렇지만 보살은 그것을 해냈습니다. 그런 이유로 그는 죽어서 즉시 천국에서 다시 태어난 것이지요. 지옥이란 자기-영속적(self-perpetuating)입니다. 비록 영원히는 아니지만 그렇게나 오래 그곳에서 빠져나오기 어려운 이유입니다. 지옥의 권속들은 스스로 망상 때문에 거기 갇히게 되는 겁니다. 일상에서도 이런 경우를 볼 수 있습니다. 깊은 우울증이나 조현병, 또는 편집증 환자 같은 경우죠.

다음은 아귀(preta)의 세계입니다. 배고픈 유령, 또는 충족되지 못한 영들이지요. 이들은 전통적으로 땅 위를 어슬렁거리는 존재들로 일반인들에게는 보이지 않습니다. 대개 거대한 텅 빈 위장과 아주 가는 목을 지닌 것으로 묘사됩니다. 간신히 한 줌 음식을 구했다고 해도 음식이 머리카락처럼 얇은 목을 통과하는 건 어려운 일입니다. 또 음식이 간신히 목을 통과했다고 해도 태산 같은 위장을 티끌만큼도 채우지 못합니다. 그래서 한 줌의 음식으로는 거의 만족이 되지 않지요. 또 다른 이야기도 있습니다. 먹고 마시는 게 가능하긴 하지만 마신 물은 고름이나 화염으로 변하고, 먹은 음식은 구역질 나는, 소화가 안 되는 물질로 변한다고 합니다. 다시 말해, 강렬한 배고픔과 음식과 물에 대한 갈구로 언제나 고통당하고 있다는 말입니다. 이는 인색함의 과보라고 여겨집니다. 붓다가 말씀하시길 만일 사람들이 보시의 결과들을 알고 있기만 하다면, 아마도 끊임없이 주려고 할 거라고 했습니다. 한발 더 나아가 그들이 내어 주지 않았을 때의 결과들을 이해하고 있기만 했더라면 말입니다. 우리는 일상에서도 아귀들을 볼 수 있습니다. 아무리 많이 가졌어도 내면에서 늘 부족하다고 느끼는 사람들이 있어요. 남들이 무얼 가졌는지 보기 위해 영원히 주위를 두리번거립니다. 언제나 점점 더 많이 원할 뿐만 아니라, 드물게 자기들이 원하지 않는 뭔가가 아닌 이상 남에게 베푸는 것을 너무 어려워합니다. 자신이 원하지 않는 뭔가를 주는 건 아주 쉽죠. 가령 작년에 유행했던 옷가지 같은 것 말입니다. 좋아하고 가치가 있다고 생각하는 뭔가를 주는 건 훨씬 더 어렵습니다.

제가 아주 어렸을 적 건너편 집에 한 남자가 살고 있었습니다. 그 집 창문들은 완전히 검은색이었어요. 아마도 거의 30년 내지 40년 동안 닦지를 않았기 때문일 겁니다. 그는 걸레 같은 옷을 입고 어슬렁거리고 다녔습니다. 방안은 완벽하게 텅 비고, 더럽고, 아주 어두웠어요. 그는 점잖은 사람이긴 했지만 자기 친척들한테 화가 나 있었습니다. 그들을 증오했어요. 그는 본인이 뭔가를 즐기는 모습을 친척들이 보고 즐거워하는 게 싫다고 말했습니다. 정말이지 대단히 난해한 사고방식이었죠. 그가 죽어서 집안을 수습하자 수천 파운드에 달하는 지폐와 함께 포장도 뜯지 않은 채 첩첩이 쌓여 있는 셔츠와 정장 들이 발견되었어요. 지폐는 의자 밑, 침대 아래, 마룻바닥 등 온갖 곳에 꼭꼭 숨겨져 있었습니다. 당연하게도 그가 죽자 그의 가족들이 와서 몽땅 가져갔지요. 누군가는 그가 자신의 부를 즐기지도 못하고 남들과 나눌 줄도 몰라서 계속 방에 머물며 돌아다니는 지박령(地縛靈)이 되었을지도 모른다고 상상했습니다.

나눔은 아주 중요합니다. 그것은 아귀의 사고방식과 정반대이지요. 불교 국가들에서 자선단체에 가장 많이 기부하며 아침에 탁발하는 승려들에게 가장 많이 보시하는 사람들은 가난한 이들이거나 지금 막 중산층이 된 사람들이라는 점은 분명합니다. 보여주기식 기부가 아닌 이상, 이미 자리가 잡힌 중산층과 부자들은 보시하지 않습니다. 그들은 자신들의 이득을 위해 모두를 초대해 떠들썩한 잔치를 열기도 하지요. 우리는 인색해지지 않기 위해 아주 조심해야 합니다. 도움이 필요한 곳이면 어디든 보시할 수 있도록 마음을 여는 법을 배워야 해요. 아주 사소한 것까지 말입니다. 단지 물질적인 것들뿐만 아니라 미소 지음, 따뜻한 말들, 경청하기, 때로는 상대방을 위해 그냥 함께 있어 주는 것도 포함되지요. 이것이 보시입니다. '여기서 내가 뭘 얻을 수 있을까? 여기 내게 이득이 되는 건 뭐지? 이걸 줘버리면 내가 손해인데.'라는 식의 생각을 하지 않고 관대한 마음을 갖는 것이지요.

세 번째는 동물의 세계입니다. 불교에서는 이 영역의 특징을 우둔함으로 정의합니다. 제 생각에 이런 정의는 동물들한테 좀 부당한 거 같긴 해요. 모든 동물이 다 어리석다고 생각하지는 않습니다. 그래도 동물들이 자기 인식이 부족한 것은 사실입니다. 한발 물러서서 상황을 객관적으로 보지 못한다고나 할까요. 무슨 일을 하든 늘 아주 주관적으로 개입합니다. 동물들의 가장 큰 관심사는 먹을 것을 구하는 것이지요. 동물들이 음식을 구하러 다니고, 먹는 데 얼마나 많은 시간을 쓰는지 알고 계십니까? 그들은 잠자고 몸을 따뜻하고 편안하게 유지하는 데에도 많은 시간을 씁니다. 동물들의 또 다른 커다란 관심사는 번식이지요. 이런 점들은 인간들의 삶과 크게 다르지 않습니다. 한번 생각해보세요.

마음을 계발하지 않는다면 우리도 딱히 동물들보다 나은 점이 없습니다. 자신의 본능, 즐거움, 그리고 편안함에만 온통 관심을 두는 사람들이 있습니다. 마음을 계발할 시도조차 하지 않고, 생각하고, 구분 짓고, 분석해 볼 시도조차 하지 않는 사람들이 너무나 많습니다. 무리에 파묻혀서 즐거움을 좇고 고통을 피하고…. 그냥 동물 같아요. 우리 중에도 많은 이들이 이와 같습니다. 어떻게 하면 편안할까? 어떻게 하면 따뜻하게 유지할까? 하지만 너무 따뜻하면 안 돼. 시원하게, 하지만 너무 시원하면 안 돼. 잘 먹고, 잘 입고, 모든 게 편안하죠. 우리가 인간임을 분명하게 보여주는 부분, 즉 마음을 계발하지 않는 한 우리는 기본적으로 동물입니다. 동물도 생각합니다만 창조적인 생각은 못 합니다. 마음을 창조적으로 사용할 수 있다는 점은 인간을 축생계의 존재들과 구분 짓는 주요 특징이지요.

수레바퀴의 다음 부분은 인간들입니다. 하지만 이 부분은 가장 나중에 다루겠습니다. 인간 다음 순서는 아수라(ashuras)라고 불리는 존재들의 세계입니다. 이들은 반신반인들이에요. 신계와 반신계는 도해상으로 하나가 다른 하나 위에 있는 것으로 묘사되며, 가장 조잡한 부분으로부터 가장 장엄한 부분까지 올라가며 표현됩니다. 신계의 가장 조잡한 부분 바로 아래가 아수라의 영역입니다. 그들 또한 신들처럼 매우 아름다워요. 많은 여성 아수라가 신들에게 납치됩니다. 개인적으로 남성 아수라들을 여신들이 납치한다는 얘기를 들어본 적은 없습니다만, 뭐 어쨌든, 숙녀들이 때때로 납치되어 올라간단 말씀입니다. 아수라들의 세계에서는 소원성취의 나무가 문제가 됩니다. 이 나무의 뿌리와 몸통은 아수라계에 있어서 필요한 모든 영양분을 아수라들의 땅에서 얻습니다. 그러나 가지들은 신계에 있기에 거기서 열리는 과실들도 신계에 있어요. 그래서 아수라들은 질투에 눈이 멀었습니다. 자신들이 이미 가지고 있는 그 모든 좋은 것들에 감사하지 못합니다. 그들은 정말 좋은 것들을 가지고 있어요. 그들은 반신반인이니까요. 마음만 먹으면 완벽하게 행복하게 살 수 있습니다. 하지만 그들은 그렇게 그냥 행복하게 사는 게 용납이 안 되었어요. 신들과의 경쟁심에 잠식되어서 정당하게 자신들 소유라고 믿는 과실들을 되찾아 오고자 애씁니다. 그런 사정으로 그들은 영원히 전쟁 중입니다. 마치 서양 신화 속에 나오는 신과 거인들 간의 전쟁 같죠.

이런 모습은 우리 인간계 안에서도 아주 쉽게 목격할 수 있습니다. 이미 필요 이상으로 많이 소유하고 있는 사람들의 심리 패턴 속에서 말이지요. 누군가 자기보다 더 많이 가진 자는 늘 존재하기 마련인지라, 자신들이 가진 것에 만족할 수가 없는 겁니다. 그들은 자기보다 많이 가진 자들을 향한 질투에 늘 잠식되어 있습니다. 더 높은 계급, 더 큰 집, 더 큰 자동차, 더 큰 수입, 끝이 없습니다. 큰 사업체 간에도 이런 일이 벌어지는 걸 목격할 수 있습니다. 저는 많은 사업가가 다시 태어나면 아수라가 될 거로 생각해요. 늘 인수합병이나 온갖 종류의 거래를 준비하는 데 몰두하니 말입니다. 이것은 결코 충족될 수 없는 일입니다. 우리는 때때로 이런 아수라의 사고방식에 빠져듭니다. 우리가 얼마를 가졌든 그냥 충분하지 않은 겁니다. 누군가 다른 사람이 가진 만큼 가지게 되면, 일단 행복합니다. 하지만 그것을 달성해도 당연히 충분치 않지요. 또 다른 누군가는 그보다 더 많이 –더 새로운 모델, 더 큰 것, 등등– 가지고 있으니까 말입니다. 이런 종류의 사고방식은 많은 사람을 괴롭힙니다. 뭐 요즘엔 이런 사고방식을 좋은 것으로 간주합니다. 소비사회의 근간이니까 말이죠. 우린 계속 소비해야 하거든요. 소비를 유지할 유일한 방법은 이 모든 인위적인 필요들을 만들어내는 것입니다. 인위적인 필요들을 만들어내는 방법은 '다른 사람들은 이런 걸 가지고 있어. 자 봐봐, 얼마나 행복해 보이니!' 하고 가리켜 보이는 것이죠. 모든 광고가 만약 우리가 더 큰 차나 더 좋은 옷, 더 좋은 위스키를 갖는다면 압도적으로 행복할 거라고 확신을 심어주려 합니다. 당연히 우리 중 일부는 그게 사실이 아님을 알고 있어요. 하지만 또 다른 일부는 어쨌든 앞으로 나아가야 한다는 신화에 사로잡혀 압박받습니다. 우리 사회 전체가 물질적 부를 향한 경쟁이라는 아수라의 사고방식에 상당히 많은 부분 기초하고 있습니다.

　최근 싱가포르에 머문 적이 있습니다. 어떤 면에서 싱가포르는 일종의 신계이지만, 또한 아수라계와도 아주 많이 닮아 있어요. 사회 전체가 경쟁에 기초하고 있습니다. 싱가포르는 말레이반도 끝에 달린 아주 작은 섬으로, 경작할 땅이 없습니다. 자체적인 자원을 하나도 가지고 있지 않아요. 기본적으로 작은 도시 상태입니다. 그래서 전적으로 무역과 상업에 의지하고 있고, 이에 따라 늘 불안정한 느낌을 만들어냅니다. 모종의 이유로 사업이 다른 곳으로 넘어가기라도 하면 경제가 무너질 거라는 점을 알기 때문이에요. 그들이 경제적으로 얼마나 성공했든 관계없이, 사람들이 이렇게 말하는 걸 언제나 들을 수 있습니다. "맞아, 하지만 대만이 더 잘하지." 혹은 "말레이시아가 우릴 따라잡고 있어." 하루는 어떤 중국계 친구와 차를 타고 가고 있었습니다. 그 친구 차는 하얀색 벤츠였어요. 목적지 근처에 주차하고 일을 본 후 돌아왔을 때 거기에는 여덟 대의 하얀색 벤츠가 나란히 서 있었습니다. 모두가 하얀색 벤츠를 가지고 있었어요. 그게 없으면 당신은 아무것도 아닌 게 되어버리니까 말입니다. 그게 아니라면 당연히 올리브색 랜드로버를 가지고 있을 겁니다. 그게 두 번째 선택지이거든요. 모든 사람이 직업을 세 개씩은 가진 듯 보였습니다. 한편, 아이들이 압박을 못 이겨 자살하기도 했어요. 이는 전형적인 아수라의 사고방식입니다. 경쟁, 불안정함, 두려움, 그리고 억울함. 싱가포르 사람들 자체는 정말 좋은 사람들입니다. 하지만 요즘 들어 사회 전체가 극도로 피곤한 삶의 방향을 향해 속도를 올리고 있어요. 하지만 제가 거기 있을 무렵에 정부가 그 해 회계연도 결산을 해본 결과 수백만 달러의 재정 흑자가 났음을 알게 되었습니다. 그리고 그걸 가지고 어떻게 해야 할지 몰랐지요. 세상에 나 그게 문제라니! "이 수백만 달러로 뭘 해야 하지."라고 괴로워하며 울부짖었지요. 그리고 여전히 이렇게 말합니다. "아주 좋았어. 하지만 우쭐대면서 쉬면 곤란해. 내년에는 훨씬 더 잘해야만 해. 대만이 따라잡고 있단 말이지."

제일 높은 곳은 신들(devas)의 영역입니다. 천상계죠. 데바(deva)는 때로 '신'이라고 번역되지만, 문자 의미 그대로는 '빛나는 자'라는 뜻입니다. 불교 경전에서는 한밤중이 되면 종종 데바들이 내려와 붓다가 계신 숲을 밝히고는 질문을 했다고 합니다. 불교의 우주론에는 스물여섯 개의 서로 다른 천국이 존재합니다. 그러니 누구도 불교가 비관적인 종교라고 말할 수 없지요. 우린 비참한 세계보다 행복한 세계를 훨씬 더 많이 갖고 있답니다. 진짜예요! 천국들 또한 가장 조잡한 것에서부터 시작합니다. 남자 중심으로 기록되어 있기 때문에 당연히 거기에는 아름다운 젊은 남자 신들이 존재합니다. 그리고 수많은 사랑스러운 분홍색 발을 가진 요정들이 그들에게 봉사하고 있습니다. 모든 남자의 로망이죠! 원하면 무엇이든 저절로 즉시 나타납니다. 소원성취 나무의 가지와 과실 들이 이곳 신계의 아래쪽 영역에 자리 잡고 있습니다. 이건 좀 캘리포니아 라이프 스타일 같아요. 전 늘 그런 생각이 듭니다. 아름다운 집들, 아름다운 자동차들, 아름다운 아이들, 바라건대 아름다운 육체들, 모두가 요가나 태극권을 하고 있고, 모두가 건강식을 하고 있고, 모두가 긍정적인 생각을 하는 거죠.

이 위로 많은 층이 있습니다. 위로 올라갈수록 더 정화되고 더 정제된 모습을 보입니다. 드디어 고급 명상 능력의 과보인 영역에 이르렀습니다. 이들 영역은 다양한 명상 수준과 연계되어 있습니다. 이들 영역에서는 신들이 중성적입니다. 여성도 남성도 아니에요. 이곳을 지나면 무형의 영역이 나옵니다. 형상이 없는 성취에 연계된 거죠. 무한한 공간, 무한한 의식, 지각도 비(非)지각도 아님 등등을 얘기합니다. 하지만 제아무리 이들 상태가 정화되었다 해도 이들 영역은 여전히 탄생과 죽음의 세계 안에 속합니다. 얼마나 오래 그곳에 머물렀든 그곳에 탄생하게 만든 카르마는 결국 소진될 것이고, 그럼 다시 내려와야만 해요.

불교의 시각에서 보면 천상계는 다시 태어나기에 썩 좋은 장소는 아닙니다. 거기서는 사는 게 너무 즐거워서 영적인 진전을 만들어낼 동기가 거의 없거든요. 수행 대신에 그냥 우리가 쌓은 선한 카르마를 쓰고 있을 뿐인 겁니다. 그 말은 결국에는 나쁜 카르마만 가진 상태가 된다는 얘기죠. 아래쪽 세계에서는 너무 많은 비참한 일들 때문에 영적인 진전에 대해 생각할 겨를이 없다는 걸 우리가 이미 보았죠. 하지만 위쪽 세상에는 행복이 너무 많은 겁니다. 영적인 성장을 고려하면 양쪽 세계 모두 똑같은 장애물을 제공하고 있는 셈이에요.

캘리포니아는 천상계 같습니다. 인도에서 이곳으로 건너온 많은 티베트인은 이를 확신하고 있죠. 하지만 당연하게도 온통 젊음, 아름다움, 즐거움, 그리고 밝은 빛에 집중하는 세계는 필연적으로 아주 취약합니다. 삶이라는 게 늘 젊고, 아름답고, 즐겁고, 밝을 수만은 없으니까요. 빛만 보고 그림자를 부정하는 사람들은 매우 불안정하고 위태로운 위치에 있는 겁니다. 전적으로 천상계를 즐기기만 하고 그 위태로운 본질을 알아차리지 못하는 건 일종의 조잡한 자기-망상입니다. 캘리포니아 출신의 아주 멋진 숙녀분이 기억납니다. 그녀는 요가 선생님이자 안마사였어요. 제가 처음 그녀를 만났을 때 그녀는 50대였지만 그보다 훨씬 젊어 보였습니다. 건강식을 섭취하고 꾸준한 운동을 하고 있었으니까요. 네팔로 건너와서는 늘 즐거움, 사랑, 빛에 관한 이야기를 했습니다. 한 라마께서 그녀를 불러 축복 의식을 내려주고는 했어요. 그러다가 덜컥 병이 났습니다. 네팔에서는 누구나 병에 걸려요. 그것이 그녀를 구름 위에서 내려오도록 만들었어요. 이후 그녀는 진심으로 자비심을 계발하기 시작했습니다. 자기의 삶에 그 모든 괴로움이 들어오는 것을 계속 막고만 있으면 진정한 자비심을 계발하기 어렵습니다.

불교적인 시각으로 보자면 육도 윤회 속에서 가능한 가장 좋은 탄생지는 인간계입니다. 기쁨과 슬픔이 적절히 섞인 독특한 조합을 가졌기 때문이죠. 우리는 대상을 훨씬 더 명확하게 볼 수 있고, 이 모든 것 너머로 갈 동기가 있습니다. 거기에 더해, 인간계에서는 선택권이 있습니다. 어떻게 행동할지, 어떻게 말할지, 어떻게 생각할지 선택할 수 있어요. 지금 우린 수련 중입니다. 이번 생과 전생에서 몸과 말, 그리고 마음으로 만들어낸 행위의 결과 때문에 이번 생에 주변에서 일어나는 상황들에 대해서는 통제권이 크지 않습니다. 하지만 그 상황들에 대한 우리의 반응은 통제할 수 있어요. 그리고 바로 거기에 우리의 자유가 있습니다. 우리는 부정성에 뿌리를 두고도, 또는 긍정성에 뿌리를 두고도 반응할 수 있습니다. 누군가 우리에게 고함을 질렀다면 같이 소리 지르며 맞받아칠 수도 있고, 상황을 더 능숙하게 다루려고 시도할 수도 있어요. 누군가 우리에게 화를 낼 때도 우리에게는 선택권이 있습니다. 똑같이 화를 내 되갚아 줄 수도 있지만 이해와 인내를 들여 상황을 해결하려 시도해 볼 수도 있습니다. 우리가 긍정적으로 반응하면 삶에 더 많은 긍정적인 사건들을 끌어당깁니다. 우리가 늘 부정적으로 반응한다면 점점 더 많은 부정성을 창조하게 될 거예요. 우리의 반응이 능숙한지 또는 서툰지에 따라 매 순간 스스로 미래를 창조합니다. 그건 우리에게 달려 있어요. 우리는 컴퓨터가 아닙니다. 우리는 사전에 프로그램된 정형적인 존재가 아니에요.

명상의 주요 목적은 자기-앎과 알아차림을 만들어냄으로써 정형화된 행동과 생각들에서 벗어나 더 열려있고, 명료하고, 이해가 담긴 반응을 할 수 있게 되는 것입니다. 명상을 하는 건 단지 평화를 느끼기 위해서만은 아니에요. 그것은 더 앞으로 나아가기 위한 기초에 불과합니다. 명상은 자기-앎을 깨어나게 하는 겁니다. 일단 우리 자신을 알면 다른 사람들을 이해할 수 있습니다. 다른 사람들을 이해하면 이 고통에 종말을 가져올 수 있어요. 모든 일에 대단히 능숙하게 반응할 수 있습니다. 다른 사람들에게 존중과 연민을 가지고 반응할 수 있습니다. 이런 맥락 속에 인간계의 중요성이 있어요. 이는 우리에게 엄청난 기회입니다. 이것을 그냥 허비한다면 돌아와 다시 기회를 잡을 때까지 기나긴 시간이 필요할 수도 있어요. 그것은 바로 지금 여기입니다. 그것은 그냥 앉아 있는 게 아니에요. 그것은 일상에 있고, 우리가 만나는 모든 사람 안에 있고, 모든 상황에 있습니다. 깨어있는 의식으로 행동할지 망상 속에서 행동할지는 본인에게 달렸습니다. 자신과 타인에게 계속 고통을 창조할지 아니면 점차로 이를 놓아버리고 긍정적인 환경들을 창조해 낼지는 우리에게 달렸어요. 이것이 붓다의 길입니다. 인간의 삶을 최고의 기회로 삼을 수 있도록 돕는 것. 앉아 명상하거나 법당을 방문할 때뿐만 아니라 우리 인간 삶 전체, 우리의 관계, 일, 사회생활, 그 밖의 모든 것을 망라해서 그 모든 순간을 기회로 삼게 돕는 길이지요. 이 모든 것이 불교 수행 안에 들어 있습니다. 정말이지 이 기회를 낭비하면 안 됩니다.

5

여성과 수행의 길

불교 안에서 여성의 위상을 알아보기 전에 붓다가 살아계시던 2,500년 전 인도 중부 마가다국(Magadha, 붓다 당시 인도 지역 주요 16국 중에서도 가장 막강한 힘을 가지고 있던 왕국이다. 불교 교단 성장의 발판이 되었던 지역으로, 당시 마가다국의 왕 빔비사라는 불교의 강력한 후원자 중 한 명이었다.)의 사회적 조건을 이해하는 게 중요하다고 생각했습니다. 맥락을 점검하지 않는다면 여성에 관한 붓다의 결정을 20세기 말 캘리포니아의 정서로 판단하여 부당하다고 여길 수 있기 때문입니다. 붓다 당시에도 인도 여성은 가족과 친지 내 남자들에 연관되어 위상이 결정되었습니다. 여성은 누구누구의 딸, 아내, 어머니라는 식이었습니다. 특히 어떤 아들의 어머니인가가 중요했어요. 오늘날 인도에서 여성의 지위 역시 크게 다를 바 없습니다. 여성이 '여자'로서의 역할을 충족하지 않으면 그냥 없는 사람 취급을 합니다. 이런 상황을 알면 왜 인도의 여성들이 필사적으로 결혼해서 아들을 낳으려 하는지 이해할 수 있을 겁니다. 이는 마누 법전이라고 알려진 초기 힌두 법률의 유산이에요.

　이런 관점으로 보면 여성의 해탈은 오직 남편에 대한 헌신을 통해서만 가능해요. 여성은 달과 같아서 태양빛이 있어야만 빛날 수 있다는 생각입니다. 달과 마찬가지로 스스로 광휘를 갖지 못합니다. 그렇기에 여성에게 결혼은 필수적이에요. 결혼 없이는 어떤 희망도 없습니다. 이에 더해, 여성들은 사회적으로 가문 내 남자들에게 매우 의존적이에요. 심지어 버스도 혼자 타지 못해요. 늘 다른 여성과 짝을 짓거나 남성 친지와 함께 여행해야 합니다. 만약 혼자 여행했다가는 남자들에게 봉변당할 가능성이 높아요. 혼자 여행하는 여성은 행실이 나쁜 것으로 간주하기 때문입니다. 이는 심지어 서양 여성일지라도 인도를 여행할 때 마주치는 문제 중 하나입니다. 오늘날조차 여전히 상황이 그럴진대 붓다 당시에는 어떠했을지 상상해 보십시오! 붓다의 계모인 마하파자파티(Mahaprajapati)가 비구니 교단 설립을 요청했을 때 망설이다가 결국 "안 된다."고 말씀하신 붓다의 결정이 전혀 놀랍지 않아요. 마하파자파티는 세 번이나 간청했지만 붓다는 세 번 다 거부하셨습니다. 그녀는 붓다의 거절에 매우 실망해 울음을 터트렸습니다. 부처님의 시자(侍者)인 아난다가 울고 있는 마하파자파티에게 다가와 이유를 묻자 그녀는 붓다가 여성의 출가를 허락하지 않으셨기 때문이라고 설명했습니다.

아난다는 측은한 마음이 들었습니다. 붓다를 찾아가 여성에게 계를 주는 것을 다시 고려해보실 수는 없을지 여쭸어요. 붓다는 역시 거절했습니다. 그러자 아난다가 물었습니다. "여자들도 성스러운 삶을 살고 해탈할 수 있습니까?" 붓다가 대답하셨죠. "당연히 그러하다." 그러자 아난다가 되묻습니다. "그렇다면 왜 그들을 막아서신 겁니까?" 붓다는 이들의 요구를 더 이상 내칠 수 없음을 알았습니다. "그래, 그렇게 하도록 해라." 그렇게 비구니 교단이 만들어졌습니다. 불교 경전에 여성의 출가에 대한 기록은 이것이 전부입니다. 수 세기 동안 비구니들은 아난다에게 매우 감사해 왔습니다. 그의 중재가 없었다면 우리가 이렇게 여기서 이야기를 할 수 없었을 테니까요!

붓다 당시에도 뛰어난 여성 수행자들이 있었습니다. 많은 여성 수행자가 성스러운 수행의 과위[聖果]를 얻었고, 붓다에게 칭송받았어요. 그들의 지혜, 그들의 배움과 가르침의 능숙함에 대해 칭송받았지요. 초기 경전에는 붓다가 비구니와 우바이(여성 신도)에 대해 칭찬하는 장면이 계속 반복해서 등장합니다. 그 시절 많은 여성이 가족을 떠나 걸식 수행했음에는 의심의 여지가 없습니다. 이런 풍광은 인도에서는 무척 낯선 장면입니다. 요즘 인도에서도 마찬가지입니다. 힌두교에는 수많은 산니아신(sannyasin, 힌두교에서는 인생을 4주기로 나누는데 마지막 단계가 유행기다. 유행기에는 속세와 인연을 끊고 수행에 전념한다. 이렇게 수행에 전념하는 이를 산니아신이라 한다. 4주기는 수드라 계급과 여성에게는 적용되지 않는다.), 탁발승, 사두가 있지만 거기에 '여성'은 없습니다. 여전

132

히 여성의 임무는 가족을 돌보는 것이라고 여기기 때문입니다.

붓다가 비구니 교단을 허락한 것이 얼마나 혁명적인 일이었는지 알아야 합니다. 비구니 교단이 만들어지자 많은 여성이 너도 나도 앞다투어 교단에 들어왔습니다. 초기 경전에는 비구니의 출가와 수행 이야기가 꽤 많이 기술되어 있습니다. 하지만 이처럼 비구니 교단과 비구 교단이 상호 보완적이었음에도 붓다의 대열반(Mahaparinirvana) 이후 열린 몇 차례 결집(結集)에서도 여성 아라한에 대한 언급은 찾아볼 수 없습니다. 결집의 목적은 붓다가 하신 말씀에 대해 기억할 수 있는 모든 것을 읊고 모아 경전을 만들려는 것이었습니다. 하지만 거기 여성들은 없었어요. 도대체 왜일까요? 붓다가 남성들에게는 주지 않을 가르침들을 여성들에게 하셨으리라는 점은 틀림없어요. 하지만 그 내용을 확인할 기록은 없습니다. 최초 시작부터 지금까지 여성에 대한 제도적인 편견이 있었을 것으로 보입니다. 누군가가 앉아서 의도적으로 '그래, 편견을 갖자.'라고 생각했으리라고는 저도 생각하지 않습니다. 이는 단지 그 시절 만연했던 사회상의 한 단면일 뿐이에요. 세월이 흐르면서 모든 것이 남성의 관점에서 구전되고 기록되게 되었습니다. 저는 이것이 의도적인 게 아니라고 확신해요. 그저 일이 그렇게 된 것일 뿐입니다. 대부분 경전과 주석이 남성, 즉 비구의 관점에서 기록되었기에 여성은 점점 더 위험하고 위협적인 존재로 보이기 시작했습니다. 예를 들면 붓다가 욕망에 대해 말씀하실 때, 육체를 서른두 부분으로 나누어 각각 명상하는 법을 가르치셨어요. 맨 위 머리카락부터 시작해서 발끝까지 쭉 내려오며 각각의 부분들에서 피부를 들춰내면 그 아래 무엇을 발견할지 상상해 보는 방식입니다. 콩팥, 심장, 창자, 피, 림프, 그리고 온갖 것들이지요. 수행자는 자기의 몸을 마치 해부하듯 샅샅이 살피는데, 이는 육체에 대한 엄청난 집착을 끊어내고 그것을 있는 그대로 보기 위함이었습니다. 당연하게도 우리 자신의 몸에 대한 집착이 사라지는 과정에서 다른 사람들의 몸에 대한 집착도 함께 사라지는 것이지요. 어쨌든 최초 붓다가 가르쳤던 명상은 우선 자기의 몸을 향한 것이었습니다. 자기의 육체에 대한 집착을 끊어내고 무집착의 경지를 성취할 수 있게끔 고안되었던 것이지요. 자기의 육체에서 매력적이라고 생각하는 부분들에 대한 애착을 부숴 버리려는 겁니다.

하지만 1세기 나가르주나와 7세기 샨티데바의 저서들에서는 명상이 자기의 육체뿐 아니라 외부로 향하는 것을 알 수 있고, 그 대상 중에 여성의 몸이 있습니다. 창자, 허파, 콩팥, 그리고 피가 담긴 보따리일 뿐인 것으로 보아야 할 대상이 자기의 몸이 아니라 여성의 몸이 되어버린 것이죠. 여성은 불순하고 구역질 나는 대상이 되어버렸습니다. 명상하고 있는 비구의 불순함에 대한 언급은 자취를 감추어 버린 거죠. 이런 변화가 일어난 이유는 이 명상의 전통을 계승해온 사람들이 붓다에 비해 훨씬 깨달음이 부족한 사람들이었기 때문입니다. 그래서 육체에 대한 집착을 끊어내기 위한 명상의 일종으로 시각화를 사용했을 뿐인 대신에, 비구의 순결을 유지하는 방편으로 쓰이게 되었습니다. 이제 더 이상 사물을 그대로 보기 위한 방편일 뿐이라고 할 수 없고, 대신에 여성을 향한 혐오를 부추기는 도구가 되었습니다. 남자 승려들이 '여성의 몸은 불순하고, 따라서 내 몸도 불순하며, 따라서 나와 같은 모든 승려의 몸도 그러하다.'라고 생각하지 못하고 단순히 '여성은 불순하다.'가 되어버린 거죠. 그 결과 여성은 비구에게 위험한 것으로 보이기 시작했습니다. 그리고 이것이 여성혐오로 발전된 거죠. 만약 여자들이 이 경전을 썼다면 사뭇 다른 관점으로 기술되었으리라는 점은 분명합니다. 하지만 여자들이 이 경전을 쓰지 않았죠. 여자들의 관점으로 몇몇 경전을 쓸 수 있었다고 해도 여전히 남성들을 위해 고안된 가르침과 내용에 부합하는 생각과 입맛대로 다시 고쳐졌을 가능성이 큽니다.

이 확실한 편견의 결과 가르침에 불균형이 일어났습니다. 어느 시점에선가는 이 불균형이 확실히 알아차려졌을 거로 생각해요. 대승불교의 태동과 함께 두 가지 일이 일어나기 시작했습니다. 하나는 몇몇 대승경전 속에 여성 주인공이 등장합니다. 그녀는 내면의 불성 어디에 남자 여자가 따로 있느냐 하며 비구들의 좁은 시야를 매섭게 비판합니다. 또한 남자와 여자라는 이분법은 오직 상대적 수준에서만 존재하는 것이라는 설명을 이어 나가죠. 절대적 수준에서 누가 여자고 누가 남자인가? 우리가 앉아 명상할 때 남성이 어디 있고 여성이 어디 있는가? 어떤 경전들에서는 이들 여성 주인공이 때로 남자로 변했다가 다시 여자로 돌아오는 장면도 있습니다. 붓다의 10대 제자 중 한 명인 사리푸트라(사리불)는 지혜제일(智慧第一)이었으며 완벽한 승려의 전형이었습니다. 그런 그도 여성으로 변신했던 적이 있어요. 그러자 여성 주인공이 물어요. "누가 사리푸트라인 가?" 그리고 그를 다시 남자로 바꿔버립니다. 이런 식으로 경전 속 여성 주인공들은 성별에 대한 편견을 무너뜨리려 시도했습니다. 그들은 높은 수준의 알아차림인 직관력이 여성성과 관련이 있음을 강조했습니다. 그것이 깃든 몸이 남자인지 여자인지는 무관하다고 했습니다. 초기 대승경전에는 반야바라밀을 여성으로 의인화한 반야 보살을 내세웁니다. 그녀는 지혜의 완성이기에, 모든 붓다의 어머니로 여겨져요. 그래서 반야보살은 아름다운 어머니의 모습으로 묘사됩니다. 많은 학자가 반야보살에게 바치는 기도문을 썼어요. 그녀는 또한 지혜의 보살로도 알려져 있습니다. 그녀는 너무나 사랑받았어요. 많은 시가 그녀의 신비함을 소재로 하고 있습니다. 그녀를 아무리 열심히 찾아보아도 절대 찾을 수 없습니다. 완전한 지혜란 마음을 넘어서 있기 때문입니다. 그것은 오직 생각이 끊어진 자리에서만 발견됩니다. 작가들은 그녀를 칭송할 때 이런 그녀의 이미지를 빌려 사랑에 빠진 남자가 잡힐 듯 잡히지 않는 숙녀를 찾아 헤매는 비유를 즐겨 했습니다. 이런 식으로 여성에 대한 이해가 대승철학에 녹아들었습니다. 그렇지만 모든 위대한 주석서와 연구서는 여전히 남성들에 의해 저술되었어요. 여성이 쓴 것은 떠올릴 수 없군요.

어느 단계에서, 인도에서 밀교(tantra)로 알려진 새로운 움직임이 나타났습니다. 밀교가 어디에서, 언제 시작되었는지는 아무도 딱히 확신하지 못합니다. 밀교의 출현은 매우 흥미롭습니다. 대승불교에서의 궁극적인 지향점은 열반입니다. 하지만 한 생에 단박에 목표를 이루는 것은 불가능합니다. 붓다도 3.5겁의 시간이 필요했습니다.(1겁은 40리에 달하는 성에 가득 찬 겨자씨를 백 년마다 하나씩 꺼내 전부 없어질 때까지의 시간이다.) 깨달음을 얻기 위함이라지만 무지막지하게 긴 시간이거든요. 어느 시점인가에 누군가는 이렇게 자문했으리라 확신합니다. "무슨 상관이람? 이번 생에서 내가 뭔 짓을 하든 말이야? 어차피 무한한 시공간을 거쳐야 겨우 깨달을까 말까인데." 이런 생각은 분명 구도에 관한 열망을 꺾어버릴 수 있어요. 이와 달리 이 새로운 운동은 이번 생 안에 불성을 깨달을 수 있다고 약속했어요. 그 결과 많은 사람이 다시 기운을 내서 진지하게 수행하기 시작했습니다. 이를 주도했던 사람들의 일부가 여성들이었던 것으로 보입니다. 11세기부터 12세기, 13세기에 인도로 건너갔던 초창기 티베트 수행자들의 전기를 살펴보면 그 수장이 늘 일단의 여성 수행자들과 만났다는 기록들이 여럿 보입니다. 이들 기록에서 티베트 수행자들은 그 여성들의 종교의식에 참여하게 해달라고 빌고 애원하곤 해요. 여성들은 엄청난 우월감과 함께 결국 마지 못하는 척 참여를 허락해 줍니다. 참여했던 사람들은 이구동성으로 이 경험이 자신들의 수행에 있어 하이라이트였다고 말합니다. 12세기에 수행자였던 걀와 고상빠(Gyalwa Gotsanpa)는 이렇게 말해요. "돌을 먹으며 동굴에서 지냈던 20년 수행이 이 여성들과 단 한 번 함께한 것으로 완성되었다."

우리는 이 여성들이 누구인지 모릅니다. 모든 전기들이 남성 수행자의 관점에서 쓰였거든요. 그들을 가르친 사람들은 누구였을까요? 그들은 어떤 수행을 했을까요? 수많은 고승이 이들 여성을 찾아가 가르침을 구했어요. 왜 그랬는지는 아무도 모릅니다. 그들의 이야기는 기록된 적이 전혀 없어요. 하지만 문헌에 그들을 언급한 부분은 계속 반복해서 나타납니다. 그리고 다양한 문헌 속에 적혀있는 걸 보면 이들 라마는 각기 다른 장소로 여행을 떠났습니다. 같은 여성 그룹을 만났을 가능성이 없어요. 여기에 더해, 이들 만남은 100년이라는 시간에 걸쳐 있습니다. 이 여성들은 누구일까요? 이게 제가 그 문헌들을 읽을 때 마음속에 자주 올라오는 질문입니다. 우리가 알고 있는 것은 그 시절 인도에서 여성이 포함된 어떤 의미심장한 운동이 일어났었다는 것뿐이에요. 당시 대부분의 불교 활동은 날란다(Nalanda), 비크라마쉴라(Vikramashila), 그리고 탁실라(Taxila)처럼 커다란 사원 같은 대학교를 중심으로 이루어지고 있었습니다. 그곳들은 그 시절의 옥스퍼드나 캠브리지 같은 거대한 학술중심지였습니다. 이들 대학에서 공부하기 위해 각지에서 수천의 학생들이 쏟아져 들어왔어요. 나로빠(Naropa)와 아띠샤(Atisha) 같은 초기 밀교 지도자들은 본래 이들 대학의 교수였습니다.

나로빠는 나란다 대학의 학장 중 한 명이었어요. 한번은 그가 공부하고 있을 때 어떤 노파가 나타나 물었습니다. "당신이 뭘 읽고 있는지 알고 있소? 지금 읽고 있는 단어들을 이해하고 있는 거요?" 그래서 나로빠가 대답했죠. "그럼요, 당연히 단어들을 이해합니다." 그러자 노파는 미소 지으며 물어요. "지금 읽고 있는 것의 의미는 이해하오?" "네, 당연히 의미를 이해합니다." 대답을 듣자마자 그녀가 울음을 터뜨렸어요. 그가 물었죠. "무슨 문제라도 있으십니까?" 그녀가 말하길 "당신이 단어들을 이해한다고 말했을 때, 거기까지는 괜찮아요. 하지만 의미를 이해한다고 말했을 때, 당신은 그 의미의 단서조차 가지고 있지 않네요." 그래서 그가 물었습니다. "그렇군요. 그러면 의미를 이해하는 사람이 누군가 있습니까?" 노파가 대답했어요. "띨로빠(Tilopa), 제 오빠입니다."

그 시점에 나로빠는 모든 것을 버렸습니다. 그는 카슈미르 출신의 인텔리로 매우 존경받는 교수였어요. 어떤 타입이었는지 상상이 가실 겁니다. 하지만 그는 그 모든 것에 등을 돌리고 띨로빠를 찾아 인도 전역을 떠돌았습니다. 결국 뱅골 지방에까지 오게 되었어요. 물론 드디어 띨로빠를 찾았지요. 그는 시커멓고 늙어 쭈글쭈글해진 거지 차림으로 강둑에 앉아 생선을 구워 먹고 있었어요. 그가 자신의 구루였습니다! 띨로빠 아래에서 나로빠가 보여준 제자로서의 지극한 마음은 수많은 기록에서 전해지고 있습니다. 하지만 우리의 담론에서 중요한 건 그 시절 너무나 많은 위대한 학자들이 진정한 경험을 갈구하고 있었다는 사실이에요. 그들은 세상과 동떨어진 자신들의 환경에서 뛰쳐나와 명상하는 방법을 알려줄 스승을 찾아 나서야만 했습니다. 자신들이 머리로만 익혔던 바를 실제로 몸소 발견할 방법이 필요했던 것이지요. 이것이 밀교가 시작된 배경입니다.

초창기에 밀교는 매우 비밀스럽게 전수되었습니다. 스승을 찾으면 받아들여지기까지 상상을 초월하는 시험을 감내해야만 했어요. 이후로 밀교는 티베트에 들어와 전파되었고, 결국 국교(國教)가 되었습니다. 이는 결코 의도된 바가 아니었어요. 당시 불교에서 밀교의 위치는 주류라고 할 수 없었습니다. 많은 초기 밀교 스승들이 여성이었다는 점은 의심의 여지가 없습니다. 밀교 초기 문헌 중 일부는 실제로 여성들에 의해 쓰였고, 그것들은 오늘날까지 보존되어 남아 있습니다. 이들 여성 수행자 중 가장 흥미로운 한 분이 마칙 드룹빠 걀모(Machik Drupa Gyalmo), 산스크리트어로 시다라니(Siddharani)라고 불리는 분입니다. 문헌에 따르면 그녀는 500년 동안 살았다고 해요. 실제로는 그냥 아주 오래 사셨다는 의미일 겁니다. 시다라니는 밀라레빠의 수석 제자 중 한 명인 래충빠(Rechungpa)의 선생님이기도 했습니다. 다음과 같은 일화가 있습니다. 래충빠가 인도에 있을 때, 어떤 사람으로부터 자신이 일주일 내에 죽을 거라는 말을 들었습니다. 래충빠는 완전히 겁에 질려 물었지요. "어떻게 하면 막을 수 있습니까?" 누군가가 시다라니를 찾아가 보라고 조언했어요. 그녀가 장수하게 만드는 불교 비법을 알고 있다고 했습니다. 그래서 래충빠는 시다라니를 찾아갑니다. 시다라니가 물었습니다. "깬 상태로 일주일을 버틸 수 있겠습니까?" 래충빠는 대답했습니다. "네, 할 수 있습니다." 그래서 시다라니는 래충빠를 제자로 받아들이고 수행법을 알려줬어요. 그리고 물었습니다. "얼마나 오래 살고 싶은가?" 래충빠가 "제 스승이신 밀라레빠와 똑같은 나이만큼 살고 싶습니다."라고 대답했습니다. 시다라니는 "어디 보자, 그는 81세까지 살 거야, 그러니 너도 81세까지 살 거다."고 했고 정말로 래충빠는 그때까지 살았습니다. 그때 시다라니는 래충빠에게 자신의 이야기를 들려주었습니다. 대단히 흥미로운 이야기였죠. 시다라니는 당시 비구니 중 이야기가 전해지는 몇 안 되는 사람 중 한 명입니다. 누구와 함께 어떤 수행을 했는지 확실히 기록이 전해집니다. 물론 이 이야기는 래충빠의 전기에 기록되어 있습니다.

하지만 이 법맥의 시작이 되었던 많은 여성의 이야기가 소실되었습니다. 그들이 누군지 알 수 없어요. 예를 들면, 위대한 마하싯다 사라하(Mahasiddha Saraha)는 약 14년 동안 '화살촉 대장장이의 딸'이라고만 알려진 누군가와 함께 지냈어요. 화살촉 대장장이의 딸이 마하싯다 사라하의 구루였습니다. 마하싯다 사라하는 매우 존경받는 지식인이었음에도 이 천민 아가씨를 찾아가 함께 지내기 위해 모든 것을 버렸어요. 그 결과 사회적으로 매장을 당하다시피 했습니다. 그녀는 지속해서 마하싯다 사라하에게 '족집게 같은' 가르침을 주었습니다. 장장 14년 동안 마하싯다 사라하는 그녀의 지도를 받았지만 우린 그녀의 이름조차 알지 못해요! 그녀는 그냥 '화살촉 대장장이의 딸'이라고 언급될 뿐이지요. 하지만 그녀는 누구였을까요? 그녀의 스승은 누구였을까요? 그녀는 어디서 왔을까요? 모든 기록이 마하싯다 사라하 위주로 기록되어 있기 때문에 그녀는 그냥 소품에 불과한 듯 보입니다. 대부분의 전기들이 이런 식입니다. 또한 래충빠는 뱅골의 어느 바즈라바라히(Vajravarahi, 금강해모)가 이끄는 일단의 여성 그룹을 만난 적이 있어요. 래충빠는 그들 중 한 명 밑에서 관정을 받았습니다. 하지만 여기서 또한 우린 그녀가 누구인지 알 수 없습니다.

어느 날 저녁 괴창빠(Gotsangpa)가 인도 북부의 즈발라무크히

(Jvalamukhi)라는 곳에 들러 사원 곁을 지나고 있었습니다. 그때 매우 아름답게 차려입은 소녀들이 사원 안으로 들어가는 것을 목격했어요. 입구에는 여성 문지기들이 있어 남자들이 들어오는 것을 막고 있었습니다. 그의 친구가 들어가려 했지만 문지기들에게 흠씬 맞았을 뿐이었죠. 그들이 친구를 패는데 정신이 팔렸을 동안 기회를 엿보던 괴창빠가 재빨리 문을 통과했습니다. 그는 안에서 무슨 일이 있었는지 말한 적이 없습니다만, 그것이 자신의 인생에서 최고의 경험이었다는 말은 했어요. 다시 한번, 우리는 추측해볼 도리밖에 없습니다. 이 여성들이 누구였을지? 거기서 그들이 뭘 하고 있었는지?

불교가 티베트로 전파된 시기는 인도에서 불교가 마지막으로 꽃피우던 때였습니다. 그렇기에 티베트는 훨씬 먼저 불교의 가르침을 접했던 다른 많은 나라들과 달리 당시였던 12세기까지 영화처럼 전개되었던 그 모든 불교 사상들을 전부 온전히 전해 받게 되었습니다. 이것이 오늘날 티베트불교가 어째서 그토록 매우 풍부하고 심오한 것이 되었는지 그 이유입니다. 불교가 펼쳐졌던 그 모든 시대의 모든 철학을 받아들였을 뿐만 아니라 밀교도 전수받았습니다. 반면 현재 인도 내의 밀교는 미미한 명맥만 남아 있어요. 인도에서는 밀교를 공개적으로 가르치지 않습니다. 만일 수행을 원한다면 주류에서 떨어져 나와 직접 스승을 찾아 나서야만 했어요. 하지만 7세기에 최초로 밀교가 빠드마삼바바(Padmasambhava)에 의해 티베트에 소개되었을 때, 그리고 후에 11세기와 12세기에 걸쳐 재차 소개되었을 때, 밀교는 티베트의 국교가 되었습니다. 밀교는 언제나 의도적으로 비밀스러운 수행을 지향했어요. 자질을 갖춘 것이 확인되고 수행에 기꺼이 전적으로 자신을 바칠 각오가 된 자들에게만 허락되었습니다. 그러던 것이 티베트로 들어와서는 누구나 입문할 수 있게 되었습니다. 최소한 자비의 보살인 관음불(첸레식, Chenrezig), 그리고 자비의 어머니인 타라의 이름으로 관정을 받지 못한 사람이 아무도 없을 정도였습니다. 심지어 아기들조차 관정을 받았어요. 티베트에서는 밀교 수행을 적어도 한두 단계까지 하지 않은 사람을 거의 찾아보기 힘듭니다. 당시 인도의 상황이 반영되었던 또 하나는 밀교가 소개될 때 사원 체계가 함께 딸려 전해졌다는 것입니다. 이는 까규빠 전통에서 분명하게 볼 수 있습니다. 까규빠의 첫 번째 스승은 마르빠(Marpa)입니다. 마르빠는 속가 수행을 하는 요기이자 번역가로 알려져 있습니다. 그의 주된 법통은 밀라레빠로부터 이어져 옵니다. 밀라레빠는 승려가 아니라 동굴에 기거하던 요가수행자였습니다. 이어 밀라레빠가 감뽀빠(Gampopa)에게 전수했습니다. 감뽀빠는 승려였어요. 매우 열심히 수행을 이어오던 끝에 사원을 시작합니다. 그때 이후 까규빠 법통은 이런 방식으로 이어져 왔습니다. 전통적으로 불법이 보존되고 전수되는 것이 승가를 통해 이루어졌듯 말입니다. 승려들은 전문가들입니다. 그들에겐 전문지식과 시간이 있지요. 그때까지 이어졌던 비밀스러운 수행법이 사원 환경에 이식되었어요. 그것은 대단한 변화였습니다. 이 변화의 일면이 여성의 역할입니다. 밀교 수행에 있어 늘 핵심이었던 여성의 역할이 꽃을 피웠습니다. 또는 어떤 방식으로든 바뀌었다고나 할까요.

본래 밀교에서 남성은 방법론적인 능숙함 또는 연민을 상징하는 반면, 여성은 지혜 또는 통찰을 상징했어요. 이 둘의 결합의 결과가 불성이라는 얘기입니다. 그래서 처음에는 여성이 매우 높은 위치에 있었어요. 심지어 초기 대승불교 시절부터 여자는 늘 지혜의 화신으로 여겨졌습니다. 그것이 바로 반야보살입니다. 또한 지혜와 자비가 상호 보완적임을 말씀하셨던 라마가 한둘이 아니지만, 실은 지혜가 자비보다 더 상위 개념임을 모르는 사람은 없어요. 그렇다면 어떤 수준에서는, 여자들이 아주 잘해 낸 바가 있습니다. 불교적인 인욕의 정점을 보여주었으니까 말입니다. 하지만 밀교 전통이 사원 환경 속에서 전해 내려왔기에, 여러 가지 문제들이 나타나기 시작했어요. 비록 철학적으로는 여자가 남자보다 우월하거나 적어도 동등했지만, 실제 수행에 있어 그들은 상당히 많이 무시되었습니다.

만일 티베트에서 누군가가 여성의 불평등에 관해 얘기하면 라마들은 늘 이렇게 얘기할 겁니다. "오, 그렇다면 예셰 초겔(Yeshe Tsogyal)은 어떻게 설명하지? 마찍 랍된(Machik Labdron)은 또 어떻고? 이 인물 또는 저 인물은 어떻고?" 하지만 이들 여성은 겨우 손가락으로 꼽을 수 있는 정도밖에 되지 않아요. 예셰 초겔이 있고, 마찍 랍된이 있습니다. 그리고 벌써 저는 생각나는 이름이 없네요. 누가 또 있습니까? 또 다른 이름들을 떠올릴 수 있었어야만 하는 겁니다. 저는 지금 여기서 아주 솔직하게 말씀드리는 겁니다. 남자들의 이름은 하늘에 별만큼 많습니다. 하지만 여자들 이름은요? 심지어 말입니다, 오늘날에도 어떤 여성이 비범한 자질을 보이면 예셰 초겔의 환생으로 여깁니다. 그녀는 7세기 빠드마삼바바의 배우자예요. 어떤 여성이 특별한 자질을 보이면 그녀는 예세 초겔임이 분명하다는 거죠. 그렇지 않다면 어떻게 특별한 자질을 가질 수 있겠는가? 하는 얘기입니다.

이 문제의 또 다른 면을 말씀드리자면, 여성 또는 아내를 지칭하는 일상적인 티베트어는 꼐맨(skyes dman)입니다. 풀어 쓰면 '미천한 태생'이라는 뜻입니다. 상당 부분 밀교의 영향이에요! 그렇지만 미얀마나 다른 불교국가들과 마찬가지로 티베트의 여자들은 아주 강인합니다. 이 점을 꼭 강조할 필요가 있어요. 불교 사회에서는 하렘(harem, 이슬람 국가에서 여자들이 분리되어 기거하는 방) 같은 것은 없습니다. 장막에 갇혀 살지는 않아요. 티베트 여자들을 만나보면 그들이 아주 거침없다는 점에 동의하실 거라 확신합니다. 그들은 종종 사업을 경영하기도 하고 여기저기 혼자 여행하기도 합니다. 그들은 남자들을 상대할 때 매우 단도직입적이에요. 심지어 전혀 낯선 사람이어도 그렇습니다. 미얀마에서도 마찬가지입니다. 여성들이 남성들을 편하게 상대합니다. 그러고 보니 티베트와 미얀마는 전혀 다른 예를 보여주는 두 나라들 사이에 위치하네요. 바로 인도와 중국입니다. 거기서는 여성들, 특히 더 높은 계층 여성들일수록 사회적으로 배제됩니다. 이렇듯 여성의 사회적인 역할이 다른 이유는 불교의 영향이라고밖에는 생각할 수 없어요. 그게 아니라면 어떻게 그렇게 다를 수가 있겠어요? 비록 티베트 역시 여성에게 기울어진 운동장이지만 다른 나라들 경우처럼 심각하지는 않다는 말씀입니다. 여자들이 상당히 전면에 나서는 편이라고 자기들도 말하고 있어요. 달라이 라마께서 계시는 다람살라에 있는 상점들 대부분은 여성이 운영하고 있습니다. 반면 일반적인 인도 시장에 가 보면, 특히 이슬람이 우세한 지역일수록 여자들을 눈 씻고 찾아봐도 찾을 수 없어요.

티베트에서는 많은 남자가 승려가 되지만 여성은 아주 소수만이 승려가 됩니다. 티베트의 남성 인구 중 1/3이 승려가 되는데도 불구하고 한 여성이 여러 명의 남편을 두는 일처다부제가 일반적이라는 사실을 발견하고 당혹스러웠습니다. 가령 형제들이 있으면 그중 형과 먼저 결혼하고, 나중에 동생들과도 결혼하는 경우가 흔합니다. 이 말인즉, 남편이 없는 여자들이 엄청나게 남아돌 거라는 얘기입니다. 그렇지만 비구니는 아주 드물어요. 하지만 어쨌든 어떤 면으로 봐도 한 여자가 여러 남편을 두는 모계사회이기 때문에 여성들이 아주 강했어요.

티베트에는 경이로운 여성 수행자들이 많았습니다. 위대한 여성 요가수행자도 많았어요. 누구든 그들을 존경할 수밖에 없습니다. 그들에게 두려움이라곤 없었어요. 그들은 멀리 떨어진 곳, 산속 동굴 같은 장소로 찾아가 정진하고 또 정진하였습니다. 그들은 정말 경이로웠어요. 하지만 어쩌면 당연하게도, 그들에 관한 얘기는 전해지지 않습니다. 아무도 그들에 대한 전기를 쓰지 않았어요. 누구도 여성 수행자들의 전기를 쓰는 것이 중요하다고 여기지 않았습니다. 그들이 다수였음이 문헌상 증명되는 것은 아니지만, 상당한 숫자였음을 우리는 알 수 있어요. 오늘날에도 라마 앞에 선 청중의 다수는 여성이지요. 여성들이 남성보다 훨씬 쉽게 명상에 들 수 있기에 더 우월한 수행자들이라는 말씀을 여러 라마께서 하신 바 있습니다. 이는 많은 남자가 지식을 놓아버리는 걸 두려워하기 때문입니다. 특히 오랜 시간 공부해왔던 비구들이 더 그렇습니다. 불현듯 그냥 놓아버리고 명상 상태에서 발가벗겨진 느낌을 받는 상황이 그들에게는 두려운 것입니다. 반면 여자들은 그런 상황을 자연스럽게 다룰 수 있는 것으로 보여요.

티베트에 수많은 위대한 여성 수행자들이 있었음은 틀림없습니다. 하지만 그 배경을 이루는 철학적인 훈련이 부족했기에 책을 쓰거나, 제자들을 모으거나, 불법 홍포를 위해 여행하거나, 가르침을 줄 생각을 내기가 힘들었어요. 역사서를 읽을 때면 비구니들을 거의 볼 수 없다는 사실이 눈에 띕니다. 하지만 이것이 그들이 존재하지 않았다는 의미가 되지는 않아요. 오늘날에도 혹시 관광객들이 다니는 곳을 벗어나 동굴이 있는 지역들을 가 본다면, 거기 기거하며 수행 중인 사람들의 거의 80퍼센트가 여성임을 발견하게 될 것입니다. 1959년 많은 티베트인이 고향을 떠나 인도와 네팔로 들어왔을 때, 너무나 다른 환경에 충격을 받았습니다. 첫 번째로 고려해야 할 것은 그들의 전통들을 보존하는 것이었어요. 일반인들은 자신들의 공동체를 위한 영적 센터를 원했습니다. 그리고 라마들은 남자들이었기에 사원을 건립했어요. 사원이 없는 공동체는 마치 심장이 없는 것으로 간주가 되었습니다. 그리하여 이어지는 세월 동안 그들은 수백에 달하는 사원을 짓고 온전히 한 세대에 달하는 새 승려들을 배출하게 되었어요. 하지만 당연하게도 이 모든 것에서 여성들은 배제되었습니다.

1964년, 제가 처음 인도에 갔을 때, 비구니 사원은 단 한 곳뿐이었습니다. 그리고 그곳은 아이러니하게도 영국 여성에 의해 시작된 곳이었어요. 까마 까규빠(Karma Kagyupa) 사원 달랑 하나, 그리고 그게 다였어요. 20년간 그곳이 아마도 인도에 있었던 유일한 비구니 사원이었을 겁니다. 그러다가 1980년대에 들어 사람들이 비구니에 대해 관심을 가지기 시작했어요. 서양 출신의 비구니 또는 비구니를 조직화하기 시작한 다른 여성들에 의한 생각이었습니다. 그전까지 비구니가 되었던 소녀들은 누군가의 아이를 돌보거나 가정집 부엌에서 일하는 하녀가 되기 일쑤였습니다. 정말 어려운 상황이었습니다. 저는 라훌에 있을 때 비구와 비구니가 함께 있는 사원에 기거했습니다. 아주 멋진 곳이었습니다. 모두 언덕 위에 있는 작은 요사채에 기거했지만, 비구들이 의식에 참여하고 있을 동안 비구니는 부엌에서 요리했습니다. 그리고 어떤 가르침들은 과정 참여 자체가 비구니에게 허락되지 않았어요. 단지 "우리는 이것을 여자들에게 가르치지 않습니다."가 그 이유였어요. 이런 말을 들을 때마다 제 가슴은 찢어졌습니다.

"우리는 이것을 여자들에게 가르치지 않습니다." 그밖에 다른 이유는 없었습니다. 매우 똑똑하고, 매우 열정이 넘치며, 사랑스러웠던 제 친구 한 명이 있었습니다. 가족들은 그녀가 결혼하기를 바랐지만, 그녀는 계속 미뤄왔습니다. 결국은 날을 잡게 되었어요. 그러자 결혼예정일 전 어느 날 그녀가 자기의 머리카락을 몽땅 잘라버렸습니다. 그러니 가족들이 뭘 할 수 있었겠습니까? 하는 수 없이 비구니가 되는 것을 허락했지요. 그녀는 국경 근처에서 가르침을 펼치던 한 뛰어난 라마 밑으로 들어갔습니다. 가정이 있는 라마였습니다. 결국 그녀는 부엌에서 음식을 만드는 신세가 되었습니다. 비구들이 불법을 배우고 있는 중에도 그랬습니다. 수년 동안 라마와 함께 여행하며 그토록 헌신했음에도 불구하고 아이들을 돌보고 요리하는 건 언제나 그녀 몫이었어요. 그녀는 가르침을 받은 적이 한 번도 없었습니다. 동양에서 이런 종류의 차별은 자주 볼 수 있지만, 불교 센터를 운영하는 사람들 대부분이 여성인 서양에서는 감히 어떤 라마도 그렇게 할 엄두도 못 낼 겁니다. 서양에서라면 라마들이 "우리는 이것을 여자들에게 가르치지 않습니다."라고 말하는 걸 절대 들을 수 없을 거예요.

요즘 특정 분야에서는 불균형을 바로잡으려는 노력이 큰 진전을 보이고 있습니다. 우린 라마들이 그 일을 해주길 기다릴 수 없음을 깨달았어요. 그들의 선의를 의심하지는 않지만 말입니다. 하지만 일전에 제가 속한 비구니 교단의 수장께서는 이렇게 지적해 주셨습니다. "글쎄, 결국은 말이다, 아닐라야, 알다시피 비구니는 바구니의 밑바닥과 같은 존재란다." 그래서 비구니들이 해야 할 유일한 일은 스스로 조직화하는 것입니다. 이제 더 이상 기다릴 수 없어요. 이것이 어째서 제가 세계 곳곳을 다니며 비구니 사원을 위한 기금을 조성하려 하는지 그 이유입니다. 제가 있는 따시종 사원의 라마께서는 우리의 계획에 매우 협조적이시고 도울 수 있는 일이라면 뭐든 하고 계세요.

티베트에 있는 제 스승의 사원에서는 래충빠의 구전이라 불리는, 여성들을 위한 아주 소중하고 독특한 전통이 전해져 내려옵니다. 밀라레빠로부터 시작된 이 전통은 아주 방대한 양의 가르침입니다. 그중 한 부분이 특히 여성 요가에 관한 내용입니다. 중국의 침략 전 티베트에는 이 법통을 잇는 여러 명의 여성 요기들, 또는 여성 수행자들이 있었습니다. 하지만 공산주의자들이 티베트를 집어삼킨 이후에 모든 것이 무너졌습니다. 지금은 우리가 인도에서 이 법통을 재건시키려고 노력하고 있어요. 아직 이 법통의 내용을 간직하고 있는 두세 명의 라마들이 남아 있거든요. 이 전통은 구전으로 내려오고 있습니다. 비록 몇몇 문헌들이 존재하기는 하지만 여전히 직접 구전을 듣고 직접 지도를 받아야만 합니다. 그래서 비구니 사원에서 아예 처음부터 기초가 되는 철학과 의례를 배우고, 특히 명상을 익힐 수 있게 만들어 왔습니다. 적합함을 증명한 사람들은 선택되어 이 여성 요가 법통 안에서 수련받게 되는 겁니다. 바라건대 이 여성들이 또 다른 지도자가 될 수 있었으면 합니다. 이와 더불어 모든 여성을 위한 국제 불교 수행센터도 시작할 것입니다. 세계 곳곳에서 오는 여성들이 수행할 수 있도록 하기 위함입니다.

과거에 비하면 여성들의 상황은 훨씬 좋아졌습니다. 1995년 다람살라에서 60명의 비구니들이 달라이 라마 성하와 다른 많은 위대한 철학 교수들 앞에서 공식적으로 토론을 벌였습니다. 일반인들도 참관했어요. 이는 역사적인 사건이었어요. 티베트 역사상 비구니들이 공식적으로 토론을 벌인 건 이때가 처음이기 때문입니다. 그리고 이는 비구니들에게 엄청난 사기 진작이 되었습니다. 비구니들에게 이것이 얼마나 많은 의미가 있는지 여러분들은 아마 짐작하기 힘드실 겁니다. 비구니에 대한 대중의 이미지에 커다란 영향을 끼쳤을 뿐만 아니라 스스로 생각하는 자기-이미지에도 막대한 영향을 끼쳤어요. 그동안은 비구니들 스스로 무가치하다고 여기는 느낌이 내면화 되어 있었기 때문입니다. 사람들이 비구니들을 무시했던 이유는 비구니 자신들이 스스로 무가치하다고 믿었던 것이 가장 큰 이유입니다. 물론 당연히 여러분이 항상 "우리는 당신에게 이것을 가르치지 않습니다. 비구니 교단을 갖기에 당신들은 중요하지 않습니다. 지원받기에 당신들은 중요하지 않습니다." 같은 얘기들을 듣는다면 자연스럽게 자신들이 진실로 무가치하다 믿기 시작할 겁니다. 하지만 이제 비구니들은 자신들이 비구만큼 할 수 있다는 것을 깨닫기 시작했고 수행과 공부, 그리고 성취에 대한 엄청난 열정을 품기 시작했습니다. 여성이 더 높은 목표에 도달하지 못할 이유는 없어요. 전체 역사를 통틀어 여성들은 그것을 해냈습니다. 최근 들어 몇몇 매우 훌륭한 비구니 사원이 네팔과 인도에 건립되었고, 거기서 비구니들은 역사상 처음 철학적 문헌들을 공부하고 있습니다.

오늘날 서양은 불법이 제시하는 길에 어떤 중요한 공헌을 하고 있습니다. 불법이 새로운 나라에 전해질 때마다 그 나라는 그것을 자신들만의 무엇으로 재탄생시키고는 했습니다. 이는 각각의 불교

국가들에서 어째서 각자 자신들만의 고유한 표현이 존재하는지, 그래서 표면적으로는 나라가 달라지면 불교 자체가 사뭇 달라 보이는지 그 이유입니다. 하지만 표면 아래를 살펴보면 그들 모두 안에 똑같은 심장이 뛰고 있음을 알 수 있어요. 불법은 불법이어서, 그것은 독특한 맛을 냅니다. 이제 불법이 서양으로 오면서 서양의 기질과 문화, 그리고 필요에 맞는 방식으로 발전할 겁니다. 이제 서양의 관점으로 보는 많은 일면이 추가될 것인데, 그것 중 하나는 의심할 여지 없이 여성성에 대한 이해입니다. 이 일이 이미 일어나고 있음은 의심의 여지가 없어요. 나타나는 징조들은 모두 매우 긍정적입니다. 여성이 성취하지 못할 것은 아무것도 없습니다. 이는 과거에도 그랬고, 앞으로도 그러할 것입니다. 그들을 응원하고 불교 공동체의 양쪽 면을 가능한 최대한 합치는 일은 우리에게 달려있어요. 과거 한동안 만연했던 치우친 관점을 버리고 이제 그림을 전체로 보고 이해할 시간입니다.

문_ 똑덴마(togdenma)라는 단어는 무슨 뜻입니까?

답_ 똑덴(togden)과 똑덴마(togdenma)는 남성 요기(yogi)와 여성 요기(yogini)를 뜻하는 티베트어입니다. 제 스승님의 수도원에는 지금도 일단의 똑덴이 있습니다. 그들은 밀라레빠의 전통을 따르며, 여러 가닥으로 꼰 머리를 하고 하얀색 스커트를 입습니다. 티베트에 있을 때 본 바로는 그들은 동굴에 기거했고, 그들만의 독특한 수행법을 가지고 있었습니다. 중국의 티베트 침공 전, 이미 말했듯 이 법맥의 여성 수행자들도 존재했습니다. 똑덴마라고 부릅니다. 제가 아는 한 똑덴과 똑덴마의 수행법은 대개 같았지만, 똑덴마는 여성성을 강조하는 전통이 있었습니다. 똑덴마를 설명하는 몇몇 문헌에 얼핏 보입니다. 제가 추정하기로는 내면의 열기에 대한 명상들과 요가적인 에너지에 관련된 것입니다. 문헌 대부분은 남성 입장에서 서술되어 있습니다. 거기에는 남성적 에너지의 변성을 다루고 있습니다. 하지만 똑덴마들은 모두 외딴 장소에 기거했으며, 자신들의 삶을 요가 수행에 바쳤습니다.

문_ 어째서 비구니들은 이날이 되도록 기다렸던 걸까요?

답_ 저도 모르겠습니다. 왜냐하면 이게 남성들의 잘못만은 아닌 게 확실하거든요. 그 예로 제가 수행했던 라홀에서의 일을 들어볼까 합니다. 당시를 회상해보면 동료 비구니들이 더 배우고 수행을 지속해 나가는 것에 찬물을 끼얹던 사람들은 다름 아닌 비구니 자신들이었어요. 인도에서는 소녀가 결혼해서 시댁으로 들어가면 두려워해야 할 대상은 남편과 시아버지뿐이 아닙니다. 시어머니와 시누이들도 두려워할 수밖에 없습니다. 그녀들 또한 억압하고 옴짝달싹 못 하게 만들려는 자들에 속한다는 말씀입니다. 그래서 여성의 예속화는 어떤 의미로든 단지 저 밖의 남성들만의 잘못은 아니라는 거죠. 자신들만의 유대를 만들어 왔던 것도, 다른 여성들을 억압해 왔던 것도 모두 여성이었다는 말입니다. 만일 어떤 소녀가 매우 낙천적이고 뭔가 발전을 이루려 노력하고 있다면, 그녀를 끌어내리려는 건 다른 여자들인 경우가 드물지 않다는 얘기입니다. 동양에서는 이런 모습을 늘 볼 수 있어요. 그리고 제가 확신하건데, 이는 서양에서도 마찬가지입니다. 제 말은 당신이 누군가를, 가령 힐러리 클린턴 같은 인물을 매우 비범하게 여기고 페미니스트의 이상형으로 생각할 수 있지만, 그녀를 끌어내리지 못해 안달하는 사람들 또한 같은 여성들일 거라는 얘기입니다. 지난 세기 여성참정권 운동을 가장 반대했던 목소리를 냈던 사람이 누구였는지 아십니까? 답은 빅토리아 여왕이에요. 정말이지 흥미로운 현상이에요.

문_ 비구니와 요기니 간의 수행의 차이점에 대해 좀 더 자세히 설명해 주실 수 있으십니까?

답_ 티베트 사원에서 남녀를 불문하고 가장 중요한 수행은 경전 공부와 의례입니다. 베네딕토회 수도원이나 수녀원 같은 곳에서는 교회력(敎會歷)에 따라 일주일 또는 열흘간 아침부터 밤까지 계속되는 의식들이 있는데, 연중 일정이 꽉 차 있습니다. 티베트 사원에서도 주기적으로 벌어지는 종교의례에 상당히 열심입니다. 승려들은 적어도 하루에 두 번씩 함께 모입니다. 반면 남녀 요기와 요기니의 주된 초점은 명상에 가 있습니다. 이는 내면 요가에서 특히 그렇지요. 에너지들을 다루고, 심령적인 통로들을 열고 등등 말입니다. 때로 남녀 승려들도 밖으로 나가 일정 기간 집중 수행을 하며 이런 종류의 수행을 길게 가져가기도 합니다만, 요기들은 이런 면에서 전문가들입니다. 그들은 프로예요. 그들은 삶 전체를 여기에 바칩니다. 그러면서 사원 같은 곳에서 일어나는 일에는 그다지 신경 쓰지 않아요. 그것이 가장 다른 점이 되겠습니다.

문_ 왜 부처님은 늘 남성이죠?

답_ 글쎄요, 제 안에 무엇인가가 이렇게 말하네요. "부처님이 남자인지 여자인지가 중요한가?" 부처님은 깨달은 존재입니다. 그리고 부처님의 마음은 남성과 여성을 초월해 있어요. 분명히 모든 시간에 걸쳐, 대단한 여성들이 있어 마음이 부처님과 하나가 되어 왔을 것입니다. 그리고 물론 밀교 전통에도 많은 여성이 있어요. 가령 타라와 바즈라요기니 같은 분들 말이지요. 바즈라요기니를 예로 들면, 모든 부처님의 어머니로 간주됩니다. 그녀는 여성 에너지의 상징이에요. 그리고 여러 면에서 부처님은 일종의 중성입니다. 많은 위대한 라마들이 남성적인 특질과 여성적인 특질을 함께 갖추고 있습니다. 그들은 어머니이자 아버지입니다.

실은 '라마'라는 단어는 '높으신 어머니'라는 뜻이에요. '마(ma)'는 여성성을 의미합니다. '라-빠(la-pa)'가 아닌 겁니다. 그리고 당신도 알다시피 깨달은 마음은 남성도 여성도 아닙니다. 언젠가 제 스승이신 캄뚤 린뽀체께 여쭈어보았습니다. "왜 스승님에게 더 이상 여성으로의 환생은 없다고 생각하세요? 왜 가끔 여성으로 다시 태어나지 않으십니까?" 린뽀체께서 말씀하셨습니다. "내 누이는 태어날 때 나보다 더 많은 징조를 보여주었지. 그녀가 태어날 즈음 모두가 입을 모아 말했단다. '와우, 이 아이는 정말 특별한 존재의 환생임에 틀림없어.' 하지만 그녀가 태어나자마자 사람들이 이렇게 말했지. '이런 우리가 잘못 생각했군!' 너도 알다시피 만약 그녀가 남자였다면 사람들은 즉시 이 아이가 누구인지 알아내려 했을 거다. 그리고 아주 특별한 종류의 양육을 받으며 자랐을 거야. 하지만 여성이었다는 이유만으로 그녀에게는 기회가 주어지지 않았지. 그녀는 결혼해야만 했고, 그렇게 평범하게 살게 되었지. 환생을 해도 만일 여자로 돌아오면 남자일 경우 가질 수 있는 여러 수련 기회를 얻기가 너무나 어려워. 이건 정말 큰 문제란다. 내 생각에 상황이 이제 변하기 시작하리라고 본다. 하지만 상황이 이렇다고 해서 그녀의 마음이 경이롭지 못하다는 뜻도 아니고, 그녀만의 방식으로 많은 존재들에게 유익을 줄 수 없으리라는 뜻도 아니지 않느냐." 누구든 수많은 방법으로 존재들에게 유익을 줄 수 있을 겁니다. 저 높은 권좌에 앉아야만 그것이 가능한 것은 아니지요. 수많은 보살이 여성의 몸으로 태어나서 수많은 존재에게 유익을 가져왔으리라 저는 확신합니다. 하지만 그것이 꼭 티베트불교라는 구조화된 형태 내에서일 필요는 없다고 생각해요. 부처님이 남성 또는 여성인지는 중요하지 않다고 생각합니다. 제 마음속에서 부처님이란 성(性)을 초월한 존재입니다. 하지만 당신에게 여성 부처님에 관한 생각이 도움이 된다면, 그 또한 아무 문제도 없습니다.

문_ 어떤 여성 한 분이 달라이 라마 성하 앞에서 여성의 자리에 대해 가상의 상황을 들어 이야기했다는 말씀을 좀 더 자세히 들려주실 수 있을까요?

답_ 1992년 다람살라에서 서양 불교 교사 회의라고 불린 모임이 있었습니다. 약 열흘간 진행되었어요. 그중 사흘은 달라이 라마와 함께하는 시간이었습니다. 매일 어떤 주제에 관해 발표해야 했습니다. 하루는 실비아 벳젤(Sylbia Wetzel)이라는 이름의 여성이 달라이 라마와 일단의 티베트 라마승들 앞에 일어섰어요.

그녀의 얘기는 다음과 같습니다. "성하 그리고 이 자리에 모인 분들, 제가 지금 말씀드리는 얘기를 마음속에 그려 보시길 바랍니다. 여러분들이 남자이고 지금 어떤 사원에 들어갔습니다. 제단 위에는 여성 부처님 타라(Tara)가 있습니다. 주위의 벽에는 열여섯 명의 여성 아라한들, 여성 성자들이 그려진 탱화가 걸려있고, 붓다로부터 오늘날에 이르기까지 법맥을 이어 온 라마들이 그려진 커다란 탱화도 보입니다. 물론 이들 모두는 여성입니다. 모든 비구니 앞에 권좌 위에 앉아 있는 달라이 라마 성하도 보입니다. 그녀는 늘 여성의 몸으로 환생해왔습니다. 이는 여성이 더 우월하기 때문입니다. 그렇지만 모든 지각 있는 존재들(중생)에게 자비를 베풀지요. 이제 여러분은 일개 남자일 뿐으로, 비구니들 뒷줄에 앉아야만 합니다. 하지만 걱정할 필요가 없어요. 우리는 여전히 당신에 대한 자비를 품고 있으니까 말이지요. 매우 깊이 정진하고, 매우 열심히 기도하면, 당신도 얼마든지 여자로 환생할 수 있습니다." 그녀는 그런 맥락으로 계속 말을 이어 나갔습니다. 처음엔 달라이 라마와 모든 승려가 '에잉?' 했지만 점차로 그녀가 이 전체 그림을 설명해 나감에 따라 요지를 파악하기 시작했어요. 그러고는 크게 웃어넘겼지만 모두 꽤 당황한 듯 보였습니다. 정말 완벽했습니다. 왜냐하면 그야말로 승려들이 생각하는 방식을 그대로 보여주었으니까요.

제가 어떤 수도원에서 팔십 명의 다른 승려들과 지내는 일개 비구니였을 때 받았던 느낌은 이랬습니다. '뭐, 어쨌든 우린 널 좋아해. 그리고 그건 네 잘못이 아니야. 그 뭐랄까, 아니다, 이번 생에 네가 여성으로 태어난 게 일종의 네 잘못이기는 해. 하지만 신경 쓰지 말라고. 열심히 수행해 봐. 그러면 다음에는 남성으로 태어나서 우리 사원에 합류할 수 있을 거야.' 그리고 제가 남자로 다시 태어나더라도 이 사원에 합류하는 일은 절대로 일어나지 않으리라 생각했어요. 뭐, 하지만 괜찮습니다. 그게 그렇게 문제가 되지는 않아요. 제 말뜻은 불법이 거기 있고, 우리는 수행할 뿐이라는 겁니다. 그리고 인간으로 태어난 것에 대해 우리는 감사해야 해요. 남자인지 여자인지는 정말 부차적인 문제입니다.

문_ 저는 양육을 일종의 수행으로 삼는 것에 대해 여쭤보고 싶습니다. 제 딸이 태어났을 때, 전 이제 더 이상 계획했던 대로 수행할 수 없을 거로 생각했어요. 사람들은 계속 "당신 자녀가 당신의 수행이에요."라고 말했고, 저 또한 그게 사실이라고 분명 믿습니다. 하지만 정식 수행을 가르쳐줄 명상 안내자를 찾을 수가 없었어요. 어떤 조언을 해주실 수 있을까요?

답_ 글쎄요, 제가 아이를 양육해본 적이 없는지라 그냥 제 머릿속에 떠오르는 것에 대해 말씀드려야 하겠네요. 제게는 아이를 돌보는 행위에도 너무나 많은 수행이 녹아 들어가 있는 듯 보입니다. 무엇보다 우선, 지금 이 순간에 존재해야만 하지요. 아이와 함께 존재해야만 합니다. 진정으로 아이를 경험하는 행위인 것이지요. 그다음으로 여러 가지 것들이 있겠죠. 가령 관대함, 내어 줌 등등. 단순히 물질적으로 주는 것만은 아니겠죠. 그건 아마도 가장 사소한 것일 테니 말입니다. 하지만 자신의 시간을 내어 주는 것이고, 자신의 주의 집중을 내어 주는 것이며, 또한 인내를 수행하는 셈입니다. 거기엔 노력과 헌신이 있어요. 잠시도 아이 곁을 떠날 수가 없으니 말입니다. 아이들이 당신을 짜증 나게 만들거나 당신이 뭔가 다른 일을 하길 원할 때, 키우는 고양이를 대하듯 그저 문밖에 내어놓고 그냥 잊어버릴 수는 없는 노릇입니다. 그저 시간을 온통 다 바쳐야 해요. 아이들이 항상 당신과 함께하게 되는 겁니다. 심지어 같이 있지 않을 때도 그저 자녀 생각만 하고 있습니다. 그럼 당연히 이는 모두 사랑, 자비, 그리고 자신보다 다른 존재를 더 보살피는 행위인 겁니다. 그리고 동시에, 집착 없이, 어떻게 하면 마음에 열린 공간을 만들어내고 거기서 아이가 올바르게 자랄 수 있게끔 할 수 있는지 배우는 겁니다. 자녀들에게 매달리지 않고 말이지요. 자녀와 함께 있으며 할 수 있는 수행은 수도 없이 많습니다.

문_ 저는 유명한 스승들에 대해 많은 이야기들을 들었지만 우연인지 필연인지 모두 남자들입니다. 이 점이 저를 너무 마음 상하고 슬프게 만들어요. 그리고 1986년 제가 처음 불법을 접한 이후로, 이러한 느낌은 언제나 있었습니다. 저도 그런 것들일랑 그저 흘려버려야 한다는 것을 압니다. 불법에서 제가 배울 수 있는 것들이 많으니까요. 하지만 그 느낌이 아직도 있어요. 법당에 들어가 참배하고 법맥이 그려진 그림을 쳐다보면 그저 그런 감정이 불쑥 올라와 버립니다. 그럼 난 왜 여자로 태어났을까 하고 자문하게 돼요.

답_ 아마도 우리가 수많은 위대한 여성 수행자들을 가질 필요가 있기 때문이 아닐까 생각합니다. 당신은 스스로 수행에 전념해서 여성 수행자의 전통에 진정으로 기여할 수 있습니다. 우리가 서양에서 여자 스승들을 갖길 원한다면 먼저 여성 수행자들이 있어야 합니다. 그러니 숙녀분들, 모든 것이 여러분들에게 달려있어요. 정진해서 수행의 과실들을 다른 이들과 함께 나누는 겁니다. 그밖에 다른 방법은 없습니다. 그 어떤 것도 여러분들이 불법을 깨닫는 걸 방해할 수 없습니다. 그렇게 불법을 깨닫게 되면 이제 그것을 남들에게 줄 수 있어요. 지름길은 없습니다. 이제 미국에는 너무나 많은 여성 스승이 있습니다. 그리고 미래에는 점점 더 많아지겠지요. 3년 또는 7년 또는 12년 집중 수행 중인 분들을 보면 그중 다수가 여성들이기 때문입니다. 그러므로 그들이 집중 수행에서 나올 때쯤이면 여러분들이 환경을 조성하고 그들이 여기 와서 가르칠 수 있도록 만들어야 합니다. 실제로 요즘은 여성들에게 아주 좋은 시절이에요.

6

사마타 수행

-

고요 속에 머물기

앞에서 간략히 살펴봤듯이 불교의 명상 수행법에는 두 개의 주요 흐름이 있습니다. 산스크리트로는 각각 사마타(Samatha)와 위빠사나(Vipassana)라고 합니다. 사마타는 '마음을 고요히 하기'라는 뜻이고, 위빠사나는 '마음을 들여다보기'라는 의미입니다. 사마타는 영어로 대개 '고요 속에 머물기(calm abiding)'라고 번역되고 위빠사나는 '통찰(insight)'이라고 번역됩니다. 명확하게 본다는 의미이지요. 명상에 접근하는 이들 두 가지 방법의 차이점에 관해 설명하는 전통적인 예시가 있습니다. 눈 덮인 산과 언덕에 둘러싸인 호수를 상상해 보세요. 호수 표면은 매우 잔잔하여 주위를 둘러싼 산들을 너무나 똑같이 비추고 있습니다. 그래서 어느 쪽이 진짜 산이고 어느 쪽이 호수 위에 비친 산의 그림자인지 구별해내기가 어려울 정도입니다. 하지만 이 호수가 여러 가지 요소에 의해 휘저어지면 다양한 일들이 일어나요. 우선, 호수 표면이 흐트러져 더 이상 산의 그림자를 똑같이 비추지 못합니다. 그림자는 여전히 거기 보이지만 왜곡된 상(像)이지요. 이에 더해, 물결로 인해 표면이 일렁이기 때문에 깊이와 상관없이 호수 안이 들여다보이지 않습니다. 때로 호수 표면만 일렁일 뿐만 아니라 호수 바닥의 진흙들이 휘저어질 수도 있지요. 이에 따라 물이 탁해지면 그림자가 더 보이지 않지요. 우리의 일상적인 마음 상태와 매우 흡사합니다. 여섯 가지 감각 기관[六根]으로 모양, 소리, 냄새, 맛, 촉감, 생각이라는 여섯 가지 바람[六境]이 불어와 끊임없이 물결이 일어나는 겁니다.

여섯 가지 감각이란 눈(眼), 귀(耳), 코(鼻), 혀(舌), 몸(身), 그리고 뜻(意)입니다. 불교에서는 의식을 여섯 감각의 하나로 봅니다. 우리의 마음은 생각과 감정에 의해 끊임없이 일렁입니다. 보고, 듣고, 맛보고, 닿는 감각들에 의해서도 마찬가지지요. 이에 따라 여섯 감각은 바깥에서 실제로 어떤 일이 일어나는지 정확하게 반영하지 못합니다. 다시 말해 바깥에서 무슨 일이 일어나면 우리의 편향과 편견에 따라 이를 즉시 해석해서 받아들인다는 의미입니다. 대상을 있는 그대로 본다기보다 그것을 해석하고 있을 뿐인 겁니다. 이는 너무나 자동 반사적이기에 일이 어떻게 진행되고 있는 것인지 의식조차 하지 못해요. 똑같은 사건을 경험한 여러 명에게 무슨 일이 일어났는지 물어보면 각기 그 사건을 다르게 묘사할 겁니다.

모든 경험이 개인적이라는 이 특성은 우리가 갖는 선입견과 편견에 의해 야기됩니다. 우리는 여섯 감각기관으로 받은 정보를 그것이 무엇이든 왜곡시킵니다. 마치 호수 표면이 여러 가지 요소들에 의해 왜곡되는 것과 같지요. 마음이 일렁일 때 마음속을 들여다보려고 하면 그리 많이 보이지 않습니다. 보이는 것들이라고는 표면 바로 아래 있는 재잘거림뿐이지요. 하지만 바람이 잦아들길 기다렸다가 보면 결국 호수 표면이 거울처럼 잔잔해집니다. 그러면 주위를 둘러싼 배경들을 정확하게 반영하겠지요. 깨끗하고 평화로워진 호수를 들여다보면 바닥까지 바로 볼 수 있게 됩니다. 물고기들이 보이고 수생식물들과 바위들도 보여요. 바닥에 깔린 반짝이는 조약돌들도 전부 다 볼 수 있습니다. 이렇게 된 호수는 너무나 투명해서 깊이가 겨우 몇 센티밖에 되지 않는 듯 보이지만 조약돌 하나만 던져보면 그것이 끝없이 가라앉는 걸 보게 될 겁니다. 이처럼 우리 마음이 여섯 감각이라는 바람에 더 이상 방해받지 않으면 마음은 고요해지고 투명해집니다.

마음이 고요해지면 우리는 감각기관으로부터 들어오는 정확한 정보를 받습니다. 대상을 있는 그대로 보고 왜곡하지 않습니다. 다시 말해 그 모든 판단, 오차, 정신적 재잘거림을 가진 채 뛰어들기 이전, 즉 그것들이 있는 그대로의 모습 말씀입니다. 이제 대상을 투명하게, 그리고 발가벗기듯 봅니다. 같은 방식으로 수면 아래를 보면, 즉 마음 그 자체를 살피면, 아주 심오한 깊이에 이르기까지 보는 게 가능합니다. 사마타와 위빠사나가 바로 이 지점에서 갈라집니다. 호수의 물이 잠잠해지면 진흙은 바닥으로 가라앉습니다. 하지만 진흙은 거기 여전히 존재하지요. 잡초들도 여전히 거기 있습니다. 조그만 동요라도 있게 되면 다시 물결이 치고 물은 탁해질 겁니다. 이처럼 우리가 고요 속에 머무는 명상만 수행해서 그 순간 정신 집중의 깊은 수준에 이르면 마음은 극도로 투명합니다. 이때 마음은 고도로 집중된 상태 또는 한 점에 모인 상태이며, 아주 강력해요. 하지만 비록 잠잠해졌지만 쌓여 있던 오염물들은 여전히 거기 있는 것이지요. 그냥 동면하듯 거기 있는 겁니다. 마치 호수 밑바닥 진흙처럼 말입니다.

사마타를 훈련하여 집중이 깊은 수준에 도달하게 되면 밖에서 보면 광채가 나는 듯 보입니다. 하지만 아직 저 아래 놓인 부정적인 감정을 처리하지 못한 상태예요. 이제 마음이 훨씬 더 집중되어 있고 강력하기에, 실제로 부정적인 감정들이 휘저어져 표면으로 올라오기라도 하면 이전보다 훨씬 더 무서운 모습으로 나타납니다. 『마하바라타(Mahabharata)』나 『라마야나(Ramayana)』 같은 초기 인도 서사시들을 읽어 보면 수백 년, 때로는 수천 년 동안 명상을 이어 왔다는 리쉬(rishi, 현자) 또는 은둔 수행자들을 마주치게 됩니다. 그들의 마음은 극도로 통제되어 강력하지요. 한 번 명상에 들면 수백 년간 매우 깊은 상태를 그대로 유지할 수 있습니다. 그러나 누군가 명상을 방해하고 그 상태에서 빠져나오게 만들면 그들은 즉각적으로 분노로 반응합니다. 그들의 마음은 매우 강력하기 때문에 제3의 눈을 통해 불꽃을 뿜어 명상을 방해한 침입자를 태워버릴 수도 있습니다. 어떤 이야기에서는 이들 리쉬들이 그토록 엄청난 정신력을 계발했기에 신들조차 권좌를 뺏길까 두려워했다는 내용도 있습니다. 어떤 리쉬의 힘을 진정시키기 위해 신들이 압도적으로 아름다운 천상의 요정들을 보내 그를 유혹했다고 합니다. 리쉬가 눈을 뜨고는 저항할 수 없을 정도로 매혹적인 요정을 목격하고 그녀에게 달려들었습니다. 오랜 세월 축적해 왔던 그의 힘이 다 소진되기까지는 그리 긴 시간이 걸리지 않았지요. 이건 마치 압력솥의 뚜껑을 열어버린 것과 같아요.

여기서 전하는 메시지는 우리가 수백 년 동안 깊은 삼매에 들었다고 하더라고 거기 지혜가 곁들여지지 않는다면, 결국 시작했을 때보다 오히려 더 나쁜 결말로 끝날 수도 있다는 얘기입니다. 붓다는 이를 일찌감치 알고 계셨어요. 궁전을 떠난 후 싯다르타는 스승을 찾아 다녔습니다. 한 분을 찾습니다. 그러면 거기서 배울 수 있는 모든 것을 배우고, 다시 다른 스승을 찾아 떠남을 반복하셨어요. 각각의 스승은 매우 숙련도 높은 삼매 또는 정신 집중을 가르쳤어요. 이런 것들은 이른바 "무형의 영역[無色界]"에 속한다고 알려져 있습니다. 이들 명상에 들어 있는 동안 마음은 무한히 펼쳐지는 마음의 단계들을 통과하여 마침내 지각도 비-지각도 아닌 상태에 도달합니다. 드디어 뭐라 이를 만한 것이 없는 공(空)의 영역에 들어선 것이지요. 싯다르타의 스승들은 모두 이것이 해탈 상태라고 가르쳤습니다. 싯다르타는 이 방법들을 따라 수행했고 금방 이들 수준에 도달했어요. 하지만 그것은 진정한 해탈이 아님을 알아채셨습니다. 결국 다시 내려와야만 해요. 비록 이 상태가 지고의 상태이지만, 지극히 높은 수준의 의식 속에서도 어떤 미묘한 수준의 마음이 윤회를 일으킵니다. 그러니 해탈에는 모자라는 것이지요.

이들 스승과 수행법을 포기한 후에 싯다르타는 수년간 금욕주의적인 고행에 들어갔습니다. 하지만 이것 또한 실패했어요. 그러고는 자문했습니다. '대체 해탈이란 게 뭘까? 어디에 해탈이 있는 걸까?' 그러다 문득 어렸을 적 아버지, 즉 국왕이 농경제에서 밭을 가는 의식을 집전하던 모습이 떠올랐습니다. 기억을 되살려 싯다르타는 명상에 들어갔고, 조용히 첫 번째 단계의 몰입 상태에 다다랐습니다. 이 상태에서 자신의 주의를 마음 그 자체로 돌렸습니다. 싯다르타는 마침내 보리수 아래 앉아 해탈에 이르는 길을 깨달았습니다. 감추어져 있어 보이지 않았던 고대의 방법을 재발견한 것이었습니다. 다시 그것이 드러나게 했던 거죠. 이것이 위빠사나, 통찰의 길입니다. 이에 대해 이어 말씀드릴 겁니다. 지금 이해해야 할 건 사마타가 위빠사나를 계발하기 위한 준비과정이자 배경이라는 점입니다.

사마타란 무엇일까요? 어떤 훌륭한 라마께서 제게 말씀해 주시길, 만약 우리에게 강력한 사마타가 있다면 불법 전체가 손바닥 위에 있다고 하셨습니다. 만약 사마타를 계발하지 않는다면 어떤 수행도 실제로 효과를 보지 못할 거예요. 맞는 말입니다. 무엇을 하든 흐트러진 마음으로 임한다면 힘이 부족해질 겁니다. 그냥 안되는 거죠. 공부를 한다면 거기에 마음을 쏟아부어야 합니다. 그래야 성취가 있습니다. 편지를 쓰든, 컴퓨터로 작업을 하든, 또는 그 무엇이든, 우리가 하는 일에 온전히 마음을 써야 합니다. 이것이 사마타의 전부입니다. 마음의 일부가 뭔가 다른 것을 생각함 없이 온전히 대상에 집중하는 것. 만일 무엇을 하든 온전히 마음을 쏟는다면 매우 신속하게 효과가 발휘됩니다. 하지만 만일 마음의 반만 거기 쓴다면 아무리 열심히 해도 그냥 내적인 충돌만 야기할 뿐이에요.

수행을 시작하기 전에 스스로 동기를 부여하는 게 매우 중요합니다. 그렇지 않으면 처음 반짝했던 열정이 다했을 때 마음은 지루해하기 시작하고 쉽게 다른 것에 끌립니다. 이런 이유로 사마타 수행이 처음이라면 아주 짧게 가져가라는 충고를 받습니다. 우리는 능숙해질 필요가 있습니다. 마음과 함께 작업한다고 여겨야지 마음에 대항한다고 여기면 안 됩니다. 이에 두 가지 접근법이 있습니다. 무엇이 올라오든 벌떡 일어나 소리 지르며 방을 뛰쳐나가지 않습니다. 그냥 거기 앉아 헤쳐 나갑니다. 또 다른 방법은 스스로 이렇게 말하는 겁니다. '마음에 친절하게 대해보자. 마음과 함께 작업하는 거야.' 결국 마음이 스스로 집중하고 싶게끔 만들어야 해요. 만일 끔찍할 정도로 지루한 책을 읽는다면 어떤 내용이었는지 기억하기는 몹시 어려워요. 책을 읽지 않을 수만 있다면 뭐든 하겠다는 마음속 몸부림, 뭐 그런 내적 충돌이 일어나는 거죠. 그래서 이게 몹시 어려운 것입니다. 여기 '나'가 있고, 또 억지로 읽어내려 하는 이 책이 있는 거예요. 하지만 진짜 매혹적인 뭔가를 읽고 있으면 지금 읽는 중이라는 사실조차 의식하지 못합니다. 재밌거든요. 다른 일이 생기면 어쩔 수 없이 책을 내려놓으며 크게 아쉬워합니다. 그리고 다시 책을 집어 들고 싶어 안달이 나지요. 수행할 때도 이와 유사하게 뭔가를 이루어낼 수 있습니다. 어떤 사람들은 자신들이 아주 활발한 마음과 지식을 탐하는 습관을 가지고 있어서 명상이 지루하게 느껴진다고 말합니다. 꽤 많은 이들이 이런 말에 공감합니다.

마음이 흥미를 유지하게끔 하는 비법은, 제가 말씀드렸듯, 처음 시작할 때는 명상 주기를 아주 짧게 가져가는 것입니다. 이렇게 하는 이유는 마음이라는 게 짧은 시간 동안이라면 거의 모든 대상에 흥미를 유지할 수 있기 때문이에요. 하지만 길게 가져가 버리면 이내 안절부절못하기 시작합니다. 심지어 흥미로운 것에도 그러할진대 일정 시간 이상 한 점에 집중을 유지하는 일이 마음에게는 익숙하지 않기 때문이에요. 이를 무시하면 다음번에 다시 명상할 때, 이전에 지루함을 느꼈던 경험을 기억하고는 내적인 저항을 일으킵니다. 반면 지루해지기 전에 멈추면, 즉 아직 즐기고 있는 와중에 멈추면, 마음은 이전 경험이 즐거웠다고 기억하고는 기꺼이 다시 하길 원합니다. 그래서 적어도 티베트 전통에서는 사마타 세션을 짧게, 하지만 자주 가져가는 것이 흔히 권장됩니다. 여기서 짧다는 건 실제로 얼마만큼이든 우리가 편안하게 느껴야 한다는 뜻이에요. 하지만 10분도 안 된다면 별 소용이 없습니다. 제 생각에 20분 정도가 적당해요. 마음을 조용하게 만드는 작업에만 족히 10분은 걸립니다. 마음이 조용해지자마자 세션을 멈춘다면 그건 너무 일러요. 반대로 너무 길게 끌면 마음이 최고조에 도달한 후 집중이 흐트러지기 시작합니다. 그 지점에서 멈추면 너무 오래 끈 것이라고 보면 됩니다. 마음이 최고조에 달한 시점부터 다시 흐트러지기 시작하는 시점 사이에 멈추는 것이 실제 가장 좋습니다. 마음이 슬슬 싫증 내기 시작하는 걸 눈치채면 몇 분 정도 멈추고 주위도 둘러보고, 그러고는 다시 시작합니다.

한 점에 집중된 마음(one-pointed mind)이란 넓은 빛기둥이 한 점으로 좁아져 레이저 빔 같아지는 것에 비유됩니다. 그 레이저 빔이 궁극적으로 내면을 향하면 마음의 수많은 층을 자르고 들어갑니다. 빛이 퍼져 있으면 오직 표면만을 비출 뿐, 깊은 안쪽으로 뚫고 들어가지 못합니다. 지금 우리가 계발하려고 애쓰는 자질들은 우리 마음속에 이미 존재하는 내재적인 것들이에요. 우리는 집중하는 능력을 갖추고 있습니다. 우리는 평온해지는 능력이 있어요. 우리는 어떻게 하면 그렇게 되는지 경험을 어느 정도 갖고 있습니다. 뭔가 정말로 흥미로운 걸 할 때라면 굳이 집중하려고 애쓸 필요도 없지요. 재밌는 영화나 축구 경기를 관람 중인 사람들을 보세요. 그 사람들에게는 집중하라고 얘기할 필요도 없어요. 열쇠는 우리가 가지고 있습니다. 언제든 원할 때면 지금 사용하고 있는 마음의 능력을 우리가 원하는 방향으로 계발할 수 있습니다. 명상이란 마음의 훈련에 관한 것이에요. 쓰지 않던 근육을 갑자기 움직이면 근육이 놀라고 통증이 올라옵니다. 하지만 매일 조금씩 이어 나가면 결국 근육들이 강해지기 시작합니다. 조금 전까지도 가능하다고 믿지 못했던 걸 하는 자신을 발견합니다. 그 누구도 앉자마자 명상에 들 수는 없습니다. 이건 부처님도 못합니다. 모든 사람이 처음 앉으면 이런저런 문제에 맞닥뜨립니다. 처음에는 야생의, 길들지 않은 마음과 조우합니다.

명상할 때 마음이 자꾸 심란해진다고 불평하는 사람들이 있습니다. 너무나 많은 정신적인 재잘거림, 너무나 많은 떠오르는 기억 등등 말이지요. 그들은 이런 문제가 자기들한테만 있다고 생각해요. 하지만 사실 누구나 이런 문제를 겪습니다. 모든 육체 하나하나, 모든 마음 하나하나에 이르기까지 말이죠. 성공하는 사람을 굳이 영적인 천재라 여길 필요가 없습니다. 그들은 인내와 꾸준함을 갖춘 사람들일 뿐이에요. 인내와 꾸준함은 명상에 진전을 가져오는 두 가지 주요 자질입니다. 태어난 날로부터 지금까지, 그리고 아마도 그 이전 생에도, 우리가 자신의 마음을 길들이려 노력했던 순간은 매우 드물었을 겁니다. 그런 격려조차 받지 못했을 겁니다.

우리의 마음은 감각들로부터 오는 정보와 여러 형태의 지적인 자극으로 아주 오랫동안 물들어 왔어요. 앉아서 마음을 고요히 만들고, 모든 생각을 버리고, 한 점에 머물려 해보면, 이게 쉽게 제대로 될 리가 없는 일임을 깨닫습니다. 그저 원한다고 일어나는 일이 아니에요. 초심자들의 경우 마음이 평소보다 더 시끄러워지는 걸 발견하게 되는 경우도 허다합니다. 그러면 이를 두고 최악이라고 생각하는 경향이 있어요. 그런데 이는 우리가 평소에는 끊임없이 이어지는 내면의 재잘거림을 의식하고 있지 않기 때문입니다. 그래서 앉아서 의식적으로 그것들을 다루려고 할 때야 마침내 드러나 저항에 부딪히는 겁니다. 모든 사람이 똑같은 문제에 직면합니다. 지금도 그렇고, 붓다 시대에도 그러했으며, 5,000년 전에도 10,000년 전에도 마찬가지였습니다. 한 보따리 문제가 없어지면 또 한 보따리 문제들이 튀어나옵니다. 우리에게 막대한 인내가 필요한 이유예요. 하지만 인내하고 그냥 계속 가면, 결국 성공합니다.

그렇다면 어떻게 시작할까요? 이 한 점 집중된 마음을 성취하는 방법은 많습니다. 모든 방법이 잘 작동합니다. 붓다도 수행자의 성격에 따라 각기 다른 방법으로 가르쳤어요. 사실 방법은 중요하지 않습니다. 마음이 한 점으로 모이고 더 집중되는 것이라면 무엇이든 유용합니다. 두세 가지 방법들을 말씀드려 자기만의 방법을 찾게 도와드리려고 합니다. 전통적인 불교 수행에서 가장 흔히 사용되는 방법이 있습니다. 테라와다불교, 선불교, 티베트불교 할 것 없이 사실상 모든 종파에서 찾을 수 있습니다. 바로 들숨과 날숨을 지켜보는 것입니다. 이를 먼저 소개하는 이유는 붓다가 직접 쓰셨던 방법이고, 이를 통해 깨달음에 이르셨기 때문입니다. 모든 사람에게 적합하고, 일상의 모든 상황에서 실천이 가능합니다. 여기에는 여러 가지 다양한 변형이 존재합니다. 간단한 방법 딱 하나만 설명하겠습니다. 많은 이들이 호흡을 하면서 들숨과 날숨에 집중하라고 가르칩니다. 호흡에서 한발 물러나 그것을 바라보는 듯한 그림을 연상시킵니다. 하지만 실제로 우리에게 필요한 건 호흡과 하나가 되는 거예요. 들이마시는 숨과 하나 되고, 내쉬는 숨과 하나 됩니다. 내가 있고 호흡이 있다는 식으로 구분 짓지 말아야 합니다.

서양인들이 명상을 하면서 마주치는 문제 중 하나는 명상의 대상과 명상하는 자를 나눈다는 점입니다. 시작부터 바로 이런 이분법을 적용해요. 여기 내가 있고, 여기 수행이 있고, 내가 수행한다. 마치 산봉우리 두 개가 마주 보고 있는 듯합니다. 그러고는 어째서 진전이 없는지 의아해요. 주체와 대상 사이에 그려놓은 경계를 지워버릴 필요가 있습니다. 다시 말해, 그냥 명상 자체가 되어야만 해요. 명상 자체가 되어버리면 결과가 즉각적으로 나옵니다. 본래 마음이란 그 대상과 함께 생멸하기 때문이에요. 마음을 수행과 계속 따로 떼어 놓으면 합일이 일어날 리가 없습니다. 얼마나 오래 했든 상관없어요.

호흡과 관련된 수행을 할 때, 가령 예를 들자면 말입니다, 호흡에 관한 모든 생각들은 다 내려놓고 들어갑니다. 숨을 들이마실 때, 우리가 그 들어오는 숨입니다. 숨을 내쉴 때, 우리가 그 나가는 숨입니다. 거기에 분리란 없습니다. 이렇게만 할 수 있으면 평화, 고요, 그리고 일점 집중 등등, 순식간에 그 단계에 도달합니다. 한 점에 집중하는 능력의 계발이 중요한 이유는 그것이 마음을 매우 말랑말랑하게 만들기 때문입니다. 어떤 이는 일점으로 집중된 마음은 경직되는 게 아니냐고 주장합니다. 전 이렇게 생각할 수 있다는 게 오히려 신기해요. 실제로는 말입니다, 마음이 초집중되어 대상에 완전히 녹아들면 액체 상태인 듯 부드러워집니다. 당신이 마음이 이것을 생각하길 원하면, 마음은 이것을 생각합니다. 당신이 마음이 저것을 생각하길 원한다면, 저것을 생각해요. 딱 육체와 다를 바 없습니다. 육체가 경직되어 있다면 부러질 겁니다. 하지만 육체가 유연하다면, 혹시 어떤 사고를 당해도 여간해선 다치지 않아요. 또 금방 회복합니다. 이처럼 우리 마음이 유연하고 나긋나긋하다면 극도의 트라우

마나 어려움과 마주쳐도 적응해 나갈 수 있습니다. 반면 마음이 경직되어 있다면 똑 하고 부러지겠죠.

고요하고, 일점 집중되어 있고, 길들인 마음을 계발할 필요가 있습니다. 그러고는 이런저런 수행에 그 마음을 가지고 원하는 대로 쓰는 거죠. 그러면 그 마음은 쉽게 적응하고 결과도 쉽게 나올 겁니다. 만트라를 백만 년 동안 외울 수 있을지라도 마음이 한 점으로 모이지 못하고 대상에 완전히 스며있지 못하면 아무런 효과도 보지 못할 겁니다. 반대로 마음이 완전히 대상과 하나가 되면 단 몇 줄의 만트라도 효과를 발휘합니다. 가장 먼저 마음이 잘 작동하게 만드는 방법을 배워야 해요. 티베트인들은 레쑤룽와(las su rung ba)라는 단어를 사용합니다. 잘 작동하는, 뜻이 딱 그거예요. 마음이 잘 작동하게 할 필요가 있습니다. 그래서 우리가 어떤 과제를 제시하든 손쉽게 달성할 수 있게 만들어야 해요. 이것이 사마타의 쓸모입니다. 사마타 자체는 목표가 아니에요. 불교 명상의 목표는 평화롭거나 행복하거나 또는 그냥 집중되어 있거나 하는 게 아닙니다. 하지만 평화롭고 집중되고 유연한 마음을 갖는다면 그것을 도구로 지혜, 자비, 그리고 이해를 계발할 수 있습니다. 사마타 수행은 전부 마음을 사용하는 방법에 관한 것입니다. 모두가 평화롭고, 행복하고, 자비롭고, 친절하길 바라지만, 결국 안절부절못하고, 스트레스를 받고, 짜증 내고, 좌절하게 되곤 합니다. 모든 사람에게 평화롭고, 행복하고, 참을성 있고, 지혜로운 마음을 가질 잠재력이 있습니다. 그런데 이 잠재력을 이리저리 써본 적이 없어요. 사마타가 마음과 그런 작업을 하는 겁니다. 잘 작동하도록 평소 훈련을 하는 거죠. 마음을 유연하게 만들어 자신과 타인에게 유익하게 그것을 사용합니다. 하지만 거기 이르기까지 시간이 걸려요.

진심으로 자신에게 적용하면 기가 막히게 유용합니다. 어떤 소리를 들었어요. 그냥 소리일 뿐, 흘려보냅니다. 어떤 생각이 일어났어요. 그냥 생각들일 뿐, 그냥 마음이라는 바다 위 파도들일 뿐, 흘려보냅니다. 거기에 에너지를 조금도 주지 마세요. 사마타 수행에서 중요한 것 중 한 가지는 바로 궁금해하지 않는 겁니다. 호기심은 통찰 명상에 속합니다. 우선은 마음을 고요히 만들어 그냥 한 점으로 모으는 것에만 집중합니다. 만약 마음의 내용물에 현혹되어 버리면 이리저리 끌려다니게 됩니다. 그렇게 하면 안 됩니다. 지금 이 순간 호흡과 하나되는 것 외에 세상 그 무엇도 중요하지 않습니다. 이것이 우리가 해야 할 전부입니다.

수행 시간이 그리 길지 않아도 사마타 수행은 매우 유용합니다. 마음이 들썩이기 시작하면 눈을 뜨고 주위를 한 번 둘러봅니다. 그러고는 다시 명상으로 돌아오면 됩니다. 마음을 점진적으로 이해하기 시작하고, 마음을 단련시킬 수 있습니다. 명상 중에 해야만 하는 건 단지 들어오고 나가는 숨과 함께하는 것뿐이라는 사실을 마음이 이해하고 기억하기 시작합니다. 우리는 지능적인 존재들입니다. 우리 마음은 학습할 수 있어요. 매 순간 마음은 배우는 중입니다. 어떻게 하면 산만해지는지, 생각은 어떻게 하는지, 어떻게 판단을 내리는지, 어떻게 합리화하는지 말이지요. 수다를 떠는 기술이야말로 마음이 오랜 기간 훈련해왔던 것입니다. 이제 프로그램을 다시 짜서 입력해줘야 할 때가 왔어요. 물론 시간과 노력이 필요한 일입니다만, 충분히 가능합니다. 평화와 고요를 경험하고 이해하기 시작하면 마음이 알아서 열정을 품기 시작합니다. 그러면 우리가 너무 세게 밀어붙일 필요도 없게 됩니다. 들어오고 나가는 숨을 대상으로 명상을 하는 데는 중요한 이점이 하나 있습니다. 우리는 어디에 있든 늘 숨 쉬고 있다는 겁니다. 그러므로 하루 중 언제든, 특히 스트레스를 느낄 때, 들어오고 나가는 숨에 주의를 되돌릴 수 있습니다. 그게 전부예요. 그것에 관한 생각은 필요 없습니다. 그것에 어떤 조작을 가할 필요도 없어요. 이건 좋은 호흡이고 저건 나쁜 호흡이라고 판단할 필요도 없습니다. 그냥 자신을 내뱉고 자신을 들이마실 뿐입니다. 이걸 종일 할 수도 있어요. 하루 중에도 셀 수 없이 많은 기회를 얻는 겁니다. 호흡에 주의를 돌리고 스스로 지금 이 순간으로 되돌리는 거예요. 이런 사실에 감사해야 합니다.

마음을 한 점으로 모으는 또 다른 방법은 마음에게 할 일을 많이 주는 겁니다. 비우는 방법과 정반대죠. 티베트인들은 이 방법을 선호합니다. 제 생각에는 대부분의 서양인에게는 비워내는 쪽이 아주 좋은 방법이 됩니다. 왜냐하면 우리 쪽 사람들의 마음은 정말 많은 쓰레기를 축적하려는 경향이 있거든요. 그것들 일부라도 흘려보낼 기회를 잡는 것이 좋습니다. 우리 마음이 쓰레기 더미라고 생각하실 수도 있습니다. 천천히 조금씩 쓰레기들을 덜어내는 작업인 거죠. 또 다른 방법은 생각을 믿을 수 없을 만큼 복잡하게 만듭니다만,

이를 잘 규율 잡힌 방법으로 실행하는 것입니다. 티베트불교에서는 이를 극도로 복잡한 만다라나 보살, 만트라 등의 시각화를 통해 수행합니다. 그러면 마음이 그것에 완전히 사로잡혀 한눈을 팔 여유가 없어지는 겁니다.

제가 받았던 어떤 수행과제가 생각나네요. 일백 하고도 스물네 명의 신들을 시각화하는 작업이었습니다. 모두 부부관계로 한 쌍씩 연결되어 있고, 전부 팔이 여섯 개, 머리가 세 개씩 달려있었어요. 똑같은 모습의 신들은 단 한 명도 없었습니다. 각각 서로 다른 물건들을 들고 있었지요. 배우자들은 서로 다른 색깔이었습니다. 또한 그들 모두가 어떤 머리뼈 꼭대기에서 헤어라인 사이의 공간에 보이게 그려야만 했어요. 동시에 그들 모두가 누군가의 가슴 한복판에 앉아있는 어떤 작은 신적 존재의 심장 속에 그려져야 했습니다. 일백 하고 스물네 명 모두가 동시에 말입니다. 실제로는 일백사십팔 명이었어요. 스승님을 뵈러 갔을 즈음엔 제 눈이 거의 사시가 될 지경이었습니다. 스승님이 말씀하시길 가능한 한 분명하게 그들을 보도록 노력해보라고 하셨습니다. "만약 분명하게 그들을 시각화할 수 있게 되면 네 마음은 드높고 광활해질 거다." 다른 사람들한테는 그걸 그냥 희미하게 대략 마음속에 그려보라고 하셨지만, 운이 나쁜 건지 저는 그런 지침을 받지 못했어요. 저에게는 그들을 아주 명확하게 그려내라고 말씀하셨습니다. 전 정말 많이 노력했어요. 이 절대 불가능한 과업에 제 모든 것을 던졌던 기억이 납니다. 핀(pin) 머리만한 정도의 공간에 이 모든 끝도 없는 만다라를 그려 넣어 보려고 정말 애를 썼어요. 당연히 제 마음은 이 불가능한 과업에 완전히 몰입되었죠. 이를 해내려 애쓰는 자체가 제게 많은 에너지를 주었습니다. 뭐 그렇다고 제 마음이 진짜 광활하고 드넓어진 건 아니었지만, 적어도 일종의 명료함을 얻었던 건 사실입니다. 여기까지 말씀드린 것이 또 다른 방법이 되겠습니다. 정리해보자면, 마음을 온통 꽉 채우든지, 아니면 완전히 비우든지 둘 중 하나인 거죠. 누군가에게는 이쪽이 더 잘 듣고, 또 누군가에게는 저쪽이 더 효과를 냅니다. 때로는 두 가지를 번갈아 하는 게 좋을 때도 있습니다. 티베트인들은 대개 번갈아 하는 편입니다. 이에 대해서는 밀교를 다룰 때 더 자세히 살펴보도록 할게요.

지금은 사마타 수행에 대해 좀 더 자세히 알아보겠습니다. 중요한 것은 우리가 사마타 수행을 왜 하는지입니다. 당연한 얘기지만 우리는 더 평화롭고 행복하고 싶어 해요. 그것이 명상을 배우는 동기로서 그리 나쁜 것도 아닙니다. 하지만 그것이 궁극적인 동기가 될 수는 없어요. 궁극적인 동기는 깨달음입니다. 깨닫는다는 것은 지혜, 자비, 순수함, 그리고 무한한 에너지라는 의미에서의 힘에 대해 우리에게 무한한 잠재력이 있고 그것을 드러낸다는 뜻입니다. 우린 정말로 이 모든 것을 갖추고 있어요. 단지 드러나게 만들고 발견하면 됩니다. 이를 실행하는 방법이 바로 명상입니다.

왜 지혜롭고 자비로워지고 싶을까요? 단순히 그냥 우리가 지혜롭고 자비로워지고 싶을 뿐인 거라면, 이는 길을 벗어난 겁니다. 왜냐하면 '나'는 지혜와 자비를 획득할 수 없기 때문이에요. 지혜와 자비는 오직 '나'가 사라져버린 자리에만 드러날 수 있습니다. 우리가 이 수준에 도달하면 남들을 도울 수 있습니다. 그렇게 되기 전에는 앞을 보지 못하는 사람이 또 앞을 보지 못하는 사람을 인도하는 격입니다. 모든 진실한 종교는 그 정도의 의식 수준에 도달하고자 길을 모색합니다. 이는 에고에 묶여있는 의식이 아닙니다. 불교에서는 이를 조건 지워지지 않은 자, 태어나지도 죽지도 않는 자라고 부릅니다. 이를 어떤 이름으로 부르든 상관이 없습니다. 그것을 아트만(atman, 범아)이라고 할 수도 있습니다. 그것을 안아트만(anatman, 무아)이라고 해도 괜찮아요. 하나님이라 불러도 됩니다. 중요한 것은 우리 존재의 핵심을 이루는 의식의 미묘한 수준이 존재하고, 그것이 일상의 조건화된 마음 상태를 아득히 뛰어넘는다는 사실입니다. 누구나 이를 경험할 수 있습니다. 어떤 사람은 봉사를 통해 경험하고, 또 어떤 이들은 헌신의 길을 통해 경험합니다. 심지어 분석과 지적인 규율을 통해 그것을 경험할 수 있다고 생각하는 사람들도 있습니다. 불교도들은 대개 명상을 통해 도달하려고 하죠. 그게 지금 우리가 하는 겁니다. 한계를 돌파하여 조건 지워지지 않은 상태에 도달하고 이를 통해 다른 이들도 한계를 돌파하여 조건 지워지지 않은 상태에 도달하게끔 돕는 것. 하지만 바로 여기, 우리가 현재 위치한 곳에서 시작해야만 하지요. 우리는 현재 이 마음, 이 육체, 이 문제들, 이 약점들, 이 강점들을 지니고 시작합니다.

모두가 유일무이하지만, 내재한 자질들은 충격적일 정도로 유사합니다. 사람들이 명상을 위해 앉으면 예외 없이 두 가지 기본적인 문제에 봉착합니다. 극도로 산만해지거나 아니면 반대로 잠이 오고 게을러지죠. 마음이 너무 활발해지면, 이는 지속적인 문제이기는 한데, 대개 진정시켜보라는 조언을 듣습니다. 이를 해내기 위해 따뜻한 방 안에 앉기, 눈을 감기, 충분한 식사하기, 기타 다양한 방법들을 통해 마음을 더 이완합니다. 명상의 핵심은 마음을 완전한 이완상태로 만듦과 동시에 완전한 각성상태로 만드는 것이에요. 만약 당신이 사랑스럽고, 꿈결 같고, 평화로운 상태로 들어가 거기서 절대 빠져나가고 싶지 않고 완벽한 지복 속에서 평화롭게, 하지만 희미하게 안개가 낀 듯 몇 시간이든 앉아 있을 수 있겠다고 느껴진다면, 그건 완전히 길을 잃은 겁니다. 이렇게 되기 아주 쉽습니다. 너무나 즐겁게 느껴지거든요. 어떤 이들은 자기들이 삼매 상태에 근접하고 있다고 생각하기도 해요. 하지만 이는 실제로는 정신적인 둔감 상태로 알려져 있습니다.

마음이 산만해진다면 이완시켜야 합니다. 모든 것을 내려놓고 시선은 아래로 둔다는 의도만 간직하십시오. 소량의 식사가 도움이 된다는 얘기도 있습니다. 그렇게 하면 피가 대뇌로 가지 않고 위장으로 몰리기 때문에 마음이 안정을 찾는다고 합니다. 잠이 오는 게 문제라면 약간 시원한 곳에 있기, 눈을 뜨기, 아주 가벼운 식사하기 등의 해결책이 있겠습니다. 때로는 허공을 응시하는 것도 도움이 됩니다. 마음이 산만해지면 아랫배에 검은 점을 시각화해볼 수도 있습니다. 검은색은 마음을 둔감하게 만듭니다. 더불어, 마음을 아랫배로 내림으로써 마음을 좀 더 안정적으로 만들 수 있습니다. 너무 잠이 온다면 이마 정중앙에 백색광을 시각화해볼 수 있습니다. 마음을 고양하고 가볍게 만듭니다. 제가 아는 한 분은 명상 중에 자꾸 잠이 오는 문제가 있었어요. 그걸 해결하는 방법으로 졸면 떨어질 수도 있는 우물 바로 옆에 앉아서 명상했습니다. 졸음이 싹 달아났죠! 심지어 밀라레빠조차도 이 문제를 고민했어요. 그는 불을 붙인 버터 램프를 머리에 이고 명상하곤 했습니다. 그렇게 되면 허리를 똑바로 펼 수밖에 없고, 졸다가 쓰러지는 것을 막을 수 있죠.

중요한 건 마음이 이완되면서도 바짝 깨어 있어야 한다는 겁니다. 마음이 점점 더 깨어 있고 초롱초롱해질수록 내면에 감추어진 뭔가를 발견할 확률이 올라갑니다. 그것이 일깨워지면 점점 더 가벼워지고 텅 비게 됩니다. 붓다라는 단어의 뜻은 '깨어난 자'예요. 너무나 위대한 뱅골 힌두 성자였던 아난다마이 마(Anandamayi Ma)가 말하길, 명상이 어느 단계인지는 중요하지 않다고 했습니다. 투명한 알아차림이 아니라면 그건 무조건 잘못된 상태라고 했어요. 중요한 건 알아차림 또는 앎을 유지하는 것입니다. 이는 명상에서 이루 말할 수 없이 중요해요.

일종의 균형감각을 기를 필요가 있습니다. 붓다는 "현악기의 줄을 너무 팽팽하게 조이면 소리가 거칠어지고 줄이 끊어질 수도 있다. 반대로 줄이 너무 느슨하면 아무 소리도 나지 않는다."고 말씀하셨습니다. 악기를 조율하듯 자신의 마음을 조율해야 합니다. 너무 긴장되지 않게, 너무 느슨하지도 않게, 딱 적당하게. 딱 균형이 맞는 거죠. 마치 서핑 보드를 타는 것과 같습니다. 너무 팽팽해도, 너무 느슨해도 중심을 잃고 떨어집니다. 어떤 상황에도 즉각적으로 반응할 수 있을 만큼 태세를 유지할 필요가 있습니다. 그런 균형감각을 갖는다면 파도가 아무리 높아도 전혀 문제가 없습니다. 마음도 이와 같아요. 그런 수준의 균형감각을 길러야 합니다.

명상 시간을 규칙적으로 갖는 것 또한 아주 중요합니다. 실은 지금 이에 대해 알아볼 시간은 없어요. 저는 지금 여러분들 수행의 관점에서 사마타에 대해 말하는 것이 아닙니다. 방법에 대한 조언이라면 각자의 선생님들께 언제든 가서 물어볼 수 있으니까요. 지금 말씀드리는 바는 전반적인 개요일 뿐입니다. 그렇지만 모든 수행자에게 수행 시간과 장소를 규칙적으로 가져가는 것이 중요하다고 말씀드립니다. 인간은 습관적인 존재거든요. 같은 일을 매일 반복하면 아주 빨리 습관화할 수 있습니다. 일어나면 화장실만 갔다 와서 수행합니다. 자리에 앉아 향이든 뭐든 켜놓습니다. 마음이 이제 명상할 시간이군, 하고 기억하게 되는 건 오래 걸리지 않아요. 금방 정착이 됩니다. 왜냐하면 마음이 할 일이 뭔지 기억하거든요. 반면에 시간을 계속 바꾸고, 여기서 찔끔 저기서 찔끔 명상 장소도 바꾸면, 그때마다 지금 뭘 하려는 건지 마음에게 반복해서 기억을 상기시켜주어야 합니다. 그러면 정착되는 데도 더 오래 걸려요. 적어도 처음 시작할 때는 그렇습니다. 일종의 리듬을 만들어야 합니다. 도저히 여유가 나지 않아 딱 10분만 한다 해도 정해진 시간에 규칙적으로 하면 좋습니다.

이른 아침에 잠에서 깬 후에 가능한 만큼, 가령 10분, 20분, 30

분, 한 시간 동안 자리에 앉아 명상합니다. 이렇게 스스로 중심을 세우며 하루를 시작하는 것이 좋습니다. 마음을 이 방 안으로, 이 몸 안으로 데려옵니다. 우선 몸과 연결하고, 그다음 호흡에 연결합니다. 자신의 종교가 무엇인지 또는 종교가 있는지 없는지 아무런 상관없습니다. 명상은 그런 것과는 하등 연관성이 없어요. 이것은 자기 마음과 타협하는 법을 다루는 겁니다. 밤에 자기 직전 잠시 앉아 명상하는 것도 아주 좋은 아이디어입니다. 시간 여유가 있다면, 그날 하루를 돌아봅니다. 하루 동안 얼마나 깨어 있었는가? 얼마나 친절했는가? 훌륭한 행동이라 생각되는 게 있었는지? 좀 옹졸했다고 생각되는 행위는 없었는지? 심판하는 게 아닙니다. 그냥 바라볼 뿐이지요. 나의 하루를 실제로 어떤 행위들로 채웠는지? 그러고는 내일은 더 잘하리라 다짐합니다. 더 깨어 있고, 더 의식적이고, 더 친절하고, 더 참을성을 보이리라. 그러고는 호흡과 함께 잠시 그냥 앉아 있습니다. 5분, 10분, 단순히 들이마시고 내쉬는 숨과 함께 존재합니다. 마음을 비우고, 모든 것을 흘려보냅니다. 오직 현존합니다.

지금 무엇을 하고 있는지 스스로 질문해 볼 필요가 있습니다. 나에게 주어진 하루를 어떻게 보냈는가? 나에게 주어진 시간을 어떻게 보냈는가? 이 순간 무엇을 하고 있는가? 명상을 방해할 사람은 아무도 없습니다. 아무도 부처님이 되는 걸 방해하지 않아요. 우리 자신이 방해꾼입니다. 기본적으로 우린 지금 마음 수행을 다루고 있습니다. 결국 모든 것이 마음이니까요. 우리가 행복하든 슬프든, 평화롭든 불안하든, 저 밖의 것은 아무것도 아닙니다. 그냥 여기예요.

세상을 바꿀 순 없지만 세상에 대한 우리의 태도를 바꿀 수 있습니다. 자신을 변용시키면 그 여파가 주위 모든 것에 미칩니다.

언젠가 스위스 취리히를 방문해 가톨릭 신부와 수녀, 예수회 사람들과 함께 시간을 보낸 적이 있습니다. 그들은 꽤 큰 규모의 시설을 운용하고 있었습니다. 그 시설에서 일하는 사람들은 설립자를 비롯해 모두 수사와 수녀 들이었지요. 그들은 오래전 일본으로 건너가 선불교를 공부하기도 했습니다. 지금은 취리히로 돌아온 지 꽤 오래되었죠. 스위스에서는 꽤 유명한 분들이었습니다. 원래 그들은 인권 옹호 활동과 함께 약물 중독자와 노숙자를 구호하는 일을 했습니다. 그런데 지금은 경제학자, 정치인, 은행원, 그리고 유엔 같은 곳에서 일하는 많은 오피니언 리더에게 명상을 가르치는 일에 활동의 무게를 두고 있어요. 이런 사람들이야말로 자신의 지혜와 명료함, 그리고 고요함에 접근하는 방법을 배워야 한다는 게 그들의 신념입니다. 이런 사람들이 전 세계 경제와 정치 상황을 통제하고, 그렇기에 막대한 선(善)을 실천할 수 있기 때문입니다. 제가 이 프로그램이 얼마나 성공적이었는지 물었습니다. 그들 말로는 상상도 못 했을 만큼 성공적이었다고 해요. 이곳에서 일하는 수사들과 수녀 들은 많은 수행 과정과 프로그램들을 만들고 있고, 매 코스마다 수백 명씩 수강한다고 합니다. 이 사람들은 명상을 배우는 데 대단한 열정을 보여 준다고 합니다. 단지 스트레스를 줄이려는 목적뿐 아니라 좀 더 평화로운 마음을 계발하려는 목적도 있다고 해요. 이게 단지 개인만을 위한 이기적인 수행이 아닌 거죠. 아주 광범위한 유익이 있는 겁니다. 무지, 탐욕, 분노에 사로잡혀 있으면 손닿는 모든 것을 오염시킵니다. 세상을 구하고 싶다면 자신부터 구해야 하는 거죠.

지금 모두 함께 15분 정도 조용히 앉아 있어 봅시다. 마음이 다른 곳을 헤매면, 다시 이 방으로 돌려놓습니다. 그리고 육체로 되돌립니다. 몸의 감각이 느껴지면, 그냥 알아차리기만 하세요. 그게 좋으니 싫으니 토를 달지 마세요. 그냥 느낌들이 거기 존재함을 알고만 있는 겁니다. 몸을 아는 거죠. 몸을 인식하는 것에 어느 정도 적응되면 주의를 들어오고 나가는 호흡으로 가져갑니다. 흘러 들어오고 흘러 나가는 호흡과 그냥 하나가 됩니다. 호흡을 더 길게 또는 더 짧게 통제하려 들지 마세요. 일정 거리를 두고 호흡을 지켜보는 게 아니라는 의미에서, 이것은 딱히 집중하는 행위가 아닙니다. 그것이 들고 난다는 앎과 함께 그냥 호흡과 하나가 되는 겁니다. 마음속에 생각이 일어난다면, 신경 쓰지 마세요. 마음은 원래 그렇습니다. 생각을 갖는 게 마음이에요. 그냥 거기 에너지를 주지 않습니다. 생각들에 사로잡히지 않습니다. 무시하세요. 어떤 사람이 관심을 끌려 할 때 우리가 그냥 무시하면, 결국 포기하고 자리를 떠버리죠. 생각들은 오고 갈 수 있습니다. 하지만 거기 관심을 주지 않습니다. 단지 그냥 반복해서 주의를 호흡으로 돌립니다. 우린 이걸 약 15분 동안 할 겁니다. 소리는 그냥 소리일 뿐입니다. 공간을 가로지르는 진동일 뿐이에요. 문제없어요. 소리가 거기 있는 것도 자연스럽고, 귀가 그것을 듣는 것도 자연스럽습니다. 그냥 거기 에너지를 주지 마세요. 주의는 호흡으로 돌아갑니다.

문_ 호흡에 어려움이 있는 사람들에게 적합한 호흡 수행 방법도 있을까요?

답_ 호흡에 어려움이 있는 사람이라면 몇몇 다른 형태의 명상이 더 적합하겠죠. 방법은 너무나 많아요. 다만, 호흡 수행이 일반인들에게는 접근하기 편하고 간단합니다. 하지만 어떤 사람들은 호흡에 집중한다고 죽거나 아픈 게 아닌데도 불안을 너무 많이 느낍니다. 그래서 스트레스를 많이 받지요. 그런 경우라면 시각화나 다른 무언가에 집중하는 등의 방법이 적절하겠습니다. 가령 빛 같은 것들 말이지요. 기독교인이라면 예수님을 시각화할 수도 있겠습니다. 예를 들자면 그렇습니다.

문_ 명상할 때의 자세에 대해 말씀해 주시겠습니까?

답_ 등은 꼿꼿해야 합니다. 어깨를 펴서 약간 뒤로 젖혀야 하고요. 척추는 꼿꼿해야 하지만, 무게 중심은 낮아야 합니다. 동시에 이완상태로 편안해야 합니다. 어깨에 힘이 들어가 들려서도 안 되지요. 목이나 어깨가 말려서 거기 무게가 실리게 하지 말고, 배꼽 바로 아래 위치에 무게가 실려 지탱되는 것이 아주 중요합니다. 의자에 앉아서 하더라도 등은 곧게 유지합니다. 이때 발은 바닥 전체를 땅에 붙입니다. 의자에 기대지 않습니다. 두 손은 무릎 위에서 마주 잡거나 아니면 그냥 무릎 위에 가볍게 둡니다. 시선을 두는 것과 관련해서는 여러 가지 아이디어들이 있습니다. 어떤 사람들은 부드럽게 눈을 감아도 괜찮다고 생각합니다. 티베트 사람들과 일본 사람들은 눈을 가늘게 떠서 몇 센티 앞에 초점을 두어야 한다고 주장합니다. 눈을 약간 아래쪽으로 향해 코를 내려다봅니다. 이렇게 하면 눈이 편하게 쉴 수 있습니다. 티베트 사람들과 일본 사람들은 눈을 감으면 마음이 어두워진다고 말합니다. 처음 시작할 때는 눈을 뜨고 수행하는 것이 더 어려울 수도 있습니다. 하지만 당연히, 눈에 초점을 맞추지는 않지요. 결국 할 수만 있다면 눈을 뜨고 하는 편이 더 낫다는 걸 알게 될 겁니다. 이런 방법은 내면에서 너무 많은 공상이 일어나는 걸 방지하기도 해요. 불교 수행에서는 자신을 감각들로부터 단절시키려 하지 않습니다. 단지 감각들에 반응하지 않고 그냥 흘려보낼 뿐이지요. 우리는 집착 없이 흘려보내는, 흘러가는 명상을 목표로 합니다. 뭔가 들리거나 보이면 그냥 흘려보내세요. 뭐든 억지로 차단하려 들지 마세요.

문_ 화가 났을 때 마음을 어떻게 고요히 만들까요?

답_ 몇 가지 방법들이 있습니다. 전통적인 것으로 자애(loving-kindness)의 명상이 있어요. 어떤 정신상태를 그 반대의 것으로 바꾼다는 개념입니다. 누군가에게 화를 느낀다면, 앉아서 그를 향한 자애의 생각을 만들어냅니다. 우선 자기 자신을 향해 자애의 생각을 만들어내는 것에서 시작합니다. 그러다가 그 따뜻함, 그 분노조차 받아들일 수 있을 것만 같은 느낌이 가슴속에 일어나면, 그것을 상대방에게 줄 수 있습니다. 또 다른 방법도 있습니다. 이건 우리가 어떤 종류의 명상을 하고 있는지에 따라 다른데, 분노 그 자체를 바라보는 것입니다. 우선 마음을 조용하게 만듭니다. 그러고는 분노를 바라보며 그게 어떤 느낌인지 살펴봅니다. 그게 어디 있지? 그것에 대해 내 몸은 어떻게 반응하지? 분노란 대체 뭐지? 우리가 "나 화났어."라고 말할 때, 그게 무슨 뜻이죠? 그게 어떻게 느껴지죠? 이게 한 가지 방법입니다. 다른 방법은 화나게 만들었던 상황을 다시 되돌려 보고 어느 정도 거리를 둔 상태에서 관찰하는 겁니다. 마치 영화를 볼 때처럼 하는 거죠. 그러고는 시나리오를 좀 다른 방향으로 진행할 수는 없었는지 생각해 봅니다.

분노는 아주 흥미로운 감정입니다. 우린 보통 그걸 없애고 싶어 하거든요. 그런 점에서 욕망이나 집착과는 달라요. 집착과 욕망은 욕구를 충족시키는 수단이기에 대부분의 사람들은 그걸 기꺼이 지니려 합니다. 하지만 분노는 우리에게 상처를 줍니다. 종종 화내는 대상에는 상처를 주지 않고 우리만 상처받습니다. 그래서 분노를 좋아할 수 없죠. 그것은 불편한 감정입니다. 그래서 없애고 싶어 하지요. 뭐, 좋습니다. 이게 나쁘다고 말씀드리는 게 아닙니다. 하지만 우리가 그걸 좋아하지 않는다는 게 동기인 거죠. 분노를 다루는 방법은 끝도 없이 많아요. 또 하나의 방법은 인내가 불자(佛子)의 길을 걸으며 계발할 수 있는 가장 위대한 자질 중의 하나라는 점을 깨닫는 겁니다. 붓다는 인내를 수도 없이 칭송하셨어요. 그것은 깨달음을 증득하기 위해 필요한 자질 중 하나예요. 반대로 생각해 보면, 주위에 자신을 짜증 나게 하고 자극하는 누군가가 없다면 절대 인내를 배울 수가 없는 겁니다. 만약 모든 사람이 우리에게 우호적이라면, 모두가 옳은 일만 하고 옳은 말만 한다면, 이에 따라 아주 좋은 느낌은 들겠지만 자신을 성장시킬 기회를 주지는 않는다는 말씀입니다. 그러므로 우리를 짜증 나게 하는 사람들, 우리에 대적하는 사람들, 우리에게 상처를 주는 사람들은 분노의 원인과는 거리가 멉니다. 오히려 압도적인 감사의 대상이에요. 이 사람들은 우리 여정에 있어 진정한 도우미들입니다. 이들이 존재하기에 우리의 영적 근육들이 단련됩니다. 그들은 이해와 인내를 연습할 기회를 줍니다. 그들은 우리의 구루예요. 우리를 미치게 만드는 이들에게 이와 같은 태도를 갖는다면 관계가 통째로 변용됩니다. 장애물로 인식되는 대신 엄청난 기회가 되는 것이지요. 아시겠습니까? 모든 것이 마음 안에서 일어나는 일일 뿐이에요. 외부 세상은 전혀 변하지 않아요. 우리 마음이 변합니다. 이것이 전부입니다. 이것은 사람들을 변화시키고 상황을 바꾸는 일에 대한 것이 아니에요. 스스로 바꾸는 일에 관한 얘기입니다. 이는 물론 자신을 향한 분노에도 적용됩니다. 극도로 파괴적이면서 쓸모없는 짓이죠. 스스로에게도 많은 자비와 인내를 가질 필요가 있습니다. 우리 또한 고통받는 중생이니까요.

문_ 욕망을 없애야 한다고 생각하십니까?

답_ 그건 당신이 욕망을 어떤 뜻으로 말씀하셨는지에 달려있습니다. 깨달음을 향한 욕망은 좋은 욕망이죠. 우리가 그걸 없애길 원하지는 않아요. 문제는 일상의 욕망이 늘 우리를 속인다는 데 있습니다. 우린 만일 이런저런 욕망을 충족시키기만 한다면 행복해질 거라고 늘 상상합니다. 하지만 세속적인 욕망은 바닷물 같은 겁니다. 마시면 마실수록 더 갈증이 커집니다. 욕망 그 자체는 크게 문제가 되지 않습니다. 거기 붙는 우리의 집착이 진짜 문제인 거지요. 여러분들이 궁전에서 살 수도 있습니다. 큰 저택에서 살 수도 있죠. 롤스로이스를 아흔아홉 대 소유하고 있을 수도 있어요. 그리고 그것들에 대해 아무 집착이 없다면, 가령 내일 당장 모든 것을 잃었는데 "그래서 뭐 어쩌라고." 말할 수 있다면, 그건 괜찮습니다. 하지만 그에 따라 당신이 정말 당혹스러워하고, 되찾기 위해, 방어하기 위해, 조금이라도 더 많이 갖기 위해 온통 시간을 쓰고 있다면, 그건 큰 문제라는 겁니다. 무엇을 얼마만큼 가졌는지 그리고 그걸 어떻게 즐기고 있는지는 전혀 문제가 되지 않습니다. 문제는 거기 매달리고 흘려보내지 못하는 거예요. 이는 물건뿐 아니라 사람들에 대한 것도 포함됩니다.

물론 관계를 즐길 수 있습니다. 하지만 우리가 관계 맺었던 사람이 떠나거나 죽을 수 있어요. 이는 만물의 섭리이지요. 모든 사람은 어느 단계가 되면 누군가에게서 떠날 수밖에 없습니다.

이때 어떻게 반응하는지가 요점이에요. 자기의 경험과 소유물들을 가볍게 대할 수 있는지, 그리하여 그것들이 오면 기뻐하며 즐기고, 그것들이 떠날 때 또한 괜찮을 수 있는지에 대한 얘기인 겁니다. 하지만 만일 너무 꽉 쥐고 있으면, 그래서 그것들을 상실했을 때 낙담하여 넋이 나가버린다면, 그게 문제라는 거예요. 탄생과 죽음이라는 수레바퀴에, 이 망상 상태에 우리를 붙잡아 놓고 있는 것이 바로 집착입니다. 사실 우리는 바퀴에 묶여있는 게 아니에요. 스스로 양손으로 바퀴를 꽉 붙잡고 있는 겁니다.

인도에서 원숭이를 잡는 방법에 관한 얘기는 유명합니다. 우선 코코넛에 구멍을 뚫습니다. 구멍의 크기는 원숭이의 손이 겨우 들어갈 정도로 만듭니다. 안에는 달콤하고 끈적끈적한 속살이 가득 들어 있습니다. 달콤한 냄새를 맡고 원숭이가 다가와서는 구멍을 통해 손을 집어넣고 속살을 집습니다. 손으로 쥐기 위해서 주먹을 만들었지만 주먹 형태로는 구멍에서 손을 뺄 수가 없어요. 그러면 사냥꾼들이 다가와 잡는 겁니다. 여기서 원숭이를 붙잡는 건 아무것도 없었어요. 어떤 함정도 없었지요. 단지 속살을 포기하고 쥐었던 손을 펴면 해결되는 문제였죠. 욕망과 집착이 유일한 문제였던 겁니다. 포기할 수가 없었던 거죠. 우리 마음이 작용하는 방식이 이렇다는 겁니다. 문제는 코코넛 속살이 아니었던 거예요. 흘려보낼 수 없는 것이 문제였던 겁니다. 이해하시겠지요? 우리가 무엇을 가졌는지, 또는 가지지 못했는지는 문제가 아닙니다. 거기 얼마나 매달리는가가 문제일 뿐이에요.

또 하나 이야기를 들려드릴게요. 고대 인도에 한 임금이 살았습니다. 아름다운 소녀들이 가득 찬 하렘이 딸린 커다란 궁전을 가지고 있었어요. 수많은 보석과 황금, 비단을 소유하고 있었습니다. 그의 재화는 엄청났어요. 그의 구루는 어떤 브라만이었는데, 그의 소유물이라고는 오직 박으로 만든 공양 그릇뿐이었습니다. 한번은 왕과 구루가 야외 정원 어느 나무 아래 가르침을 주고받는 중이었습니다. 그런데 갑자기 하인이 뛰어 들어와서 외쳤습니다. "전하, 큰일 났습니다. 빨리 와보세요. 궁궐이 전부 불타고 있습니다!" 왕이 대답했어요. "귀찮게 하지 말라. 지금 여기서 내 스승께 가르침을 받고 있지 않으냐. 너는 가서 궁궐에 난 불을 살펴보거라." 하지만 구루가 펄쩍 뛰며 울부짖었어요. "그게 무슨 소리요? 내 공양 그릇을 궁궐에 놓고 왔단 말이오!"

보이세요? 뭘 가졌는지가 문제가 아닌 거예요. 거기에 얼마나 집착하고 있는가가 진짜 문제이죠. 욕망이 문제가 아니고 매달리는 게 문제입니다. 물을 손에 모아놓고 있으려면 손을 컵 모양으로 만들고 있어야만 합니다. 주먹을 꽉 쥐어버린다면 물을 담을 수 없죠. 매달림, 집착이 커다란 고통을 줍니다. 집착을 사랑이라 착각하기도 합니다만, 아니에요.

문_ 자기 자신에 대한 인내와 자비는 어떻게 기르나요?

답_ 제 생각입니다만, 인내와 자비는 모든 중생을 위한 것이고, 우리 또한 중생임을 깨달아야 합니다. 상황이 그렇기에, 지금 이 순간 자기 자신 또한 스스로 책임져야 할 대상이라는 말씀입니다. 자신에 대해 인내와 자비를 가지지 못하면, 즉 자신에게 무지, 망상, 우둔함, 분노, 탐욕이 있음에 연민을 느끼지 못한다면, 다른 사람들에 대한 자비도 제대로 일어날 리가 없습니다.

7

위빠사나

-

마음이 무엇인지
알아내기

사마타에 이어, 이제 위빠사나에 관해 다뤄 보려고 합니다. 앞에서 언급했듯이 사마타는 마음을 집중시킵니다. 한 점에 모으는 거예요. 위빠사나는 일점 집중된 마음을 사용해서 마음 자체에 초점을 맞추는 작업입니다. 제가 들었던 짧은 일화로 시작하는 게 좋겠습니다. 제 생각에 이 이야기는 사실인 것 같습니다. 제가 처음 인도에 갔을 때 명상 선생님이던 나이 많은 티베트 요기에게 들었어요. 그가 동부 티베트의 캄(Kham)에 있을 때 제자 중 한 명이 티베트 상인이었다고 합니다. 이 상인은 소금을 중국에 가져다 팔고 중국에서 홍차를 수입해 오곤 했답니다. 그는 마하무드라(mahamudra) 명상에 진심이었는데, 특히 사마타 수행을 할 때 찾아오는 고요함을 좋아하고 즐겼다고 해요. 요기는 그에게 이렇게 말하고는 했어요. "이제 변화를 시도해야 할 때다. 지금 하는 것은 이미 충분히 했어. 통찰 수행으로 넘어가야 해." 물론 통찰 수행에는 생각이 들어가야 합니다. 분석하고 안으로 살펴야만 해요. 하지만 상인은 흥미를 느끼지 못했어요. 그는 이 평화로운 지복 상태에 머물기만 원했지요. 그래서 계속 사마타 수행만 고집했습니다.

어느 때 이 상인은 장사를 위해 친구들과 티베트를 출발해 중국으로 향했습니다. 그러다 하루는 커다란 숲에 다다랐는데, 거기서 잠깐 멈춰 차를 마시기로 했어요. 상인은 나무를 하러 무리에서 떨어져 나왔습니다. 불 때는 데 필요한 잔가지와 나무 조각을 모으려 헤매다가 문득 잠깐 앉아 명상하고 싶은 생각이 들었어요. 그렇게 소위 삼매 상태로 들어갔습니다. 이는 매우 심오한 몰입 상태로 거의 트랜스 상태에 가까워요. 한편, 그의 일행은 그를 기다리고 있었죠. 그가 나타나지 않자 큰 소리로 그를 부르며 찾았지만 대답이 없었어요. 온 데를 다 찾아보았지만 찾을 수가 없었습니다. 결국 포기하고 거기서 밤을 나기 위해 야영지를 만들었습니다. 다음 날 아침에 다시 한번 찾아보았지만 소용없었습니다. 일행은 그가 야생동물들에게 죽임을 당했을는지도 모른다고 생각했어요. 어쨌든 거기 남아 계속 그를 찾을 수는 없었습니다. 유감스럽지만 중국으로 가던 길을 계속 갈 수밖에 없었죠. 결국 동료들은 중국에서 홍차를 구해 티베트로 돌아왔습니다. 일 년 후에 그들이 다시 중국으로 갈 때 그전에 머물렀던 숲을 지나게 되었어요. 적어도 실종자의 유품이라도 찾아볼 요량으로 다시 수색해보기로 했습니다. 이번엔 그가 야생동물들에게 죽었을 거라 확신했죠. 다시 한번 흩어져서 그 일대를 뒤지기 시작했습니다. 마침내 그를 발견했는데, 그는 놀랍게도 여전히 앉아 명상 상태에 있었습니다. 그들이 그를 흔들어 깨웠지요. 그가 눈을 뜨자마자 이렇게 말했습니다. "오, 아직 차는 준비 안 됐나?" 차를 마시기 위해 멈췄던 시점에서 통째로 1년이 지났다고 친구들이 설명해주었고, 그는 충격을 받았어요. 자신의 인생에서 일 년을 통째로 날렸음을 깨달았습니다. 그런 종류의 몰입은 아무짝에도 쓸모가 없어요. 몇몇 종교들에서는 이런 트랜스 상태에서 몇 달씩 있을 수 있는 걸 대단하다고 생각합니다만, 티베트인들은 이에 동의하지 않습니다. 티베트인들은 이를 '얼어붙은 명상(frozen meditation)'이라고 부르고, 쓸데없는 것으로 간주합니다. 이런 경험을 한 후 상인은 통찰을 계발하는 데 진심을 다했습니다. 이런 무겁고 고요한 상태들을 오가며 놀기만 하는 짓을 그만두게 되었어요.

우린 지금껏 한동안 사마타 수행을 해왔습니다. 마음이 평화롭고 집중되었어요. 호흡에 집중하고자 마음만 먹으면 호흡과 하나가 됩니다. 시각화에 머물고자 하면 시각화와 하나가 됩니다. 우리 마음은 이제 훈련을 마쳤어요. 붓다의 초기 가르침으로 돌아가 보면, 그분도 사마타로부터 진전을 이루어 내셨음을 알 수 있어요. 이것이 끝이 아니지만, 아주 중요한 시작인 겁니다. 요즘은 대부분 사람이 이런 종류의 수행을 할 형편이 못됩니다. 여기에는 매우 고요하고, 안전한 환경과 많은 시간이 필요하거든요. 요즘은 이런 조건을 만들기가 매우 어려워서 온통 사마타를 배제하고 바로 위빠사나를 강조하는 움직임만 보입니다. 이것은 '벌거벗은 통찰(bare insight)'이라고도 알려져 있습니다. 다시 말해, 처음부터 사마타를 전혀 배우지 않은 채 바로 통찰 명상을 시작하는 겁니다. 이렇게 할 때 문제는, 마음이 전혀 훈련되어 있지 않기에, 어떤 깊은 수준의 통찰에 도달하기가 지극히 어렵다는 거예요. 그저 보이는 것이라고는 거품들처럼 솟아올라 떠다니는 생각뿐인 거죠. 앞서 호수의 비유를 들었던 바 있습니다. 사마타로 준비되지 않은 채 위빠사나를 시도하는 것은 파도치는 호수 안을 들여다보려고 애쓰는 것과 같아요. 호수 표면이 거칠고 상이 깨져 보입니다. 게다가 물은 흙탕물이죠. 조금이라도 깊이 보기가 어려워요. 그렇기에 조금 시간이 걸리더라도, 적어도 우리 마음의 파도들만이라도 잠재우는 연습을 하고 집중하는 능력을 약간이라도 계발할 가치가 있는 겁니다. 제대로 된 명상은 늘 그런 순서로 되어왔던 겁니다.

먼저 고요 속에 머물기를 연습하고 나서 통찰을 찾아야 하는 또 다른 심오한 이유가 있습니다. 통찰 명상은 에고를 층층이 차례로 벗겨내도록 고안되어 있어요. 만약 에고가 취약한 상태에서 이 수행을 시작하면 결국 오히려 더 신경질적이고, 더 혼란스럽거나 더 정신병적으로 되기 쉽습니다. 우리가 고요하고 일점 집중된 상태에 이르기 위해서는 모든 정신적인 요소들이 균형 잡혀 있어야만 해요. 그렇지 않으면 깊은 명상 상태로 들어갈 준비가 되어있지 않은 겁니다. 사마타 수행을 하는 동안 정신적 요소들은 저절로 천천히 균형이 잡혀갑니다. 어떤 심오한 평화와 일점 집중의 상태에 도달하면 내적인 균형을 이루어 낸 것이라고 봐도 무방합니다. 그런 내적 균형을 이루었을 때 에고라는 느낌 또한 균형 상태에 있게 됩니다. 이렇게 내적 중심이 단단히 확립된 이후에라야 비로소 그 중심을 다시 없애는 작업을 시작할 때가 온 겁니다. 결국 거기 뭔가 실체화한 게 있어야 그걸 없애느니 마느니 논할 수 있는 거죠. 그 중심을 통해 봐야 하는데, 중심이 확립되어 있지 않으면 써먹을 도구가 없는 거예요.

수많은 서양인이 명상을 시작하며 그것이 자신들의 심리적 불균형과 문제들을 해결해 주리라 희망합니다. 하지만 마음을 잠잠하고 고요하게 만드는 법을 배우는 이 과정을 우선 거치지 않고서는 그런 일은 일어나지 않아요. 오랜 위빠사나 과정을 거치며 어떤 사람들은 맛이 가기도 해요. 그 수준의 통찰에 적응할 수 있을 만한 정서적 안정을 유지하지 못하기 때문입니다. 그러므로 이 전통적인 접근법, 즉 우선 마음을 고요히 하고, 중심을 잡고, 균형을 잡는 작업을 먼저 하고, 이어 내면 탐사를 시작하고 에고를 층층이 벗겨내는 일을 하는 것이 말이 되는 겁니다. 결코 시간 낭비가 아니에요. 이는 안전하고 탄탄한 방법입니다. 하지만 그렇다고 우리가 아주 진전되고 깊은 수준의 사마타를 수행해야만 한다는 의미도 아닙니다. 다만 마음 자체로 시선을 돌리기 전에 마음이 좀 더 중심 잡히고, 좀 더 잠잠하고, 균형 잡혀 있음을 확신할 수 있어야 한다는 겁니다.

위빠사나 또는 통찰 명상이란 무엇일까요? 티베트 전통에 따르면 그것은 마음 자체를 들여다보는 것입니다. 이때 어떤 거대한 물음표를 가지고 들어갑니다. 우리에게 가장 가까운 것은 무엇일까요? 바로 생각과 감정이에요. 하지만 우리 생각과 감정은 너무나 가깝게 붙어있기에 그것들을 한 번이라도 떨어져서 바라본 적이 없는 겁니다. 우리의 감각들은 외부를 향해 있기에 언제나 들리는 것, 보이는 것, 맛을 내는 것 등등에 주의를 쏟습니다. 하지만 스스로 이런 질문을 던지는 경우는 드물어요. "마음이란 무엇인가?" 이런 질문을 한 번이라도 던지는 사람이 거의 드물다는 건 놀랍습니다. 우리 모두 말하죠. "난 이렇게 생각해, 난 저렇게 생각해." 하지만 도대체 생각이 뭡니까? 그걸 본 적이라도 있습니까? 그게 어디서 오는 거죠? 그게 얼마나 머무나요? 그게 어디로 갑니까? 어떤 사람들은 자신들의 생각을 너무나 강하게 믿는 나머지 그것을 위해 목숨을 바치기도 합니다. 우리가 뭔가를 생각할 때는 언제나 그것이 진실이라고 굳게 믿어요. 비록 다음 주가 되면 사뭇 다르게 생각할지라도 말입니다. 모두가 자기의 생각들을 강하게 구분합니다. "나 화났어. 난 화가 난 사람이야. 난 우울한 사람이야. 난 사랑스러운 사람이야. 난 너무나 친절해. 난 너무나 관대해. 난 너무나 이러이러해. 난 너무나 저러저러해." 하지만 이 '나'가 대체 뭡니까? 그에 대해 의문조차 품지 않아요.

위빠사나는 주의라는 레이저 광선을 외부가 어떻게 돌아가는지로부터 거두어들여 내면세계로 다시 초점을 맞춥니다. 사마타 수행법이 여러 가지이듯 위빠사나 수행법도 많습니다. 하지만 모든 수행법의 공통점은 이 커다란 물음표, 궁구하는 마음을 동반한다는 점이에요. 답을 구하지 못한 어떤 마음, 하지만 궁금해 미치는 마음. 물론 "나는 누구인가?"라는 위대한 질문이 있습니다. 우린 생각하죠. 난 이걸 좋아해. 난 저걸 싫어해. 나는 호주 사람이야. 나는 중국인이야. 난 화가 나 있어. 나는 우울해. 나는 여자야. 나는 남자야. 나는 선생이야. 나는 버스 운전사야. 나, 나, 나, 나. 그런데 이 나가 무엇입니까? 우리 삶 전체가 이 '나'와 '내 것'이라는 느낌을 기반으로 하고 있어요. 내 나라, 내 남편, 내 아내, 내 아이들, 내 집, 내 차, 내 생각, 내 감정, 내 우울. 그렇게나 많은 것을 짊어진 이 '나'가 대체 누굽니까? 이것이 명상의 전부예요. 명상의 목적은 우리 기분을 좀 나아지게 하는 게 아니란 말입니다. 물론 그런 효과가 있을 수도 있어요. 하지만 반대로, 잘하고 있음에도 기분이 나빠지는 수도 있습니다. 평화로워지는 게 목적이 아닙니다. 비록 평화로워질 수도 있지만, 그렇지 않을 수도 있는 거예요. 이건 지복에 관한 게 아닌 건 확실합니다. 위빠사나는 내면을 바라보고 우리가 진정 무엇인지, 그리고 마음이 진정 무엇인지 알아내는 것입니다. 마음이 어떤 식으로 작동하고, 그 기능에는 어떤 것이 있는지 알아내어 세속을 뛰어넘는 의식 상태에 도달하는 것이에요. 불교에서는 이를 '조건 지어지지 않음 (unconditioned)'이라 말합니다. 그 정의 자체로, 이것은 생각을 뛰어넘고, 언어를 초월하며, 개념을 벗어납니다. 하지만 이것이야말로 우리 존재의 가장 깊은 층이고, 모든 존재의 가장 깊은 층입니다. 이것으로 말미암아 우리가 모든 존재와 연결되는 거예요. 이게 명상입니다.

앞서 말씀드렸듯이 여기에는 많은 접근법이 존재합니다. 그중 하나가 들숨과 날숨에 집중하는 거예요. 우리가 평온 또는 고요 속에 머물기를 연습할 때, 의식 안에 어떤 생각, 감정, 느낌이 올라오든 무시합니다. 그냥 흘려보내는 겁니다. 이는 마음을 진정시키고 일점에 모으기 위함인데, 그렇게 함으로써 생각이나 외적인 방해에 흔들리지 않게 됩니다. 하지만 위빠사나를 행할 때는 호기심을 들고 가야 합니다. 생각들이 흘러 지나가도록 허용하는 대신에 물음표를 가져다가 묻습니다. "생각이란 무엇인가? 이건 어떻게 생겼지? 이건 어떤 색깔이지? 여기 뭔가 형태가 있는가? 이것이 어디서 왔는가? 이것이 어디에 머무는가? 이것은 어떤 느낌인가? 마음이란 무엇인가? 소위 생각이란 게 마음과 같은 것인가, 아니면 다른 것인가?"

마음이 완전한 평온 상태에 들면, 즉 아무런 생각도 들어 있지 않으면, 그것은 생각이 들어 있을 때와 같은 상태입니까, 아니면 다른 상태입니까? 이 모든 것을 지켜보는 깨어있는 의식, 생각을 지켜보고 마음을 지켜보는 그것, 그것이 생각들과 다릅니까, 아니면 같은 것입니까? 이런 식으로 살펴보고 의문을 품습니다. 마음을 관찰하며 한 꺼풀 한 꺼풀씩 벗겨냅니다. 우리는 계속 말하죠. 마음, 마음, 마음. 마음이 뭔데요? 또 화는 뭡니까? 그게 어떤 느낌이죠? 누군가 당신에게 못되게 굴었다면 당신은 그에게 화를 냅니다. 자, 여기서 상대방을 떼어 봐요. 화의 대상을 떼어내고 화 그 자체만 살펴봅니다. 그게 뭐죠? 그게 어디 있습니까? 그게 어떤 느낌이죠? 몸은 어떻게 느끼고 있나요? 그냥 경험해 보세요. 판단하지 않습니다. 그것에 대해 생각하지 않습니다. 바로 앞으로 갑니다.

생각과 감정을 갖는다는 점이 문제가 아니에요. 생각과 감정이란 마음에 있어 자연스러운 겁니다. 바다에 파도가 일어나는 게 당연한 것과 마찬가지예요. 문제는 우리가 그것에 신념을 부여하고, 그것과 동일시하고, 그것을 부여잡는 것에서 시작됩니다. 만약 생각과 감정을 알아차리고 그저 지나가는 정신적 상태로 보면 그 속성상 투명하기에, 지혜롭기 그지없는 마음의 장난이기에, 문제 될 것이 아무것도 없어요. 그저 파도처럼 일어났다 사라질 뿐입니다. 하지만 우린 그렇게 하지 않죠. 어떤 감정이나 생각이 올라오면 그 즉시 거기 올라탑니다. 그것을 부풀리고, 거기 푹 빠지고, 반복해서 그것을 지속하게 만들어요. 동일시하고, 끝없이 곱씹고, 걱정합니다. 행여 좋지 않은 일이라면 스스로 자책합니다. 그저 흘려보내질 않아요. 그것을 믿습니다. 우리 기억들에 대해서도 똑같이 합니다. 우리는 기억에 극도로 집착하는데, 이는 우리가 누구인지 기억으로 정의된다고 믿기 때문이에요. 심지어 그 기억이 고통스러운 것일지라도 여전히 그것들을 흘려보내기를 원하지 않습니다. 이렇게 생각하는 겁니다. '이게 나야.' 그것이 얼마나 고통스러운 기억일는지는 몰라도 이미 과거의 일입니다. 이미 가버리고 없어요. 대체 어째서 그것들을 부여잡고 우리의 자아상으로 삼아야 합니까? 하지만 우린 그렇게 하죠. 그리고 우리가 그렇게 하기에 고통당합니다.

지금 여기 앉아 있는 사람 대부분은 완벽하게 아무 문제도 없습니다. 지금 이 순간 우리 중 누구에게도 끔찍한 일이 일어나지 않았어요. 그렇지만 여기 우리 중 많은 이들이 걱정, 불안, 기억, 혼란 등으로 틀림없이 힘들어하고 있을 겁니다. 우리는 각자 생각합니다. '이것이 내 문제야.' 순간순간 지워버리고 새로워지지 못해요. 우리가 쉬는 매 호흡이 전부 신선한, 새로운 호흡임에도 말입니다. 들이마신 숨을 다시 들이마시는 것이 아니죠. 그와 마찬가지로 모든 생각들도 새로운 생각이어야 하는 겁니다. 그러면 문제는 없습니다. 위빠사나 명상의 목적 중 하나가, 적어도 티베트 방식에서는 말입니다, 우리 생각과 감정의 속성을 이해하는 것입니다. 마음이 실제로 어떻게 작동하는지, 그리고 어떻게 하면 우리 영혼의 좀 더 미묘한 영역에 접근할 수 있는지? 이건 시간이 걸려요. 명상은 즉각적이지 않습니다. 통찰을 주는 알약 같은 것은 존재하지 않아요. 환각 체험하게 만드는 약을 먹을 수 있겠지만, 마음의 진정한 속성을 보여주는 알약은 없습니다. 알약들이 우리 마음을 열고 거기 흥미를 갖게끔 만들 수는 있지만, 그것이 우리를 원하는 방향으로 이끌어 주지는 않습니다. 마음을 진정시키는 데 도움이 되는 장치들도 있습니다. 알파파인지 뭔지 그런 상태로 이끌어 준다고 하지요. 하지만 그 어떤 기계도 우리에게 내적 깨달음을 줄 수 없습니다. 오직 끈기 있게 앉아 있을 수밖에 없는 거예요.

명상은 고된 작업입니다. 하지만 또한 우리가 시간을 들이는 만큼 비교적 확실한 보상이 따르는 편이에요. 앞서 그냥 당연한 것으로 여기던 작동 원리에 대해 살펴보기 시작하고, 그것들을 이해하기 시작함에 따라 마음속 매듭이 하나둘 풀리기 시작합니다. 그럼 막대한 해방감을 느끼고, 내면에서 공간적인 여유와 풀려나는 느낌을 받지요. 생각이라는 게 본래 신경질적입니다. 여기저기로 도약하는 패턴을 보인다는 걸 이해하기 시작하면 그것을 가감 없이 관찰하기 시작합니다. 그렇기에 스스로 연민을 품기 시작합니다. 자신의 고통과 혼란에 측은함을 느끼지요. 이제 드디어 선명하게 보기 시작했기에, 다른 사람들의 눈동자에 서려 있는 고통과 혼란도 볼 수 있게 됩니다. 이렇게 자연스럽게 그들을 향한 자비가 우러나오게 되는 겁니다. 겉보기에 사람들이 얼마나 성공적인 삶을 사는지는 아무 상관이 없어요. 눈동자를 들여다보면 그들의 고통이 보입니다. 눈동자가 환희에 차 진정으로 반짝이는 사람들을 마주치는 건 매우 희귀합니다.

이 모든 복잡한 티베트식 자비명상 계발이 꼭 필요한 건 아니라고 생각해요. 진정으로 필요한 건 스스로 혼란을 들여다보는 일입니다. 그러면 남들의 혼란도 볼 수 있게 돼요. 우리의 영혼이 점점더 깊이 개방될수록 자연스럽게 더 많은 내면의 자비심을 풀어 놓게 됩니다. 우리 안에는 명료함과 자비 모두가 들어 있습니다. 그것이 마음의 본성이니까요. 우리에게 필요한 건 단지 그것을 드러내는 일뿐이에요. 이는 마치 돌무더기와 진흙으로 감추어진 샘물 같은 겁니다. 잡다한 것들을 치워 그것을 드러낼 필요가 있어요. 돌무더기와 진흙을 치웠을 때, 깨끗하고 순수한 샘물이 솟아오를 겁니다. 우리의 가슴속에는 사랑과 자비의 광대한 저수지가 얼어붙은 채 존재합니다. 거기 접근해서 따듯하게 녹여 다시 흐를 수 있도록 만들어야 해요. 스스로 가슴속을 살펴 고통, 혼란 그리고 거짓된 동일시를 목격해야 합니다. 이러한 발견을 모든 사람이 똑같은 곤경에 처해있음을 알아차리는 데 써야 합니다. 그래서 사람들이 그토록 끔찍한 거예요. 그들이 끔찍한 이유는 자기들도 고통받고 있기 때문입니다. 그들도 혼란스럽기 때문이에요. 가슴속에 평화가, 사랑이, 그리고 자비가 있는 사람은 끔찍한 사람이 되지 않습니다. 남들에게 상처 주거나, 불쾌하게 만들거나, 편견이 있거나, 폭력적이지 않습니다. 늘 열려 있게 돼요.

고요 속에 머무르기를 연습하고 이어 통찰 명상을 하면 마음의 어떤 특정 자질이 고도로 발전합니다. 이런 자질을 티베트어로 쎼신(shes bzhin)이라고 합니다. 올바른 알아차림[正知]이라는 뜻이에요. 우리가 명상 중일 때, 심지어 고요 속에 머무는 명상을 할 때도, 여전히 한 발 뒤로 물러나 모든 것을 지켜보는 마음의 일부가 있습니다. 우리가 이런저런 극단적인 상황에 떨어지더라도 모든 것을 지켜보는 게 가능해요. 다시 말해, 불안해 어쩔 줄 모르거나 잠에 떨어진 경우에도 여전히 그 마음의 일부는 상황을 알고 있다는 얘기입니다. 이것이 불균형을 바로잡을 수 있습니다. 마음의 이러한 자질은 아주 흥미로워요. 마음 자체를 들여다보기 시작할 때, 이 상황을 전통적으로 표현하는 은유가 있어요. 바로 강둑에 앉아 흐르는 물을 지켜보는 겁니다. 또 다른 전통적인 은유는 양치기가 자기의 양을 감시하는 것이죠. 이런 비유에 한발 물러서 있는 상태와 지켜보는 상태가 함께 포함되는 거예요.

제가 라홀에 있을 때의 일입니다. 한번은 일하던 양치기가 병이 나서 경험 많은 노인 대신 어린 소년이 양치기 일을 맡게 되었습니다. 어린 소년은 이 일을 한 번도 해본 적이 없는 게 확실했습니다. 그래서 매우 초조해했어요. 그는 아랫마을에서 모은 양들을 데리고 산에 올랐습니다. 모두 합해 100마리쯤 되었죠. 만일 하나라도 잃어버리면 그날이 자신의 제삿날이 되리라는 걸 어렴풋이 알고 있었을 겁니다. 그래서 그는 양들이 도망치지 못하도록 극도로 신경 썼습니다. 모두 모아 커다란 집단을 이루게 하고, 계속 이곳저곳을 돌아다니게 했어요. 종일 이들 양 떼와 함께 여기저기를 뛰어다녔고, 이윽고 밤이 되어 마을로 돌아왔습니다. 완전히 기진맥진한 상태였죠. 지치긴 양들도 마찬가지였어요. 너무 빡빡하게 무리를 지어 다니느라 거의 먹지를 못했고, 그래서 매우 불안해하고 있었습니다. 그들도 딱하고, 양치기도 딱하고, 좋은 날이었던 건 아무도 없었어요!

다음날, 경험 많은 양치기가 돌아왔습니다. 그는 목초지로 양들을 몰아가더니 전체를 관망할 수 있는 작은 바위 위에 올랐습니다. 그러고는 창(chang)이 담긴 병을 꺼내 들고 비스듬히 누워 양들을 지켜봤어요. 잠에 떨어지는 일은 결코 없이 가만히 지켜보기만 했죠. 양들은 어슬렁거리며 걸어 다니기도, 천천히 풀을 뜯어 먹기도 했고, 시간이 지나며 안정을 찾았어요. 날이 저물자 양들을 모두 모아 마을로 내려왔습니다. 모두에게 평화롭고 조용한 날이었습니다. 양들은 배불리 먹었고, 모두 행복해했어요. 이것이 마음을 살피는 잘못된 방법과 옳은 방법의 완벽한 예입니다. 명상에 들 때는 이 이야기를 기억하세요. 일본의 선승 스즈키 순류(鈴木俊隆)가 이렇게 말했습니다. "당신의 소를 다루는 가장 좋은 방법은 드넓은 목초지에 데려가는 것이다." 마음을 살필 때, 금방이라도 뭔가 덮칠 듯한 기세로 덤벼서는 안 됩니다. 거기 앉아서 모든 생각을 하나하나 잡아내라는 게 아니에요. 그렇게 하려 들면 마음이 긴장되고 경직됩니다. 그러면 전혀 자유롭게 돌아다니지 못하죠. 그러면 지치게 되고, 뭐라도 잘못되면 부러집니다.

간혹 이런 일이 벌어진 명상가들을 볼 수 있어요. 결의에 가득 차 있습니다. 표정이 모든 것을 말해줍니다. '여기서 깨달음을 얻든지 아니면 죽겠다!' 그런 자세는 오히려 역효과만 내요. 매우 투명한 상태를 유지하며 마음을 살피는 법을 배워야 하지만 동시에 완전히 이완상태여야 합니다. 마음이 가고 싶은 대로 가게 그냥 두세요. 마음이 무슨 생각을 하든 아무 상관 없는 겁니다. 대단히 똘똘한 생각을 할 수도, 또 대단히 멍청한 생각을 할 수도 있어요. 상관없습니다. 모두 생각들일 뿐, 그냥 마음의 놀이일 뿐이에요. 중요한 건 이 마음의 놀이에 현혹되지 않는 겁니다. 하지만 대개는 '와우, 이거 정말 흥미로운 생각인 걸.'이라는 생각을 하며 부지불식간에 거기 빨려 들어갑니다. 이내 어떤 기억 또는 백일몽에 완전히 사로잡혀 알아차림은 온데간데없음을 뒤늦게 알아차리죠.

알아차림을 너무 경직되게 만들면 생각들이 불편해합니다. 마치 사람들이 자신을 지켜보고 있다는 걸 알면 지나치게 자기-의식적이 되면서 차 한 잔도 자연스럽게 마시지 못하게 되는 것과 같아요. 그러면 생각들이 본래의 자연스러운 특성을 잃고 몸과 영혼은 지나치게 긴장합니다. 그 정반대 상황은 너무 느슨해지는 겁니다. 계속 반복해서 의식이 깨어있지 못하게 되는 경우지요. 필요한 건 관심을 잃지 않고 계속 주시하는 겁니다. 그러면서도 생각의 내용에 사로잡히지도, 그것을 방해하지도 않는 것이에요. 과거를 생각하지 않고, 미래를 예상하지도 말며, 현재에 매혹당하지도 않습니다. 그냥 있는 그대로 봅니다. 그냥 그것과 함께 거기 머뭅니다. 생각은 생각일 뿐, 감정은 감정일 뿐, 마치 거품 같은 것입니다. 그건 곧 터질 것이고 그러면 또 다른 거품이 떠오를 겁니다.

처음에 이를 수행에 적용하기 시작하면 마음이 둘로 나뉘는 듯 보입니다. 소위 관찰자, 목격자, 아는 자를 개발하는 겁니다. 이는 마음의 한 일면이에요. 여전히 그냥 마음, 개념적인 마음일 뿐이지만, 한발 물러서서 무슨 일이 벌어지고 있는지 바라보는 그런 마음인 겁니다. 그것 자체로는 궁극적인 실재라고 볼 수 없습니다. 왜냐하면 여전히 둘로 나뉘어진 마음이기 때문이에요. 하지만 우리가 보통 생각하는 방식에 비하면 커다란 개선입니다. 그렇게 함으로써 생각을 생각으로 감정을 감정으로 바라볼 공간, 틈이 제공되기 때문이에요. 그러고 나면 이것이 유용한 생각 또는 감정인지, 그렇지 않은지 판단할 수 있습니다. 그것들에 빠져들지 않고 있는 그대로를 압니다. 그것과 더 이상 동일시하지 않습니다.

이러한 내적인 알아차림을 계발하면 내면의 여유 공간이 생깁니다. 삶이라는 파도에 휩쓸리지 않고 능숙하게 파도를 탈 수 있게 됩니다. 사람들은 명상가가 되려면 늘 아주 고요한 상태를 유지하며 살아야 한다고 상상합니다. 하지만 어떤 소용돌이 같은 상황이 벌어지면 바로 휩쓸려 버리지요. 이는 초보자들의 경우 사실입니다. 마치 서핑을 처음 배우는 사람 같죠. 그래서 처음 시작할 때라면 작은 파도들을 다루어야 합니다. 그렇지 않으면 파도에 압도당할 거예요. 하지만 능숙한 서퍼라면 집채만 한 파도도 다룰 줄 압니다. 일단 균형을 잡는 요령을 터득하면 파도가 크면 클수록 더 재미있어요. 요령이 균형을 잡는 것, 자세를 유지하는 것에 있단 말입니다. 훌륭한 서퍼가 되려면 너무 긴장하지도 너무 느슨하지도 않게, 딱 적당하게 자세를 유지할 필요가 있어요. 이런 자세는 우리가 수행을 할 때도 필요합니다.

이러한 내적 공간이 확보되면 모든 것이 거의 꿈같은 질감으로 일어납니다. 뭔가 몽롱하다는 의미로 꿈같다고 말하는 게 아니라 이제 더 이상 그렇게 단단하지도, 그렇게 현실감 넘치지도, 그렇게 급박하지도 않다는 면에서 꿈같다는 겁니다. 마치 환영 같은 질감을 띱니다. 이제 더 이상 그토록 심각하게 받아들이는 법이 없어집니다. 거기 통째로 빠져드는 법이 없으니까 그런 거예요. 이제 한발 물러나 어느 정도의 명료함을 갖고 삶을 바라보는 느낌을 아니까, 늘 신선하고 자연스럽게 일어나고 있는 상황들에 대해 적절하게 반응할 수 있게 됩니다. 이전에는 자동반사적인 반응밖에 할 수 없었어요. 마치 기계의 버튼을 누른 것처럼 말입니다. 하지만 이제는 자연스럽게 반응하고 적절한 방식으로 반응합니다. 우린 작은 꼬마였을 때부터 온갖 잡동사니들로 마음을 채워 왔어요. 잡동사니들은 텔레비전에서, 책에서, 영화에서, 그리고 일상의 잡담에서 가져온 것들이며, 한 번도 치워 본 적이 없습니다. 보통 집을 깨끗이 유지하는 데엔 심혈을 기울입니다. 약간의 먼지만 봐도 비상벨이 울려요. 하지만 마음에 대해서는, 그것이야말로 진정한 내 집인데도 불구하고, 아무것도 하지 않습니다. 한 번도 청소해 본 적이 없어요.

명상은 마음을 청소하는 것과 같습니다. 공간을 더 멋지게, 깨끗하게, 순수하게 만드는 겁니다. 누구나 매일 일정한 시간을 따로 내 그냥 조용히 내면을 바라보는 것으로 시작할 수 있습니다. 개인적인 지도를 해줄 선생님을 찾을 수 있다면 최고입니다. 책을 읽는 것도 있습니다. 단호할 필요가 있어요. 어떤 명상이든 두 개의 조력자가 있는데 바로 인내와 꾸준함입니다. 이는 하룻밤 새 일어날 일이 아니에요. 하지만 보상은 무한합니다. 그 어떤 보상도 마음에 질서를 부여하고 마음의 본질에 대한 이해를 얻는 것에 비견될 수 없습니다. 그 유익은 비단 우리에게만 국한된 것이 아니라 모든 이들, 모든 곳에 미칩니다. 마음이 깨어있으면서도 동시에 이완되고 열려있으면 결국 그 일은 일어날 수 있습니다. 그 순간은 아마도 찰나에 불과할 터인데, 모든 것이 떨어져 나가고, 소위 조건 지워지지 않은 상태의 일별이 순식간에 일어납니다.

티베트인들이 사랑하는 표현입니다만, 우리 마음은 깊고, 광대하고, 푸른 하늘입니다. 보통 거기엔 구름이 덮여 있고, 우리가 볼 수 있는 건 그게 다죠. 그래서 우리는 하늘과 구름을 동일시합니다. 하지만 어느 순간 거기 틈이 생겨나는 수가 있어요. 그러면 거길 통해 진짜 하늘을 볼 수 있습니다. 거기 하늘이란 게 있음을 목격하고, 이제 압니다. 그것은 늘 거기 있었어요. 아무리 먹구름이 껴도 하늘 자체는 조금도 물들지 않습니다. 아무리 하얗고 몽실몽실한 구름이 떠 있어도 그것들이 하늘을 아름답게 꾸미지 않아요. 하늘은 그냥 하늘입니다. 이 무한한 하늘 같은 마음이 우리와 다른 모든 존재들을 이어주고 있습니다. 이 커다란 하늘 같은 마음이란 그저 깜찍한 개념일 뿐인 게 아니고, 우리가 실제로 깨달을 수 있는 무엇이에요. 그 깨달음의 순간, 본인이 그 앎 자체임을 알게 됩니다. 왜냐하면 그 앎은 둘이 아니기 때문이에요. 거기엔 '나'도 없고, 동시에 보이는 대상도 없습니다. 그 순간엔 오직 '봄'만 있어요. 그 순간이 우리가 깨어나는 순간입니다. 수행의 진정한 목적은 이른바 조건 지어지지 않은 마음에 들어가는 것입니다. 이를 점점 더 자주 재창조하고, 점점 더 길게 가져가면 결국 지속되는 절대적인 불이(不二)의 알아차림 상태입니다. 그러면 우리가 곧 부처님이에요. 이것이 부처님이 되는 방법입니다.

문_ 저는 명상에 들면 이따금 공허와 마주합니다. 그러면 두려움이 일어나요. 이걸 어떻게 해결할 수 있을까요?

답_ 명상하면서 두려움을 느끼는 일은 아주 흔합니다. 저는 두려움을 경험하는 게 나쁘다고 생각하지 않습니다. 짐작하시겠지만 두려움을 느끼는 주체가 에고입니다. 소멸이 될까 두려워하는 거예요. 그리고 두려워해야 마땅합니다. 곧 죽을 운명이니 말이지요. 에고는 자신이 설계한 게임이 곧 알아차려질 걸 두려워하고 공포에 질리는 겁니다. 우리가 뭔가 새로운 이해의 실마리를 발견할 때마다 에고는 늘 공포에 질립니다. 그러니 이 공포는 나쁜 게 아니에요. 발작하든 뭔 짓을 하든 개의치 말고, 그 공포를 따라가지 마세요. 그 와중에도 지금 이 순간에 머물 수 있습니다. 부드럽고 자비로운 마음으로, 두려움이 일어나길 허용하고, 그것을 알아차리고, 그것을 받아들이고, 그것과 함께 그냥 머무르세요. 중요한 점은 억지로 그것과 떨어지려 밀쳐내지 않는 것입니다. 두려움에서 벗어나려 애쓰고 밀쳐내는 건 자연스러운 일입니다. 하지만 그렇게 할 때마다 계속 비슷한 경험을 반복하게끔 스스로 옭아매는 꼴입니다. 그냥 조용히 앉아 두려움을 정면으로 마주하는 편이 낫습니다. 그것이 어디서 왔으며 두려워하는 자는 누구인가? 하고 물으세요. 두려움이 일어날 때 할 수 있는 훌륭한 질문입니다.

문_ 저는 평소 꽤 차분하고 비폭력적인 사람입니다만, 최근 들어 폭력적인 상황이 벌어지는 꿈을 자주 꿉니다. 이게 도대체 무슨 일일까요?

답_ 영혼으로부터 왔겠지요. 그건 좋은 것일 수도 있습니다. 저도 잘 모릅니다. 제가 정신과 의사는 아니니까요. 하지만 때로 자신을 평화롭고 차분한 사람이라고 생각할 때, 이는 단지 하나의 구름층의 모습일 뿐이라는 것은 압니다. 실제로 도발적인 상황에 직면해본 적이 없는 거예요. 보이지 않는 심층에 이런저런 모습들이 올라올 차례를 기다리고 있습니다. 때로 특정 수행을 할 때, 명상이 그런 원인을 제공하기도 합니다. 그 모든 것을 휘저어 놓는 겁니다. 명상을 시작할 때 사람들의 첫 번째 반응 중 하나가 '오 이런, 난 내가 정말 괜찮은 사람인 줄 알았는데.'입니다. 명상이 우리 영혼 깊숙한 곳까지 건드렸기 때문입니다. 이것은 마치 고여 있는 물웅덩이를 휘젓는 것과 같습니다. 바닥에 있던 온갖 것들을 표면으로 솟구치게 만들죠. 물론 그 온갖 오염물들은 떠오를 필요가 있습니다. 중요한 점은 그것에 자신을 동일시하지 않는 거예요. 우린 단지 오염물을 오염물로 보고 그 와중에도 마음을 편히 가지면 됩니다. 이 모든 것이 단지 생각, 감정일 뿐임을 기억할 필요가 있어요. 좋은 생각, 나쁜 생각, 어쨌거나 몽땅 그냥 생각일 뿐인 겁니다. 그것들은 내가 아니고, 내 것도 아닙니다. 어쩌면 그게 나쁜 무엇인 것도 아닐는지 몰라요. 어쩌면 이것이 자신이 거쳐 가야 할 새로운 단계일 수도 있는 겁니다. 저항하지 마세요. 그냥 호기심만 간직합니다.

문_ 전에 에고가 죽어야만 한다고 말씀하셨습니다. 에고가 죽으면 영혼에는 어떤 일이 일어나나요?

답_ 불교적 관점에서 보면 에고란 우리 존재 중심에 자리 잡은 마치 작고 단단한 고체 같은 느낌입니다. '나'이면서 그로 인해 다른 모든 것은 자동적으로 '나 – 아님'이 되는 거죠. 우리는 '내가 생각한다, 내가 느낀다, 이건 내 기억이다' 등등을 되뇌며 살아가고 있습니다. 이 단단하고 폐쇄적이고 굳어 있는 의식은 언제나 과거를 통해 올라옵니다. 늘 자신이 습관적으로 하던 반응입니다. 이게 나야, 난 늘 이것을 좋아했었어, 난 저걸 싫어해, 난 이걸 원해, 난 저걸 원하지 않아 등등. 그것은 아주 진부합니다. 이는 무엇이든 새로운 것과 마주쳤을 때 자연스럽고 열린 반응을 하기가 어렵다는 의미예요. 여기에 어째서 사람들이 삶을 그토록 따분해 하는지에 대한 힌트가 있습니다. 실제로 삶은 매혹적입니다. 우리가 스스로 따분하게 만들 뿐이죠. 마음이 너무나 조건 지어져 있기에, 그리하여 너무나 따분하기에 그런 겁니다. 보통 그 조건화된 관점을 통해 사물을 보고 판단하는 겁니다.

이 조건화가 어째서 문제라는 걸까요? 그것이 마음의 진정한 속성을 가리기 때문입니다. 아름다운 뭔가를 처음 볼 때 '오, 정말 아름답군.'이라고 생각합니다. 다음번에 보면 '오, 꽤 괜찮네.'가 돼요. 그러다 세 번째, 네 번째 접하게 되면 이제 더 이상 알아채지도 못합니다. 우린 모든 것들에 대해 조건화된 반응을 하게끔 완전히 사로잡혀 있는 셈입니다. 자기의 생각을 돌아보기 시작하면, 마음이란 게 얼마나 지독하게 따분한지 깨닫게 됩니다. 이래서 명상이 어려운 겁니다. 너무 따분하거든요. 똑같은 케케묵은 생각이 끊임없이 반복해서 올라옵니다. 그리고 이것이 에고인 겁니다. 끊임없이 이것들을 불러내면 안정감을 얻습니다. 어느 정도 우리가 어떤, 뭔가 독특한 개체라는 느낌을 주거든요. 이게 바로 나라고 하는 조그마한 조건화된 반응 묶음인 거예요. 하지만 그로 인해 순간순간 실제로 일어나는 일에 대해 완전히 눈이 멀게 됩니다. 이게 문제라는 겁니다. 모든 종교가 이 작은 에고, 이 작은 '나'를 넘어서 존재의 더 높은 수준으로 올라가려는 시도입니다. 기독교인들은 "움직이는 건 내가 아니고, 내 안의 그리스도께서 움직이시는 것이다."라고 하죠. 이슬람교도와 유대교도 또한 이 작은 '나'를 우회하여 의식의 더 높은 수준에 도달하려고 합니다. 그리고 거기에 도달하면 내가 하는 게 아니라 모든 일들이 저절로, 완벽하게 그냥 펼쳐질 뿐입니다.

이 상태가 되면 막대한 원천의 에너지 흐름에 접속하게 됩니다. 조건화된 생각이라는 그 모든 걸림에 더 이상 붙잡히지 않기 때문이에요. 조건 지어지지 않음(unconditioned), 본래면목(本

來面目, the nature of the mind), 법신(法身, Dharmakaya), 또는 뭐라 부르든, 의식이 그 수준에 도달하면, 존재의 원래 상태로 되돌아옵니다. 물론 여전히 에고를 가지고 있어도 됩니다. 하지만 이제는 그것이 단지 게임일 뿐임을 알죠. 앞서 제가 '영혼(psyche)'이라고 말했을 땐 내면의 정신적 요소들을 의미했던 겁니다. 저는 용어를 느슨하게 사용하는 편입니다. 깨달음 이후에도 여전히 내면의 정신적 요소들을 사용하겠지만, 생각과 감정에 더 이상 속지 않아요.

생각과 감정을 그냥 갖는 것과 거기 완전히 흡수되어 그것들과 동일시하는 것 사이에는 커다란 차이점이 존재해요. 무지개처럼 다채로운 특질들을 보며 여전히 생각과 감정을 가질 수 있어요. 다시 말해, 딱히 그것들을 온 마음을 다해 믿지는 않지만 여전히 그것들과 놀 수 있는 겁니다. 우리가 무지개를 볼 때, 그것이 실체가 있다고 생각하지는 않잖아요. 무지개는 특정 원인과 조건이 맞아떨어질 때 생깁니다. 공기 중의 특정 습도, 그리고 마침 딱 맞아떨어진 태양의 조사각 등등이 있었겠죠. 모든 원인과 조건이 맞아떨어지면 매우 아름답고 매우 단단한 현실처럼 보이는 뭔가를 보게 되는 겁니다. 그게 무지개인 거죠. 그것은 정말 존재하는 것이 아니면서 동시에 존재하는 것이에요. 모두가 볼 수 있지만 누구도 그것에 닿거나 잡을 수 없지요. 이는 우리의 외적 현실, 감정과 아주 흡사해요. 거기 분명히 있지만 우리가 지각하고 기대하는 그런 방식으로 거기 있는 것은 아니란 말입니다. 이를 깨달으면 거대한 자유를 얻습니다. 붙잡으려는 헛된 시도 없이 무지개를 즐길 수 있게 되는 거예요. 그건 내 무지개가 아닙니다. 무지개를 구입해서 뒷마당에 놓고 개인용 무지개로 쓸 수 있는 사람은 없어요. 에고에 의한 폭정과 노예화에서 벗어날 필요가 있습니다. 에고를 찾으려고 해도 절대 찾을 수 없습니다. 이런 방법으로 당신의 소설을 해체할 수 있습니다.

문_ 아이들은 자기 생각, 느낌, 감정을 올라오는 대로 수용하는 것처럼 보입니다. 뭐랄까 일종의 가벼움이 있어요. 그렇지만 영원히 어린아이가 되어야만 한다면 끔찍할 것 같아요! 어린아이 같은 품성을 되찾는 것이 필요할까요?

답_ 순진한 어린아이의 마음과 깨달은 마음을 혼동하는 건 실수라고 생각합니다. 어린아이가 깨달은 상태는 아닙니다. 다만 우리가 만들어야 하는 특정 자질이 어린아이에게 있을 뿐이에요. 아이들은 무비판적입니다. 아이들은 열려 있고, 말씀하신 대로 가볍지요. 하지만 동시에 아이들은 감정에 심하게 잘 사로잡힙니다. 배고픈 아기를 보면 탐욕으로 발작하는 것 같죠. 제때 먹이지 않으면 분노에 휩싸입니다. 아이들이 노는 것을 지켜보면 에고가 가장 잔혹한 형태로 작동하는 것을 목격할 수 있습니다. 아이는 원하는 것을 얻으면 온통 미소로 환해집니다. 하지만 좌절하면 순식간에 분노해요. 이는 아득히 먼 시작 없는 태초로부터 이어진 행태입니다. 본래 불이(不二)의 의식이 '나'와 '다른 사람', '자신'과 '타자'로 나뉜 그 시점부터 일어난 일인 것이지요. 이는 우리의 원초적 무지입니다. 분리된 개체라는 이 믿음이야말로 우리의 문제인 겁니다. 특정 어린아이 같은 자질들은 계발할 필요가 있습니다. 가령 신선함, 열려 있음, 호기심 같은 것들 말입니다. 어린아이들은 '왜'라는 질문으로 가득하죠. 우리가 알아차리지 못하는 작은 부분까지 인식하고는 왜, 왜, 왜 하고 질문을 던집니다. 그들은 매우 깨어있고 그런 의미에서 호기심이 많아요. 일어나는 모든 일에 대해 조건화된 반응을 장착하기 전 상태입니다. 마음의 신선하고 자연스러운 자질이 분명 우리에게 필요한 것입니다. 하지만 탐욕과 분노의 노예로 되돌아갈 필요는 없지요.

아이들만큼 자기중심적이기도 힘듭니다. 자신의 인식 범위 안에 있는 한 온 세상이 자기가 원하는 바를 충족시키기 위해 존재합니다. 다른 사람을 배려해야 한다는 느낌이 아예 없어요. 어린아이들에 대해 너무 감상적으로 대하면 안 됩니다. 그들도 우리가 그렇듯 생(生)과 사(死)의 세상에 사로잡혀 있습니다. 아이들은 너무나 날 것 그대로이지요. 아직 사회적인 능숙함이 형성되지 않아 자신들의 탐욕과 분노를 그대로 드러냅니다. 그냥 대놓고 발산하는 것이죠. 저는 어린 자녀들이 있는 친구들과 함께 지내면 상당히 교육적이라는 걸 알게 되었어요. 아이들이 가장 훌륭한 환경에서, 사랑이 넘치는 부모와 멋진 집, 장

난감과 함께, 아주 애지중지 보살핌을 받는 걸 보았죠. 그렇지만 그들은 살면서 상처를 많이 받습니다. 아주 약간이라도 좌절을 맛보면 엄청난 강도의 감정변화를 보이죠.

문_ 어린아이 같은 마음의 긍정적인 자질들엔 무엇이 있을까요?

답_ 그 예를 보고 싶다면 아이가 매우 슬퍼하는 와중에 막대사탕을 건네줘 보면 됩니다. 순식간에 눈물이 사라지고 피식하고 미소를 보이지요. 불과 몇 분 전만 해도 자신이 슬픔에 압도되어 있었음을 완전히 까먹습니다. 마음의 어린아이 같은 자질이 진실로 의미하는 바는 언제나 신선한 마음, 늘 사물을 마치 처음인 것처럼 보는 것입니다.

명상가들을 대상으로 시험해보면 이보다 더 흥미롭습니다. 뇌파를 측정하기 위해 온갖 전극들과 기타 기구들을 머리에 붙이고 하는 그런 것 아시잖아요. 과학자들이 일반적인 힌두 방식의 명상을 하는 사람과 참선을 하는 사람을 대상으로 시험해보았습니다. 이 둘 사이의 차이점을 알아보기 위한 것이었어요. 어쨌든 둘 다 명상을 한다고 말하는데, 각각이 아주 다른 명상을 하고 있으니 그랬던 겁니다. 여기에 더해 명상하지 않는 사람도 함께 시험해보았습니다. 3분에 한 번씩, 갑작스럽게 커다란 소음을 일으켰습니다. 규칙적이었죠. 첫 번째 사람은 명상에 대해 알지 못하는 사람이었습니다. 처음에 이 사람은 굉음을 들었을 때 아주 불안해했어요. 두 번째가 되자 좀 덜 불안해했죠. 세 번째가 되자 희미한 정도의 불안만 감지되었습니다. 그리고 네 번째가 되자 이제 다소간 소음을 무시하는 상태가 되었습니다. 힌두 명상을 해오던 사람은 소음에 전혀 반응하지 않았어요. 듣지도 못했습니다. 선 명상가의 경우는 소음을 들었을 때 마음이 밖을 향했다가, 소리를 감지하고는 바로 다시 내면으로 향했습니다. 다음번 소리에도 마음이 소음을 감지하고 다시 내면으로 돌아갔어요. 그다음 번 소리에도 소음을 감지하고 다시 내면으로 돌아갔습니다. 그의 반응은 변함이 없었어요. 매번 마음은 소리를 감지하고는 다시 돌아갔습니다.

이 실험은 우리가 논의하고자 하는 마음의 자질에 대해 많은 것을 말해줍니다. 이것은 뭔가에 주의를 갖고 반응하고는 다시 원래 자연 상태로 돌아가는 마음입니다. 대상을 과장하지도 않고, 거기 사로잡히지도 않으며, 그 때문에 흥분하지도 않습니다. 그냥 무슨 일이 일어났는지 알 뿐이에요. 일어나는 매 순간 알아차립니다. 절대 심드렁하지 않습니다. 조건화되지 않는 겁니다. 이런 면에서 어린아이의 마음 같다는 겁니다. 뭔가 흥미로운 일이 발생하면 그것을 알아차리고, 흘려보내고, 다시 다음번 일로 넘어갑니다. 어린아이 마음 같다는 표현이 이것을 의미하는 겁니다. 모든 것을 마치 처음인 듯 봅니다. 거기에 사물에 대한 미리 조건 지어진 개념이 기록된 바가 없는 겁니다. 유리컵을 보면 그냥 그대로 봅니다. 살면서 보았던 다른 모든 유리컵과 비교하며 보지 않습니다. 유리컵에 대한 자기의 생각과 이론, 이런저런 모양의 유리컵을 좋아하는지 아닌지, 또는 어제 마실 때 사용했던 유리컵 종류를 떠올리지 않아요. 우린 지금 그 순간 사물을 신선하게 보는 마음에 관해 이야기하고 있습니다. 그것이 우리가 목표로 하는 자질입니다. 우리는 어른이 되면서 이것을 잃어버렸어요. 신선한 마음을 다시 내기 위해 노력하고 있는 겁니다. 모든 조건 지어짐 없이 대상을 보는 마음이에요. 감정에 휩쓸리는 마음을 원하지 않습니다.

문_ 그게 우리가 나이가 듦에 따라 인생이 짧게 느껴지는 이유인가요?

답_ 맞아요. 나이가 들면서 우리가 점점 더 로봇처럼 되기 때문입니다. 어린아이였을 때는 모든 게 너무나 매혹적이기에 삶이 영원히 지속될 것처럼 보입니다. 하루가 엄청나게 길어요. 너무나 많은 매혹적인 일들이 일어나고 거기 관심을 주기 때문입니다. 그래서 어린 시절은 아주 긴 시간처럼 느껴져요. 하지만 점점 더 무뎌지고, 마음이 점차 호기심을 잃습니다. 인간관계, 사회생활, 일, 심지어 가장 친밀해야 할 관계에서조차 점점 더 자동조종장치에 의지해 가는 듯 변하면서, 점점 더 몽유병자가 되어 갑니다. 그리하여 인생은 활력을 잃고 짧게 느껴집니다. 혹시 여기 계신 분 중에 토마스 만(Thomas Mann)의 『마의 산』을 읽어보신 분 계신가요? 결핵을 앓고 있으면서 스위스의 어느 요양원에서 지내는 사람에 관한 얘기예요. 이 책은 아주 두

껍습니다. 대략 세 번째 장을 읽을 때쯤에는 그때까지 아무 일도 일어나지 않았음을 알아차리게 될 거예요. 만은 누군가의 체온을 재는 상황에 관한 얘기만으로 챕터 하나를 몽땅 할애합니다. 그는 시간의 질과 그에 대한 우리의 주관적인 인식을 다루고 있는 거예요. 일단 기본적으로 그 요양원에서는 아무 일도 일어나지 않습니다. 그래서 처음 두 달 남짓 지나는 시점까지는, 일상의 반복에 익숙해질 때까지는, 시간이 정상적으로 흘러가는 듯 보입니다. 하지만 이후 몇 주 몇 달씩 지나는데도 똑같은 것, 똑같은 식사, 똑같은 사람들, 똑같은 산책, 똑같은 지루한 토론이 날이면 날마다 계속됩니다. 시간에 대한 지각이 온통 짧아져 2년 하고도 두 달이 아무 변화도 없이 느껴지기 시작합니다.

이건 좀 극단적인 예시이긴 합니다. 제가 열여덟에 불교 신자가 되었을 때, 제 인생은 전환점을 맞이했어요. 제 사고방식 전체를 다시 평가했습니다. 아주 빡빡한 시기였어요. 지금 돌아보면 엄청난 시기였습니다. 처음에 테라와다불교를 배우다 대승불교로 넘어오게 되었습니다. 돌아보면, 그 시간은 마치 수십 년이 지속된 듯한 느낌이었습니다. 하지만 실제로 걸린 시간은 고작 몇 달이었어요. 하지만 너무나 빡빡한 시간이었고 너무나 많은 일들이 내면에서 일어나고 있었기 때문에 시간이 쭉 늘려진 거예요. 하지만 별다른 일이 없을 때, 가령 같은 직장, 같은 인간관계, 같은 이것, 같은 저것인 시기엔 반응이 점점 더 조건

지어지고, 시간은 점점 더 짧아지는 듯 보입니다. 정말 슬픈 일입니다. 그렇지 않나요? 그런데 실제로는 똑같은 시간이란 말입니다. 그냥 빨리 흘러가는 듯 보일 뿐이지요. 이것이 우리가 반응에 있어 얼마나 점점 더 로봇이 되어 가는지 보여주는 지침입니다. 어떤 면에서 이는 이제 깨어나 본래의 어린아이 같은 호기심과 마음의 신선한 자질을 재정립하라는 경고입니다.

8

알아차림

이미 살펴보았듯, 진정으로 불법을 수행하고 싶다면 마음을 계발할 필요가 있습니다. 명상을 한다는 것은 명료함과 통찰을 길러 대상을 있는 그대로 본다는 뜻입니다. 명료함과 통찰을 기르기 위해서는 매일 명상을 실천하는 게 도움이 된다는 말씀을 자주 드렸습니다. 매일 앉아서 하는 수행을 지속하는 것의 커다란 이점은 마음을 안정시키고, 흘려버릴 여유를 확보하고, 침묵에 들고, 내면이 어떻게 돌아가는지 서서히 이해하기 시작하는 것입니다. 하지만 대부분 사람은 매일 이렇게 앉아서 명상하는 게 쉽지 않습니다. 물론 앉아서 명상하는 것만이 유일한 방법은 아닙니다. 앉아서 명상하는 건 우리가 사용하는 몇 가지 도구 중 하나에 불과합니다. 게다가 명상하는 시간 외에도 우리는 하루 중 더 많은 시간에 깨어있는 의식을 배울 필요가 있습니다. 즉 일상의 삶 전체에서 깨어있는 의식을 유지하는 것을 말합니다. 이제 말씀드릴 내용은 종일 알아차림을 유지하는 데 도움이 될 요령들입니다.

우선, 좀 더 의식적일 필요가 있습니다. 보통 우리는 뭔가를 할 때 주의의 반만 쏟습니다. 일을 할 때 온 마음을 다해서 하고 있다고 여기지만 실제로는 동시에 아마도 100가지 다른 생각들을 하고 있을 때가 흔하죠. 이런 상황을 대개 의식하지 못합니다. 우리는 마치 자신이 개를 산책시키고 있다고 생각하는 어떤 사람 같아요. 그런데 실제로는 개가 사람을 산책시키고 있는 겁니다. 계속 줄을 유지하는 데만 정신을 팔아 개가 똑바로 가고 있는지 아닌지 알아차리지 못하는 거죠. 가장 먼저 알아차려야 할 것 중 하나는 우리 마음이 전혀 길들지 않은 상태라는 사실입니다. 붓다는 일상적인 마음을 발정난 야생 코끼리에 비유했습니다. 동물원이나 서커스에서 볼 수 있는 길들인 유순한 코끼리를 얘기하는 게 아니에요. 이건 야생 코끼리란 말이죠. 때로 더 막 나갈 때는 술에 취한 야생 코끼리라 할 만합니다! 오늘날 심지어 가장 요직에 있는 정치인들조차 전혀 통제되지 않은 행동을 해버렸다는 뉴스를 듣습니다. 이러면 자신과 가족들에게 해를 끼치는 건 물론이고, 나라 전체에 끔찍한 문제를 야기할 수도 있습니다. 중대한 사안의 성패가 자신들 손에 달려있음에도 공공기관의 많은 이들이 밖으로 드러나는 자기 행동조차 통제하지 못한다고 생각하면 무섭습니다. 사람들이 자기의 행동을 통제하지 못한다는 건 자신의 마음을 다스리지 못한다는 뜻이지요. 모두가 어느 정도 이런 문제를 가지고 있습니다. 그 결과를 생각지 않고 어떤 일을 충동적으로 해버리는 경우가 얼마나 많습니까? 하고 싶은 순간, 바로 뛰어들어 버리는 겁니다. 자신을 어떻게 통제하는지 방법도 모릅니다. 마음이 분노, 욕망, 질투, 혼란으로 꽉 막혀 있습니다. 더 넓은 범위에 미칠 영향을 보지 못하고, 우리가 하는 일에 종종 책임감도 느끼지 못합니다.

자기 행동에 책임을 갖기 시작하려면 어떻게 해야 할까요? 자신의 정신상태를 이해하는 법을 배우는 게 좋은 시작입니다. 가장 쉬운 방법 중에 하나는 간단한 일상의 행위들에서, 가령 머리 빗기, 양치질, 면도, 또는 모닝커피 마시기 등의 행위 중에, 의식적으로 온전히 주의를 쏟는 겁니다. 그냥 행위와 함께하면 됩니다. 우리가 그 행위를 하고 있음을 아는 겁니다. 그게 전부예요. 그 모든 정당화, 토달기, 해석이 올라오기 전까지, 우리 마음이 말없이 그냥 앎의 상태에 얼마나 오래 있을 수 있는지 보게 될 겁니다. '어이쿠, 이건 정말 바보 같군. 이빨 닦고 있는데 그에 대해 또 생각하고 있네?' 또는 '와우, 이제 내 인생은 정말 좋아질 거야. 이빨 닦으며 마음챙김 하기 너무 쉽네.' 이런 정신적 지껄임에 올라타면, 더 이상 마음챙김 상태가 아닙니다. 그냥 마음챙김에 대해 생각하는 거예요. 마음챙김이란 무엇에 관해 생각하는 게 아닙니다. 지금 이 순간에 존재하며 머릿속으로 어떤 토도 달지 않고 그 순간을 진짜로 알고 있는 겁니다. 주석을 달아버리는 움직임이 일어나기 시작하면, 단순히 그것을 무시하고 이 순간에 존재함으로 다시 돌아옵니다. 한번 생각해 보세요. 실제로 인생에서는 우리가 한 번도 경험해 보지 못한 일들이 너무나 많이 일어나고 있어요. 그렇지만 우리가 경험하는 건 오직 개념, 해석, 비교뿐인 겁니다. 과거에 일어났던 것에 머물거나 미래에 일어날 일들을 기대하고만 있어요. 하지만 이 순간 자체를 경험 중인 경우는 거의 없습니다. 종종 삶을 따분하고 의미 없다고 여기는 이유가 바로 이겁니다. 우리가 자각할 필요가 있는 건 이 무의미한 느낌이 삶의 내용에 기인하는 것이 아니고, 살아가며 내는 알아차림의 질에 기인한다는 사실이에요.

　　베트남 선승이신 틱낫한 스님이 그냥 설거지를 하는 것과 설거지를 하면서 마음챙김을 하는 것의 차이에 관해 말씀하신 게 있습니다. 아주 중요한 점을 얘기하셨어요. 보통 우리는 깨끗한 식기를 얻기 위해 설거지를 합니다. 뭔가를 할 때는 어떤 결과를 얻기 위해 하죠. 편지를 쓰는 이유는 그것을 완성하여 보내기 위해서입니다. 우리가 설거지할 때 설거지 자체가 목적이 아니고, 깨끗한 식기를 얻고 그다음 일로 넘어가기 위함이 목적이 된다는 겁니다. 설거지를 하면서 다음에 뭘 할지 생각합니다. 커피 한잔을 하면 어떨지, 누군가 오늘 아침 했던 얘기가 무엇이었는지, 어젯밤 텔레비전에서 봤던 드라마가 뭐였는지, 아이들이 뭘 하고 있는지, 또는 남편이 출근하기 전에 뭐라고 말했는지 등등. 설거지하면서도 가장 뒷전이 설거지예요. 마치고 커피를 마실 땐, 다 마시면 쇼핑하러 가야겠어, 거기서 이걸 사야겠어! 등등을 생각하는 거죠. 지금 이 순간 커피를 마시고 있지만, 진정으로 마시는 게 아닙니다. 마음이 다시 한번 다음 일로 앞서 나가고 있어요. 우리의 전 생애가 이런 식으로 지나갑니다. 심지어 뭔가 근사한 일을 하는 와중에도, 가령 맛있는 식사를 하는 중에도, 생각은 디저트에 가 있어요. 심지어 좋은 것들도 제대로 즐긴 적이 없는 겁니다. 고작해야 몇 초 맛을 경험하고는, 다시 거기서 신경을 꺼버리는 거예요.

틱낫한 스님이 묻습니다. "어째서 오직 설거지를 위해 설거지를 하지 않을까요?" 어떻게 해도 깨끗한 식기를 얻게 되는 건 확실한데 말입니다! 이 말씀의 의미는 설거지하는 중이라면 거기 완전히 몰입하라는 겁니다. 설거지하는 그 순간 세상에서 그보다 더 중요한 행위는 없습니다. 왜냐하면 그게 지금 이 순간 우리가 하는 행위이기 때문이에요. 그 순간 다른 모든 것은 단순히 우리 생각들일 뿐이죠. 하지만 이 순간 일어나고 있는 일만이 진짜 현실이고, 그렇기에 가장 중요한 일인 겁니다. 지금 그것을 놓치면 영원히 놓치는 겁니다. 왜냐하면 '지금'은 한 번 지나가면 절대 잡을 수 없기 때문이죠. 그러니 설거지할 때 설거지에 몰입해 봅시다. 그렇게 힘든 일은 아니지 않습니까? 의식적으로 싱크대 앞에 서 있습니다. 이제 손이 식기를 잡지요. 물이 닿는 느낌을 느낄 수 있습니다. 세제 거품도 느껴지는군요. 어떤 식기를 세척하는지 의식합니다. 그 순간 일어나고 있는 일에 온전히 임합니다. 이런 식으로 이 순간에 자리 잡습니다. 그리고 이 순간이야말로 실제로 우리가 가질 수 있는 전부입니다. 우리의 전 생애가 이런 순간, 다음 순간, 그다음 순간이 이어져 만들어집니다. 이런 순간들을 뭔가 다른 걸 생각하느라 놓친다면 영원히 되돌릴 수 없습니다. 그것이 무엇이든 지금 손에 들고 있는 일에 의식을 쏟으면 마음 자체가 깨끗해집니다. 어떤 일을 해도 행위에 스트레스가 붙지 않습니다. 어떤 일을 해도 마음은 실제로 즐거운 경험이라고 여기게 됩니다.

선불교에서는 전통적으로 지금 이 순간에 머무는 것을 많이 강조합니다. 알아차림과 함께하는 모든 행위가 심오한 행위라고 가르칩니다. 이와 달리 겉보기에 아무리 대단한 행동일지라도 마음챙김 없이 한다면 아무런 의미가 없다고 얘기하지요. 우리가 법좌에 앉은 주지 스님일 수도 있습니다. 하지만 마음챙김 없이 법문을 한다면 무의미한 행위일 뿐이라는 거죠. 사원 밖에서 낙엽을 쓸거나, 바닥을 닦거나, 채소를 썰고 있을 수도 있습니다. 현존 상태로 의식과 함께 행하면 가장 세속적인 행위일지라도 어떤 심오한 명상이 되는 겁니다.

어떤 이들은 생각합니다. '난 꽤 의식적이야, 난 내가 뭘 하고 있는지 알고 있어.' 마시거나, 머리를 빗거나, 이를 닦거나 혹은 면도하기 같은 단순한 행위든, 어떤 행위든, 아주 자동으로 하던 것들은 보통 딴생각하며 하게 됩니다. 딴생각 없이 모든 주의를 행위에 쏟아 보세요. 머리를 빗을 땐 머리만 빗습니다. 일어나는 일을 압니다. 몸의 움직임을 압니다. 마음의 움직임을 압니다. 행위와 하나가 됩니다. 이게 말처럼 쉽지 않아요! 거의 예외 없이, 처음 시도할 때는 다른 생각과 토를 달지 않는다면서도 이런 생각이 올라옵니다. '오, 이거 쉽군. 지금 마음챙김을 잘하고 있어.' '지금 잘하고 있어.'라는 생각이 올라오자마자 더 이상 마음챙김 상태가 아닙니다. 마음챙김 상태에 대해 생각하고 있을 뿐이죠. 진짜 알아차림 상태에는 언어가 들어있지 않습니다.

가능한 한 자주 현존하며 행위를 하면 자신의 하루를 아주 깊은 수준으로 변용시킬 수 있습니다. 쉬워요. 가장 큰 걸림돌은 마음의 관성이 너무나 커서, 마음챙김을 해야 한다는 애초의 다짐을 자꾸 잊어버린다는 겁니다. 실제로 마음챙김이라는 단어의 본래 의미는 산스크리트와 티베트어 양쪽 모두에서 '기억하다.'입니다. 기독교 개념에서의 회상이나 그루지예프(Gurdjieff, 러시아의 신비주의자. 애니어그램시스템을 서유럽에 최초로 소개했다.)의 자기-기억이라는 개념과 흡사해요. 이는 지금 이 순간 우리가 어디에 있고 우리가 누구이며 무슨 일이 일어나고 있는지 기억하는 행위에 관한 얘기란 겁니다. 마음챙김이 회상과 비슷한 개념이기에, 직접적인 적은 망각입니다. 마음챙김의 이런 특징에 대해 사람들에게 종종 얘기하면 사람들이 말합니다. "알겠습니다. 좋은 얘기네요. 한번 해볼게요." 다음날 직장에서 그리고 가정에서 정말 열심히 노력합니다. 이는 즉각적으로 그들의 삶에 특별하고 새로운 차원을 열어줍니다. 주위 사람들이 금방 알아차리고 말해요. "와우, 당신 훨씬 더 멋져졌네. 무슨 일이 있었던 거야?" 돌아와서 저에게 마음챙김이라는 게 얼마나 대단한지, 그리고 삶의 모든 면에서 그 효과가 얼마나 엄청난지 신이 나서 말합니다. 제가 말씀드리죠. "좋습니다, 몇 달 지난 다음 다시 얘기해 봅시다." 그리고 나서 한 여섯 달쯤 뒤에 다시 만나 그 마음챙김은 어떻게 돼가는지 물어보죠. 대개 이렇게 답해요. "음, 전 다 잊어버리고 있었어요!"

이것이 문제의 핵심입니다. 잠든 상태에 너무나 익숙한 나머지 깨어나려는 노력이 너무 힘들게 느껴져요. 그것 말고는 문제가 없어요. 따로 시간을 낼 필요도, 특별한 재능이 있을 필요도 없습니다. 대단한 천재성을 요구하거나 다년간 고도의 요가 훈련을 요구하는 것도 아니에요. 제가 여러분께 단순히 현존하라고, 이 순간 몸을 그냥 느끼라고 말하고 1분 안에, 여러분들도 그냥 알 수 있는 겁니다! 마음이 한 발 뒤로 물러나고 불현듯 몸이 지금 뭘 하는지 자각합니다. 그렇죠? 아주 쉬워요. 진짜 어려운 건 기억하는 겁니다. 가령 악기를 다루는 법을 배울 때 처음부터 베토벤 소나타로 시작하지는 않습니다. 시작할 때는 아주 간단한 연습부터 하죠. 음계 같은 것들 말이에요. 하지만 당신은 계속 연습해서 기교에 익숙해지는 단계에 도달합니다. 여기서 또 계속 노력해서 어느 지점에 도달하면, 더 이상 기교를 의식하지 않게 됩니다. 손가락이 악기에 닿는 순간 그냥 음악이 흐릅니다.

마음을 다룰 때도 똑같습니다. 우리 마음은 나쁜 습관들로 가득해요. 좋은 습관들을 계발해서 다시 입력할 필요가 있습니다. 처음 시작할 때는 정말 어렵고 저항이 거셉니다. 하지만 인내와 성실함을 갖춘다면 알아차림이 점점 더 강해집니다. 알아차린다는 것이 어떤 의미인지 마음이 서서히 이해하기 시작해요. 그러면 알아차림의 순간들이 점점 더 길어집니다. 그러던 어느 날, 상상하지도 못했던 순간, 혼란의 한복판에서, 별안간 지금 이 순간 완벽하게 현존합니다. 모든 것이 명료해지고, 그러면서도 마음은 고요합니다. 어느 순간 다시 주석과 판단이 홍수처럼 밀려 들어오면 그것을 잃어버릴 수도 있어요. 하지만 시간이 지남에 따라, 명료함과 내적 고요의 순간들이 점점 더 많아지고, 사물을 진정으로 보게 되면, 모든 것이 너무나 살아 숨 쉬는 듯 보입니다. 이게 진짜 깨어나는 과정입니다. 보통 우리는 잠들어 있는 것과 같기에, 꿈도 많이 꿉니다. 어떤 것들은 즐겁습니다. 어떤 것들은 악몽이지요. 모두 아주 매혹적이고 재미있습니다. 하지만 일단 깨어나면 그것들이 실제로는 어떤 낮은 의식 수준이었음을 알게 됩니다. 그게 얼마나 매혹적으로 보였든 거기에 얼마나 많은 신념을 부여했든 상관이 없어요. 이제 우리는 깨어났고, 다른 의식들은 그냥 꿈일 뿐인 겁니다. 누구도 본인을 대신해서 깨워 줄 수는 없어요. 스스로 하는 수밖에 없습니다. 아직 잠들어 있는 게 더 좋다면 그렇게 하시면 됩니다.

가끔 사람들이 알아차림과 집중의 차이점에 관해 묻습니다. 알아차림은 집중과 같지 않습니다. 예를 들어 볼게요. 여러분이 너무나 재미있는 책을 읽고 있다고 해볼게요. 거기 흠뻑 빠져 있습니다. 다른 건 눈에 보이지도 않아요. 다른 소리는 들리지도 않습니다. 이게 집중입니다. 그런데 본인이 책에 흠뻑 빠져 있다는 것을 아는 것이 알아차림이에요. 차이점을 이해하시겠습니까? 알아차린다는 건 알아차린다는 것에 대해 생각한다는 의미가 아니에요. 알아차리는 것에 관해 생각하고 있는 한, 우리는 정말로 알아차리고 있는 게 아닙니다. 그냥 알아차린다는 것에 대해 생각하고 있을 뿐이죠. 애초에 우리가 알아차릴 수 있는 시간은 고작해야 몇 초에 불과해요. 그러면 우리의 개념적인 마음이 온갖 종류의 생각, 아이디어, 비교, 주석 같은 것을 끌어오기 시작합니다. 그럼 다시 끊기는 거예요. 이런 일이 일어나면 낙담하지 않는 것이 중요합니다. 성실하게 연습하면 필연적으로 개선이 따릅니다. 남들과의 관계뿐 아니라 자신과의 관계에서도 끈기를 배워야만 합니다!

붓다는 마음챙김을 기본적으로 네 단계로 가르쳤습니다. 아주 거친 것에서 시작해서 점차 미묘한 단계까지 갑니다. 첫 번째가 몸[身]에 대한 마음챙김입니다. 여기에 호흡이 포함됩니다. 두 번째가 느낌[受]에 대한 마음챙김입니다. 감정을 말하는 게 아니고, 순수한 감각을 얘기하는 겁니다. 어떤 자극이 눈, 귀, 코, 입, 피부, 또는 마음과 같은 감각기관들을 통해 들어오면, 감각 의식에 의해 가공되어 느낌이라 일컫습니다. 이 감각은 즐겁거나, 불쾌하거나, 중립적입니다. 이에 대해서는 나중에 자세히 알아볼 겁니다. 세 번째는 마음[心]에 대한 알아차림입니다. 네 번째는 외부환경[法]에 대한 알아차림입니다. 감각기관들을 통해 우리와 접촉할 때 일어나는 것입니다. 이것이 너무나 파노라마 같은 알아차림 안에 우리를 연결 지어 줍니다.

모임에서 어떤 늙은 요기의 지도로 처음 훈련을 시작할 때, 제가 그에게 말했어요. "수행할 때는 어떻게 해야 할지 알 것도 같습니다만, 그 나머지 시간에는 뭘 해야 할지 모르겠습니다." 그가 말했어요. "간단합니다. 그냥 떠오르는 모든 생각과 감정을 자각하세요. 그게 바로 법신(法身)입니다." 여기서 법신이란 궁극의 실제를 의미합니다. 제가 말했어요. "아니, 그건 너무 어렵습니다. 전 못해요." 그가 대답했어요. "아니, 할 수 있습니다, 그냥 게으른 것일 뿐이에요!" 하지만 사실, 그건 너무 어렵습니다. 마음 자체를 직접 보는 것이 쉽지 않아요. 그리고 그것을 궁극적인 지혜의 놀음이라고 자각하는 것은 더 어렵습니다. 도대체 지혜가 뭔지도 모를 때는 특히 더 그렇죠! 하지만 붓다는 좀 더 친절한 편이었어요. 그분은 우선 육체적인 것에 초점을 맞추면서 시작하셨습니다. 왜냐하면 육체적인 것은 우리에게 아주 분명하거든요. 붓다는 이렇게 말씀하셨어요. "앉아 있을 때, 앉아 있음을 안다. 서 있을 때, 서 있음을 안다. 걸을 때, 걷고 있음을 안다. 누울 때, 눕고 있음을 안다." 한번 생각해 보세요. 우리가 앉고, 걷고, 누웠을 때, 전혀 몸을 의식하지 않을 때가 많습니다. 심지어 우리가 뭘 하고 있는지 모를 때도 있어요. 몸에 의식적이 되도록 해봅니다. 그 자세, 이 순간 몸이 어떤 동작을 하는지. 어떤 식으로든 그에 대해 생각하거나, 비교하거나, 토를 달지 말고, 몸이 하는 바를, 그 느껴지는 느낌을 그냥 압니다. 딱 그렇게만 할 수 있다면 현존 상태입니다. 그게 바로 우리를 지금 이 순간으로 데려오는 아주 능숙한 방법이에요.

몸을 써서 지금 여기로 이끄는 또 다른 방법은 종일 지내는 동안 호흡의 들숨과 날숨에 주의를 두는 것입니다. 우리가 명상 수행에서 하듯 말이죠. 과거 또는 미래에서 숨을 쉴 수는 없는 노릇입니다. 오직 지금 이 순간에만 숨을 쉴 수 있어요. 호흡은 늘 우리와 함께합니다. 이는 마음을 현재로 가져오는 효과적인 수행입니다. 왜냐하면 호흡이란 우리 마음의 상태와 밀접하게 관련되어 있기 때문이에요. 우리가 화가 났는지, 두려워하는지, 열정적인지, 평화로운지, 행복한지, 또는 우울한지에 따라 호흡이 변합니다. 호흡은 지금 이 순간의 마음 상태를 반영해요. 주의를 들이마시는 숨과 내쉬는 숨에 두면 마음을 진정시키는 데 실제로 도움이 됩니다. 누군가 화내고 흥분하면 우리는 심호흡을 몇 번 하고 열까지 세라고 말하죠. 생각날 때마다 아주 쉽게 할 수 있습니다. 또는 마음을 진정시킬 필요가 있을 때 할 수 있겠죠. 아무리 바쁜 삶이라도 정적에 들 필요가 있는 법입니다.

인도의 뉴델리에서는 신호등에 빨간불이 들어올 때 "이완하세요(relax)."라는 단어가 함께 켜집니다. 빨간불을 만날 때마다 이를 갈며 앉아 있는 대신, 그것을 수행의 기회로 삼아 볼 수 있어요. 들숨과 날숨과 연결되어 보세요. 호흡과 하나가 되는 겁니다. 그러면 보통 스트레스를 유발했던 뭔가가 실제로 우리에게 도움이 됩니다. 주변 상황을 바꿀 필요도 없이 말입니다. 이전과 똑같은 빨간불이지만 우리의 반응이 바뀐 거예요. 이 원칙은 하루 내내 적용됩니다. 정상적이라면 스트레스를 유발할 것들을 경고 신호로 여겨 볼 수 있어요. "이완하세요."라는 말이 안에 새겨진 빨간 신호등을 상상해 보세요! 그 모든 걸 그냥 흘려보냅니다. 이 순간에 그냥 존재합니다. 전부 충분히 할 수 있는 것들이에요.

알아차림의 두 번째 단계는 감각에 대한 알아차림입니다. '감각'은 다섯 종류의 감각기관을 통해 들어온, 또는 여기에 육감을 더해, 자극받을 때 일어나는 일련의 과정을 의미하죠. 바로 마음입니다. 자극은 즉각적으로 마음에 의해 해석되어 즐겁거나, 불쾌하거나, 아니면 중립적으로 느낍니다. 인식하는 모든 것들은, 그것이 외부로부터든 내부로부터든, 고통/쾌락 원칙에 기초합니다. 우리의 정상적인 반응은 즐거운 것에 끌리고 불쾌한 것을 피하려 하는 것이죠. 우리는 끊임없이 그렇게 합니다. 그냥 앉아 있을 때조차, 일정한 시간 어떤 자세를 유지하면 어느 순간부터 좀 불편해집니다. 뭔가 불쾌함을 느끼기 시작하면 다시 편안해질 때까지 꼼지락거리며 자세를 바꾸죠. 그럼 다시 괜찮아지지만, 이것도 잠시죠.

매 순간 우리가 하는 모든 행위는 즐거운 느낌을 가져와 유지하고, 불쾌한 느낌을 막고 피하려는 이런 과정에 기초합니다. 우리는 기쁘게 하고 즐거운 생각이 드는 소리, 모습, 맛, 냄새, 감촉에 끌립니다. 반대로 불쾌하다고 여겨지는 것들을 피하려 합니다. 그 결과 끌림과 밀침 사이를 끊임없이 오가는 시계추와 같은 상황에 사로잡히는 겁니다. 만약 충분히 빨리 움직일 수 있다면 즐거운 것들을 더 많이 얻고 불쾌한 것들은 피할 수 있다고 믿고 있는 시계추처럼 보인달까요. 우린 이런 행동을 거의 무의식적으로 하는데, 이는 자동화되었기 때문입니다. 우린 이 과정에 지배당하고 있어요. 이는 사람, 사물, 상황, 감정 상태, 생각 등등 모든 것에 적용됩니다. 이에 대해 무의식적인 채로 남아있는 한, 이것이 우리의 두려움, 해석, 판단,

편견의 숨겨진 하부구조임을 자각하지 못하는 한, 우리는 파블로프의 개와 다르지 않아요. 완벽하게 조건 지워져 있는 겁니다.

감각에 대한 알차차림을 기르면 첫 진동을, 그러니까 즐겁거나 즐겁지 않은 최초 정신적 진동이 발생하고 마음이 넘겨받기 전에 그것을 의식하게 됩니다. 마음이 넘겨받으면 그것을 과장해서 말도 안되게 부풀려 버리거든요. 일단 이 진동이 일어나면 '난 이게 좋아, 난 이걸 원해, 난 이걸 가져야겠어, 난 이걸 원하지 않아, 난 이걸 좋아하지 않아, 이걸 없애야겠어, 여길 피해야겠어.'와 같은 생각에 사로잡힙니다. 반응의 모든 전체 과정이 최초 콩알만 한 즐거운 또는 불쾌한 진동을 시작으로 전개되는 거예요. 시작되는 바로 그 순간 잡아낼 수 있다면, 그리고 무엇이 실제로 일어난 일인지 의식하면, 그에 대해 어떻게 행동할지 선택할 수 있는 여유 공간을 만들어 낼 수 있는 겁니다. 만일 뭔가 즐거운 것이라면 "맞아, 내가 좋아하는 거야. 이걸 취하겠어."라고 말함으로써 반응할는지도 몰라요. 여기에 잘못된 점은 없습니다. 그런 선택을 할 수 있어요. 뭔가 불쾌하다면 "아니, 그건 내가 원하는 게 아니야."라며 피할 수도 있는 겁니다. 우리가 마조히스트가 되려는 건 아니니까요. 다만 상황을 정확하게 보기 위해 여유 공간을 만들어 내려는 것뿐입니다. 그러면 조건화된 반응이 아닌 깔끔한 반응을 만들어 낼 수 있게 됩니다.

좋고 싫음은 너무나 생생하고, 너무나 진실되고, 너무나 영속적으로 보이기에 그것이 종종 상당히 임의적이라는 사실을 잊어버립니다. 예를 들면, 어느 순간 세상에서 최고의 색은 보라색이라고 정할 수 있습니다. 보라색을 사랑하고, 보라색 물건은 뭐든 아름답다고 생각해요. 다른 누군가가 초록색 옷을 입고 다니면 도저히 이해가 안 갑니다! 그러다 몇 년 후에 초록색 옷이 유행하게 됩니다. 그러면 이제는 초록색 아닌 색깔의 옷을 원하는 사람이 있을 거라고는 상상도 하지 못합니다. 얼마 전까지만 해도 초록색을 혐오했다는 사실을 잊어버립니다. 요점은 우리가 보라색을 좋아하는지 초록색을 좋아하는지가 아니지요. 우리의 좋음과 싫음이 끊임없이 요동치며 변한다는 게 요점이에요. 호불호가 사회적으로 강요되는 경우도 흔합니다. 예술에 있어서조차 한 세기 동안 미의 최고봉, 완벽한 아름다움이라 칭송받던 것들이 다음 세기에는 저질스러운 것으로 취급당하기도 합니다. 어째서 입맛이 변하는지는 알 수 없어요. 자신에게 무슨 일이 일어나는지 살피고 그 미묘한 '느낌적인 분위기'에 의식적이 되어야 하는 거죠. 그렇게 명확히 보고 나서 그에 대해 어떻게 할지 결정할 수 있는 겁니다.

이제 우리는 다음 단계로 옮겨가야 합니다. 바로 마음에 대해 알아차림을 가져오는 것입니다. 개인적인 생각으로는 마음, 즉 생각 그 자체에 주의를 가져가는 유일한 방법은 규칙적인 좌식 수행을 확립하는 길뿐입니다. 정신없이 바쁜 일상에서 내면에 무슨 일이 일어나는지 살필 여유 공간을 만들어 내기란 거의 불가능해요. 좌식 수행은 주의를 마음 안으로 가져가는데 필수 불가결합니다. 하루에 한두 시간이 이상적이겠지만, 시간 여유가 없다면 제 생각에 20분에서 30분 정도만 해도 괜찮아요. 이보다 짧다면 충분치 않을 겁니다.

마음을 진정시키는 데에만 10분 정도는 걸리니까 말입니다. 그러면 안정된 상태를 제대로 경험해 보기도 전에 일어나야만 합니다.

보통은 이른 아침이 명상하기 가장 좋은 때입니다. 조금만 신경 쓰면 30분 일찍 일어나는 정도는 누구나 할 수 있어요. 잠자리에 들기 직전도 적절한 시간입니다. 눕기 적어도 10분 전에 마음을 비워 내고 모든 것을 흘려보내는 작업을 한다면 매우 유용할 겁니다. 온갖 걱정, 염려, 스트레스를 흘려보내는 거죠. 그냥 떨구어 버리고, 마음이 조용하고, 넓어지고, 비워지도록 허용합니다. 그 상태로 잠이든다면 더 깊은 수면이 가능합니다. 이와 달리 낮에 있었던 일들을 걱정하며 심란한 상태로 잠자리에 들면 잠을 잔 것 같지도 않은 상태로 아침을 맞이하게 됩니다. 잠이 든 상태에서도 생각들은 이리저리 마음을 휘저으며 다닙니다. 그래서 자기 전 일정 시간 동안 앉아 마음이 편안하고 고요해지도록 한 상태에서 잠자리로 갑니다.

마음속을 들여다보는 방법을 배우다 보면 우스울 때가 있습니다. 마음은 우리가 가장 마지막으로 관심을 가지는 곳입니다. 우리는 평소에 기억, 망각, 기대, 주석, 공상, 백일몽 등등이 범벅이 된 끝없는 자신과 대화를 이어 나가죠. 그저 계속 생각하고, 비교하고, 분석하고 있습니다. 그리고 본인이 생각하는 바를 믿지요. 난 내 생각에 신념을 갖고 있어, 그것들은 진실이야, 왜냐하면 내가 믿기 때문이지! 내가 좋아하는 것은 선해, 왜냐하면 내가 좋아하기 때문이지! 그리고 내가 싫어하는 건 나쁜 것들이 틀림없어, 왜냐하면 내가 싫어하기 때문이지! 그리고 감정에 대해서도 똑같이 믿습니다. 우린

242

자신의 화를 믿고, 자신의 우울함을 믿고, 자신의 기억을 믿고, 자신의 두려움을 믿고, 그러고는 이것들로 '나는 이런 사람'이라고 생각해요. 아주 상처가 많았던 어린 시절을 보낸 사람들은 자기들의 기억을 철석같이 믿으며 스스로 공감하는 경우가 많습니다. 기억을 절대 흘려보내지 않아요. 그 기억이 고통스러움에도 불구하고 질척거리며 놓아주질 않습니다. 이것이 자신에게 정체성을 부여해주기 때문입니다. "난 학대당한 사람이야."

다양한 명상 수행이 있지만 대개 목표는 우선 마음을 고요히 하는 법을 배우고 그다음 마음 자체를 들여다보는 겁니다. 생각과 감정에서 자신을 분리하는 법을 배우고, 그것들이 단지 생각과 감정일 뿐임을 보게 하는 것이지요. 그것들은 단지 어떤 정신의 상태일 뿐입니다. 잠시 일어났다가, 어느새 사라지고, 이내 다른 상태가 일어나는 거죠. 그것들은 물거품 같아요. 생각과 감정을 갖는다는 사실이 문제가 아니고, 그것들과 자신을 동일시하는 게 문제입니다. 우린 생각하죠. '이것들이 내 생각이고, 내 감정이고, 내 기억이야.' 여유 공간이 없어요. 이는 마치 바다 한가운데 떠 있으면서 우리를 덮치고 떠미는 집채만 한 파도들에 계속해서 삼켜지는 꼴입니다. 알아차림은 파도에 집어삼켜짐 없이 이 모든 것을 지켜볼 평화로운 여유 공간을 제공합니다.

제가 말레이시아에 있을 때, 거대한 파도를 타고 하늘 높이 솟아오른 서핑 보드를 묘사한 어떤 티셔츠를 보았습니다. 서핑 보드 위에는 결가부좌를 한 채 어떤 인물이 명상 중이었어요. 함께 적힌 구호는 "인생의 파도를 타자. 마음챙김으로, 행복하게."였습니다. 바로 그겁니다. 알아차림. 지금 이 순간의 현존. 생각을 생각으로 알고, 감정을 감정으로 아는 것. 마치 서핑 보드를 타는 것과 똑같습니다. 거친 파도를 헤치고 유유히 항해할 수 있는 자세를 점진적으로 길러 내는 겁니다. 이제 더 이상 파도에 휩쓸리지 않을 때까지, 그리하여 파도 꼭대기에서 파도를 즐길 수 있을 때까지 말이지요. 물론 균형을 잡을 수 있을 때까지는 작은 파도들과 씨름하며 시작해야만 합니다. 그러고 나면 파도가 높을수록 오히려 더 좋아요! 이와 같이 알아차림 수행을 처음 시작할 때는 위협적인 것이 없고 평화로운 분위기를 갖는 게 좋습니다. 그래서 사람들이 집중 수행을 하는 겁니다. 또한 사람들이 시간을 따로 정해 좌식 수행을 하는 이유이기도 해요. 하지만 일단 균형 잡는 법을 터득하면 점점 더 능숙한 서퍼가 됩니다. 파도가 크면 클수록 서핑이 훨씬 더 재미있죠.

처음 마음의 알아차림을 기르기 시작하면, 마음 자체가 둘로 나뉘는 것처럼 보입니다. 마음의 어떤 새로운 일면이 떠오르는 거죠. 이는 다양한 이름들로 언급됩니다. 목격자, 보는 자, 아는 자, 또는 관찰자라고도 하지요. 그것은 판단 없이, 논평 없이 오직 목격만 합니다. 이런 목격자의 출현과 함께 마음속에 어떤 공간이 만들어집니다. 이 때문에 생각과 감정을 '나' 또는 '내 것' 대신, 단지 생각과 감정일 뿐으로 여길 수 있게 됩니다. 생각과 감정이 더 이상 '나' 또는 '내 것'으로 보이지 않게 되면 본인이 선택권을 갖기 시작합니다. 어떤 생각과 감정은 유용합니다. 그것들은 장려합니다. 또 어떤 것들은 그리 도움이 되지 않기에 그냥 흘려보냅니다. 일체 생각과 감정이 알아차려지고 수용됩니다. 단 하나도 억압받지 않습니다. 하지만 이제는 그것들에 어떻게 반응할지 선택권이 있는 겁니다. 유용하고 능숙한 것들에는 에너지를 주고 그렇지 않은 것들에서는 에너지를 거둬들일 수 있어요.

이 모든 것이 엄청난 해방감을 줍니다. 그렇지 않겠어요? 요점은 모두가 이렇게 할 수 있다는 거예요. 불가능한 게 아닙니다. 딱히 어려운 것도 아닙니다. 이 분리를 만들어 낼 수 있는 건 인간 본연의 심리학적 요소 중 하나예요. 우리가 물리적으로 만들어 내야만 하거나 외부에서 가져와야 하는 무엇이 아닙니다. 우리 정신이 만들어질 때 이미 그 일부로 장착이 되어 있는 거예요. 생각 그 자체에 점점 더 의식적일 수 있게 하는 방법을 배운다면, 마음은 너무나 자연스럽게 내적인 여유 공간을 만들어 냅니다. 알아차림이 강해질수록 이러한 분리는 점점 더 명백해지고, 결국 늘 거기 있게 됩니다. 심지어 감정적인 문제가 일어날 때도 거기 언제나 내적인 여유 공간이 있게 돼요. 누구나 가능합니다. 왜냐하면 이것이 마음이 작동하는 방식이기 때문이에요. 일단 한발 물러나 상황을 바라보는 능력이 계발되기만 하면 그렇게 작동합니다.

틱낫한 스님은 "마음챙김 종"이라고 부르는 걸 가지고 다니고는 했습니다. 본인의 집중 수행 중에는 누군가를 지목해서 주변을 돌아다니다가 내킬 때면 언제든 종을 울리라고 했습니다. 학생들은 종소리가 들리면 자신들이 하던 일을 그 즉시 멈춰야만 했습니다.

그 순간에는 몸이 어떤 행위를 하고 있었는지 뿐만 아니라, 마음과 감정이 어떤 움직임 속에 있었는지에 대해서도 의식적으로 되었습니다. 순간순간 일어나는 모든 것을 살펴야만 했지요. 깨어나기 위해서는 우리도 자신만의 내적인 마음챙김 종을 만들어야 합니다. 심지어 가장 바쁜 날일지라도 이 순간 마음이 어떻게 움직이고 있는지 알아차리기 위해 10초 정도는 할애할 수 있어요. 솜씨가 점점 좋아짐에 따라 마음은 무엇을 해야 하는지 배우게 됩니다. 명료함의 순간들이 점점 길어지고, 결국 그 상태가 자연스러운 상태가 됩니다. 그에 대해 생각만 해도 마음이 눈치채고 바로 그런 상태로 뛰어듭니다. 이는 마치 초점이 맞지 않는 카메라를 가지고 있는 것과 같습니다. 계속 돌리고 돌려서 어느 순간 초점이 딱 맞을 때까지 그렇게 조정을 하죠. 모든 것이 너무나 명료해지고, 이전에 얼마나 흐리멍덩한 상태였는지 처음으로 깨닫게 돼요. 그리고 또 초점을 잃습니다. 방금 그것에 대해 생각하기 시작했거든요. 다시 한번 생각에 사로잡혔던 거죠! 괜찮습니다. 하지만 우리가 기억할 때마다 그냥 다시 불러낼 수 있게 되었습니다. 우리는 오래지 않아 의식적으로 되는 습관을 붙일 수 있을 겁니다. 나쁜 습관을 만드는 건 너무 쉽고 좋은 습관을 붙이는 건 극히 어렵죠. 그래서 처음 시작할 땐 큰 노력과 헌신이 필요합니다. 하지만 일단 그 이로움을 맛보기 시작하면 훈련을 지속해 나갈 용기를 얻습니다.

대개 삶이 바라마지않는 뭔가가 되어야만 한다고 느낍니다. 그 해결책은 완벽한 파트너, 완벽한 집, 완벽한 차, 또는 완벽한 나라가 아니에요. 완벽한 무엇이란 존재하지 않습니다. 늘 불만족이 일어나기 마련이고, 늘 뭔가 잘못된 일이 일어나기 마련입니다. 늘 바깥의 모든 것을 바꾸려 애쓴다면, 즉 주위의 사람들을 바꾸려 하고, 사회를 바꾸려 하고, 문화를 바꾸려 하고, 그러면 환상적이고 완벽해질 거로 생각한다면, 이는 거대한 망상 속에서 고통받고 있는 겁니다. 과거에는 보편적인 교육, 보편적인 건강관리, 적절한 주거와 식량을 제공함으로써 이 세계에 유토피아를 건설할 수 있으리라 믿어왔습니다. 그렇지만 지금 무슨 일이 일어났는지 한번 보세요. 서구에서는 거의 모든 사람이 교육받고 건강관리를 받습니다. 여러분들은 이런 아름다운 곳에서 살고 있어요. 필요한 건 모두 충족됩니다. 필요한 모든 의복을 가질 수 있고, 필요한 모든 음식을 먹을 수 있습니다. 멋진 집도 있어요. 그렇지만 사람들이 정말 행복한가요? 매일 아침 일어나며 '오, 이 얼마나 멋진 인생인가! 이런 축복이 없지!'라고 생각하나요? 젊은이들이 이제껏 이토록 물질적으로 풍요롭고, 교육을 많이 받고, 권리가 보장되었던 적이 없었지만, 오늘날처럼 불만이 많았던 때가 없었습니다. 이렇게 결핍감을 느끼고, 좌절하고 분노했던 적이 없었어요. 이런 상황은 어쩌면 정답이 밖에 있지 않을 수도 있다는 강력한 단서가 됩니다. 적어도 부분적으로라도 해답이 내면에 있을 수 있어요.

우리가 아무리 이 세계를 가능한 한 가장 좋은 세상으로 만들려 노력해도, 그런 일은 일어나지 않습니다. 그렇죠? 그러므로 각자가 의식의 질에 변화를 줘야 할 수도 있습니다. 그 결과는 놀라워요! 모든 것에 변용이 일어납니다! 자기의 삶에서 더 많은 명료함을 찾을수록 마음도 함께 열리기 시작합니다. 요즘 힘들어하는 스트레스 상황들을 쉽게 다룰 수 있게 됩니다. 모든 것은 마음을 통해 경험됩니다. 이를 알아차리십니까? 우리가 아는 그 어떤 것도 마음을 통하지 않고서 경험하는 건 불가능합니다. 외부의 모든 것이 감각을 통해, 감각 의식을 통해, 마음을 통해 우리에게 전달됩니다. 마음이 없다면 우린 죽은 목숨이에요. 그냥 밑동이 베어진 나뭇더미와 같은 거예요. 우리가 이 나라, 이 집, 이 몸에 살고 있는 게 아니고, 실제로는 자신의 마음속에 살고 있다고 말할 수도 있는 겁니다.

우린 자기 몸에 대해서 많은 주의를 쏟습니다. 몸을 깨끗이 하고, 꾸미고, 먹이고, 운동시키죠. 하지만 우리의 진정한 집에 얼마만큼 주의를 기울이고 있습니까? 얼마나 자주 마음을 청소합니까? 얼마나 많이 마음을 운동시킵니까? 얼마나 많이 꾸미고 있습니까? 얼마나 많은 영양분을 공급하고 있죠? 이에 대해 진지하게 생각해 보세요. 모든 경험은 마음이라는 여과지를 통해 들어옵니다. 만일 마음이 혼돈 속에 있다면 우리가 어디에 있든 소용이 없습니다. 삶은 그냥 혼돈 속에 있게 될 거예요. 만일 마음이 평화 속에 있다면, 우리가 어디에 있든 상관없이, 평화 속에 머물 겁니다.

아주 간단한 예를 들어 볼게요. 저는 어머니와 함께 런던에 살았습니다. 그 무렵 어머니는 아주 부유한 어떤 캐나다인 집에서 가사도우미 일을 하고 계셨어요. 그 집은 하이드파크(런던 중심부에 있는 공원) 바로 옆에 있는 고급 주택이었습니다. 그런데 언젠가 주인이 한동안 집을 비울 일이 있어서 우리가 그 집을 맡아 살게 되었습니다. 런던에서, 이 호화로운 주택에 살면서, 두 대의 거대한 컬러텔리비전 세트와 먹어도 되는 온갖 음식들! 원하는 건 뭐든 할 수 있을 만큼 돈도 충분했고, 수많은 레코드판도 있었고, 온갖 것들이 있었어요. 하지만 저는 따분했습니다! 저 자신에게 이렇게 말했어요. '이걸 기억해. 행여 물질적인 편안함이 행복을 가져다준다는 생각이 들면, 지금 이 상황을 기억하자.' 그러다가 어떤 동굴에 머물게 되었습니다. 그리고 거긴 아주 작았습니다. 서 있을 수도 없을 정도로 작았어요. 안에 겨우 앉는 것만 가능한 작은 상자가 있었고, 그것이 침대 역할도 하는 그런 수준이었습니다. 벼룩이 득실대서 물리지 않은 데가 없었습니다. 물도 없었어요. 아주 가파른 산길을 800미터 정도 내려가야 물을 구할 수 있었습니다. 또한 근처에서 음식도 거의 구할 수 없었고, 몹시 더웠습니다. 그런데 저는 축복 속에 있었어요. 저는 너무 행복했습니다. 그곳은 아주 성스러운 장소였고, 주위 사람들은 환상적이었어요. 물질적인 관점에서 상황은 어려웠지만, 그 까짓게 뭐라고! 마음은 행복했어요. 그 장소 전체가 찬란한 금빛으로 물들었던 것을 기억합니다. 제가 말씀드리는 뜻을 아시겠습니까?

우리 문화가 선전하는, 더 많은 육체적 물질적 번영이 더 큰 행복으로 이끈다는 얘기는 거대한 거짓말 중 하나입니다. 이는 딱 봐도 그냥 진실이 아니에요. 진정한 행복은 원하지 않음에 있습니다. 조금만 생각해봐도, 가장 깊이 행복했던 순간은 모든 것이 있는 그대로 딱 좋았던 때라는 걸 아마도 모두가 동의할 겁니다. 끝없이 원한다는 건 이토록 마음에 짐이 됩니다. 그러므로 만일 우리가 진정으로 행복하길 원하고 또 주위 사람들에게도 행복을 만들어 주고 싶다면, 우리가 할 일은 마음을 청소하고, 환기하고, 정돈하는 겁니다. 모든 사람의 마음에 확성기가 달려있어 모든 사람의 생각을 모든 사람이 들을 수 있다면 아마 사람들은 간절히 명상 배우기를 원할 겁니다. 그것도 최대한 빨리! 잡동사니들을 치움으로서 내면의 집을 정돈하는 작업을 시작할 수 있습니다. 하나씩 집어 들고는 자문해 봅니다. "이게 유용한가 그렇지 않은가? 어째서 이것을 오랜 시간 가지고 다녔지?" 없앱니다. 봄맞이 대청소를 즐기세요. 마음이 훨씬 더 깨끗해지고 더 많은 공간이 생길 겁니다. 창문을 닦아 바깥을 더 분명하게 볼 수 있게 만드세요. 이것이 우리의 삶에 최우선 순위가 되어야만 합니다. 어째서 마음을 뭔가 중요하지 않은 것인 듯 취급해야 합니까?

네 번째 주제는 법(法, dharma)의 알아차림입니다. 적어도 대승 불교 학파에서 법은 감각을 통해 지각된 외부 현상들을 의미합니다. 말씀드렸듯, 우리는 뭔가를 오직 감각에 의한 감지를 통해 해석해야만 알 수 있습니다. 사물을 감지할 때 오직 고유의 방법으로만 가능한데, 이는 우리가 특정 감각기관들을 갖고 있기 때문이죠. 만약 우리가 지금과 다른 감각기관들을 가졌다면 사물들 또한 다르게 감지했을 겁니다. 그렇지만 그것들이 자신에게 똑같이 생생했겠지요. 실제로 거기 무엇이 있는지는 죽었다 깨도 알 수 없습니다. 오직 감각기관들을 통해 그 특성에 맞는 정보만이 우리에게 연결되는 것이지요. 눈과 더듬이로 외부 현상을 감지하는 파리가 받아들이는 현실은 우리가 받아들이는 현실과 전혀 다르겠지만, 파리의 입장에는 똑같이 유효합니다. 우리가 파리보다 사물을 더 잘 본다고 할 수 없습니다. 단지 우리 고유의 시선으로 본다고 밖에 말할 수 없어요. 이 유리잔을 예로 들어 봅시다. 이것은 아주 단단하죠. 만일 제가 누군가를 이것으로 때리면 그가 이것을 느낄 겁니다. 하지만 현대 물리학에서는 이 유리잔의 대부분은 빈 공간이라고 말합니다. 그저 약간의 전자, 양자, 중성자 등이 멀어졌다 가까워졌다 하며 안에서 돌고 있겠지요. 하지만 우리는 유리잔을 그런 식으로 감지하지 않습니다. 그리고 만일 제가 개미라면, 또는 코끼리라면, 또는 돌고래라면, 아마도 지금과는 다른 뭔가를 감지하겠지요. 이 모든 감각 각각이 모두 유효합니다. 우리 식의 감각이 다른 어떤 존재의 그것보다 낫다고 볼 수 없어요.

문제는 외부 현상으로부터 받아들인 자극에 집착하는 것입니다. 그 자극이 소위 쾌/불쾌 반응을 일으키기에, 그것을 더 상세히 설명하고 통역하는 작업을 지속합니다. 그것을 그저 일련의 자극들로 보지 않는 거죠. 불교 경전에는 붓다를 찾아온 어떤 힌두교 성자에 관한 이야기가 있습니다. 그는 인도 남부의 어느 지역에 살고 있었어요. 명상 중에 어떤 경험을 하고는 자신이 깨달음을 얻었다고 생각했습니다. 하지만 그가 명상하던 자리에 서 있던 나무에 깃들어 있던 정령이 말했어요. "아니, 넌 깨닫지 않았어." 그가 말했죠. "그래요?" 나무 정령은 "아닌 게 확실하다."고 말했습니다. 그래서 정령에게 물었어요. "그러면 누가 깨달았습니까?" 정령이 대답했어요. "글쎄, 북쪽에 붓다라는 사람이 살고 있다. 그를 만나보라. 그는 깨달았다." 그래서 성자는 생각했어요. "좋아. 이것이 깨달음이 아니라면, 깨달아 그것이 무엇인지 정말 알고 있는 사람을 찾아야겠지."

그는 거기서 출발해 몇 주 정도 걸려 붓다가 계신 인도 북부에 도착했습니다. 그곳에서 사람들에게 어디로 가야 붓다를 찾을 수 있는지 물어보고 다녔어요. 마침내 어느 이른 아침, 붓다가 머무는 마을에 당도했습니다. 하지만 붓다는 마침 탁발을 나가고 안 계셨습니다. 성자는 붓다를 찾아 나섰고, 결국 따라잡았습니다. 발치에 예를 올리고 "저에게 깨달음을 성취하는 방법을 말씀해 주십시오. 가르침을 주십시오." 하고 말씀드렸습니다. 그러자 붓다가 말씀하셨습니다. "지금은 때가 적절하지 않구나. 지금 탁발하고 있어서 말이다. 나중에 다시 오거라." 하지만 성자는 고집을 부렸어요. "지금 말씀해 주셔야 합니다. 뭐라도 가르침을 주십시오." 붓다는 "지금은 정말로 부적절하구나. 일단 물러가거라."고 말씀하셨지만 성자는 고집을 피웠습니다. "아니, 안 됩니다. 제게 가르침을 꼭 주셔야 합니다." 그래서 붓다가 말씀하셨습니다. "좋다. 들음에, 단지 들림이 일어날 뿐. 봄에, 오직 봄이 일어날 뿐. 느낌에, 그저 느낌이 일어날 뿐 그리고 생각함에, 오직 생각이 일어날 뿐이다." 붓다가 말씀을 마쳤을 때, 이 성자는 깨달았습니다. 그 자리에서 아라한이 되었어요. 붓다에게 예를 드리고 공중으로 솟구쳐 오르더니 산화해 버렸습니다. 가르침은 그게 전부였어요. 여러분들은 이해하시겠습니까?

252

문_ 앞에서 말씀하신 성자는 공(sunyata)을 증득한 건가요?

답_ 어느 면에서 그것은 공입니다. 하지만 다른 면에서 그것은 말할 수 없는 것을 말하고 있어요.

문_ 결국 집안에 아무도 없는 겁니까?

답_ 정확합니다. 아무도 없는 집에 열려 있는 모든 문과 창문을 통해 부드럽게 바람이 불어 통과하고 있는 것과 같습니다. 보는 것은 보는 것이 일어나고 있을 뿐입니다. 생각하는 것은 단지 생각이 일어나고 있는 것일 뿐이에요. 그 밖의 다른 표현은 우리의 해석입니다. 제가 어릴 적, 불교 신자가 되기 직전, 이런 상태에 빠져들기 시작했습니다. 갑작스러운 딸깍하는 느낌과 함께, 제가 보고 있다는 건 진실로 그저 시각 정보가 시각 의식에 입력되고 받아들여지는 과정일 뿐임이 명확하게 의식되었어요. 마찬가지도 듣고 있다는 건 그저 소리라는 파장일 뿐이고, 그걸 생각한다는 건 정말 생각들이 마음속에 떠오르는 현상일 뿐임을 깨달았습니다. 떠올랐다, 사라지고, 다시 다음 생각이 떠올랐다, 사라지는 겁니다.

당시 저는 도서관에서 일하고 있었는데, 마음이 이런 종류의 의식으로 진입했을 때 주위에 있는 사람들을 둘러보았습니다. 사람들이 자기들 생각, 감정, 뉴스, 관계 등 일어나는 모든 일에 얼마나 깊이 얽혀 지내고 있는지가 보였습니다. 거기에는 조금의 여유 공간도 없었어요. 사람들은 완벽하게 밀착되어 얽혀 있었습니다. 그것은 마치 질식할 것만 같은 상태였어요. 저도 보통 때라면 이런 상태였을 거라는 걸 깨달았습니다. 문득 압도적인 자비심이 일어났어요. 우리가 얼마나 많은 고통과 괴로움을 자신과 주위 사람들에게 만들어 내고 있는지 보였습니다. 우리가 원하지 않는데도 말입니다. 우리는 단지 행복하길 원합니다. 평화롭기를 원하죠. 자신의 주위 사람들도 행복하길 원합니다. 하지만 정반대 결과를 만드는 온갖 것들을 하죠. 이를 목격했을 때, 저는 견딜 수 없는 사랑과 연민을 느꼈습니다. 제가 이 말씀을 드리는 이유는 이 알아차림에 집중하는 일이 우리를 냉정하게 만들 거라고 넘겨짚지 말았으면 하기 때문이에요. 제가 집착을 버려라, 의식적이 되라, 생각과 감정을 단지 생각과 감정일 뿐으로 보라, 동일시를 피하라 같은 얘기들을 하면, 사람들은 종종 그것을 냉정한 상태라고 생각해요. 하지만 실제로 이건 그런 게 아닙니다. 진짜 사랑, 연민, 공감 등의 감정은 저절로 일어납니다. 그것들은 우리 내적 본성의 일부이고, 이제 더 이상 그것들을 가로막을 무엇이 없어지기 때문입니다. 일전에 가슴을 여는 것에 관해 얘기했었죠. 더 현존하고 더 깨어있는 이와 같은 연습이 가슴을 여는 진정 또 다른 방법입니다.

문_ 생각들을 단지 경험만 할 때도 있지만, 다양한 경우 그것들을 직접 행동으로 옮기는 경우도 많습니다. 어떤 생각은 그것을 실행에 옮기고픈 강렬한 느낌이 함께합니다. 그래서 제 질문은, 생각들은 어디서 일어나는 것일까요? 내 안에서 일어나는 몇몇 생각은 나로부터 일어난 것이라고 생각하면 그야말로 끔찍하거든요.

답_ 그러면 그것들이 달리 어디서 일어났다고 생각하셨는데요?

문_ 글쎄요, 바로 그게 궁금하다는 겁니다. 온 우주에 떠돌아다니는 무한한 개수의 생각들이 있어서, 내 의식이라는 스크린에 비추길 기다리는 건지, 아니면 들판에 자라는 잡초 같은 것들이라 봐야 하는지요?

답_ 생각은 자신이 만드는 겁니다. 외부에서 오지 않습니다. 안에서 비롯되는 거예요. 그리고 온갖 종류의 생각이 가능하죠. 우리는 내면에 스펙트럼 전체를 다 갖추고 있습니다. 적외선부터 자외선까지 몽땅 말이죠. 우린 어떤 것이든 될 잠재력이 있습니다. 악마가 될 수도 있고, 부처님도 될 수도 있어요. 거기 모든 게 있어요. 적외선 쪽으로 내려갈지 자외선 쪽으로 올라갈지는 우리에게 달렸습니다. 하지만 일단 모든 게 우리 안에 있다는 사실부터 자각할 필요가 있습니다. 그것이 모든 생각들을 실행에 옮겨야 한다는 의미는 아니죠. 그러나 우리가 천사뿐만 아니라 악마도 될 수 있는 온전한 능력이 있음을 자각할 필요가 있는 겁니다. 우리가 깨닫지 못하는 한, 가슴속에 여전히 망상, 혐오, 탐욕, 욕망의 뿌리가 존재하는 한, 모든 방향으로의 가능성을 갖게 되는 것입니다. 결국 우리는 중생이니까요. 중생이란 원래 그렇습니다. 생각이 올라오면 그것을 자각할 필요가 있고, 그것을 수용하고, 때로는 거기에 에너지를 주지 말아야 합니다. 어떤 외적인 힘이 있어 우리 내면에 생각들을 강제로 심는다고 여길 필요는 없습니다. 거짓말쟁이 왕자는 우리 가슴속에 있는 거예요. 그래서 우리 가슴을 정화할 필요가 있는 것이고요.

문_ 설거지를 예로 들면서 그것과 하나가 되라고 하셨는데, 때로는 어떤 행위를 함에 있어 딱히 그에 대해 생각할 필요가 없는 경우도 있지 않을까요? 그런 경우 생각할 필요가 있는 다른 걸 생각할 수 있는 기회라고 여길 수도 있지 않을까요? 그러면 마음챙김 상태는 아니겠지만, 사실 이를 다른 무엇인가에 대해 생각하는 기회로 쓰는 것이잖아요.

답_ 가끔 바쁠 때는 그런 것이 필요합니다. 하지만 다른 행위를 하고 있음을 분명히 인식하고 있어야겠죠. 만일 우리의 모든 행위 시에 늘 그렇게 해버리면 지금 이 순간에 있는 때가 전혀 없겠죠. 수행이 진행되며 알아차림이 더 분명해짐에 따라 어떤 행위를 하며, 그것을 하고 있음을 알면서 동시에 다른 뭔가를 계획할 수도 있게 됩니다. 때로는 자동 조종 장치에 맡길 필요가 있기도 해요. 하지만 늘 자동조종 상태라면 그건 자기 삶이 아닌 거죠!

문_ 창조적인 영감도 어느 정도 같은 맥락이라고 봅니다. 저는 지역 극장에서 연극 일을 해왔습니다. 지금 이 순간에 현존하고 싶기도 합니다만, 동시에 제 마음이 창조적일 수 있게끔 마음껏 돌아다니게 풀어주고 싶기도 하네요.

답_ 그러면 지금 이 순간 자신의 마음이 창조적이게끔 풀어주고 있음을 알면 됩니다. 깨어있어야 한다는 말은 생각하지 말아야 한다는 뜻이 아니에요. 생각하고 있음을 깨어 의식하는 것도 깨어있음의 일부입니다. 예를 들어, 붓다도 깨달음 이후 45년간을 공동체를 조직하고, 이후 2,500년간 별 훼손 없이 이어질 종교를 만들지 않았습니까? 그분도 틀림없이 생각을 하셨겠지요. 하지만 그분은 자신의 행위를 알고 계셨어요. 매우 명료한 마음을 가지고 생각을 하셨던 겁니다. 선승(禪僧)들 중에는 시, 예술, 연극 분야에 매우 창조적인 분들이 많습니다. 선승들은 창조적인 행위를 할 때 파도치는 바다가 아닌, 마치 거울처럼 잔잔한 호수와 같은 마음으로 하는 거죠. 마음이 제자리를 찾고, 명징함과 앎의 상태에 있으면, 위대한 창조성이 드러납니다. 절대 흐리멍덩하지 않아요. 아주 순수하고 투명해지는데, 이는 훨씬 더 깊은 수준에서 올라오기 때문입니다. 모든 위대한 예술가와 음악가는 더 깊은 수준에 접속할 수 있습니다. 이는 표면적인 마음이 아니에요. 내적 창조성의 매우 깊고 순수한 흐름입니다. 그렇게 된 마음은 에고가 아닙니다.

문_ 예전에 마음과 의식이 일종의 텅 빈 공간과 같다고 말씀하셨던 걸로 기억합니다. 일전에 하늘과 같은 마음이라는 표현도 들은 적이 있습니다. 우리는 늘 그런 상태로 존재하는 겁니까?

답_ 맞습니다. 우린 그런 상태예요. 하지만 그걸 자각하지 못하고 늘 구름과 동일시를 하죠. 때로는 검은 구름, 때로는 흰 구름. 마음의 공간 같은 품성을 보지 않습니다. 그곳이 우리가 도달해야만 하는 곳입니다. 그것이 우리가 자각해야만 하는 것이에요.

문_ 당신이 말씀하실 때도 그런 상태로 계시는 건가요?

답_ 궁극적인 수준에서 보면 우린 그 상태를 떠난 적이 단 한 번도 없습니다. 그것이 우리 존재의 뿌리이기 때문이에요. 그런 사실을 알았는지 모르는지는 별개의 문제입니다. 실제로 마음의 공(空)한 품성을 자각하는 것이 주요 돌파구로 여겨집니다. 어떻게 하면 고유의 둘이 아닌 알아차림을 길러 더 자주 그 상태에 있고 더 많은 행위 속에서도 유지할 수 있는지 배우자는 개념인 겁니다. 끊김이 없이 스물네 시간 현존할 수 있을 때, 그는 부처님입니다. 대부분은 거기 진입조차 못합니다. 우리가 깨달음을 얻었다고 간주하는 사람들은 현존에 들고 남을 반복하지요. 그들은 보고자 하면 봅니다. 하지만 대부분 시간에는 일상적인 의식 상태에 있죠. 모든 것의 배경인 듯한 그 의식이 컴퓨터에 전원을 공급하는 에너지인 겁니다. 그것은 언제나 거기 있습니다. 그것과의 연결을 끊으면 우린 아마도 사망하고 의식이 육체에서 분리되겠지요.

문_ 이따금 생각들이 너무 많아서 앉아 명상하기 어렵다는 걸 알게 됩니다. 알아차림 속으로 들어가기 힘들다고 느껴져요.

답_ 불안해서 그런가요?

문_ 네, 생각들이 파도처럼 밀려옵니다.

답_ 누구나 생각의 파도를 겪게 됩니다. 시작하기 전에 생각들이 전부 사라지기를 기다리면 명상은 시작도 할 수 없습니다. 명상의 요체는 마음이 이렇듯 혼돈 그 자체임을 알고 그것과 함께 작업하는 거예요. 하지만 몇몇 특정 포인트에서 특히 불안을 느낀다면, 마음이 조금 진정될 때까지 나가서 산책하고, 하늘을 올려다보고, 꽃들과 나무들을 봅니다.

문_ 일정 시간 앉아 있도록 노력하는 게 최선인가요?

답_ 들어오고 나가는 호흡에 조용히 마음을 가져가기만 하세요. 기본적으로 이 순간 그것이 일어나는 사건의 전부죠. 이 순간 이전 무슨 일로 우리가 걱정하고 불안해하였든, 미래의 어떤 일을 예상하고 걱정하고 불안해하든, 그냥 흘려버리는 겁니다. 이 순간 우린 그저 여기 있어요. 숨이 들어오고, 숨이 나갑니다. 그게 지금 일어나고 있는 사건인 거예요. 나머지 모든 것은 우리의 정신적인 주석과 해석입니다. 그저 마음을 지금으로 돌리세요. 다른 모든 건 버립니다. 거기 에너지를 조금도 주지 마세요. 그저 이 순간에 현존하세요. 그러면 마음이 고요해집니다. 만약 마음이 고요해지지 않으면 어떻게 하냐고 물으신다면, 그냥 고요해지지 않은 겁니다. 그것 또한 아무런 문제가 없어요.

문_ 호흡 명상에 대해 여러 가지 방법을 배웠습니다. 그중에 어떤 것을 선택하는 게 좋을지 모르겠어요.

답_ 제일 맘에 드는 걸로 꾸준히 하면 좋습니다. 수많은 호흡 방법이 있어요. 복부가 나왔다가 들어갔다가 하는 것에 의식을 집중할 수도 있습니다. 숨이 들어오고 나가는 전 과정에 의식을 둘 수도 있어요. 어떤 티베트 사람들은 빛이 들어오고 나간다고 말합니다. 아무 상관없어요. 제일 편안하게 느껴지는 방법을 찾아내 거기 안착하면 됩니다. 모두 똑같은 결과로 이어집니다. 아시다시피, 그 무엇도 우리가 의식적으로 되는 걸 막을 수 없어요. 그 무엇도 우리가 깨어있으려는 걸 막을 수 없습니다. 어떤 의미로 우리는 늘 깨어있고, 그렇지 못한 때는 그냥 무의식적인 거죠. 하지만 의식적일 때 의식적임을 의식하지 않습니다. 의식적임을 잊어버려요. 따라서 이건 우리가 계발해내야 하는 뭔가가 아닌 겁니다. 우린 이미 그걸 갖고 있어요. 단지 자각하기만 하면 됩니다.

마음의 관성은 너무나 거대합니다. 우린 습관에 얽혀 있고, 그걸 깨기란 매우 어렵죠. 뿌리 깊은 습관 중 하나가 바로 이 정신적인 관성입니다. 자신이 정신적으로 매우 활발하고, 매우 지적이고, 외향적이고, 똑똑하고, 늘 뭔가를 생각하고 있다고 여기는지도 모릅니다. 하지만 기본적으로, 우린 이 순간에 현존하기를, 진정으로 깨어나기를 피하고 있어요. 우리는 모두 잠든 상태입니다. 우린 몽유병 환자처럼 걸어 다니며 이 세상이라는 꿈을 꾸는 중입니다. 누군가에게는 악몽이고, 또 누군가에게는 환상적인 꿈이에요. 하지만 그저 꿈속이라는 건 마찬가집니다. 그리고 거기서 깨어나려는 욕구는 바로 이 무거운 관성에 가려져 있어요. 깨어나기엔 너무 많은 귀찮은 방해물들이 있습니다. 그래서 그냥 계속 코를 골고 있어요. 이게 문젭니다. 그래서 제가 습관적인 부주의한 패턴을 극복하기 위해 작은 것부터 시작하라고 말씀드리는 겁니다. 본인이 하는 모든 행위에 완전한 주의를 두는 연습이 정착되도록 노력해야만 해요. 우리가 지금 이 순간 하는 행위는 가능한 모든 것 중 가장 중요한 일입니다. 왜냐하면 그것이 우리가 지금 하는 것이기 때문이에요. 다른 모든 것은 그저 그것에 '관한' 생각일 뿐입니다. 그저 기억이거나 기대일 뿐이에요. 가질 수 있는 유일한 현실은 바로 지금 이 순간 우리가 하는 일뿐입니다. 그리고 만일 이를 놓친다면 그것을 잃은 겁니다. 그냥 지나가 버리니까요. 아시겠어요? 우리가 만나는 모든 사람은 그 순간 세상에서 가장 소중한 사람입니다. 그가 눈앞에 있으니 말입니다.

문_ 그것이 당신이 전에 말씀하신 궁극의 실재입니까?

답_ 아니오, 그건 궁극의 실재는 아닙니다. 왜냐하면 여전히 이원성의 세계에 속하기 때문이에요. 거기엔 여전히 주체와 객체가 존재합니다. 궁극의 실재는 불이(不二)입니다. 둘이 아니에요. 주체와 객체를 넘어섭니다. 우리는 주체-객체의 이분법, '나'와 '나-아님' 속에서 살고 있습니다. 하지만 이는 주체도 없고 객체도 없는 영역으로 향하는 여정의 일부입니다. 그렇게 결국 불이의 알아차림을 얻고 그것을 유지할 수 있게 되는 겁니다. 이 상태에 도달하면 거대한 조건 없는 사랑과 자비가 자연스럽게 솟아납니다.

여기 혹시 달라이 라마를 만나본 분 계십니까? 당신이 교황이든, 미합중국 대통령이든, 또는 네팔의 시정잡배이든 아무런 상관이 없습니다. 그분은 당신의 손을 잡고 눈을 들여다볼 겁니다. 그 순간 그분에게는 오직 당신만이 존재함을 당신은 알게 됩니다. 그 순간 당신이 그분 인생에서 가장 매혹적이고 중요한 사람이 됩니다. 누구에게나 마찬가지로 대합니다. 상대가 기자든, 정치인이든, 고위 성직자이든 상관이 없어요. 그들은 자신의 정체성과는 다른 누구인가로 취급을 받는 데 익숙하지 않습니다. 기자, 정치인, 그 무엇으로 인식되는 데 익숙해져 있어요. 하지만 그분은 그 모든 것을 잘라서 내버리고 바로 직진합니다. 그저 마음 대 마음으로 연결을 지을 뿐이에요. 그래서 사람들이 감동하는 겁니다. 그분은 너무나 전적으로 진심이거든요. 그분은 사람들을 만날 때 달라이 라마라는 정체성을 갖지 않습니다. 그저 일개 승려로서 만난다고 그분이 직접 말씀하고 계시죠. 또한 한 사람의 개인에게 말할 뿐, 그들이 세상에 보이기 위해 쓰는 다양한 가면에 대고 말하지 않습니다. 조건 없는 사랑에 진정으로 연료가 되는 것은 이러한 종류의 가식 없는 주의입니다. 이는 전적인 무-비판입니다. 우리가 사람들을 만날 땐 '당신이 안녕하고 행복하길'이 첫 생각이어야 합니다. 상대에게 호감이 느껴지는지 아닌지, 인상이 좋은지 아닌지, 또는 옷을 잘 입고 있는지 아닌지가 아니에요.

이런 태도는 자신과 가까운 사람들과의 관계에서 특히 중요합니다. 마치 처음 보는 사람인 듯 상대합니다. 우리가 이미 알고 있다고 여기며 그 선입견을 통해 찍어내듯 보는 대신, 그들의 고유한 잠재력을 처음 보듯 신선하게 살피라는 얘깁니다. 우리는 늘 변합니다. 순간순간 그래요. 우리는 너무나 많은 서로 다른 잠재력을 가지고 있습니다. 우리 중 누구도 똑같은 사람을 두 번 볼 수 없습니다. 마찬가지로 그들 중 누구도 똑같은 우리를 두 번 다시 볼 수 없어요! 같은 강물에 발을 두 번 담글 수 없을 뿐만 아니라, 같은 사람이 강물에 발을 두 번 담글 수도 없는 겁니다. 일체 모든 것이 순간순간 지속해서 변합니다. 그렇지만 우리는 편견과 해석을 만들어 내어 모든 사람에게 씌웁니다. 결국 그들의 진정한 모습을 더 이상 보지 못할 때까지 그렇게 하죠. 저는 동굴에 머물 때 비록 동굴이 좁지만 여기서 저기로 자리를 옮겨보거나 때로는 계단에 앉아보곤 했습니다. 눈을 감고 생각을 비워 내려 노력하고는 눈을 떠 동굴을 마치 처음 본 것처럼 바라보곤 했어요. 그게 진정으로 보는 거였습니다.

우리는 습관의 힘 때문에 무뎌집니다. 더 이상 직접 보지 못하고, 그저 모든 것이 따분하다고 생각합니다. 어린아이들이 주위 모든 것에 매료되는 이유는 그들에게 모든 것이 흥미롭기 때문이죠. 사원의 벽화를 쳐다보는 작은 아이와 같은 마음을 가져야 합니다. 그는 생각하지 않아요. '흐음, 이건 작년에 본 벽화만큼 훌륭하지 못하군. 화가가 신통치 못한 사람이겠지. 아마도 푸른색을 너무 많이 썼나 보군. 난 이것과 다른 초록을 좋아하는데.' 이렇지 않다는 겁니다. 그저 보고, 매료될 뿐입니다. 아이들은 선입견을 품지 않습니다. 비교나 해석도 하지 않아요. 늘 새로운 마음으로 그 모든 그림을 그저 바라볼 뿐입니다. 이것이 우리가 도달하려는 곳입니다.

문_ 어떤 날들은 너무 일상의 반복이어서 설거지 같은 일들이 딱히 중요하다거나 제 주의를 받을 만한 가치가 없다고 느껴집니다. 그건 그냥 설거지일 뿐이고, 매일 똑같이 반복되거든요. 제가 '좋아, 이제 설거지를 할 때 정말 집중해서 잘 해내야지.'라고 생각하려 애써야만 할까요?

답_ 이것은 '정말 집중해서 잘 해내겠어.'라는 식이 아니에요. 그처럼 공격적인 게 아닙니다. 그저 당신이 설거지하고 있음을 알

뿐이에요. 당신이 닦는 모든 접시가 마치 처음 보는 새 접시인 듯이 하는 겁니다. 당신이 설거지하는 매번, 그것은 어떤 새로운 경험입니다. 하지만 우리 마음이 너무나 무뎌졌기에 그처럼 중요하지 않게 보이는 겁니다. 그저 세속적일 뿐인 잡일로 보이고, 그만큼 삶도 무디게 보이죠. 삶은 무디지 않아요. 무뎌진 마음이 삶을 그렇게 만드는 겁니다. 보이십니까?

우린 지금 모든 것을 자신의 존재 전체로, 근원으로부터 행하는 시도를 하는 겁니다. 그저 앎, 아주 쉽게, 아주 이완되어, 집중하려 노력함 없이, 단지 앎, 그저 존재함. 지금 제가 뭘 하고 있죠? 지금 이 순간 저는 설거지를 하고 있습니다. 좋아요, 설거지를 할 겁니다. 이러한 태도를 모든 것에 적용하면 마음을 아주 밝고, 이완되고, 스트레스 없이 만듭니다. 정말로 설거지가 재밌습니다!

문_ 네, 그게 억지스러운 감정이거나 뭐 그런 건 아니란 점은 알겠습니다. 다른 것들에 비한다면 말이죠.

답_ 그게 핵심이 아니죠. 핵심은 당신이 무엇을 하든, 심지어 정서적으로나 지적으로 아주 힘든 일을 할 때일지라도, 그것을 알아차림 상태에서 하라는 얘깁니다. 우린 지금 목표-지향적이거나 목적을 가지는 상태에 관해 얘기하는 게 아니에요. 결과는 저절로 알아서 따라옵니다. 우리 사회는 너무나 결과-지향적이에요. 그래서 우리가 그렇게나 경쟁적이기도 하고요. 그래서 우리가 늘 스트레스를 받는 겁니다. 멀리 떨어진 무엇인가를 늘 바라보고 있으니 말입니다. 산을 오를 때 꼭대기만 바라보면 발아래 자라는 잔디와 꽃들을 알아차리지 못해요. 우린 늘 멀리 저 앞을 보고 있습니다. 안 그래요? 그러는 동안 진짜배기 것들, 실제 삶은 그저 스쳐 지나가 버립니다. 우린 자신의 뇌 안에 갇혀 지금이라는 순간과 단절된 채, 손이 닿지 않는 뭔가에 늘 집중합니다. 행복, 만족, 충만함이 마법처럼 그것, 다음 그것, 또 다음 그것, 차례대로 나타나는 신기루를 상상합니다. 하지만 지금 이 순간 일어난 일은 '이것'뿐, 그리고 우리가 가진 건 오직 '이것'뿐입니다. 나머지는 그저 작화에 지나지 않아요. 뭔가 다른 것을 생각하느라 이 순간을 잃어버린다면, 방금 영원히 잃어버린 겁니다. 여기 지금 이 순간 일어나는 일을 그저 압니다. 그걸로 충분해요. 이 순간은 다음 순간으로 바뀔 테고, 다음 그다음 순간으로 변하겠지요. 딱히 극적일 게 없습니다. 화려한 조명과 음악, 그리고 지복 같은 게 아니에요. 하지만 그게 당신의 삶을 변용시킬 겁니다.

문_ 매사에 판단하는 마음을 가진다면 흘려보내는 행위가 그것을 다루는 최선의 방법일까요?

답_ 한편으로 그것이 마음의 기능임을 자각하고, 또 한편으로는 그것이 그저 마음일 뿐임을 자각합니다. 문제는 마음에 신념을 부여하고 그것과 동일시하는 거죠.

266

문_ 앞서 관성과 무관심에 대해 말씀하셨고, 하늘을 보지 않고 구름을 본다고 말씀하셨죠. 제 생각엔 두려움이 여기서 큰 역할을 하고 있다고 보는데요, 사람들이 무엇을 두려워하며 왜 두려워하는지 아십니까?

답_ 두려움은 아주 심오한 주제입니다. 하지만 두려움이 어디서 기인합니까? 두려움은 기본적으로 우리의 잘못된 동일시에서 시작되는 거예요. 우리가 '나' 그리고 '내 것'이라 생각하는 뭔가와 동일시하는 것에서 출발하는 겁니다. 이것이 에고입니다. 그리고 우리가 에고를 '나' 그리고 '내 것'이라고 생각하기에, 스스로 보호하기 위한 이 거미줄 전체가 창조되는 겁니다. 이를 극복하는 수행 방식 중 하나가 바로 두려움을 통한 것이죠. 두려움이 느껴진다면, 스스로 물어봐야 할 중요한 질문은 '무엇을 두려워하는가?'가 아니라 '두려움이란 무엇인가?'입니다. 그것이 어떻게 퍼져 나가고, 그것이 어떤 모습이며, 그것이 어디서 오는가? 그리고 그 모든 것에 앞서, 누가 두려워하는가? 만약 '내가 두렵다.'고 한다면, 이 내가 누굽니까? 그래서 우리가 하는 일의 많은 부분에서 희망과 두려움이 동기가 되는 것입니다. 이건 제가 2분 안에 설명할 만한 것이 아닙니다. 아주 방대한 주제예요.

문_ 많은 사람이 영성 그 자체에 두려움을 갖는 듯 보입니다.

답_ 맞습니다. 그런 사람들이 있습니다. 왜냐하면 에고는 자기가 비-실재인 것을 들키고 싶어 하지 않기 때문이에요. 그렇게 되는 걸 매우 염려하죠. 진실로 영적인 길이라면 그것을 죽음으로 생각합니다. 그리고 그건 옳은 얘기예요. 물론 그건 애초에 정말로 존재한 적이 없지만, 심리학적인 동인들이 아주 재빠르게 거기 뭔가가 있다는 인상을 심어주고 있는 겁니다. 에고는 본래 자기의 모습인 사기꾼이라는 게 드러날까 두려워합니다. 그래서 당연히 많은 사람이 명상을 두려워합니다. 자기들이 발견하게 될 게 뭔지 직감적으로 아는 거죠. 하지만 여기서 요점은 이 두려움들을 다루는 것이었죠. 두려움을 극복할 유일한 방법은 그것들을 마주 보는 겁니다. 그렇지 않으면 남은 평생이 두려움에 끌려다닐 겁니다.

문_ 저는 모든 곳에 편재(omnipresence)한다는 표현이 매력적입니다. 아시잖아요, 그 팔 여러 개 달린 보살. 그들은 모든 곳에 존재하나요?

답_ 부처님의 마음은 어디에나 존재합니다.

문_ 보살들은 어떻게 나타나고 어떻게 행동을 실천합니까?

답_ 보살들은 가장 적절하다고 여겨지는 방법이라면 어떤 방법이든 행합니다. 그들은 다양한 존재로 현현할 수 있습니다. 그들은 많은 서로 다른 상황에 다시 태어날 수 있어요. 심지어 겉보기에 영혼이 깃들지 않은 물체로도 현현할 수 있습니다. 사람들에게 필요하다면 교량으로도, 배로도 현현합니다. 이는 일어난 상황에 따라 다릅니다. 천수관음 보살은 천 개의 팔을 갖고 있습니다. 모든 상황에 팔을 뻗어 도움을 주기 위함이죠. 그의 모든 손에는 각각 눈이 달렸습니다. 이는 천수관음이 그냥 도움을 주는 게 아니라 상황을 명료하게 보고 적절한 도움을 제공한다는 의미입니다. 이 적절한 도움은 존재의 업에 따라 주어집니다. 우리는 아주 근시안적입니다. 유전공학을 예로 들어 볼게요. 요즘은 어머니 자궁 속에 있을 때 아기에게 기형이 있는지 알 수 있습니다. 기형이 예상되면 우리의 근시안적인 연민이 아이가 태어나지 않는 것이 낫다고 말합니다. 그리고 유산을 시키지요. 일견 아기와 엄마 모두에게 아주 자비로운 행위로 보입니다.

제가 어렸을 때 좀 아팠는데, 아무도 진단을 못 내렸습니다. 병원에 가고 입원하는 일이 잦았어요. 병원에는 온갖 병들을 가진 아이들이 많았습니다. 어떤 아이는 뇌수종이 있었고, 어떤 아이는 뇌성마비가, 또 어떤 아이는 정말 지독한 다른 병이 있거나 했어요. 제가 비록 아이였지만, 그리고 그곳에서 그나마 정상인 유일한 사람이었지만, 제게 충격적이었던 점은 그 아이들이 가진 지혜와 성숙함이었어요. 그들은 정말 다정했습니다. 그들의 눈빛은 이해와 자비로 빛나고 있었어요. 그리고 그들의 부모는 또 얼마나 아이들을 사랑했는지! 아픈 아이들과 부모 사이에서 이토록 놀라운 관계를 볼 수 있었습니다.

그런 상황으로부터 그들이 얼마나 많은 것을 배울지 누가 알겠습니까! 사전에 "불완전한" 아이를 유산시킴으로써 이런 관계를 끊는 게 과연 더 좋을까요? 제가 말씀드리고자 하는 바는, 보살이라면 일견 끔찍하게 보인다고 해서 뭔가를 불필요하게 서둘러 제지하지 않는다는 겁니다. 이들 존재에게 이것을 경험하는 게 필요한 상황일 수도 있는 겁니다. 우린 좋은 시간만 가지려고 여기 온 게 아니에요. 배우려고, 성장하려고, 깨어나기 위해 여기 있는 겁니다. 불교 교리에서 천상에 다시 태어나는 게 그리 좋은 일이 아니라고 여겨지는 이유 중 하나가, 거기에는 도전적인 상황이 없다는 겁니다. 천국에선 모든 게 너무 좋아서 아무것도 배울 게 없어요. 인간으로 환생하는 것이 좋게 여겨지는 이유는 고통과 즐거움 사이에 적절한 균형이 잡혀 있기 때문입니다. 그렇기에 우리는 선택할 수 있고, 성장할 수 있고, 길러질 수 있는 겁니다. 보살이라면 무엇이 가장 적절한 반응일지 아는 지혜를 가집니다. 하지만 그 결정은 미성숙한 연민을 가졌을 뿐인 우리가 보기에 적절하다고 여기는 것과 다를 수 있는 겁니다.

문_ 고통스러운 삶에서 그저 고통과 함께하는 것이 당신의 접근 방식입니까?

답_ 글쎄요, 만약 당신에게 두통이 생겼다면 아스피린을 복용하세요. 괜찮습니다. 하지만 만약 당신에게 피할 수 없는 고통이 닥

친다면, 그렇다면 답은 질문하신 그대로입니다. 고통 자체가 경이로운 명상이 될 수 있습니다. 언젠가 동굴에 있을 때 나무를 하던 기억이 납니다. 도끼를 놓치면서 제 엄지손가락이 거의 잘려 나갔어요. 하얀색 티베트 스카프로 상처를 동여매었습니다. 꽤 아팠어요. 암이 걸린 정도는 아니었겠지만, 충분히 아팠습니다. 첫 반응은 혐오감이었습니다. '어떻게 하면 이 고통을 없앨 수 있을까?' 하지만 우린 그렇게 하는 대신 고통 그 자체에 주의를 쏟을 수 있습니다. 무엇보다도, 그건 아주 강렬하지요. 그렇기에 집중하기가 쉽습니다. 그런 다음, 고통이 뭐지? 그것은 커다랗고 단단한 벽돌 같은 게 아닙니다. 그 안을 잘 살피면 일종의 파도가 치는 것 같음을 알 수 있어요. 그리고 거기에는 여러 가닥이 존재합니다. 한번은 제 눈이 바이러스에 감염된 적이 있습니다. 정말이지 범상치 않은 고통이었습니다. 앞이 보이질 않았어요. 그냥 어둠 속에 있어야만 했습니다. 고통이란 흥미로워요. 마치 한 편의 교향곡 같습니다. 바이올린 파트도 있고 타악기 파트도 있습니다. 그 안에 딱 한 종류의 통증만 있는 게 아니에요. 어느 때는 찌르는 듯 아프고, 또 어떨 때는 비틀어 짜듯 아프거나 격렬하게 아픕니다. 그리고 제가 그것을 자세히 들여다보자 더 이상 '내가 고통을 느끼고 있다.'라는 모습을 찾을 수 없었어요. 그것은 더 이상 고통이 아니었습니다. 저는 이들 다양한 감각에 완전히 빠져들었어요. 만약 더 깊이 들어간다면 이 불협화음 뒤에, 이 고통이라는 소음 뒤에, 배경이 되는 침묵을 발견할 수 있습니다. 그래서 고통이 실제로 엄청난 연습이 될 수 있는 겁니다.

문_ 만일 한동안 고통을 느끼지 못하게 된다면 어떨까요. 그것에 대한 알아차림은 어떻게 되돌리시겠습니까?

답_ 감정적인 고통을 말씀하시나요?

문_ 아니요. 육체적, 영적, 또는 감정적인. 어떤 종류든 상관없이 말씀입니다.

답_ 누구든 다시 의식적으로 될 수 있습니다. 그것이 다시 나타날 공간을 허락하고, 그것을 수용하고 거기 연민을 보냅니다. 거기 공간을 주고 그것이 말하고 싶은 것을 말합니다. 우리는 삶을 온통 즐거움/고통 이분법 속에서 허비하고 있어요. 고통을 피하려 하고 즐거움에 끌리며 사는 거죠.

문_ 어떤 감정을 변용시킬 수 있음을 고려한다면, 존경하옵는 스승님, 어떻게 하면 고통스러운 감정들을 영적인 길에 유용한 연료로 변용시킬 수 있겠습니까?

답_ 어떤 면에서는 붓다의 길 전체가 부정적 감정들을 긍정적 감정으로 변용시키는 방법들에 대한 것이라고 말할 수도 있습니다. 그리고 그렇게 할 수 있는 방법들에는 많은 수준이 존재합니다. 그렇기에 방금 주신 질문은 너무 광범위합니다. 간략히 말씀드리자면, 무엇보다 우선 이 느낌을 자각할 필요가 있습니다. 그런 다음 우리에게 이 느낌이 일어났음을 받아들여야 하죠. 이를 수용하지 않고 밀쳐낸다면 더 이상의 대화는 불가능합니다.

그 시점부터 상황에 따라 달라집니다. 분노를 예로 들자면, 그것을 다루는 많은 서로 다른 방법이 존재합니다. 어떤 부정적인 감정을 긍정적인 것으로 대치할 수도 있습니다. 이것은 어떤 나무쐐기를 빼내고 더 좋은 것으로 갈아 끼우는 것으로 비유됩니다. 원래 쓰던 쐐기는 버립니다. 화가 많다면 자애 명상 수행이 타당합니다. 자애 명상에 관한 책과 가르침들은 많습니다. 이제 자애 명상 중에, 우리가 첫 번째로 직접 이 사랑을 전해야 하는 대상은 바로 자기 자신입니다. 제 생각에 자기 자신에 대한 자애 명상은 서양 사람들에게 특히 유용합니다. 왜냐하면, 달라이 라마 성하께서 하신 말씀을 빌자면, 서양인들과 티베트 사람들 간의 커다란 차이점 중 하나가 티베트 사람들은 누구도 예외 없이 자기 자신에 대해 꽤 좋은 감정을 느끼지만, 그분께서 만난 서양인들은 자기 자신을 그다지 좋아하지 않는 것 같았답니다. 때로는 자신을 증오하기도 했고, 스스로에 대해 아주 가차 없었다고 합니다. 성하께서는 이를 참 이상하다고 생각하셨습니다. 우리가 분노를 없애려 할 때 해야 할 첫 번째 작업은 자기 자신과 화해하는 것입니다. 결국 자신을 향한 화를 간직한다면, 이 화가 타인을 향한 분노로 변하지 않으리라고는 상상하기 힘들겠죠. 분노의 근본적인 원인, 그러니까 내적인 충돌

가령, 스스로에 대한 증오, 죄책감, 또는 비난을 그대로 유지한 채 원수들을 사랑하겠노라고 결심한다 해도 그렇게 될 것처럼 보이지 않습니다. 첫째로, 자기 자신에 대해 정말로 우호적인 감정을 품고 연민을 가지는 받아들임 작업부터 해야 해요. 우리는 본래부터 모든 존재들에게 사랑과 자비심을 가지게끔 되어 있습니다. 그중에 책임질 첫 번째 존재가 바로 자기 자신인 거죠. 스스로 친절해야만 합니다. 서양에서는 왜 그런지는 모르겠습니다만, 사람들이 자기 자신에게 너무 가혹합니다. 자신의 단점은 빠짐없이 알지만, 자신의 선한 점은 알려고 들질 않아요. 다른 사람들에게 "난 정말이지 화가 너무 많아."라고 얘기하며 행복해합니다. 하지만 속마음으로조차 '나는 화가 많아. 하지만 또한 관대한 사람이기도 해.'라고 말하려 들지 않아요.

분노와 같은 부정적 감정을 다룸에 있어, 우선 자기 자신과 평화협정을 체결해야 합니다. 이를 실행에 옮기는 명상들이 있습니다. 자기 자신과 우정을 나누는 진정한 느낌을 만들어낼 때, 다시 그 느낌을 만들어내 외부로 내보낼 수 있습니다. 우선 당신이 친애하는 누군가가 되겠지요. 성적으로 끌리는 누군가에게 초점을 맞춰서는 안 되는데, 그 이유는 자애의 먼 적은 분노와 증오지만, 가까운 적은 실제로 욕망이기 때문입니다. 이 자애는 움켜쥐거나 집착하는 것과는 전혀 상관이 없습니다. 이는 전적으로 무조건적인 사랑에 관한 것이고, 이는 단지 타인의 행복만을 바랄 뿐이죠. 그러므로 우리가 자애를 실천하는 방법을 연습할 때, 우선 우호적인 누군가로부터 시작해야 합니다. 고전적인 명칭으로 이런 사람을 '후원자(benefactor)'라고 부릅니다. 이는 우리에게 늘 친절해 왔고 우리가 따듯하게 느끼는 누군가입니다. 이런 사람을 대상으로 마음속으로 생각합니다. '당신이 안녕하고 행복하길.' 그들이 고난에서 자유롭길 기원합니다. 그를 위한 이 느낌을 진심으로 느끼려 해봅니다.

일단 이 느낌을 만드는 데 성공하면, 다음으로 중립적인 누군가를 대상으로 적용해 봅니다. 이따금 보지만 그렇다고 이런저런 큰 느낌은 없는 누군가입니다. 그다음 똑같은 연습을, 상대하는 데 어려움을 느끼는 누군가를 향해서 해봅니다. 많은 분노를 유발하는 누군가가 되겠지요. 그 사람을 향해 자애의 느낌을 만드는 연습을 그냥 계속합니다. 만일 그런 감정이 들지 않는다 해도 괜찮아요. 다시 좋아하는 누군가로 돌아가 작업하고, 그런 다음 중립적인 누군가로, 이렇게 순환합니다. 될 때까지 하는 거죠.

분노에 대한 이 처방은 2,500년 된 것입니다. 붓다가 말씀하셨습니다. "증오를 증오로 멈출 수는 없다. 증오는 오직 사랑으로만 멈출 수 있다. 이는 영원한 법칙이다." 하지만 여기엔 노력이 필요합니다. 이것이 분노를 다루는 전통적인 방법이에요. 다른 감정들을 다루는 전통적인 방법들도 있습니다. 각각에 대한 해독제가 존재해요. 각각에 무게중심을 잡아줄 정반대 감정들이 있습니다. 예를 들면 과도한 성적 욕구로 애를 먹는 사람들에게는 육체의 불쾌한 일면들에 관해 관조하는 방법을 추천해 줄 수 있습니다. 머리끝에서 발끝까지 피부 아래 있을 모든 것을 시각화합니다. 뇌를 보고, 심장을 보고, 창자를 봅니다. 그것 중 무엇도 아름답거나 욕망의 대상이 아니지요. 몸에서 배출되는 모든 것을 떠올립니다. 가령 땀, 콧물, 피지, 오줌 같은 것들 말이죠. 이들 중 어느 것도 딱히 소중히 할 만한 게 못됩니다. 그게 사랑하는 사람의 것일지라도 말이죠. 육체라는 게 우리 욕망이 그렇게 보이게끔 만드는 것만큼 매력적이지는 않다고 보기 시작합니다. 이는 육체에 대한 집착이나 과도한 성적 욕망을 느끼는 사람들을 위한 해독제입니다.

일단 우리가 마음챙김의 힘을 충분히 강하게 길렀을 때라면, 부정적인 감정들을 다루는 또 다른 방법이 있습니다. 생각과 감정이 일어났을 때 바로 거기 뛰어들어 사로잡히지 않고 본질을 보는 겁니다. 그것들을 잘 들여다보면 그게 생각보다 단단하지 않음을 알게 됩니다. 차라리 투명하고 유체에 가깝습니다. 그것들은 원래 비어있어요. 생각과 감정이 일어나는 순간 이를 볼 수 있다면, 바로 그 순간 그것들을 엄청나고 깨끗한 에너지 원천으로 변용시킵니다. 이는 지금껏 왜곡되어 있던 지혜의 에너지입니다. 이런 이유로 대승불교, 그중에서 특히 밀교에서는 이들 부정적인 감정들을 딱히 근절시키려 들지 않습니다. 그것들을 고유의 진정한 본질로 이해하죠. 이는 우리에게 아주 깊은 수준의 깨끗한 에너지로의 접근을 제공합니다. 하지만 여기에는 강력한 수준의 알아차림이 전제됩니다. 이 정도 수준의 의식을 갖는다면 무엇이 올라오든 그것이 순식간에 자연스럽게 해방됩니다. 그러면 아무 문제도 없죠.

문_ 자애 명상은 자신과 가까운 사람들, 가령 가족과 함께하는 것이 중요하다고 말씀하셨습니다. 하지만 가족끼리 사이가 나쁘다면 자애심을 기를 때까지 좀 떨어져 있는 게 낫지 않을까요?

답_ 다루기 어려운 어떤 상황에 있고 자신이 취약하거나 심약하다 느낀다면, 그때는 잠시 떨어져 자애를 기르는 것이 도움이 될는지도 모르겠습니다. 물론 그게 가능하지 않다면 할 수 없이 사자 소굴 한가운데에서 연습하는 수밖에 없겠지요. 하지만 처음 시작할 땐 아무래도 좀 더 평화로운 분위기가 편하겠죠. 위협적이라고 느끼지 않는 그런 곳 말입니다.

문_ 그렇다면 궁극적으로는 이들 상황을 정면으로 마주하는 편이 낫다는 말씀이신가요?

답_ 맞습니다. 사실 궁극적으로는 무엇이 올라오든 그것을 다룰 수 있게 되려는 것입니다. 특별히 신경을 긁어대거나 까다로운 사람들을 찾아 나설 필요가 있다는 말이 아닙니다. 그런 사람들은 언젠가는 마주치게 되어 있어요. 하지만 이미 그런 사람과 함께하고 있다? 그러면 맞습니다. 요점은 내적인 힘과 명료함을 충분히 길러 그런 상황을 다룰 수 있게 되는 거죠. 상황을 능숙하게 다루는 법을 배우면 더 이상 그런 사람들이 어렵게 느껴지지 않습니다.

문_ 그렇다면 일부러 까다로운 사람들을 찾아 나설 필요는 없는 거네요?

답_ 절대적으로 그렇죠. 그런 사람들은 언젠가 오게 되어 있습니다. 붓다는 좋은 동반자 관계에 대해 칭송하신 적이 있습니다. 이는 붓다가 끊임없이 반복해서 강조했던 것 중 하나였어요. 말씀하시길, 좋은 친구들을 찾아 함께할 필요가 있다고 하셨습니다. 여기서 좋은 친구들이란 도덕적으로 영적으로 우리보다 앞서 있거나 적어도 같은 수준의 사람들을 말합니다. 우리에게 영감을 주고 내면의 선(善)을 길러내도록 부추기는 친구들을 가까이해야 합니다. 그리고 가능한 최대한 나쁜 친구들은 멀리해야 하겠지요. 나쁜 친구란 부정적인 방향으로 영향을 끼치는 사람들을 말합니다.

문_ 핵심은 어떤 사람을 만나든 상관이 없다는 말씀으로 들립니다.

답_ 영적으로 매우 강하다면 그렇습니다. 하지만 그렇지 못한 한, 가령 주위 사람들에게 쉽게 휘둘리는 사람이라면 가급적 영적으로 도움이 되는 사람들을 택하는 편이 맞겠지요. 물론 일단 내적인 힘이 충분해진 상태라면 상관없습니다. 누구에게든 이로움을 베풀 수 있습니다. 그러면 누구와도 함께 할 수 있겠지요. 하지만 약하고 쉽게 영향받는 상태인 한, 남들에게 유익하지 못할 뿐 아니라 자신에게도 유익하지 않습니다.

문_ 그러면 우리를 심란하게 하는 특정한 사람들을 멀리 해도 괜찮다는 말씀이신 거죠?

답_ 그럼요. 엮여 들어감 없이 진정으로 남들에게 유익함을 베풀 수 있게 되는 어느 지점에 도달할 때까지만 말이죠. 왜 굳이 엮여 들어갑니까? 영감이 넘치고, 행복하고, 조화로운 느낌을 주면서도 우리 내면의 이런 자질들을 기르도록 부추기는 사람과 함께하기로 선택하는 편이 낫지요.

문_ 자신의 행위가 남들에게 유익할지 그렇지 않을지 어떻게 알 수 있을까요? 모두가 서로 달리 지각한다고 일전에 말씀하시기도 했는데 말입니다.

답_ 동기를 점검해야 합니다. 물론 우리는 거의 모든 것을 정당화할 수 있긴 하죠. 심지어 폴 포트(Pol Pot. 캄보디아 정치인. 1970년대 캄보디아에서 일어난 대량학살 킬링필드 사건의 주도자) 같은 사람도 자기가 결백하다고 주장했습니다. 자기는 잘못한 게 아무것도 없는데 왜 모두가 그렇게 분노하는지 의아하다고 했어요. 무려 200만 명의 사람들을 죽음으로 몰아넣은 후에 한 말입니다! 하지만 우리가 정직하길 원한다면, 자신의 행위가, 마음과 말과 몸의 행위가 망상, 혼란, 탐욕, 매달림, 혐오, 분노, 질투, 또는 오만 등을 동기로 삼지는 않았는지 확인해야 합니다. 한편으로, 이해 · 사랑 · 관용 등이 동기가 되었는지 봅니다. 행위 뒤에 진정 어떤 것이 숨어 있었는지 자문해 봐야 해요. 동기가 긍정적이라면 행위 또한 대체로 긍정적입니다. 동기가 부정적이라면, 남들이 보기에 선해 보일지라도, 결과가 부정적일 수 있죠. 또한 멀리 내다보아야 합니다. 마치 호수에 돌을 던지는 것과 같아요. 돌을 던져 파문이 일어나면 그 결과가 어떠할까? 사람들에게 어떤 영향을 끼칠까? 큰 그림을 봐야 합니다. 자기의 말과 행동이 다른 사람들에게 끼칠 영향에 의식적이어야 해요. "괜찮아, 내가 책임지겠어."라는 말로는 부족해요.

문_ 어떤 경우 똑같은 행위로부터 어떤 사람들은 상처받고 또 어떤 사람들은 괜찮을 수 있는데, 그것을 능숙하게 아는 법을 익힐 필요가 있다고 생각합니다. 누군가를 돌보고 싶다고 할 때, 예를 들면 말이죠, 누군가는 그로 인해 상처받을 수 있는데 정작 자신은 그 사실을 모를 수 있지 않을까요.

답_ 상황을 보고 자신의 의도가 진정으로 도움이 될지 그렇지 않을지 판단하는 일종의 명료함을 길러 적용할 필요가 있습니다. 하지만 요점은 상황을 분명하게 파악하고 그에 대해 적절한 반응을 내는 능력을 기르자는 겁니다. 물론 자신이 한 행위에 책임을 지고 다른 사람을 비난하지 않을 필요가 있죠. 많은 경우 결정을 내리기가 쉽지 않습니다. 하지만 그럴 때일지라도 충동적으로 서두르지 않아야 합니다. 가능한 선택지를 살피고 가장 현명한 판단을 내리려 노력해야죠.

문_ 불이(不二)에도 수준이 존재하나요? 그리고 만약 수준이 있다면 어떤 차이로 나뉘나요?

답_ 불이의 알아차림은 불이의 알아차림일 뿐입니다. 마치 푸른 하늘이 푸른 하늘일 뿐인 것과 같아요. 하지만 어떤 이들은 겨우 일별(glimpse)을 경험했을 뿐입니다. 잠시 구름이 흩어졌지만 다시 구름이 낀 거죠. 어떤 이들에게는 구름이 흩어지고 꽤 오랜 시간 유지됩니다. 드물지만 구름이 흩어진 후 다시 모이지 않는 경우도 있습니다.

문_ 어떻게 그렇게 할 수 있는 걸까요?

답_ 전생들에서 아주 깊은 경험을 했을 것으로 추정합니다. 이번 생에는 그저 이전 깨달음들을 재정립했을 뿐인 거죠. 그것만이 유일한 이유일 거로 생각합니다. 왜냐하면 그런 분들에게는 깨달음이 저절로, 자연스럽게 오고, 마음이 이전 무지의 상태로 다시는 돌아가지 않거든요. 그저 그 깨달음 상태를 유지합니다. 라마나 마하리쉬(Ramana Maharshi)를 예로 들 수 있겠네요. 그분에게는 열여섯 살에 그 경험이 일어났고, 그 변화는 영속적이었습니다. 우리 대부분은 그저 일별을 경험하는 정도예요. 아주 잠깐 엄청난 명료함으로, 보는 자도 보이는 대상도 없음을 알아차리고, 파노라마 같은 전체의식만이 존재함을 깨닫습니다. 하지만 이내 그 명료함이 사라지죠.

문_ 어째서 사라지는 겁니까?

답_ 마음의 조건화가 너무나 강하기 때문입니다. 우리의 무지의 상태, 알지 못하는 상태, 잠이 든 상태는 너무나 깊어요.

문_ 예전 사고 패턴으로 돌아간다는 의미인가요?

답_ 네. 핵심은 그 일별들을 가능한 최대한 많이 이해하고 재생산해서 서서히 연장하도록 하는 것입니다. 티베트에는 이런 내용이 실린 책들이 많습니다. 엄청나게 두꺼운 책들을 보셨을 수도 있겠네요. 처음 몇 페이지에서만 마음의 본성을 일별하기 전에 어떻게 해야 하는지를 다루고, 나머지는 전부 그 이후 어떻게 해야 하는지에 대한 내용입니다. 그것을 어떻게 이해하고, 어떻게 연장하고, 어떻게 자신의 사고방식과 일상의 삶에 통합하는지 배울 필요가 있는 겁니다.

문_ 그 일별들 말입니다만, 일별 이전에 그렇게나 많은 과정이 있고, 일별 이후에도 그렇게나 많은 과정이 있다면, 사람들이 그것을 잘 성취할 수 있을까요?

답_ 언젠가 라훌에 사는 미국인 비구니에게 이런 얘기를 들은 적이 있습니다. 아마도 히말라야 어느 계곡에서 지붕 위에 몇몇 승려들과 함께 앉아 있었던 걸로 보입니다. 티베트 승려들이 대화를 트려는 듯 미국인 비구니에게 물었어요. "너는 마음의 본성을 처음 깨달은 게 언제였어?" 그녀가 답했죠. "난 마음의 본성을 깨달은 적이 없는데." 그러자 티베트 승려들이 말했습니다. "에이, 괜찮아. 우리한테는 말해도 돼. 우린 같이 불법을 공부하는 형제들이잖아. 그러지 말고 말해봐." 그녀는 당연한 듯 말했습니다. "아니, 진짜 없다고." 그러자 티베트 승려들은 할 말을 잃고 멍하니 그녀를 쳐다봤죠. 마치 이렇게 말하는 듯이 말입니다. "아니 그게 가능해?"

문_ 그녀는 실제로 깨달음을 얻었던 적이 있던 겁니까?

답_ 아니오. 얻지 못했습니다. 하지만 승려들은 믿을 수가 없었죠. 그들은 그녀가 그저 부끄러워하는 거로 생각했어요. 누군가를 그저 보는 것만으로 다 알 수는 없죠. 그들은 부처님이 아니니까요. 그들은 그저 평범한 승려들이었습니다. 하지만 수많은 수행을 해낸 승려들이었어요. 그들에게 있어서 일별은 딱히 특별한 게 아니었던 거죠. 그래서 그녀가 아직 깨닫지 못했다는 걸 믿을 수가 없었던 겁니다. 우리 마음은 너무나도 복잡해서 가장 단순한 것조차 극도로 복잡하게 만들어 버릴 수 있습니다. 분석하고 조각내어 살피고 하는 겁니다. 마음의 본성을 알아차리기 위해 어떤 여백을 찾아내는 작업이 우리한테는 극도로 어렵습니다. 왜냐하면 우리의 경우 구름이 끼어 있는 위에 또 구름이 끼어 있고 그 위에 또 구름이 끼어 있는 격이거든요. 반면 그 승려들의 경우에는 텔레비전도 없고, 라디오도 없고, 소설책도 없고, 잡지도 없고, 심지어 신문조차 거의 읽어본 적이 없었습니다. 그들의 마음은 정말이지 그야말로 단순하고 비어있는 상태였던 거죠. 좋은 쪽으로 말하면 말입니다. 만약 누군가가 그들에게 "너 이거 좀 해라."고 하면 그들은 그냥 합니다. 그들은 그 말을 분석하거나 이해하거나 거기에 온갖 종류의 감정적인 연결을 짓지 않습니다. 하지만 서양인들도 그렇게 할 수 있어요. 마음의 본성은 마음의 본성일 뿐입니다. 티베트의 마음과 서양의 마음이 다르지 않아요. 하늘은 하늘일 뿐, 그게 호주 위의 하늘이든 티베트 위의 하늘이든 다르지 않습니다.

문_ 과거 명상 중에 마치 집에 아무도 없고 텅 빈 것 같은 느낌이 들어 힘들어했던 적이 있습니다. 제가 도달했던 지점은 일종의 공허라고밖에는 말할 수 없는 그런 것이었어요. 그러니까 완벽하게 고요하고 어떤 욕구도 없는 그런 상태였다는 뜻입니다. 하지만 그 공허는 차갑고 조금은 냉정해 보였습니다. 그리고 스님께서 진정한 자애와 자비의 감정들이 이 비어있음으로부터 솟아오른다고 말씀하셨을 때, 혹시 제가 실제로 이 비어있음을 수용하지 못했던 것은 아닐까 하는 의구심이 들었습니다. 왜냐하면 저는 제 성격이나 뭐 그런 것을 잃지 않을까 두려웠거든요. 하지만 제가 명상 중에 마주친 그 공허는 제게는 썩 유쾌한 것이 아니었어요.

답_ 아마도 사실일 겁니다. 에고가 두려움이라는 장벽을 친 것이었 겠지요. 그것은 마치 커다란 간극의 모서리에 서서 뛰어내리기 두려워하고 있는 것과 같거든요.

문_ 만일 내가 여기서 더 들어가면, 계속 가라앉아서 다시는 돌아 오지 못할 거야 하는 느낌이었습니다.

답_ 그렇죠. 아마도 에고는 계속 가라앉아서 다시는 떠오르지 않겠 죠.

문_ 하지만 그렇다면 이후 그것을 경험하는 자는 누굽니까?

답_ 에고가 아닌 무엇이겠죠. 누군가 조건 지어지지 않음을 경험한 다고 해도 존재하기를 멈추거나 우주적 거품 상태로 돌아가거 나 하지 않습니다. 어떤 면으로는, 그는 생애 처음으로 진정 활 력 넘치게 되는 거예요. 말씀드렸다시피, 이는 잠에서 깨는 것 과 같습니다. 하지만 이 깨어남은 소위 '나'와 '내 것'이라는 개 념과의 일상적인 연결 상태와 관련이 없는 깨어남이에요. 그 모든 것들을 완전히 초월합니다. 이는 훨씬 더 거대하고 더 생 생하죠. 우리를 모든 존재로부터 분리하는 '나'와 '내 것' 대신, 이는 모든 존재와 우리를 연결합니다. 에고는 이를 죽음이라고 생각하기 때문에 크게 두려움을 느끼는 거죠.

문_ 이 길에 들어선 사람들은 모두 그런 두려움을 느끼나요?

답_ 대부분 그렇습니다. 두려움이 에고의 마지막 방어선입니다. 이는 불교적인 맥락에서 우리가 명상할 때 어째서 늘 불·법·승 삼보에 귀의하고, 깨달음을 얻음에 자신을 위해서가 아니고 모든 존재들을 위해서라는 보살의 서원을 다짐하는지 그 이유입니다. 그리고 구루 요가라는 것도 해요. 구루 요가는 태곳적의 부처님과 스승들에게까지 거슬러 올라가는 계보를 시각화해서 이를 내면에 흡수하는 겁니다. 이것이 우리를 보호해 줍니다. 이는 마치 우리가 부처님의 손이 닿는 곳에 있는 것과 같습니다. 그 무엇도 우릴 해칠 수 없는 거죠. 그런 종류의 내적 확신을 하고 뛰어내릴 수 있는 용기를 얻는 것이지요.

문_ 명상 중에 일어나는 감정은 어디서 기인하는 걸까요? 가령 울거나 하는 에너지들의 발산이 어디서 오는 겁니까?

답_ 우리가 하는 건 이 모든 에너지가 놓여날 수 있는 공간을 창조하는 겁니다. 단단히 묶인 작고 감춰진 매듭을 푸는 겁니다. 이 매듭은 감정들이에요. 두려움, 불안, 기쁨 등 다소간 우리가 억눌러 왔고, 그에 더해 표면적인 정신적 지껄임으로 인해 어찌어찌 무시되어 왔던 것들이죠. 명상 중에는 마음이 고요해집니다. 그러면 여유 공간이 생겨 아래쪽에 있던 이런저런 것들이 표면으로 올라올 여지가 생기는 거죠. 그러면 온갖 감정들이 올라옵니다. 어떤 사람들은 막 웃음을 터뜨리기도 해요. 어떤 사람들은 울기 시작합니다. 어떤 사람들은 두려워합니다. 어떤 사람들은 고양됨을 느끼죠. 온갖 것이 올라올 수 있습니다. 그냥 올라오도록 허용합니다. 자각하고, 수용하고, 다시 사라지도록 둡니다.

문_ 몸을 통해 느껴지는 솟아오르는 듯한 에너지는 어떤가요? 그것도 그런 것들의 일종인가요?

답_ 맞습니다. 같은 종류입니다. 명상 중에는 프라나(prana) 또는 기(氣), 달리 말해 육체의 내적 에너지가 마음과 아주 밀접하게 연결됩니다. 마음이 점점 더 집중됨에 따라 육체의 기 또는 프라나에 영향을 미칩니다. 그래서 흩어져 있던 것이 모이기 시작하고 활성화하는 것이지요. 티베트 전통에서는 육체와 마음 두 가지를 모두 이용합니다. 무엇보다 우선, 의식적으로 이들 에너지를 조종함으로써 마음에 영향을 미치고, 두 번째로 마음을 사용하여 에너지들에 영향을 미칩니다.

문_ 명상 중에 마음 밖으로 벗어나는 경험 또는 몸 밖으로 벗어나는 경험이 일어나면 어떻게 해야 합니까?

답_ 그럴 조짐이 느껴지면 의식을 아주 단단히 육체 안에 붙잡아두는 게 좋다고 말씀드려야겠습니다. 가령 들숨과 날숨에 집중하는 거죠. 호흡에 집중하는 동안이라면 유체 이탈 같은 일은 일어나지 않습니다.

문_ 위기 속에서 앉아서 명상을 시도하는 게 좋은 생각인지요?

답_ 앉아서 자신을 들숨과 날숨에 연결 짓고, 마음을 내맡기는 게 좋은 아이디어라고 생각합니다. 만약 불교에 슬로건이 있다면 그건 분명 이것일 겁니다. "내버려둬(Let go)."

문_ 분노가 에고에 어떻게 연결이 되나요?

답_ 분노는 강력한 에고 촉진제 중 한 가지입니다. 분노는 에고가 대단한 동시에 끔찍하다고 느끼도록 만듭니다. 마음속에 분노가 일어나면 그것을 의식해야 합니다. 자각해야만 해요. 가능한 한 그것에 동일시되지 마세요. 이것은 '나의 분노야.'라고 생각하지 않습니다. 그냥 그것을 있는 그대로, 어떤 정신적 상태로 자각합니다. 그리고 가능하면 그냥 흘려버립니다. 더 커다란 명료함을 지닌 채 진정으로 분노를 보는 순산 저절로 변용이 일어납니다. 그런 일이 일어나려면 아주 날카로운 수준의 통찰이 요구됩니다. 그 정도가 아니라면 분노와 관련지어 이해해야 할 중요한 내용은 그것을 다루는 데 쓸 만한 몇 가지 방법들이 있다는 정도일 겁니다. 특정 인물을 향한 분노를 다루는 한 가지 방법은 그가 그런 식으로 행동한 이유가 본인에게서 나온 원인과 조건 때문임을 상기하는 겁니다. 배경을 고려하면 어째서 그 사람들이 그렇게 행동할 수밖에 없었는지 이해할 수 있습니다. 자라온 환경, 생각하는 패턴, 그리고 동기 같은 것들을 고려하는 겁니다. 그러면 그것들이 어디서 비롯되었는지 분명하게 이해되기 시작합니다. 분노가 적절치 못한 반응이라는 걸 깨닫기 시작해요. 화내는 것보다 좀 더 적절한, 좀 더 도움이 되는 반응이 있지 않을까 돌아보게 되는 거죠.

문_ 누군가 죽음이 임박해 심하게 두려워하고 있다면 어떻게 도울 수 있을까요?

답_ 호주에 온 이후 생사의 갈림길에 있는 분들 예닐곱 명을 방문했었습니다. 제가 만났던 분들은 모두 믿을 수 없을 정도로 경이로웠어요. 그중 한 분은 어떤 신경질환을 앓고 계셨는데, 겨우 손가락 하나로 아주 느리게 타이핑해서 컴퓨터 스크린을 이용해 사람들과 의사를 소통해야만 했어요. 암이나 여타 질병이 있는 분들도 만났습니다. 모두 가족과 지내며 쾌활한 모습을 보여주었습니다. 한 분은 입원 전에는 요가 선생님이었습니다. 어느 날 갑작스럽게 목숨을 위협하는 질병이 있는 걸 발견했고 남은 목숨이 얼마 되지 않는다는 걸 알게 된 겁니다. 딱 이틀 전에는 암으로 죽어가는 어떤 여자분을 만났습니다. 그녀가 말하길, 겨우 3주 정도 시간이 남았다고 하시더군요. 제가 말했습니다. "글쎄요, 아시겠지만, 당신은 아주 운이 좋은 겁니다. 우리는 모두 죽거든요. 삶에서 유일하게 확실한 건 죽음뿐입니다. 우리가 숨을 한 번 더 쉴 수 있을지 없을지 누가 압니까? 어쨌든 우린 예외 없이 죽을 겁니다. 확실하죠." 우리 대부분은 불현듯 마주하지 않는 이상 죽음에 대해 전혀 생각하지 않습니다.

죽음이 닥치면 사람들은 어찌할 바를 몰라요. 그에 대해 생각해 본 적이 없거든요. 모두가 한 번도 다뤄 본 적이 없어 죽음과는 깔끔하지 못할 수밖에 없는 관계인 거죠. 영원히 살 것처럼 생각해 왔기 때문입니다. 급작스럽더라도 자기의 죽음을 안다는 것은 기회, 그것도 대단한 기회를 얻는 겁니다. 처음이자 마지막으로 무엇이 중요하고 무엇이 중요하지 않은지 결정할 경이로운 기회입니다. 어떤 생각이 중요하고 어떤 생각이 중요하지 않은가, 어떤 감정이 붙잡을 필요가 있고 어떤 감정이 그럴 필요가 없는가, 무엇이 문제가 되고 무엇이 문제가 되지 않는가 일일이 대면하며 살필 멋진 기회입니다. 죽음이란 나쁜 일이 아닙니다. 우리는 모두 가야만 해요. 하지만 이 기회를 성장하고 관계를 깨끗이 하는 데 이용해야 합니다. 매달리지 말고 그저 집착 없는 사랑만 하세요. 우리가 진정 누구인지 마주하세요. 후회 없이 죽읍시다. 삶을 충분히 품위 있게 살았기에 이제 떠나도 좋다고 느낄 수 있게 합시다. 이제 곧 죽을 거라는 사실에 직면했다면, 모두가 어쨌든 조만간 죽을 운명이라는 것을 기억해야 합니다. 하지만 그런 사실을 그저 깨닫지 못합니다. 만약 이런 사실을 강제적으로 마주할 수밖에 없는 상황이라면, 이는 막대한 내적 변용을 이룰 엄청난 기회입니다. 제가 만났던 분들 모두 이를 해냈습니다. 처음에는 어찌할 바를 몰라 혼란에 빠집니다. 곧 커다란 회한으로 발전하고, 그러고는 분노와 쓸쓸함이 찾아왔습니다. 배우자와 자식들이 뒤에 남겨지기 때문입니다. 대부분 자신이 충분히 오래 살지 못했다고 느꼈습니다. 대부분 40대였고, 할 일이 아직 많이 남았다고 느꼈지요. 하지만 그들 모두 이 모든 과정을 뚫고 나아가 결국 이런 말을 할 수 있는 지점까지 도달했어요. "이제 갈 준비가 되었습니다. 매일 조금씩 울기도 하지만, 뭐 괜찮아요."

문_ 누군가 죽음이 임박해 너무 두려워한다면 그 사람에게 어떻게 접근하면 되겠습니까? 몇몇 사람들은 마무리 지어야 할 일들을 모두 마무리 짓기도 하지만, 죽음으로 겁에 질릴 수도 있지 않습니까?

답_ 저라면 죽음을 두려워하는 사람들에게 그냥 두려워할 만한 게 아무것도 없다고 솔직히 말씀드리겠습니다. 차라리 이건 위대한 모험이에요. 우리는 나고 죽기를 숱하게 반복했습니다. 이건 그냥 자연스러운 거예요. 나무와 식물 들처럼 우린 지속해서 재활용됩니다. 심지어 생태학적으로도 그럴싸해요. 여러분이 기본적으로 품위를 지키는 삶을 살았다면, 고의로 사람들을 해치거나 하지 않고, 기본적으로 친절하고, 정직하고, 품위 있는 사람이었다면, 죽을 때 두려워할 게 아무것도 없어요. 우리가 죽음 후에 받게 되는 것은 마음속에 쥐고 있었던 내용의 투사가 될 것입니다. 우리가 만나게 될 존재들은 우리와 거의 같은 수준의 존재들이 될 것입니다.

뭐 그리 대단한 일이 아니에요. 의식은 죽지 않습니다. 죽는 건 육체일 뿐이에요. 그리고 우린 육체가 아니죠. 단지 우리와 육체를 동일시하기 때문에 두려워하는 겁니다. 일단 우리가 육체가 아님을 깨닫기만 하면 두려워할 게 뭐가 있습니까? 임사체험 경험자들과 예지능력이 있는 사람들은 모두 죽음이 전혀 끔찍한 것이 아니라는 데 동의합니다. 물론 당신이 정말 끔찍한 사람이 아니었다는 전제가 있어야 하겠죠. 남에게 상처 주며 즐거워하고, 증오와 분노로 가득한 삶을 살아왔다면, 그럼 두려워할 이유가 충분합니다. 그렇지 않고 평범한 사람들이라면 아무것도 두려워할 게 없습니다.

제 생각에는 죽음을 두려워하는 사람과 있을 때는 죽음에 대해 충분히 이야기하는 게 중요하다고 봅니다. 왜냐하면 부정하는 상태에 있을 가능성이 크거든요. 그들에게 죽음에 관한 얘기를 하기 시작하면 그들 또한 맘 놓고 그에 대해 말하게 되고, 그렇게 말할 수 있다는 사실 자체로 대개는 안도하게 됩니다. 주위의 모든 사람도 마찬가지로 부정하는 상태로 쉬쉬했을 테니까요. 보통은 죽음이 일종의 커다란 터부라서 그렇습니다. 일반적으로 사람들은 그에 대해 말하고 싶어 하지 않습니다. 잠자리에서 오르가슴을 몇 번 느꼈느니 하는 온갖 얘기들을 하지만, 죽음에 관해서는 얘기하려 들지 않아요. 언급하는 것조차 부담스러워합니다. 언급할 수 없는 것을 언급하는 행위는 자체로 거대한 안도감을 줍니다. 특히 그것을 직접 대면하고 있다면 더욱 그렇겠죠!

문_ 자살과 안락사는 우리가 거쳐 갈 예정이었던 과정을 생략합니까?

답_ 자살과 안락사 모두 사람들에게 변용할 시간이 필요하다는 걸 부정하고 있는 것일는지도 모릅니다. 좋습니다, 만일 끔찍한 질병을 앓고 있다면 최악이겠지요. 당연히 혼돈에 빠지고 극심한 통증, 뭐 그런 게 있을 겁니다. 제 친구 중 한 명이 간호사인데, 암 병동에서 일을 하곤 했어요. 그녀가 말하길 한편으로는 극도로 우울하답니다. 특히 암에 걸린 아이들을 볼 때면요. 아름다운 작은 아이들이 암에 걸려서 들어오니 말입니다. 가슴이 미어진대요. 하지만 다른 한편으로는 많은 사람이 부정이나 분노, 그리고 씁쓸함의 상태로 들어온다고 합니다. 그런데 시간이 흐르면 내적인 변용을 점점 더 볼 수 있었다고 해요. 그녀가 말하길, 마지막에는 대부분이 마치 몸에서 빛이 나는 것 같았다고 합니다. 여러분이 아직 혼돈이나 부정의 상태에 있을 때 그 과정을 싹둑 잘라버린다면 스스로 이런 변용을 만들어낼 기회를 걷어차 버리는 꼴입니다.

문_ 사망 선고를 받았다가 다행히 되살아난 경우에도 많은 변용을 이루어낼 수 있다는 개념도 있습니다.

답_ 그거 대단하지요. 그렇게 되면 삶을 진짜 진지하게 보게 됩니다. 삶이 얼마나 소중하게 생각되겠습니까? 더 이상 삶을 낭비하지 않습니다. 제가 첫 번째 인도여행을 마치고 영국으로 돌아왔을 때, 제 사촌 조카를 처음으로 만났어요. 그는 여덟 살이었습니다. 제가 인도로 떠난 후에 태어났거든요. 그는 낭포성 섬유증을 앓고 있었는데, 그 말은 매일 약 두 시간 반 간격으로 거꾸로 매달려 제 이모가 등을 두드려 가래를 제거해야 한다는 의미였어요. 폐에 가래가 가득 차서 숨을 쉴 수가 없게 되는 병이었습니다. 대부분 음식이 가래를 촉진하기에 거의 먹을 수 있는 게 없었습니다. 고통이 심할 때가 많았고, 종종 숨이 막히기도 했고, 매일 등을 두드려 줘야 했어요. 하지만 그는 너무나 즐거운 작은 소년이었어요! 너무나 밝았고, 너무나 똑똑했고, 너무나 상냥했습니다.

제가 사촌 조카를 처음 만났을 때, 그는 작은 플라스틱 곤충 모형들을 만들고 있었습니다. 조카는 저에게 원하는 게 뭐냐고 물었어요. 저는 전갈들과 거미들을 쳐다보다가 "난 개구리가 좋겠어." 했죠. 조카가 무슨 색이 좋으냐고 물어서 "초록색"이라고 말했습니다. 조카는 제게 멋진 초록 개구리를 만들어 주었습니다. 조카는 너무나도 상냥하고, 너무나 행복하고, 너무나 즐거웠어요. 그 후 얼마 지나지 않아 그가 매우 아팠습니다. 병원에 갔고, 죽었습니다. 하지만 여기서 핵심은 그가 아팠고 남은 시간이 아주 짧다는 사실을 알고 있었기에, 부정적으로 행동하고, 비탄에 잠기고, 앓는 소리를 내면서 시간을 낭비할 생각이 없었다는 점입니다. 부정적으로 행동할 시간 따위는 없었던 겁니다. 스스로 즐기고, 친구들을 사귀고, 떠나기 전에 가능한 한 많이 알아내고 할 딱 그 정도 시간밖에 없었던 거예요. 이는 제 이모에게도 엄청난 경험이었습니다. 그녀는 많은 것을 배울 수 있었어요.

문_ 우리는 양육 방식과 자라온 환경에 영향을 많이 받습니다. 이런 것들이 우리를 특별하게 하는지요?

답_ 불교적인 관점에서 보자면, 우리가 각자 다른 특질을 가지고 있는 이유는 지난 생에 처리하지 못했던 거대한 숙제 때문입니다. 어떤 아기도 이 세상에 완전히 빈손으로 오지 않습니다. 아기의 눈을 들여다보면 아기도 이미 한 명의 개인임을 알 수 있어요. 우린 지난 생의 모든 조건화와 습관 패턴과 더불어 이번 생의 조건화와 습관 패턴을 가지는 겁니다. 하지만 요점은 따로 있죠. 이것들 모두 단지 조건 지어짐일 뿐, 그리고 이것이 '나'가 아님을 아는 것입니다.

문_ 그래서 당신께서 그 상태에 도달하셨을 때, 그게 뭔가 보편적인 상태에 도달했다는 의미인가요? 아니면 여전히 한 개인인가요?

답_ 조건 없는 마음의 본성에 도달하면 당신은 보편적인 동시에 개인적입니다. 붓다는 "나 역시 '개념'을 쓴다. 하지만 더 이상 거기 속아 넘어가는 일은 없지."라고 말씀하셨습니다. 다시 말하면, 여전히 자신의 성격 특성이 사용되지만, 거기 끌려갈 내가 없다는 말입니다. 예를 하나 들어 보겠습니다. 지금 모두가 하얀색 스크린을 쳐다보고 있다고 해보죠. 스크린 위에는 어떤 영화가 상영되고 있습니다. 우리는 영화를 보고 있어요. 현란한 액션들이 휙휙 지나가고 있습니다. 영화 속에는 남자 주인공, 여자 주인공, 그리고 악당이 있죠. 여러분들은 생각합니다. '맙소사, 여자 주인공이 남자 주인공을 찾게 되나?' 아니, 남자 주인공은 자리를 떴습니다. 아, 이제 그가 돌아왔네요. 거기엔 웃음과 눈물이 있고, 결국 행복하게 끝을 맺습니다. 모든 사람이 웃으며 극장에서 빠져나오죠. 우린 이 영화에 완전히 몰입해 있었고, 영화가 상영되는 동안에는 그것을 믿습니다.

그런데 영화를 비추는 스크린을 쳐다보지 않고 고개를 돌려 빛이 나오는 영사기 쪽을 바라본다면, 사실은 빛이 프레임들을 통과하며 빛나고 있었던 거라는 사실을 알게 됩니다. 이 프레임들은 너무나 빨리 움직이기에 출연하는 사람들이 마치 움직이는 것처럼 보이고, 거기에 우리가 속고 있는 거죠. 비록 그저 2차원 이미지가 스크린에 비추고 있을 뿐이지만 말입니다. 이와 비슷하게 명상이란 우리의 초점을 스크린 위에 투사된 그림에서 거두고 거꾸로 돌려 프레임들이 움직이고 있는 근원을 바라보게끔 하는 겁니다. 우리가 이 프레임들 쪽을 쳐다보기 시작하면 그것들이 느려집니다. 주의가 더 간절하고 깨끗해짐에 따라 프레임들이 마침내 거의 멈춰 각각 떨어져 보이기 시작합니다.

프레임들은 우리 마음의 순간순간들입니다. 그리고 그것들은 서로 사슬처럼 연결되어 있어요. 사슬이 끊어지면 드디어 그 뒤 영사기에서 나오던 빛을 보게 됩니다. 우리라는 존재가 영사기로부터 뿜어져 나오는 빛이었음을 깨닫게 된다 해도, 여전히 영화를 보고 즐길 수 있어요. 그렇지만 더 이상 그것을 진짜로 믿지는 않죠. 스크린 위에 펼쳐진 영화일 뿐임을 압니다. 이해가 되죠?

문_ 사는 동안 그리고 죽음 이후 다시 환생할 때까지의 시간 동안 우리를 안내해 주는 영적 존재가 있나요? 우리에게 수호천사가 있습니까?

답_ 오, 당신은 지금 전직 심령술사에게 묻고 있군요! 저는 개인적으로 그렇게 믿고 있습니다만, 그게 저만 그렇게 믿는 건 아닙니다. 일반적으로 불교도들도 그렇게 믿는 편이죠. 일상적인 지각으로는 볼 수 없는 각기 다른 많은 수준의 존재들이 있는 걸로 되어 있습니다. 그들은 다양한 파동 수준에서 머문다고 말할 수 있겠네요. 그들 중 일부는 심오한 깨달음이 있었고 이들을 우리는 부처님이라고 부릅니다. 부처님과 보살들이 거기 머물며 우리를 돕습니다. 우리를 심판하는 게 아니고요. 우리의 삶을 조종하지도 않습니다. 그저 도우려고 있는 것입니다. 우리가 마음을 열고 도와달라고 부처님과 보살들을 부르면 부처님과 보살들은 우리를 돕습니다. 다만 각자의 업의 한계 안에서 가능한 방법으로 돕지요. 그다음 그보다 하위의 존재들이 있습니다. 그들은 깨달았다고 보기는 어렵지만 그래도 선한 의지가 있습니다. 그들도 우리를 도우려 애씁니다. 부처님과 보살들은 영적인 도움을 제공합니다. 그들에게 영적인 축복을 부탁할 수도 있습니다. 다른 하위 존재들에게는 세속적인 축복을 구합니다.

이 우주에는 상당히 악의적이고 우리를 해코지하려는 존재들도 있습니다. 하지만 부처님과 보살들과 함께 진심 어린 귀의처를 마련한다면, 그들의 축복은 너무나 크기에, 자신의 영적인 여정이 어딘가에 위치하든 이들 해로운 존재들이 당신에게 영향을 끼칠 수 없습니다. 빛은 존재하는 즉시 어둠을 파괴하기 때문이죠. 추가로 일부 사람들은 우리처럼 아주 평범한, 육체를 떠난 존재들이 있다고 믿습니다. 그들은 사랑과 지혜를 훈련하기 위해 자진해서 여기 지구 사람들을 돕는다고 합니다. 재차 강조하자면, 여러분이 그들에게 마음을 열면 그들이 더 많이 도울 수 있습니다. 제 생각엔 우리가 이러한 존재들로 거의 둘러싸여 있는 게 아닌가 싶습니다. 우린 혼자가 아니에요. 그저 요청만 하면 됩니다. 도움이 가능하고 유용하다면 – 때로 우리가 원하는 게 우리에게 정말 필요한 게 아닌 경우가 있거든요. – 그들은 손을 내밀 겁니다.

문_ 기독교인들이 불교에서 얻을 수 있는 가장 큰 교훈이 뭐라고 생각하십니까?

답_ 기독교인들이 불교에서 가장 배우고 싶어 하는 건 명상하는 방법입니다.

문_ 당신의 생각도 같습니까?

답_ 네, 불교도들은 기술적으로 아주 훌륭합니다. 심리학에 대한 나름 심오한 이해를 갖추고 있어요. 특히 영적인 심리학에서 그러합니다. 또한 그 어떤 신념 체계도 상정하지 않습니다. 따라서 온갖 종류의 믿음을 가진 사람들 모두 사용이 가능합니다. 확실히 모든 사람에게 유익해요. 제가 이탈리아에 머물 때 불교식 명상을 아주 행복하게 수행하고 또 가르치는 많은 목사와 수녀 들을 만났어요.

문_ 왜 본인을 전직 심령술사라고 하셨어요?

답_ 전 심령술사로 키워졌습니다. 매주 우리 집에서 심령술 모임을 하곤 했어요. 지금은 거기 관여하고 있지 않습니다. 하지만 죽음과 그 이후의 삶에 대한 심령술사적인 관점은 일부 여전히 간직하고 있습니다. 그래서 그렇게 말씀드린 겁니다. 불교도들 또한 우리가 죽으면 모종의 중간계로 간다고 믿습니다. 심령술사들도 그렇게 말합니다. 말씀드렸다시피, 거기서 같은 수준 파장의 존재들을 만나게 됩니다. 그렇기에 이 생에서 마음을 닦고 영적인 수준을 높이는 것이 중요합니다. 그래야 죽는 순간 우리가 정말 만나길 원하는 뭔가를 투사하겠죠.

모든 것이 우리 마음의 투사입니다. 우린 딱 물질적인 세상에 서처럼 온통 투사하고 있습니다. 각자가 스스로 투사한 세계 속에 살고 있는 겁니다. 여기 약간의 물질적인 토대는 있습니다. 아예 완전히 임의적인 건 아니에요. 하지만 모든 사람이 대상을 자신만의 해석을 통해 보고 있죠. 예외 없이 자기가 만든 영화를 투사하고 있는 겁니다. 더 이상 물질적인 토대를 가지지 못했을 때, 즉 육체가 사망한 후에, 우리 마음은 그럴싸한 외적 형상을 창조할 것입니다. 그렇기에 아직 기회가 있을 때 훌륭한 대본을 써 두는 편이 좋습니다. 앞으로 그 영화에 완전히 빠져들 예정이니까요!

9

서양인을 위한
특별한 가르침

오늘은 처음 불법을 접하는 서양인들이 특히 어려워하는 부분, 그리고 수행을 시작한다면 부딪힐 여러 문제에 관해 이야기해 보겠습니다. 우선 의심에 대해 말씀드리는 것으로 시작해 볼까 해요. 아마도 대개 유대교나 기독교 배경을 가지기 때문인 듯싶습니다만, 서양인들은 의심을 뭔가 수치스러운 것, 거의 적대시해야 하는 것이라고 여기는 경향이 있습니다. 만일 의심하는 마음을 갖는다면 그것은 가르침을 부정하고 있다는 의미이고, 따라서 진심으로 아무런 의문도 품지 않는 철석같은 믿음을 가져야 한다고 느낍니다. 지금도 특정 종교들에서는 의문을 제기하지 않는 믿음을 바람직한 자질로 간주합니다. 하지만 불법에서는 굳이 꼭 그렇게 할 필요는 없어요. 빨리어로 된 불교 경전에는 "에히 빠시꼬(ehi passiko)"라는 문장이 나옵니다. "와서 보라."는 뜻입니다. 붓다는 불법에 대해 "와서 직접 보라." "와서 조사해 보라"고 하셨지 "와서 믿으라."고 하신 적이 없어요. 불법을 따르는 사람들에게는 의문을 품는 마음, 열린 마음이 딱히 어떤 결격사유로 여겨지지 않습니다. 하지만 '이건 내 사고체계에 편입시킬 수가 없어. 그러니 난 믿지 않겠어.'라고 생각하는 건 닫혀 있는 마음입니다. 그런 태도는 그 어떤 영적인 길을 따르고자 마음먹은 사람에게든 커다란 불이익을 초래합니다. 하지만 열린 마음, 단순히 그들이 말한 것이니 그냥 받아들이겠다고 하지 않고 의문을 품는 마음은 전혀 문제가 되지 않습니다.

붓다를 찾아와 질문하는 한 무리의 마을 사람들에게 붓다가 답하는 어느 유명한 경전이 있습니다. 마을 사람들이 말합니다. "많은 선생이 이곳을 거쳐 갔습니다. 그분들 모두 자기만의 교리가 있었습니다. 모두가 자신의 특정 철학과 수행법이 진리라고 주장했어요. 그런데 한 분도 빠짐없이 다른 선생의 말씀을 부정했습니다. 저희는 완전히 혼란에 빠졌습니다. 어떻게 하면 좋을까요?" 2500년 전 이야기이지만 옛날이야기 같지 않고 아주 현대적으로 들리지 않습니까? 지금도 똑같은 문제들이 반복되죠. 붓다가 대답하셨어요. "충분히 혼란에 빠질 만합니다. 이거 아주 혼란스러운 상황이군요. 단순히 그것이 전통으로 전해 내려온 것이라거나, 단순히 자기 선생이 그렇게 말했다거나, 단순히 연장자가 그렇게 가르쳤다거나, 단순히 어떤 유명한 경전에 그렇게 쓰여있다고 해서 무엇인가를 신뢰해서는 안 됩니다. 스스로 보고 경험해서 그것이 참이라고 여겨질 때, 그

때 비로소 그것을 받아들이십시오."

이것은 매우 혁명적인 발상입니다. 자신의 교리 또한 그렇게 접근하라는 분명한 말씀이셨기 때문입니다. 실제로도 지금까지 내려오는 동안 줄곧, 불교 교리라는 것은 "각각의 사람들에게 직접" 조사당하고 경험되어지기 위해 존재한다고 여겨져 왔습니다. 그러니 의심을 하는 것에 두려움을 느끼지 마세요. 스티븐 배첼러(Stephen Batchelor)는 불교에 관한 여러 권의 책을 썼는데 그 중 『의심을 향한 믿음(The Faith to Doubt)』이라는 제목의 책이 있기도 합니다. 우리가 질문을 하는 것은 옳습니다. 하지만 열린 마음과 열린 가슴을 지니고 질문할 필요가 있습니다. 이미 형성되어 있는 자신의 개념 체계에 들어맞으면 옳고, 그렇지 못한 것은 틀린 것이라는 태도를 갖고 하는 질문은 무의미합니다. 그런 태도는 프로크루스테스의 침대 같은 거예요. 어떤 패턴을 떡하니 설정해 놓고 넘겨받는 모든 것을 거기 딱 맞게 늘리거나 잘라버리는 행동입니다. 이런 행위는 그저 모든 것을 왜곡시키고 배움을 막습니다.

만일 특정 내용을 마주쳐 주의 깊게 조사해 봤지만 여전히 받아들이기 어렵다고 해도 그것이 불법 전체를 폐기해야 한다는 의미는 아닙니다. 수십 년의 세월이 지난 지금도, 여전히 티베트불교 안에서 제가 전혀 수긍하지 못하는 것들이 있습니다. 그런 게 발견되면 제 스승께 찾아가 이런 것들에 대해 여쭙고는 했습니다. 그분은 이렇게 말씀하시고는 했어요. "괜찮다. 그 특정 교리와 네가 연결점이 없는 게 분명하구나. 아무 문제도 아니다. 그건 그냥 옆에 치워버

304

리려무나. 다만 '이건 아니지, 이건 진실이 아니야.'라고 말하지 말거라. 그냥 '지금 이 시점에서 내 마음이 이것을 수용하지 못하고 있구나.'라고 말해라. 어쩌면 나중에 네가 그것을 이해할 수도 있다. 또는 그렇지 않을 수도 있겠지. 그건 중요하지 않다."

받아들이기 어려운 어떤 개념을 마주칠 때, 특히 그것이 불법에 있어 필수적인 어떤 것일 때, 우리가 해야 할 첫 번째 일은 그것을 편견 없는 마음을 가지고 들여다보는 것입니다. 그 주제에 대한 모든 문헌을 가능한 한 많이 읽어 보아야 합니다. 불법의 관점으로 접근한 것들뿐만 아니라, 다른 접근법으로 본 문헌들이 있다면 그런 것들도 모두 읽어 볼 필요가 있습니다. 그것이 교리의 다른 부분들과 어떻게 연결되는지 자문해 볼 필요가 있어요. 여기에 지적 능력을 쏟아부어야 합니다. 하지만 동시에 우리 지적 역량이 너무나 세속적인 수준임도 깨달아야 합니다. 아직은 일체를 아우르는 마음을 가지지 못했거든요. 우리의 시야는 너무나 제한적입니다. 공부해 나가면 우리의 평범하고 세속적인 의식이 직접적으로 경험할 수 없는 것들이 연이어 나타날 것임은 분명합니다. 하지만 그런 사실이 그것들이 존재하지 않는다는 걸 의미하지는 않습니다.

다시 한 번 강조하지만 열린 마음을 유지하는 것이 중요해요. 만일 더 깊은 경험들과 더 광대한 마음을 가진 다른 사람이 그것을 경험했다고 말하면, 그럼 적어도 이렇게 말할 수 있어야 합니다. "어쩌면 그럴 수도 있겠군요." 우리의 제한적이고 무지한 마음을 기준으로 삼아서는 안 됩니다. 하지만 동시에 제한적이고 무지한 마음이 변용될 수 있음도 잊어서는 안 되겠지요. 그것이 영성의 길이니까요. 우리가 나아감에 따라 진실로 마음은 더 열리고 더 넓어질 수 있습니다. 진실로 대상을 더 분명히 볼 수 있으며, 그 결과 천천히 자리를 잡아가기 시작하겠지요. 끈기가 필요합니다. 깨달은 마음에 대한 심오한 설명을 처음 보고 이해할 수 있으리라 기대해서는 안 됩니다. 제가 확신하건대 어떤 지혜의 책을 수년간 읽고 또 읽어도, 읽을 때마다 마치 새로운 책을 읽는 것 같은 느낌을 누구나 한 번씩은 경험했으리라 봅니다. 이는 우리 마음이 열림에 따라 전에는 볼 수 없었던 더 깊은 층의 의미들을 발견하기 시작하기 때문입니다. 진정한 영성의 길이란 그런 겁니다. 의미가 한 겹 그 위에 또 한 겹, 겹겹이 쌓여 있는지라 우리의 현재 마음의 수준에 따라 접근이 가능한 것들만이 이해됩니다.

사람마다 어려움을 느끼는 지점이 서로 다른 것 같습니다. 제게는 극히 간단하게 느껴졌던 것을 어떤 사람들은 이해하기 몹시 어려워합니다. 제 경우 불법에 입문하기 전부터 가르침의 많은 부분에 이미 믿음이 있었습니다. 반면 어떤 것들은 제게 아주 어려웠는데 다른 사람들은 쉽게 이해하고 받아들이기도 했습니다. 모두가 서로 다른 배경을 지니고 오기에, 저마다 자신만의 특별한 어려움들이 있습니다. 하지만 중요한 건 이게 크게 문제가 되지 않음을 아는 겁니다. 전혀 문제없어요. 우리의 의심과 질문이 스스로 박차를 가해 계속 지성적으로 깨어 있게 만듭니다.

제 영적인 삶 전부가 하나의 거대한 의문 부호였던 시절이 있었습니다. 하지만 저는 질문을 억누르는 대신에 하나씩 차례로 꺼내 찬찬히 살폈습니다. 그 과정의 끝에 섰을 때, 저는 그런 것들이 그저 문제가 되지 않음을 알아차렸어요. 어떤 의문 부호를 마주쳤을 때 아주 행복할 수도 있습니다. 실제로 그건 전혀 어떤 문제도 아닙니다. 그것을 너무 딱딱하게 굳히거나 그로 인해 인생 전체가 위협받는다는 느낌에 몰입하지만 않으면 됩니다. 자신의 내적 자질들에 자신감을 가지고 결국 열매를 맺을 거라는 믿음을 계발할 필요가 있어요. 우리 모두에게는 불성(佛性)이 있으니까요. 이 길을 가는 데 필요한 모든 자질을 이미 가지고 있습니다. 만일 이런 사실을 믿지 않으면 단단히 중심을 잡는 것이 몹시 어려울 수 있습니다. 앞으로 나아가는 데 필요한 토대가 없는 것과 같기 때문이에요. 그건 사실 아주 간단하고 쉽습니다. 불법은 결코 도그마(dogma)를 기반으로 하지 않습니다.

그런데 우리한테는 불법이 왜 그렇게 어려운 걸까요? 기본적으로 이는 우리 마음의 상태 때문입니다. 우리가 누구이며 여기 이 삶에서 역할이 무엇인지에 대해 지식이 부족하기 때문이에요. 우리가 진정 어떤 존재인지 모르기에 다른 모든 존재와 분리되어 있다고 느끼죠. 여기 '나'의 느낌이 있고, 그것이 모든 두려움, 분노, 집착, 질투, 불확실성을 만들어 냅니다. 하지만 붓다는 그게 꼭 그런 식으로 될 필요는 없다고 말씀하시지요. 우리의 본래면목은 순수합니다. 우리가 해야 할 일은 그저 우리가 진정 누구인지 재발견하는 것입니다. 그리고 그것이 이 길이 존재하는 목적이죠. 아주 간단해요. 이는 믿음을 기반으로 하지 않습니다. 차라리 실험과 경험이 깨달음으로 이 끕니다. 이 라마가 말한 바를 배우고, 저 전통이 말하는 바를 배워서, 그것들을 믿음으로써 우리가 구원받는 그런 게 아니에요. 그것으로 우리가 구원받을 일은 없습니다. 물론 붓다가 말씀하신 내용을 알 필요가 있습니다. 과거 위대한 스승들이 뭐라고 말씀했는지 알 필요가 있습니다. 우리에 앞서 그분들이 거기 계셨고, 따라올 수 있게 지도를 전해준 셈이기 때문이죠. 그런데 이게 여행 안내서를 읽는 것과 조금은 비슷합니다. 안내서를 읽으면 마치 자기도 이미 거기 가 있는 듯 느낄 수 있지만, 현실에서 거기 있는 건 아니죠. 책은 다른 누군가의 여행 경험에 불과해요. 그리고 드디어 직접 거기 가면 자신만의 고유의 경험을 갖게 됩니다. 길을 좇는 건 직접 경험을 하는 것입니다. 다른 사람들이 기술한 내용을 그대로 답습하는 게 아니에요. 맹목적인 믿음을 기반으로 하지 않습니다. 물론, 적어도 표를 끊고 여행을 시작할 정도의 자신감은 필요하겠죠. 그 나라가 존재하고 그곳이 가 볼 만한 곳이라는 믿음 정도는 가지고 있어야죠. 하지만 무엇보다도 가장 중요한 건 일단 가는 겁니다. 가다 보면 스스로 이렇게 말 할 수 있습니다. "그래, 그들이 묘사한 그대로네. 맞아, 딱 그러네."

꽤 많은 사람들이 이해하기 어려워하는 부분 중 하나가 카르마와 환생입니다. 저도 이 부분에 관해 이야기하는 게 쉽지 않습니다. 제 입장에서는 카르마와 환생을 믿지 않는다는 게 상상할 수도 없거든요. 제가 꼬마 아이였을 때 어머니께 환생을 믿느냐고 물었던 기억이 납니다. 어머니는 그게 완벽하게 논리적인 것으로 보인다고 말씀하셨어요. "그렇지 않다고 하는 게 이상하지 않니?" 그래서 저는 생각했죠. '맞아. 내 생각도 그래.' 제가 그걸 믿지 않았던 때를 떠올릴 수도 없습니다. 보시다시피 저에게 환생에 대한 믿음으로 얻는 기쁨이란 앞으로 뒤로 무한한 시간에 걸쳐 있는, 다른 한편으로 양 옆으로 무한한 공간에 걸쳐 있는 이 장대한 파노라마가 그것으로 인해 자신에게 제공되었다는 점입니다. 그야말로 어마어마한 시공간이 펼쳐져 있는 겁니다. 이 생애란 전체 장식 천에서 그저 머리카락 같은 실 한 오라기에 불과하죠. 이 말은 이 생에서 우리가 최선을 다하겠지만, 모든 걸 다 할 수는 없다는 의미입니다. 아마도 우린 이미 이제껏 할 수 있는 건 다 해왔을 겁니다. 이제껏 수많은 생애에서 수많은 서로 다른 역할들을 했을 겁니다. 우린 모든 것을 경험했어요. 이번 생에도 그 모든 걸 다시 경험할 필요는 없습니다. 이번 생에서는 진짜 중요한 것을 경험할 필요가 있습니다. 단 한 번의 삶만 있다고 믿는 사람들이라면 죽기 전에 모든 종류의 경험을 삶에 꾹꾹 눌러 담아야만 한다고 느낄 수 있습니다. 진정하세요. 단지 이번에 경험하지 못했다고 뭔가를 놓쳤을까 봐 두려워할 필요가 없습니다. 이번에는 뭔가 다른 걸 할 수도 있는 겁니다. 어쨌거나 이건 그저 게임일 뿐이니까요.

　문제는 우리가 우리를 순간순간 맡은 역할에 완전히 동일시하는 데 있어요. "나는 여자야." "나는 남자야." "나는 엄마야." "나는 아내야." "나는 비구니야." 등등. 덧없는 뭔가를 현재 우리의 역할로 동일시하는 행위는 커다란 실수입니다. 이를 이해하면 '이게 나야.'라고 생각하는 현재의 역할에 매달릴 필요가 없게 됩니다. 역할 그 자체는 전혀 중요하지 않기 때문이에요. 사람들은 페미니즘과 여성의 권리 같은 것들에 너무나 열중합니다. 하지만 우리가 전생에는 남자였을 수도 있습니다. 그리고 지금 남자인 많은 이들이 여성이었을 수도 있습니다. 이는 아주 유동적이거든요. 때로는 여자인 척 놀고, 때로는 남자인 척 놀면서 역할 놀이를 하는 겁니다. 여기서 뭐가 그렇게 심각합니까? 그 어떤 역할로도 놀 수 있어요. 이는 마치 셰익스피어가 무대 위의 배우에 대해 쓴 내용과 같습니다. 무대에 올라 자신의 역할을 연기할 때 그는 거기 완전히 빠져듭니다. 하지만 무대에서 내려오고, 다음 날 저녁에는 다른 역할을 연기하죠. 능숙한 배우는 자신이 맡은 역할에 딱 필요한 만큼 동일시하지만, 자신이 역할극을 하고 있을 뿐이라는 사실을 압니다. 환생을 이해하면 미래에 대한 힘을 얻습니다. 이 생에서 자신이 미래에 원하는 쪽으로 방향을 잡을 수 있기 때문입니다. 이 의식은 세세생생 계속될 것입니다. 이번 생에 우리가 한 맹세들은 계속 이어져 미래 생에 결실을 볼 겁니다. 물론 불교도의 관점에서는, 그 배우가 대체 누구인가 하는 질문을 할 수 있어요. 하지만 지금 당장은 상대적인 차원에서 얘기하는 겁니다. 역할에 동일시하는 것보다는 차라리 배우에 동일시하는 편이 낫다 이거죠. 그러고 나서야 드디어 질문에 도달하는 겁니다. 그래서 배우는 누군데?

환생을 받아들이면 현재 삶의 조건들이 그저 지나가는 상태일 뿐이라는 걸 깨달을 여지도 있습니다. 과거 생에서 우리는 자신이 누구였는지 모릅니다. 그 당시 어떤 역할이었든 그 인물에 전적으로 동일시해 왔을 수 있어요. 다음번에도 다른 누군가가 되었을 때 또다시 아주 강하게 동일시할 겁니다. 근본적인 문제는 역할이 아니에요. 그건 동일시일 뿐입니다. 그러므로 사실이 아닐지라도 환생은 매우 유용한 세계관입니다. 일상의 많은 강력한 동일시 와중에 떨어져 볼 수 있는 공간을 제공하고 평정을 찾게 만들어 주기 때문입니다. 환생에 대한 믿음이 없다면 불교 전체가 말이 되지 않습니다. 그 길 자체가 우리가 무지의 함정에 빠져 있다는 개념을 전제로 하기 때문입니다. 우린 자신이 진정 어떤 존재인지 모릅니다. 몸, 말, 그리고 마음의 행위와 이들 행위에 붙는 우리의 집착으로 인해 주체와 대상이라는 이원성에 사로잡히고, 그것이 우리를 계속되는 환생으로 내몹니다. 불교의 길은 이런 행위들을 행한 그 누구도 존재한 적이 없었음을 자각하라고 가르칩니다. 이에 연결을 끊고, 아주 빡빡하고 에고 중심인 동일시 대신, 광대하고 텅 빈 마음의 자질을 목격하게끔 도움을 주지요.

다른 모든 존재도 똑같이 덫에 걸려 있음을 보게 되면 깊은 자비심이 우러납니다. 이는 우리가 모든 시공간에 걸쳐 존재들에게 유익을 주리라는 결정을 하게 만듭니다. 단 한 번의 생으로는 그렇게 할 수 없습니다. 단 한 번의 생만 가졌다면 모든 존재들을 구하겠다는 서원을 할 수 없습니다. 할 수 있어요? 그렇지 않고서야 어떻게 "우리는 왜 여기 있는가? 지금 경험하는 것들은 왜 경험하고 있는가?"와 같은 질문에 대답을 할 수 있겠습니까? 단 한 번의 삶만을 가진다면 우리에게 일어나는 일들은 모두 그저 우연이거나 우발적인 겁니다. 그런 식으로 생각한다면 삶은 목표도 없고 의미도 없어요. 그저 잘 정착해서 스스로 편안하게 만들고 겨우 남들에게 폐만 끼치지 않으면 족할는지도 모릅니다. 우린 상냥한 사람이 되길 원합니다. 스스로 편안하길 원하고, 이웃에게 친절하길 원하죠. 그런 와중에 엄격한 영적 규칙을 지키고 모든 중생을 위한 불성을 증득하기 위해 수행한다는 건 실제로 미친 짓으로 보일 겁니다. 전혀 말도 되지 않을 거예요. 왜 굳이 성가신 일을 합니까? 왜 불법 공부 모임에 나갑니까? 집으로 가세요. 양지바른 곳에 편히 기대세요. 연속극이나 보는 겁니다.

불법의 길은 쉽지 않습니다. 오직 보다 큰 그림을 볼 때, 끝없는 환생이 이어짐을 볼 때만이 진정으로 스스로 변용하고자 하는 동기가 생깁니다. 영원이라는 틀 속에서 본다면 모든 게 이해됩니다. 이런 관점은 또한 지금 자신에게 일어나는 사건이 어떤 의미인지, 그리고 어떻게 지금 이 순간이 과거에 자신이 뿌린 원인의 결과인지 이해하는 데 도움을 줍니다. 지금 경험하는 모든 것이 과거 원인의 결과임을 깨닫게 되면 지금 어떤 일이 일어나는지가 그리 중요하지 않다는 걸 이해할 수 있습니다. 진짜 중요한 것은 무슨 일이 일어났든 거기에 어떻게 반응하는지입니다. 왜냐하면 이 반응에 따라 미래가 조건 지어지니까요. 이 앎을 가지면 무기력한 희생양이 되는 대신 자기의 삶에 책임을 질 수 있습니다. 그야말로 희소식 아닌가요?

이로써 살면서 뭐라도 잘못되면 주위 사람들을 탓하고, 부모, 환경, 또는 정부를 탓하는 습관을 버릴 수 있게 됩니다. 우리가 책임을 짊어질 수 있는 건 이 생의 결과들이 과거에 자신이 만들었던 원인에 따른 것임을 이해했기 때문입니다. 끼리끼리 둘러앉아 자신의 운명을 한탄해 봤자 소용이 없음을 아는 거죠. 이제 주제는 '그러면 이를 어떻게 다루면 좋을까?'로 넘어가게 됩니다.

〈사랑의 블랙홀(Groundhog Day)〉이라는 영화가 있습니다. 정말 불교 영화라고 봐도 좋은 작품이에요. 줄거리가 딱 그렇습니다. 못 보신 분들을 위해 말씀드리자면, 일을 바로잡을 때까지 무한히 반복해서 같은 날을 살게 된 어떤 남자에 관한 이야기입니다. 주인공은 같은 날이 반복되자 처음에는 극도로 부정적인 시선으로 세상을 바라봅니다. 그리하여 첫날 내내 많은 부정적인 원인을 만들었죠. 사람들은 딱 그만큼의 부정적 반응을 되돌려줍니다. 그래서 아주 안 좋은 날을 보냈지요. 다음날도 전날과 똑같은 걸 반복해서 경험합니다. 그다음 또 반복, 또 반복. 그는 필사적으로 빠져나갈 방법을 찾습니다. 자살도 여러 번 시도했지만 다음 날 아침이 되면 어김없이 같은 방 같은 침대에 다시 누워 있습니다. 날짜는 계속 같고, 똑같은 노래가 라디오에서 흘러나옵니다. 영화가 진행되는 동안 주인공의 태도가 변하기 시작합니다. 그러다 주인공은 서서히 자신의 시간을 다른 사람을 돕는 데 씁니다. 같은 날을 반복해서 살았으니 다른 사람에게 어떤 일이 일어날 줄 미리 알았겠죠. 그의 태도가 변하면서 지옥 같던 하루하루가 점점 더 좋아지기 시작합니다. 그리고 마침내

고리에서 빠져나와 진짜 새날을 맞이하게 됩니다.

중요한 것은 상황에 대한 우리의 반응입니다. 능숙하게 반응한다면 우린 그 어떤 것도 변화시킬 수 있습니다. 이것이 카르마란 무엇인가에 대한 정확한 답입니다. 긍정적인 태도로 상황을 반기면 결국 긍정적인 보상을 창조할 겁니다. 부정적인 태도로 반응하면 부정적인 것들이 결국 옵니다. 물론 영화와 달리 그것이 늘 바로 일어나는 건 아닙니다. 아주 좋은 사람인데도 불구하고 많은 문제를 떠안을 수 있습니다. 반대로 끔찍한 사람인데 근사하게 살 수도 있어요. 하지만 불교적인 관점으로는 우리의 행위로 인한 결과를 받는 건 시간문제일 뿐입니다. 그리고 대개는 긍정적인 태도를 가진 사람이 긍정적인 환경을 만나게 되는 게 사실입니다. 심지어 환경이 긍정적으로 보이지 않아도 긍정적인 관점을 통해 스스로 환경을 변용시킵니다. 반대로 부정적인 마음을 가진 사람들은 일이 잘되고 있어도 불평합니다. 그들도 환경을 변화시킵니다. 긍정적인 것을 부정적인 것으로!

현재와 미래 모두 자신에게 달려 있습니다. 매 순간 우리는 자신의 미래를 창조하고 있는 겁니다. 우리는 운명의 바람에 이리저리 날리는 먼지 같은 존재가 아닙니다. 우리는 자기의 삶에 완전한 책임을 집니다. 더 알아차릴수록 능숙한 선택을 할 수 있는 능력이 더 향상됩니다. 능숙한 선택을 더 많이 할수록 삶도 점점 더 부드럽고 쉬워집니다. 알아차림과 마음의 명료함은 너무나 중요합니다. 우리에게 일어난 많은 문제가 혼란스러운 정신 상태를 통해 만들어졌기 때문입니다. 자기의 삶에 책임을 진다는 말은 일어난 모든 일에 자신을 탓하라는 뜻이 아닙니다. 죄책감에 빠지거나 자기학대를 하는 건 아무 소용이 없어요. 사람들은 종종 스스로 말합니다. "이 일은 오직 내가 바보 같고 쓸모없는 사람이어서 일어났을 뿐이야." 그야말로 시간 낭비예요. 향상되는 마음의 명료함을 사용해 현재와 미래에 대한 긍정적인 선택을 만들어 나갈 필요가 있습니다. 과거에 초점을 맞추고 자기 비난에 빠지지 마세요. 모두가 내적인 지성을 가지고 있습니다. 그저 그것을 길러 혼란에서 서서히 자신을 분리해 내면 됩니다.

카르마란 오직 선택에 관한 얘기입니다. 인간으로서 우리는 선택권을 갖습니다. 어째서 인간으로 태어나는 게 이렇게도 중요한지 그 이유이죠. 보시다시피 전반적으로, 동물들은 선택권이 그리 많지 않습니다. 기본적으로 본능적인 존재들이기 때문이죠. 그들은 넓은 시야를 기르는 게 어렵습니다. 우리 인간들 또한 어느 정도 본능에 조종당합니다. 어떤 사람들은 아주 본능적이어서, 기본적으로 동물과 다를 바 없는 의식 수준을 보여줍니다. 제 말은, 누구든 자신의 삶을 오직 먹을 것, 편안함, 섹스, 그리고 좋은 시간을 보낼 궁리만 하며 허비한다면 고양이나 개와 다를 것이 없다는 얘기입니다. 인간의 잠재력은 지성에서 비롯되고, 그 결과 내면의 알아차림을 발견할 가능성이 생깁니다. 이는 우리가 능숙한 선택을 해낼 수 있도록 하죠. 누군가 자신을 때렸다고 되받아칠 필요가 없습니다. 물론 원한다면 때려 줄 수도 있습니다. 그게 본능이죠. 하지만 상황을 다른 관점에서 볼 수도 있습니다. 다른 사람을 공격하는 대신, 그들을 진정시켜 보려고 할 수도 있어요. 그들이 자신을 왜 공격했는지 이해하려 노력해볼 수도 있습니다. 우리가 선택할 수 있는 길은 많습니다. 우리는 컴퓨터가 아닙니다. 스스로 다시 프로그램하는 방법을 배울 수 있어요.

카르마는 숙명과는 다릅니다. 그것은 운명이 아니에요. 우리에게 일어나는 일들의 대부분이 과거의 원인에 의한 것일지라도, 미래의 카르마 궤적을 따라 어떤 사건이 찾아올지는 거기 어떻게 반응하는지에 달려 있습니다. 우리는 자신의 운명에 통달한 자들이에요. 이런 관점은 우리를 경솔한 행동으로 이끌지 않고, 책임있는 개인이 되도록 합니다. 이 점이 아주 중요합니다. 붓다는 우리가 하는 모든 일에 안목을 가져야 한다고 말씀하셨습니다. 늘 자신의 의도를 살필 필요가 있습니다. 불법에 따르면 몸·말·의도(마음)의 행위 요소 중에 가장 중요한 게 의도라고 했습니다. 지속해서 의도를 점검할 필요가 있어요. 자신의 행위가 무지, 혐오, 분노, 탐욕, 또는 욕망에 기초하는지, 아니면 이해, 열린 마음, 관대함, 그리고 자애에 기초하는지? 스스로에 대해 조금도 방심하지 말고 정직해야 합니다. 왜냐하면 진짜 의도가 늘 스스로 말하는 그것이지는 않기 때문입니다. 당연히 자신이 하는 모든 일에 멋지고, 대단하고, 그럴싸한 동기들을 언제든 주장할 수 있습니다. 하지만 행위 뒤에 숨겨진 진정한 동기가 결과의 성격을 결정합니다. 그렇기에 예리한 분별력으로 아주 조심해야 하지요.

316

삶을 이런 방향으로 이끌면, 즉 자기의 몸·말·마음에 책임을 지고 안목과 알아차림을 쓴다면, 삶은 어떤 새로운 의미와 방향으로 가게 됩니다. 그러면 본인도 마음이 더 깨끗해지고 삶이 단순해지기 시작하는 걸 자각하기 시작할 거라고 생각됩니다. 이는 이번 생뿐만 아니라 미래 생에서도 아주 중요해요. 이 의식은 계속 이어지며 주위의 모든 것들과 상호작용합니다. 우리는 분리되어 있지 않아요. 한 명 한 명 모두 이 행성의 다른 존재와 상호 연결되어 있습니다. 이런 사실은 우리에게 아주 광범위한 책임을 지웁니다. 어떤 사람들은 불교가 수동적인 종교일 거라고 지레짐작합니다. 이와 반대입니다. 불교도는 점점 더 의식적이고, 점점 더 깨어 있고, 점점 더 자신과 주위의 다른 존재들의 생명에 책임감을 가져야 합니다. 특히 우리와 밀접하게 연관된 이들에게는 더 그렇죠.

환생에 대해 이해하신 분도 있을 테고, 아직 수긍하지 못하신 분도 있을 겁니다. 환생이 중요한 이유는 그것이 이 생애와 우리의 삶의 목적에 완전히 다른 관점을 제공한다는 점입니다. 아직 의문이 있는 분들은 관련한 책을 좀 더 읽어 보시길 권해드립니다. 환생이라는 주제를 학술적으로 다룬 훌륭한 책도 많습니다. 이 주제는 주로 초심리학자들의 연구 주제였습니다. 그런 책들을 읽으며 확신을 가질 수도 있습니다. 만일 여러분이 아주 어린 환생한 라마들을 만나본 적이 있다면 매우 설득력 있는 증거들을 발견할 수 있을 겁니다. 어떤 거대한 존재의 임재 안에 자신이 있음을 추호도 의심하지 않게 될 수도 있어요. 많은 어린 라마들이 자신의 전생에 알던 사람들을 알아볼 뿐만 아니라 이름도 기억합니다. 이와 관련된 일화들이라면 끝도 없이 읊을 수 있습니다. 하지만 중요한 것은 이번 생에서 불법을 공부하면 뭐가 좋은지 아는 겁니다. 무의미하고 임의적인 실오라기같이 존재하는 것 같던 일상이 끝없이 넓은 의미심장한 패턴의 일부임을 알게 되는 겁니다.

불법을 공부하면 자신의 무지와 고통을 볼 수 있을 뿐 아니라, 그것을 통해 주위 다른 사람들의 무지와 고통도 들여다볼 수 있습니다. 그들과 우리가 분리되어 있지 않기 때문이에요. 그들의 고통이 우리의 고통인 겁니다. 그러면 난생처음 여기서 본인이 뭘 하고 있는지 이해가 됩니다. 우리가 진정 어떤 존재인지 발견하고, 그 앎을 무한한 시공간을 통틀어 전 존재에 유익을 주는 데 쓰기 위해 여기 있는 것입니다. 이것이 우리 삶의 진정한 의미입니다. 즉각적인 구원은 없습니다. 공부에 매진해야만 해요.

제가 여러분들이 의심스러워하고 어려워하는 부분을 모두 알 수는 없습니다. 이제 질문을 받겠습니다.

문_ 카르마에 대한 당신의 말씀에 이의를 제기할 부분은 전혀 없었습니다. 하지만 카르마에 대한 전통적인 가르침들을 살펴봤을 때 제게 그리 도움이 된다고 생각되는 걸 찾지 못했습니다. 제게는 그 내용들이 아주 강압적이고 우울하게 느껴졌어요. 특히 몇몇 업장소멸 수행이 그러했습니다. '우리는 무한한 환생을 거쳐 왔으며, 그동안 축적된 부정적인 카르마는 엄청난 양이다, 수미산만큼 많다. 그리고 각각의 이 작은 씨앗들은 절대 그냥 없어지지 않는다. 그냥 거기 그대로 있는 게 아니고 자꾸만 점점 더 커진다.'는 관점은 저를 무척 힘들게 합니다.

답_ 맞아요. 무슨 말씀이신지 압니다. 글쎄요, 제가 좀 별나게 말씀드려 보겠습니다. 샨티데바의 『입보리행론』에는 살면서 혹시라도 저질렀을 수도 있는 자잘한 행위들의 목록을 쭉 나열하고, 그 각각에 대해 안성맞춤인 지옥이 어떤 것인지 상세히 적혀 있습니다. 전 완전히 낙담했었죠. 빠져나갈 구멍이 없어 보였습니다. 저는 라마께 찾아가 말했어요. "그게 말이죠, 제가 뭔 일을 하든 그에 딱 맞춘 지옥이 존재하던데요." 라마께서 웃으며 말씀하셨습니다. "그게 말이다, 우리가 그런 식으로 얘기하는 건 사람들이 착하게 살아야 한다고 겁을 주는 거란다. 실제로는 말이다, 지옥에 환생하는 건 매우 어려운 일이다. 아주 걸출하게 악해야 하고, 특히 매우 잔인해야만 하지. 대부분 중생은 지옥에 가는 일은 없어. 그렇지만 우리가 그런 식으로 얘기하는 이유는 아주 쉽게 알아듣게, 그리고 모든 사소한 일들도 아주 무겁게 생각하게 만들기 위한 거다. 그래야 사람들이 겁을 먹지 않겠니."

지금 보면 이건 아주 중세적인 접근 방법이죠. 제가 개인적으로 지옥을 믿지 않는다는 얘기는 아닙니다. 전 믿어요. 확실하게 지옥을 만들어 낼 수 있을 만큼 심하게 왜곡된 마음 상태들이 분명히 있다고 생각하거든요. 우리가 죽으면 자기 마음이 투사한 환경으로 간다고 말씀드렸습니다. 그래서 만약 아주 심하게 왜곡된 가치체계의 마음이라면 상당히 불쾌한 곳에 서 있는 자신을 발견할 겁니다. 지옥이 굳이 뜨겁거나 차가운 곳일 필요는 없다고 생각해요. 하지만 태어나기에는 뭔가 끔찍한 상태일 것은 분명합니다. 우리는 과거 생들을 거치며 끔찍한 짓들을 끝없이 저질렀을 겁니다. 반면 선한 행동도 끝없이 했을 겁니다. 그러니 지금 당장 여기서 하는 옳은 행동이 중요하다는 점만은 분명합니다.

과거에 저지른 잘못 때문에 꼭 불타는 지옥에 떨어지는 건 아닙니다. 업장소멸 수행을 할 수도 있습니다. 아시다시피 우리가 소환할 수 있는 '네 가지 힘들[四大治力]'이 있습니다. 첫째, 우리가 저지른 나쁜 일들에 대해 미안함을 느낄 필요가 있습니다. 이번 생뿐만 아니라 과거 생들까지 포함해서 말입니다. 그런 다음 더 중요한 것이 다시 반복하지 않도록 노력하는 겁니다.

그다음 업장소멸 수행을 하고 윤회의 돌개바람으로부터 보호받을 진지한 피난처(귀의처)를 찾습니다. 불·법·승 삼보가 우리의 피난처입니다. 피난처를 통해서 과거에 저질렀던 이 끔찍한 일들이 소멸될 수 있습니다. 혹시 과보가 들이닥치더라도 그것들을 잘 다룰 수 있습니다. 온통 즐겁고 행복하고 평화로운 그런 삶이 딱히 필요하지 않아요. 진짜 필요한 건 떠오르는 것들을 잘 다룰 수 있는 내적인 여유 공간입니다. 그래서 우리는 걱정할 필요가 없다는 겁니다. 끔찍한 일들은 이미 수없이 반복했습니다. 그리고 여전히 윤회의 굴레에 잡혀 있죠. 중요한 건 걱정하지 않는 겁니다. 우린 어느 정도 업장소멸 의식을 합니다. 유감스럽다고 느껴요. 이번 생에서 더 이상 끔찍한 일을 반복하지 않기 위해 최선을 다합니다. 붓다는 자신의 가르침을 뗏목에 비유하셨어요. 뗏목으로 윤회의 바다를 건넙니다. 우린 지금 배에 타고 있고, 그렇기에 더 이상 떠올랐다 가라앉았다, 파도에 휩쓸리며 떠다니는 빈 병 같지 않습니다. 이제는 저 너머로 데려다 줄 의지처가 생긴 겁니다.

제 스승께서 한번은 이런 말씀을 하셨습니다. "경전에 있는 내용이 전부 진실인 건 아니다. 네가 읽은 걸 몽땅 믿을 필요는 없단다." 분별심을 갈고 닦을 필요가 있습니다. 불법은 범위가 아주 넓거든요. 티베트인들은 그 넓은 바다에서 여기서 몇 방울 저기서 몇 방울 하는 식으로 가져와서는 함께 섞어 자신들에게 도움이 되는 혼합물을 만든 겁니다. 그중 많은 부분이 우리에게도 유용합니다. 그들이 불법을 펼치는 방식은 경이롭습니다. 하지만 그들에게 도움이 된다고는 하나, 어떤 특정한 면은 우리에게 그리 도움이 되지 않는다는 건 의심의 여지가 없어요. 그런 거라면 제외할 수 있는 겁니다. 불법의 목적은 우리 마음이 확장되고, 자라고, 명료해지게 돕는 겁니다. 우리를 지탱하고 평화, 기쁨, 명료함의 내적 느낌을 만들어 주어야 하는 겁니다. 그렇지 않고 더 편집적이고, 더 무가치하고, 더 겁에 질리고, 긴장하고, 또 마음이 닫힌다면, 그건 뭔가 잘못된 거죠. 분별심을 내야 할 필요도 있는 겁니다. 어떤 가르침은 어떤 사람들에게 그리 유용하지 않아요. 가르침에는 많은 위계가 존재합니다. 그리고 더 높은 가르침이 더 낮은 가르침에 모순되는 것처럼 보이는 경우가 종종 있어요. 이는 우리가 지성적으로 그리고 영성적으로 더 미묘한 수준의 이해에 도달함에 따라 낮은 수준에서 의미가 있었던 것이 더 높은 수준에서는 더 이상 의미가 없어지기 때문입니다. 그래서 근본 가르침 중에도 일부는 우리가 지적으로 약간 더 미묘해질 때 도움이 되지 않을 수 있는 겁니다.

일체가 비어있음을 깨달으면 선과 악 그 어느 쪽이 되었든 개념 자체가 무의미함을 자각하게 됩니다. 중요한 건 '내'가 그것을 했다는 이 느낌이 거짓임을 알고 집착하지 않는 것이거든요. 일전에 한 미얀마 스승께서 우리의 카르마는 염주의 알 같다고 말씀하셨습니다. 전부 실로 엮어있어요. 한 알을 당기면 다른 모든 염주 알이 딸려 올 겁니다. 그러나 실을 잘라버리면 염주 알들은 모두 흩어져 버릴 거예요. 그렇게 되면 한 알 집는 다고 해도 아무것도 딸려 올라오지 않습니다. '나'라는 믿음이 이런 실의 역할을 하는 겁니다. 행위자가 본래부터 존재하지 않는다는 공(空S, sunyata)의 진실을 한 번만 목격하면 모든 것이 흩어져 버립니다. 그것이 궁극의 정화입니다. 이번 생에서 중요 한 것은 자신의 행위에 주의하고, 지금 하는 일을 왜 하는지 이 해하고, 자기 몸, 말, 그리고 마음에 매 순간 의식적이어야 하는 겁니다. 그겁니다. 그걸로 충분해요. 이번 생의 의도가 선하다 면 걱정할 필요가 없어요.

문_ 불교의 팔정도 중에서 "올바른 생계[正命]"가 무슨 뜻인지 설명 좀 해주시겠습니까?

답_ 팔정도는 올바른 봄, 올바른 의도, 올바른 행위, 올바른 말, 올 바른 생계, 올바른 노력, 올바른 마음챙김, 올바른 집중입니다. 눈치채셨겠지만 올바른 행위로 충분히 갈음이 가능할 수도 있 을 것 같은데, 붓다는 올바른 생계를 따로 분리해 놓으셨습니 다. 흥미롭지 않으신가요? 그만큼 붓다는 생계를 아주 중요하 게 여기셨습니다. 물론 그만큼 우리가 생계에 많은 시간을 쓰 기 때문이겠죠. 어떻게 생계를 꾸려나가는지는 삶에 엄청난 영 향을 끼칩니다. 기본적으로 올바른 생계는 남에게 해를 끼치지 않습니다. 무기, 독극물, 또는 술을 파는 것은 '잘못된 생계'로 간주합니다. 그리고 사람을 속이는 일이 포함되는 어떤 종류의 생계도 당연히 나쁜 것으로 간주합니다.

붓다는 상업 활동에 반대하지 않으셨습니다. 붓다 당시 막강한 후원자 중에는 성공한 장사꾼들이 많았습니다. 경전에 붓다의 가르침을 자주 듣는 청자로 등장하는 아나타삔디까(Anathapindika, 급고독장자) 같은 사람이 대표적입니다. 붓다는 상업 활동에 관해서는 사람을 속이거나 약탈하지 말고 공정하게 이윤을 내야 한다고 규정하셨을 뿐입니다. 오늘날도 마찬가지입니다. 어떤 기업들은 종종 지나치게 이윤추구에만 몰두하여 적대적 기업 인수나 대량 해고 같은 것들을 합니다. 이에 따라 고통받는 사람이 많습니다. 하지만 그런 기업에서 일하더라도 딱히 정책을 결정하는 자리에 있지 않다면, 또는 조직 내에서 자기의 일이 딱히 해로운 게 아닌 이상, 아마도 괜찮을 거라고 저는 생각합니다. 물론 그 얘기는 무기 공장 같은, 태생적으로 존재에 해를 입히는 물건을 생산하는 일이 아닌 경우를 말합니다.

문_ 저는 병원에서 일하고 있습니다만, 그곳 시설이랑 치료의 질 때문에 아주 신경이 많이 쓰입니다. 거기 계속 근무한다면 그것들을 용인하는 셈이 아닐까 걱정됩니다. 하지만 제가 떠난다고 생각하면 그 결과들도 걱정이 돼요. 어떻게 하면 좋을까요?

답_ 그런 상황에서도 충분히 자애심을 발휘할 수 있을 겁니다. 그게 중요합니다. 당신 같은 분들조차 거길 버린다면 거기 무슨 희망이 있겠습니까? 그곳이 어떻게 돌아가는지가 당신이 용인해서 그런 건 아니지 않습니까. 그리고 용인해서도 안 되겠죠. 하지만 부디 거기 머물러서 도울 수 있을 만큼 도와주십시오. 그와 같은 상황에서 제정신인 사람들이 보살핌을 베푸는 건 아주 중요합니다.

문_ 재가자로 불법을 계속 수행하는 것에 관해 어떻게 생각하십니까?

답_ 붓다는 세속적인 삶은 먼지로 가득 차 있다고 말씀하셨습니다. 사실입니다. 아무리 순수한 동기를 지녔다고 해도 직장에 얽매여 있고, 사람과 사람을 만나 관계를 맺어야 한다면 다른 존재들에게 문제를 일으키는 일들을 만들 수밖에 없습니다. 그게 윤회의 속성입니다. 왜 누군가는 이런 일들을 합니까? 만일 동기가 기본적으로 남을 돕고 뭔가 더 좋은 것을 만들어 내려는 것이라면, 그렇다면 다른 존재들이 고통받고 있다는 사실은 그저 본래 일이 그렇게 돌아가기 마련이라고 할 수밖에 없습니다. 혼자서는 어찌할 수 없는 겁니다.

일하는 농부 같은 겁니다. 농부는 식량을 키웁니다. 그 일을 하면서 곤충들을 죽이죠. 살충제를 쓰기도 하지만, 밭을 가는 중에도 죽입니다. 곤충들을 땅속에서 꺼내 밖으로 내어놓는 겁니다. 위에 있는 놈들은 또 휩쓸려서 밑으로 갑니다. 아주 슬퍼요. 하지만 그렇다고 그게 농사일이 나쁜 생계라는 뜻은 아니죠. 누군가는 최대한 조심하려 할 수도 있겠지만, 어쨌든 그 동기가 곤충들의 문제에 원인이 되었던 건 아니죠. 동기는 식량을 길러 다른 존재들을 먹이겠다는 것이었어요. 어떤 면에서 더 상위의 동기는 동물들이 해를 입는다는 사실보다 더 중요하다고 볼 수 있는 겁니다. 물론 최대한 덜 죽이기 위해 가능한 한 조심해야겠죠. 그래도 마음이 아프다면 죽게 된 동물들을 위해 다음 생에 더 좋은 데 태어나라고 기도해줄 수도 있습니다. 동양에는 방생이라는 의식이 있습니다. 미국에서는 어떤 식으로 해야 할지는 모르겠지만, 어쨌든 동양에서는 살아 있는 식용 물고기나 새들을 구매해서 밖에 풀어줍니다. 하여튼 적어도 이따금 기도 정도는 할 수 있지 않나 싶네요. 아니면 누군가 정식으로 기도를 할 수 있는 승려 같은 분들을 모셔 와 죽어간 모든 동물을 위해 기도할 수도 있습니다. 중요한 건 동기입니다. 중생들에게 해를 끼치기 위해 그 일을 하는 건 아니었어요. 그에 대해 유감스럽죠. 그들의 죽음에 기뻐하지는 않습니다. 그들의 고통에 무관심하지는 않아요.

문_ 사회악을 바로잡기 위해 정치적인 활동을 하는 게 좋은 생각일까요?

답_ 불완전한 세상에 변화를 주어야 할 것들이 있다는 점은 분명하죠. 그리고 그렇게 바꿔나가려면 변화를 원할 만큼 충분히 그에 대해 걱정하는 사람들이 있어야 합니다. 그건 좋아요. 문제는 우리가 그 일을 너무 진지하게 생각할 때 일어납니다. 그러면 그 역할에 완전히 동일시되어 버릴 수 있습니다. 우리 동기가 남들에게 그리 이득은 주지 못하고 반대하는 사람들을 향한 분노만 커집니다. 평화를 외치지만 분노로 가득 차 거리에 나온 사람들을 보는 건 어렵지 않습니다. 이미 '우리' 대 '그들'의 싸움이 되어 버린 겁니다. 그리고 그 상황은 엄청나게 폭력적이죠. 아름다운 동기는 어디 갔습니까? 그건 전혀 평화가 아닙니다. 그저 자기 내적 공격성의 용인일 뿐이에요. 우린 공격성을 쏟아낼 대상을 마음만 먹으면 언제든 찾아낼 수 있어요. 이 모든 정당한 분노란 그저 분노일 뿐입니다. 정말로 그래요. 그리고 그 일이 아니었더라도, 또 다른 뭔가를 찾아 정당화하며 마음껏 분노를 표출했을 겁니다. 찾아보면 언제나 꼬투리가 있기 마련이거든요. 그렇게 깔때기를 꽂아 자신의 부정성이라는 화염 위에 기름을 붓습니다. 그 원인, 동기가 얼마나 '옳은지'는 아무 상관이 없어요.

어쩌면 페미니즘이라는 걸 다룰 때도 해당되는 이야기일 수 있습니다. 여성들이 힘든 시기를 겪었다는 건 분명합니다. 하지만 그들의 문제가 다른 누구도 아닌 또 다른 여성들에 의한 것이었던 게 한두 번이 아닙니다. 여성들은 여전히 평등한 기회와 권리를 누리지 못합니다. 분명합니다. 그리고 이런 것에 문제를 제기하는 건 바람직합니다. 하지만 우리가 상대방, 즉 남성들을 적으로 설정하고 있다면 그건 가당치 않은 얘기입니다. 자신을 여성에 동일시하는 건 이 정체성이 '나'야 하고 말하는 것과 똑같이 거짓된 거예요. 말씀드렸다시피 이번에는 여성, 다음번엔 남성인 겁니다. 누가 알겠어요? 정치적 의제는 일을 변화시켜 나가고 태도를 바꿔 나가는 데 중요합니다. 하지만 그 기본적인 동기를 아주 주의 깊게 살펴야 해요. 그렇지 않으면 그저 더 많은 혼란, 더 많은 공격성을 만들어 낼 뿐입니다. '우리 대 그들'은 지금도 충분하잖습니까.

문_ 셈족 계통 종교의 세계관과 불교의 세계관은 어떻게 다른가요?

답_ 아주 방대한 주제입니다. 셈족 관점에서의 하나님이란 전지하고 전능한 존재입니다. 자신이 만든 존재들과 분리되어 있지만 아주 많이 관여합니다. 태곳적부터 존재하던 어떤 한 존재가 창조하기로 결심합니다. 그래서 그는 이 우주와 그 안에 존재들을 창조했어요. 그가 피조물들과 밀접하게 관련이 되어 있는 건 맞지만 확실히 그들과 분리되어 있습니다. 이런 종류의 창조주는 불교에서는 부정됩니다. 불교에서 우주는 힌두교에서와 마찬가지로 진화와 소멸이 끊임없이 반복되는 상태입니다. 다만 그 주기는 어마어마하죠. 그것은 서로 모였다 흩어지기를 반복합니다. 상상할 수도 없이 긴 시간 동안 모든 물질이 흩어졌다가 존재의 카르마를 통해 다시 모입니다. 이전 우주가 허물어지면 거기 살았던 모든 존재는 임시적으로 더 높은 천상 중 한 군데, 또는 더 높은 영적 수준으로 환생합니다. 물질적인 몸을 갖지 못하고 다시 태어날 물질세계가 사라졌기 때문입니다. 이 광대한 기간 동안 그들 중 무수한 공덕을 쌓은 한 명이 천국 중 한 군데에서 저절로 환생합니다. 그는 그곳에서 엄청난 시간 동안 지내며 영광의 광휘로 모든 곳을 밝힙니다. 그러던 어느 날 그가 생각했죠. '다른 존재들이 있으면 근사하지 않을까? 왜 나 홀로 여기 처박혀 있어야만 해?' 이제 저 밖에 있는 존재들의 카르마에 따라 드디어 그들 중 일부가 같은 천상에 환생합니다. 그러자 처음 있었던 천신이 그들을 보며 말했어요. "오, 내가 너희들을 창조했도다." 그가 그것을 원하는 순간 그들이 나타났기 때문이었습니다. 그리고 그가 처음 여기 왔고, 그들보다 훨씬 더 큰 광채를 가지고 있었기에, 그들도 그가 자기들을 창조했겠지 짐작했죠. 그렇게 그들은 그를 창조자로 여깁니다. 결국 수십 겁이 지나면 우주가 다시 모이기 시작할 테고, 그러면 존재들이 다시 물질적으로 살아갈 수 있는 땅이 만들어질 것이었어요. 또한 그들은 최초 빛의 존재들로 되돌아올 예정이었습니다. 처음에 그들은 땅의 표면에 빛의 존재들로 살았습니다. 천신은 그렇지 않았으나 그들 중 일부는 그랬어요. 그러다 결국 땅을 먹기 시작했어요. 그 당시에 땅은 달콤했다고 합니다. 그렇게 서서히, 이 우주론에 따른 애깁니다만, 좀 더 몸의 형체를 갖추기 시작하면서 지금 우리가 알고 있는 물질적 존재들로 변했다고 해요. 그런데 이 존재들의 많은 수가 스스로 창조자라고 말했던 그 천신을 기억하고 있었다고 합니다. 이런 이유로 그들이 물질세계로 다시 돌아와 창조자와 그가 창조한 존재들이라는 개념을 가진 종교들을 시작했다는 이야기입니다. 붓다의 말씀에 따르면 어떤 사람들은 명상에 들어갔을 때 이 신과 이들 작은 신적 존재들에게 둘러싸이는 천국의 경험을 하곤 하는데, 그 이유가 이런 사정 때문이라고 합니다. 그러면 사람들은 그를 모든 것의 창조주라고 생각한다고 해요. 그리고 붓다는 이렇게 말씀하셨습니다. "그는 매우 강력하다. 그는 아주 많이 안다. 하지만 그가 전능하지는 않다. 또한 창조한 것도 아니다."

이상이 붓다의 버전으로 풀어드린 창조주 개념의 시작입니다. 불교적 관점에서 보면 이 우주는 거기 속한 존재들의 카르마에 의해 창조되었습니다. 그러니 어떤 의미에서는 모두가 우주를 잡고 지탱하고 있는 셈입니다. 이는 왜 우리가 투사하는 우주가 어느 정도 단일 형태를 띠는가 하는 그 이유입니다. 우리는 다소간 같은 우주를 보죠. 하지만 다른 감각기관을 가진 다른 동물들은 아주 다른 우주를 지각합니다. 하지만 여러분들도 아시다시피 물리학적인 관점으로 보는 우주 또한 우리가 지각하는 우주와 같지 않습니다. 과학자들은 우주를 달리 기술해요. 그에 따르면 전혀 다른 그림이 그려집니다. 붓다도 우리와 같은 인간이었죠. 그분도 중생이었단 말입니다. 그분도 많은 서로 다른 생을 동물로, 인간으로 환생했을 겁니다. 그리고 광대한 양의 긍정적인 카르마를 축적해 오셨을 거예요. 그러다 결국 절대적이고, 완전무결하며, 완벽한 깨달음을 얻으셨던 거죠. 그분의 깨달음의 경험을 부분적으로 살펴보면 이렇습니다. 첫째 날 밤의 지켜봄 속에서, 자신의 모든 과거 생을 우주가 생겨나 다시 허물어지는 시간까지 모두 돌이켜 보셨습니다. 뒤로, 뒤로, 뒤로 끝없이 되돌려 보았지만 끝이 없었어요. 윤회는 순환적이기 때문입니다. 시작과 끝을 상정하는 우리의 개념은 제한적이고 선형적인 우리 마음에 기인합니다. 둘째 날 밤의 지켜봄 속에서, 자신의 마음을 끝없이 확장했습니다. 그리고 거기서 우주의 모든 존재가 존재로 현현하고 다시 다른 어딘가로 가는 걸 목격하셨어요. 태어나고 다시 태어나고 끝없이 이어졌습니다. 그분은 모든 존재가 서로 얽혀 있으며, 모든 것이 지난 과거의 행위들로 인한 결과임을 보았습니다.

이것이 붓다가 카르마에 관한 이해에 도달한 과정입니다. 이는 일부 사람들이 말하듯 그 당시 주류적인 개념이었기 때문이 아니었습니다. 그렇게 그분께서는 이 개념을 그의 교리에 집어넣게 되었어요. 이는 그분의 깨달음의 경험에서 필수적인 부분이었던 겁니다. 그분의 마음은 극한으로 무한하게 확장되었고, 이 모든 것이 어떻게 서로 맞아떨어지는지 확인하셨어요. 이후 아난다가 "카르마는 뭐랄까, 이해하기 어렵습니다. 하지만 제 생각에 전 이해한 것 같습니다만…."이라고 말하자 붓다가 "함부로 말하지 말라. 카르마는 오직 부처의 마음에 속하는 영역이다."라고 말씀하셨던 이유가 여기 있어요. 보통 사람들은 그것이 어떻게 작동하는지 이해할 수 없습니다. 그들의 마음은 너무 제한적이거든요. 그것을 이해하기 위해서는 절대적으로 완전히 열린 부처의 마음을 지녀야만 합니다. 이런 이야기도 있습니다. 어느 날 붓다가 숲속에 있었는데 나뭇잎 한 움큼을 쥐어 들어 올리시더니 일행들에게 물었습니다. "어느 쪽이 더 많으냐? 숲 안에 있는 나뭇잎과 내 손안에 쥔 나뭇잎 중에?" 그러자 일행이 대답했지요. "당연합니다. 숲속에 있는 나뭇잎은 무한하니까요. 손에 쥐신 것들은 그저 조금이겠지요." 그러자 붓다가 대답하셨어요. "내가 아는 것과 내가 너희들에게 말해준 것이 이와 같다. 하지만 내가 너희에게 말해준 것은 너희가 깨달음을 얻기 위해 필요한 모든 것이다. 나머지 것들은 너희에게는 중요치 않은 것들이다."

붓다는 인간으로서의 모든 잠재력을 깨달으신 분입니다. 한 인간이 생각할 수 있고 경험할 수 있는 모든 것이 각자의 잠재력입니다. 하지만 우리 마음은 너무 닫혀있어요. 붓다의 마음은 완전히 열려 있습니다. 그렇지만 그분께서는 자신이 살던 시대 안에서 자신 주위에 있는 사람들에게 도움이 될 만한 개념을 통해 가르치셨습니다. 사람들이 질문을 했지만 그 대답이 그들이 이해하기에는 너무 앞선다고 판단되면 그 대답을 아는 것은 그들에게 중요하지 않다고 설명하시고는 했어요. "그것은 윤회에서 너희를 건져낼 지식이 아니다. 나의 가르침은 오직 하나 뿐이니, 고통과 고통의 종말이니라."

붓다는 신이 아닙니다. 그분은 우리 잠재력의 표상입니다. 또한 궁극의 실재는 우리 바깥에 있지 않습니다. 그것은 깨달음의 상태, 우리 본래의 상태입니다. 우리는 모두 잠재적인 부처입니다. 모두가 불성을 지녔어요. 문제는 그것이 가려져 있다는 것뿐입니다. 그것을 드러내야만 해요. 불법에 따르면, 우리에게 어떤 일이 일어나는지 그리고 그에 대해 어떻게 반응하는지에 책임감을 지녀야 합니다. 우리 삶의 한가운데에 자신을 두어야 합니다. 책임을 짊어져야 해요. 자신에게 일어나는 일은 모두 스스로 설정했던 것들이며, 그것을 어떻게 다루는가가 자신의 미래를 창조합니다. 자기의 삶에 스스로 책임이 있어요. 그렇기에 붓다의 길이 100퍼센트 실현 가능한 것입니다. 평범한 인간으로서 우리가 그 길을 걸을 수 있는 건 스스로 그 길을 걸었고 그렇기에 어떤 문제들이 있을 수 있는지 알고 있는 누군가가 가르친 길이기 때문입니다. 명상에 대한 문헌들을 하나라도 읽어 보시면, 경험할 법한 다양한 문제들을 언급하고 그에 관한 각기 다른 해결책들까지 다룹니다. 불교는 비–신학적이지만, 그럼에도 균형이 잘 잡혀 있는 길입니다. 불교는 무신론이 아닙니다.

문_ 요즘 점점 더 많은 존재가 인간으로의 환생을 선택하고 있는 듯합니다. 지구에 사람들의 숫자가 넘쳐나고 있습니다. 이에 대해 어떻게 생각하시는지요?

답_ 뭐라고 답해야 할지 모르겠습니다. 인간계와 떨어져 있는 많은 다른 세계가 있습니다. 인간의 삶을 원하는 데 엄청난 가속도가 붙은 건 사실이에요. 한편으로, 인구가 점점 통제권을 벗어나고 있기에, 인간으로서 삶의 질도 점점 낮아지는 것 같습니다. 하지만 이것은 인간 존재가 아래쪽을 향하는 대신 위로 올라가기 시작할 기회일는지도 모릅니다. 그렇지만 우리가 알아채는 건 어렵습니다. 우리는 전체 그림의 단지 일부만 보고 있기 때문이에요. 이 상황이 제게는 어떻게 보이는가 하면, 마치 거대한 장식 천을 뒤쪽에서 바라보는 것 같아요. 우리가 볼 수 있는 것이라고는 온갖 매듭과 느슨한 실 끝밖에 없는 거죠. 혼돈 그 자체로 보이죠. 하지만 우리가 그것을 앞에서 볼 수 있으면 전체 그림을 파악할 수 있을 겁니다. 지금 이 순간, 우리의 무지를 통해, 모든 게 아주 혼란스럽게 보이는 겁니다. 각각의 실이 어디로 연결되어 전체 패턴을 지어내는지 보지 못하는 거죠.

문_ 모든 세계가 지구와 어떻게든 연결되어 있나요?

답_ 네, 그래 보입니다. 각각의 거주 행성들은 고유의 구조를 갖고, 고유의 수준을 갖는 것으로 보입니다. 전통적으로 우리가 사는 행성은 네 개의 대륙 한 가운데 위치한 수미산이라고 묘사됩니다. 아래쪽에 지옥이 위치하고, 올라가면서는 천국들이 있는 모습이지요. 수미산의 꼭대기로부터 천상 세계가 시작되는데, 올라가면 원뿔 모양으로 퍼집니다. 그래서 적어도 전통적인 개념으로는, 다른 세계가 이 행성과 긴밀한 연결점을 갖는다는 건 분명해 보입니다. 또한 심지어 영혼의 세계에서도 이 특정 지구와 연결점이 있고, 서로 소통이 활발한 것으로 보입니다. 제 말씀은, 그들이 진짜로 저 위에 있다는 게 아니고, 수많은 서로 다른 진동 수준에 있으면서 어쨌든 우리와 연결되어 있다는 얘기입니다.

문_ 스승님들이 말세(末世, dark age)에 관해 얘기하시는 걸 들었습니다. 우리는 여전히 말세에 살고 있나요? 변화의 조짐은 없나요?

답_ 불교의 우주관은 영원히 진행되는 겁니다. 일단 기본적으로 점점 더 나빠진다는 개념이 있어요. 영적으로 뿐만 아니라 복지와 자연재해 같은 측면에서도 그렇게 된다고 봅니다. 불법의 힘 또한 점점 축소되기 시작해서, 마지막에 완전히 소멸한다고 보지요. 미륵부처님이 오실 때까지 이어집니다. 그분이 오시면 불법을 다시 소생시키고 일이 다시 개선되기 시작한다고 해요. 그러면 전체가 다시 반복되는 겁니다.

동양에서 어떤 사람들은 자기들의 영적인 나태함의 원인이 지금이 '말세'이기 때문이라고 변명합니다. 말세가 무엇입니까? 우리가 있는 여기예요. 불법이 여전히 우리와 함께하고 우리에겐 여전히 지성과 이 생애가 있어요. 그러니 말세에도 잘 헤쳐

나가보는 거죠. 심지어 붓다 시절에도 사람들은 그 당시가 말세라며 불평했어요. 사람들에게서 도무지 영적인 잠재력을 찾아볼 수 없다며 불평했죠. 그렇게 시간이 시작된 이래로 불평하는 사람들은 늘 있기 마련입니다.

문_ 붓다로서의 라마에 대해 말씀해 주시겠습니까?

답_ 라마(Lama)를 어떤 의미로 언급하신 건지 잘 모르겠습니다. 어떤 권위적인 인물? 아니면 내면의 라마를 의미하시는 겁니까? 아주 심오한 질문이지만 아주 단순한 용어만을 써서 대답할 수밖에 없습니다. '라마'에는 두 가지 의미가 있습니다. 우선 그냥 명칭으로서 '라마(lama)'입니다. 라마라는 명칭은 산스크리트 단어 구루를 티베트어로 번역한 것입니다. 티베트어로 체랍끼 라마(Tse-rab-kyi Lama)라고 부르는 구루가 있습니다. 이는 '세세생생의 스승'이라는 뜻이에요. 이 말은 당신이 마음 대 마음으로 연결을 갖는 구루라는 의미입니다. 그 또는 그녀는 당신에게 마음의 본성을 보여줍니다. 지금부터 시작해서 깨달음을 얻을 때까지, 얼마나 많은 생애가 걸리든 관계없이, 당신은 이 내적인 헌신을 받게 되는 것입니다. 이제 만약, 이것은 아주 심오한 '만약'이긴 합니다만, 당신이 그런 개인적인 가슴 대 가슴의 연결과 헌신을 갖는 라마를 진짜로 현실에서 만나면 그 친밀한 연결과 당신의 열림 상태를 통해 그 또는 그녀가 당신의 마음의 본성을 보여줄 수 있습니다.

자신 마음의 본성이 바로 내적인 구루입니다. 이는 자신 마음의 본성, 즉 법신이 텅 비고, 열려 있는 알아차림이 라마(Lama)의 마음과 동일하기 때문입니다. 라마의 마음과 당신의 마음이 같아요. 어떤 궁극적인 의미에서 우리가 라마를 언급할 때 우리는 그 개체성을 얘기하는 것이 아니에요. 그 또는 그녀의 전지적 마음을 언급하는 겁니다. 라마의 전지적 마음은 우리에게 우리 고유의 내면의 전지적 마음을 보여 줍니다. 찰나 동안만이라도 말이죠. 이것이 내면의 라마입니다. 이와 달리 우리가 만나는 일반적인 라마들은 그 정도 수준은 아닙니다. 우리가 많은 생에 걸쳐 연결을 가졌던 라마가 아니란 얘기예요. 그들은 우리의 교사들입니다. 그들은 우리에게 길을 보여주지요. 그들은 롤모델로서 행동합니다. 그들은 조언자들입니다. 그들은 도우미들이에요. 하지만 아까 말씀드린 수준에서라면, 이건 아예 다른 얘기가 됩니다. 그래서 우리는, 어떤 면으로는 이 길 위에서 우리보다 더 많은 성취를 이룬, 더 많은 경험과 지식을 가진, 그리고 일정 정도는 우리가 신뢰할 수 있는 그런 인간 존재를 언급하는 경우가 훨씬 더 많은 거죠. 그렇지만 그 또는 그녀도 우리와 같이 여전히 길 위에 있는 사람들인 겁니다. 때로는 그들의 말씀이 우리가 딱히 들을 필요가 없는 것일 수도 있다는 말입니다. 그럼 우리는 그에 대해 의문을 던질 수 있어요. 단지 누군가 어떤 권위적인 인물로서 법석에 앉아 있다는 이유만으로, 그들의 명성이 아무리 대단해도, 그리고 그들의 지혜가 아무리 넓다고 해도, 그들이 말하는 모든 것을 부처님의 말씀으로 간주할 필요는 없다는 얘깁니다. 그래도 여전히 그들의 말씀에 열려 있고 확실히 귀 기울여야 하고 수용적이어야만 합니다. 하지만 그것이 우리가 안목과 분별심을 모두 버려야 한다는 의미는 아닌 겁니다. 그래도 스스로에 대한 위트는 간직해야죠!

10

통렌(Tonglen)

-

주고받음의 수행

통렌(Tonglen)은 아주 흥미로운 수행법입니다! 뉴에이지 계열의 것들을 포함한 대부분의 영적 전통에는 빛, 사랑, 지복 속에서 호흡하는 명상이 포함되어 있습니다. 이 자질들이 가슴으로 들어와 몸을 변용시키는 모습을 시각화하죠. 그런 다음 안에 있던 모든 부정적인 것들을 내쉽니다. 이는 아주 합리적인 수행으로 보이죠. 하지만 통렌 수행은 우리 마음과 예상을 완전히 거꾸로 뒤집어 버립니다. 정확히 그 반대로 하거든요. 실제로 모든 부정성과 어둠을 들이마시고 모든 사랑과 순수함, 그리고 빛을 내쉽니다. 이런 개념이라 일부 사람들은 처음 접할 때 당황하고는 합니다. 온갖 부정적인 것들이 어두운 빛으로 우리 몸 안에 들어와 가슴 한가운데 위치한 어떤 작은 어둠의 진주알 같은 곳에 흡수됩니다. 이 진주알은 본인을 스스로 소중히 여기는 개념을 상징합니다. 따라서 이렇게 말하는 것 같은 겁니다. "나는 너무나 소중해. 다른 사람들 또한 소중할는지도 모르지. 하지만 그들은 내가 소중한 것에 비하면 한참 떨어져. 기본적으로 내가 세상의 중심이고 우주의 나머지가 나를 중심으로 돌지."

이 수행 중에 우리는 그 작은 검은 진주알을 조금씩 깎아 먹을 수 있는데, 그럴 때마다 움찔거립니다. 왜냐하면 다른 사람들의 고통, 질병, 빈곤을 절대적으로 원하지 않기 때문이에요. 이 작은 진주알은 모든 부정성을 흡수하고는 법계(法界, Dharmadhatu), 또는 궁극적 실제의 비어있음 속으로 사라져버립니다. 그런 다음 억겁 동안 자신이 모아온 온갖 기쁨, 선함, 그리고 빛을 뱉어 내지요. 이것을 내어주는 이유는 모든 중생이 견뎌온 고통을 대체하기 위해서입니다. 이것은 이건 이래야 하고 저건 저래야 한다는 우리의 일반적인 개념을 뒤집어 버립니다. 사람들은 말하죠. "난 이미 차고 넘치도록 고통받았어. 남의 고통까지 넘겨받길 원하지는 않아."

요약하자면 보통의 통렌 수행이란 다른 사람의 질병이나 고통을 어두운 빛으로 시각화해서 들이마시는 호흡과 함께 자신에게 가져오는 것입니다. 이 검은빛은 단전에 있는 검은 진주 같은, 스스로 소중히 여김이라는 씨앗에 되돌려집니다. 이 진주알은 즉시 내쉬는 숨을 따라 퍼져 나가는데, 이때 이것은 우리의 모든 좋은 자질과 공덕들로 밝게 빛나는 빛입니다. 그러면 이 광휘가 고통받는 사람들에게 흡수되어 그들을 돕는 겁니다.

때로는 검은 진주알 대신 금강저(vajra)를 시각화할 수도 있습니다. 금강저는 우리 내면의 법신을 대변합니다. 검은빛이 여기 흡수되고 즉시 변용되어 밝은 빛으로 방사됩니다. 늘 새것 같은 마음의 본성 안에서는 어떤 어둠도 존재할 수 없기 때문이에요.

실제 있었던 이야기를 하나 해드리겠습니다. 제가 아홉 살 정도 되었을 무렵, 불길에 휩싸인 적이 있었습니다. 나일론 드레스를 입고 전기 열선 기구에 가까이 다가갔어요. 전원을 켜지는 않았지만 플러그는 꽂혀 있었습니다. 드레스가 거기 비벼졌는데 갑자기 화염에 휩싸였습니다. 나일론이어서 그랬죠. 하지만 다행스럽게도 그때 어머니께서 신장 문제로 매우 아파서 침대에 누워 계셨어요. 그래서 가게에 일하러 나가시지 않았던 겁니다. 저는 비명을 지르며 계단을 올라 그녀의 침실로 달려갔습니다. 나중에 어머니가 말씀하시길 제 비명을 들었을 때 침대에 누워 계셨다고 해요. 다음 순간, 문이 부서지듯 열리더니, 제가 화염에 휩싸인 채 방안으로 뛰어 들어왔다고 합니다. 그녀는 재빨리 담요로 저를 감싸 불을 끄고는 제게 페니실린을 바르고 깨끗한 천으로 둘둘 감았다고 합니다. 그냥 봐도 제 등 전체가 그냥 커다란 물집이었다고 해요. 등의 피부 전체가 불에 타 날아가고 그것이 제 얼굴 일부에까지 이어져 있었습니다. 그때 엄청나게 고통스러웠던 기억이 납니다. 상상이 되시죠.

그때 제게 유체 이탈 경험이 일어났습니다. 제가 공중에 떠서 제 몸을 내려다보고 있었어요. 주위에는 온갖 빛의 존재들이 저를 둘러싸고 있었는데 제게 이렇게 말했습니다. "우리랑 함께 가자. 우리랑 함께 가자." 여러분들도 아는 진부한 이야기죠. 저는 속으로 생각했죠. "뭐, 좋아. 이제 난 죽는 거군. 그것도 재밌겠는걸." 저는 사실 그 몸으로 되돌아가길 원하지 않았습니다. 온통 타버린 그 몸을 내려다보고 있었고, 그런 몸을 가지고 뭔가를 하기는 싫었어요. 그건 마치 망원경을 거꾸로 들고 내려다보는 것 같았어요. 빛을 향해 멀리 더 멀리 올라감에 따라 이 세상의 모습이 점점 물러나는 듯 보였습니다. 대단했어요! 그리고 별안간 이웃 사람들이 들어오기 시작했습니다. 제 비명을 들었거든요. 그러자 저는 이 몸으로 다시 끌려 들어오게 되었어요.

사람들이 저를 병원에 데려간 기억이 납니다. 제가 바퀴가 달린 침대에 누워 있던 것도 기억나네요. 의사 선생님이 제게 말했어요. "넌 정말 아주 용감한 꼬마구나. 틀림없이 엄청나게 아플 텐데." 제가 말했어요. "아뇨, 전혀 안 아픈데요." 진짜 아프지 않았어요. 제가 제 몸 안으로 돌아왔을 때, 등 전체에 화상을 입었음에도 전혀 고통을 느끼지 못했습니다. 전혀 문제없었어요! 그렇게 거의 두 달을 병원에서 지냈습니다. 대단한 경험의 시간이었어요. 통증은 전혀 느끼지 못했습니다. 누워 있어야만 했지만 아픈 데가 없었어요. 화상 흉터가 남을 수도 있다는 걸 이해하기에는 너무 어려서 걱정도 하지 않았습니다. 결과부터 말씀드리자면, 화상 흉터는 전혀 없었어요. 몇 년 후에 이 일에 대해 어머니께 말씀드렸습니다. 그랬더니 어머니는 이렇게 말씀하시더군요. 제가 병원 침대에 누워 있는 동안 의식이 없었고, 그래서 제가 죽을 거로 생각하셨답니다. 아시다시피 어머니는 심령술사였습니다. 그래서 영적 안내자들에게 이렇게 기도를 드렸다고 합니다. "아이가 죽도록 두지 마시길 간절히 빕니다. 그리고 아이가 고통받지 않기를 간절히 바랍니다. 그 아이는 그런 고통을 감내하기엔 너무 어립니다. 모든 고통은 저에게 주십시오. 제가 아이의 고통을 받을 수 있게 허락해 주세요." 당시 어머니는 이미 신장 문제로 극도의 고통을 맛보던 중이었습니다. 그렇지만 제 통증까지 기꺼이 기쁜 마음으로 받으려 했던 겁니다. 그리고 제가 몸으로 다시 돌아왔을 때 전혀 고통을 느끼지 않았던 건 어머니의 기도 때문이었다는 걸 저는 매우 확신합니다. 그것말고 다른 어떤 설명이 가능하겠습니까?

다행히 어머니도 제 고통을 받진 않았어요. 하지만 여기서 요점은 어머니가 제 고통을 가져가겠다고 온 마음으로 기도를 하셨을 뿐만 아니라, 만일 그것이 저를 구할 수 있다면 실제로 그 고통이 전이되었을지라도 기꺼이 즐겁게 받아들이셨을 것이라는 점입니다. 이것이 통렌 수행에서 얘기하는 그런 종류의 사랑입니다. 자신의 안녕보다 타인을 치유하는 것에 남의 눈을 아랑곳하지 않고 더 중요성을 두는 그런 진한 사랑인 겁니다. 지금 생각하면 어머니에게 그런 기도와 실천은 상대적으로 쉬웠을 겁니다. 정확히 말하면, 쉽진 않았겠지만, 자신의 아이를 그토록 사랑하는 게 엄마의 본성이니까요. 불법이 요구하는 바는 중생을 어떤 예외도 두지 않고 똑같이 소중히 여기라는 겁니다. 붓다가 직접 말씀하셨듯이, 어머니가 자신의 하나뿐인 자녀를 사랑하듯, 사랑을 모든 존재로 확장해야만 합니다.

어머니가 되는 이점 중 하나가 이것의 의미를 실제 삶에서 배운다는 겁니다. 이 경험을 바탕 삼아 이런 종류의 사랑을 모든 존재에 이르기까지 확장할 수 있어요. 이것이 통렌 수행에서 요구하는 겁니다. 어떤 사람들은 "오, 통렌! 아주 쉽군."이라고 말합니다. 그들의 보살도 성취 수준에 그저 기가 찰 노릇입니다. 자리에 앉아 타인의 고통과 아픔을 흡수하는 게 전혀 쉬울 것이라고는 생각하지 않습니다. 마음이 그럴듯한 모습으로 가장하며 스스로 속이는 수준들을 보면 참 흥미롭습니다. 우리의 자기기만 능력은 엄청납니다. 그래서 의식적으로 자신에게 가능한 최대한 정직하려고 노력해야만 합니다. 오직 두려움을 모르는 정직함만이 겹겹이 쌓인 저항을 알아차리고 벗겨내 가슴을 열어젖힐 수 있습니다.

아무 생각 없이 기계적으로 통렌 수행을 실천하는 건 어렵지 않습니다. 내 밖의 애매한 한 무리를 떠올리고 빛과 사랑을 보내고 모든 어둠을 흡수한다고 생각하면 되겠죠. 심지어 매우 확장되고 보살이 된 듯한 느낌으로 자신을 잊을 수도 있습니다. 하지만 실제 개인을 마주하고도, 누군가 심하게 아프거나 낙담한 사람을 대면하고도, 여전히 그들의 고통을 대신 받고 우리의 안녕을 내어줄 준비가 되어 있습니까? 통렌은 진정으로 마음을 변용시키는 수행이에요. 따라서 자신에게 진전이 있는지 없는지 알 수 있는 유일한 방법은 모든 일상적인 상황들에서 자신의 반응을 관찰하는 것뿐입니다. 일상에서 고통받는 누군가를 만났을 때 그를 어떻게 대합니까? 가슴이 진심으로 그들에게 열립니까? 친절한가요? 점점 더 친절해지고 있습니까?

수행이 효과를 발휘하는 원리를 생각해 봅시다. 이 모든 부정성이 내면으로 들어와 자신이 소중하다는 개념을 공격합니다. 이게 실제로는 어떤 의미일까요? 때로는 시각화 과정 자체에 그저 사로잡혀 이 모든 과정이 어떤 의미를 갖는지 잊어버리기가 더 쉽습니다. 아시다시피, 우리가 이 어둡고 작은 것을 가슴에 지니고 있고 그런 다음 어두운 빛들이 그것을 때리기 시작합니다. 그러면 그 모든 것이 밝은 빛으로 변용되는 겁니다. 우리가 이해하기만 하면 아주 훌륭한 시각화예요. 하지만 실제 수행할 때는 이 모든 것이 어떤 의미인지를 정말로 기억해 내야만 합니다. 스스로 질문해야 해요. 만일 이런 일이 정말로 일어난다면 에고가 어떤 종류의 저항을 만들까? 만일 누군가 지금 이 순간 여기 나타나 "저기 저 사람이 겪는 모든 질병과 고통을 네가 가져갈 수도 있다. 그럼 내가 저 사람을 고통에서 해방해 줄 것을 약속하지. 게다가 저 사람은 네 건강을 가지게 될 거야. 어때?"라고 한다면, 진심으로 "좋습니다. 그렇게 하죠."라고 말할 수 있나요? 그럴 수도 있겠지요. 만약 그게 당신이 사랑하는 누군가, 가령 남편, 자녀, 부모 또는 친애하는 스승이라면 말이죠. 그런데 그냥 길 가던 남자라면?

통렌은 그리 손쉬운 수행이 아닙니다. 무모한 사람들을 위한 것도 아니고 겁쟁이들을 위한 것도 아니에요. 통렌 수행은 보살을 목표로 하는 수행입니다. 어떤 면으로든 절대 이 수행을 가볍게 여기면 안 됩니다. 자신이 무엇을 하고 있는지, 그리고 이 훈련이 어떤 의미인지 이해해야만 합니다. 적어도 저에게는 그렇게 보입니다. 통렌 수행에 관한 책을 읽을 때마다 저는 거기서 우리에게 실제로 무엇을 요구하고 있는지 보며 충격을 받습니다. 다른 사람들은 그렇게까지 충격을 받는 것처럼 보이지는 않는데, 전 그게 더 이상합니다. 이것은 제게는 마치 우리 에고-집착에 대놓고 정면으로 총공격을 퍼붓는 것처럼 보입니다. 여러분들에게는 그렇게 보이지 않나요? 그리고 수행할 때 마음에 특정 상황들을 떠올려 생생하게 현장감 있게 해보면 아주 흥미롭습니다. 이는 실제 있던 상황일 수도 또는 가상의 상황일 수도 있어요. 마음이 어떻게 반응하던가요?

마지막으로, 당연하지만, 태고의 공간 속으로 모든 것을 녹여내버립니다. 이것도 아주 중요해요. 가슴속에 부정성들을 간직하지 않습니다. 부정성들을 녹여 이 매달리는 에고, 자신을 소중히 여기는 에고에 부어 넣어야 합니다. 마치 존재하는 듯한 이 독립체는 '나는 너무나 중요하고 다른 사람들은 당연히 나보다 훨씬 덜 중요해.'라고 생각합니다. 이런 생각을 모두가 지니고 있죠. 그것을 녹여내고 다른 모든 것들을 열린 공간으로 내어줍니다. 그러면 모든 존재들에게 빛과 기쁨이 전해지는 걸 정말로 느낍니다. 비단 시각화할 때뿐만 아니라, 일상에서도 고통받는 존재를 만나면 뭔가를 내어줄 수 있어야 합니다. 그저 친절하고 우호적인 태도를 보이는 것만으로도 실천하는 겁니다.

늘 그렇듯 다른 존재들로부터 그저 폐쇄된 채로 남아 있다면, 여전히 자신의 즐거움, 행복, 그리고 편안함에 골몰하고, 여전히 다른 사람들과 분리되어 있으면, 그들의 행복이나 슬픔에 무관심하다면, 그러면 심지어 통렌을 12년간 이어왔다고 할지라도 전혀 효과가 없습니다. 얼마나 오래 수행해 왔는가는 전혀 중요하지 않아요. 중요한 건 자신과 타인 사이의 분리를 깨버리는 겁니다. 모두가 이런 분리를 갖습니다. 그리고 이는 우리의 주된 망상이에요. 이것은 정말로 과격한 수행입니다. 온 마음을 다해 통렌을 실천하다면 확실히 우리를 변용시킵니다. 그래서 전 지금 당장 해야 한다고 생각해요. 여기에 더 할 말이 남아 있다고 생각되지 않습니다.

문_ 이 모든 것들을 안으로 받아들이고 또 그걸 변용시키는 과정을 상상하는 게 너무 어려워요. 그저 받아들이고, 받아들일 때 시간을 조금만 길게 잡아도 괜찮을까요?

답_ 괜찮다고 생각합니다. 무슨 뜻인지 압니다. 그리고 실제로 그렇습니다. 사실 그게 훨씬 좋을 수도 있습니다. 특히 처음 시작해서 정말로 익숙해질 때까지는 말이죠. 호흡에 너무 많이 신경쓰지 말고 여유를 가지세요. 그저 숨을 들이마시고, 그게 계속 들어오면 마치 거미줄 한복판에 떡하니 앉아있는 거미 같은 이 무겁고 경직된 '나'라는 느낌을 녹여내는 겁니다. 에고가 해체되고 녹아내려 광대한 열림 속으로 사라진다는 느낌이 들면 이 모든 빛을 만들어내어 모든 존재에게 뿌릴 수 있습니다. 네, 그렇게 하셔도 됩니다.

문_ 그렇게 나쁜 것들을 받아들이고 나면 어떻게 되나요? 그게 다 녹나요?

답_ 가슴 한가운데 자리 잡은 자기애를 건드리게 됩니다. 그러고 나면 열린 비어있음으로 녹아 들어가죠. 에고라는 개념, '나'라는 느낌은 자신이 다른 모든 사람보다 훨씬 더 중요하다고 믿습니다. '나'는 오직 하나이고 다른 모든 사람은 그렇게나 많은데도 말이죠. 축적된 것들이 그것을 건드리면 녹아 사라지고 우린 이 열려있고 비어있는 에고가 없는 마음에 진입합니다.

문_ 다른 사람들이 제가 보낸 것을 받는지 어떻게 알죠?

답_ 글쎄요, 그들이 받는 상상을 해볼 수도 있겠죠. 집중과 욕구가 매우 강하다면 아마도 받을 겁니다. 왜 안 그러겠습니까? 그건 극도로 강력합니다.

문_ 저도 비슷한 경험을 한 적이 있습니다. 제 어머니께서 수술을 앞두고 계셨습니다. 의사가 말하길 종양이 포도알만큼 크다고 했어요. 저는 그것이 없어지길 기도했어요. 그것이 그 자리에서 사라지게 만들 수 있을 정도로 제가 아주 강력하다고 상상했습니다. 의사들이 수술에 들어가 보았더니 그게 그냥 사라지고 없었습니다. 아무것도 없었어요. 제가 그를 위해 무슨 일이든 하겠다고 결심하자 그냥 없던 일처럼 되어버렸습니다.

답_ 마음은 엄청나게 강력합니다. 세상에서 가장 강력한 물건이에요. 우린 자기의 잠재력을 모르고 있을 뿐입니다.

문_ 저는 다른 누군가의 고통이 저를 겁에 질리게 만들 때 통렌 수행을 합니다. 그러고 나면 두려움이 사라집니다. 그들의 고통을 두려움 대신 연민을 갖고 생각할 수 있을 때까지 계속 반복해서 수행합니다. 제게는 통렌 수행이 해독제입니다.

답_ 통렌 수행은 여러 수준으로, 여러 목적으로 쓰일 수 있습니다.

너무나 강력한 수행이기 때문에 내면의 수많은 장벽을 무너뜨릴 수 있어요. 그래서 그렇게나 높이 평가되고 또 시작부터 상당히 비밀스러운 수행법으로 간주합니다. 통렌 수행은 무척 강렬합니다. 어떤 면에선 많은 사람에게 너무 위험하고 위협적으로 보이죠. 말씀드렸듯이 대부분의 영적 전통에서는 어둠이 아닌 빛을 들이마십니다. 누군가 통렌 수행을 하면 마치 인간 공기청정기가 된 것 같다고 말씀하시더군요. 나쁜 공기를 몽땅 빨아들여서는 깨끗하고 신선한 공기로 만들어 내보내는 겁니다. 아주 멋져요!

11

마음의 본성

전통적으로 불교의 길은 세 가지 단계로 나눌 수 있습니다. 견해를 갖고, 명상하고, 그리고 행동하는 것입니다. 우선 올바른 견해를 기르고, 그에 대해 명상한 후, 삶에 적용하는 겁니다. 견해는 산스크리트로 드리시티(drishti), 티베트어로 따와(tawa)입니다. 풀어보면 대상을 보는 방법이라는 뜻이죠. 견해는 무척 중요합니다. 붓다가 설파한 사성제 중 마지막이 바로 도(道)입니다. 열반에 이르는 '길' '방법'입니다. 구체적으로는 팔정도(八正道)입니다. 팔정도에서 첫 번째가 바로 바른 견해입니다. 어째서 견해가 첫 번째가 되어야 하는지 알아야 합니다. 견해는 우리가 생각하고 행동하는 것에 영향을 미칩니다. 심지어 자기들은 인생철학 같은 건 없다고 말하는 사람들조차 그렇게 생각하는 어떤 철학에 신념을 두는 겁니다. 그런 이해가 살면서 자신들의 모든 생각과 행위에 부지불식간 영향을 끼치고 있죠. 그래서 견해가 핵심입니다. 우리의 견해가 어떻게 사물을 보는지, 무엇을 중요하다고 생각하는지, 무엇을 중요하지 않다고 생각하는지를 결정하고, 우리가 지닌 편견과 편향도 결정합니다. 마찬가지로 그것이 영적인 문제들에 가치를 두고 영적인 여정을 위한 기초를 닦을지 말지 결정합니다.

우리가 오늘 여기 모인 이유가 무엇입니까? 삶에 영적인 차원을 더하는 일에 어느 정도 타고났다고 볼 수밖에 없는 관심이 있기 때문이에요. 영적인 차원이 중요하다고 생각한다는 사실 자체가 여러분들의 견해이죠. 마음을 다루는 게 중요하다는 생각이 없었다면 여기 있지 않았을 겁니다. 우리의 기본적인 세계관이 기초가 되는 겁니다. 마하무드라나(Mahamudra)나 족첸(Dzogchen) 같은 마음을 훈련하는 티베트 학파들에서는 본인의 무의식적인 관점, 그 관점으로부터 일어난 내적인 마음 계발과 그것을 어떻게 일상생활에 합치시키는가 하는 문제를 구분합니다. 넓은 관점을 견지하는 것만으로는 충분치 않아요. 이들 관점과 자신의 행위가 결이 맞지 않는다면 큰일이 난 겁니다.

구루 빠드마삼바바께서 한번은 띠쏭데짼(Trisong Detsen, 742~797, 티베트 전신인 토번의 왕이다. 토번에 불교를 도입하는 데 중요한 역할을 했다.) 왕께 이렇게 말씀하셨습니다. "견해는 하늘같이 넓어야만 하고, 행위는 체로 곱게 친 보릿가루처럼 정교해야 합니다." 넓은 견해들을 길러 모든 것이 공함을, 공간의 광대함을, 그리고 모든 것이 지복과 공성의 상호의존적인 놀이임을 보게 된 사람들이 있습니다. 대단하게 들립니다. 하지만 이런 사람 중에 오만하고, 무례하고, 비윤리적이거나 정직하지 못한 사람들이 있습니다. 오히려 그런 게 전혀 문제가 없다고 주장해요. 어차피 모든 것이 공(空)하니 문제가 없다는 식입니다. 밀교가 자기들에게 어떤 식으로든 마음대로 행동할 수 있는 면허를 준 것으로 착각합니다. 그들은 말하죠. "아무 문제 없어. 모든 게 그저 우리 본성의 표현일 뿐인걸." 그게 어떤 의미인지는 상관도 없이 그렇게 말해요. 그래서 아주 조심스러워야 합니다. 자신의 견해가 항상 아주 깨끗하고 넓은지 늘 점검하고, 동시에 행위 또한 주의 깊고 정밀하게끔 유지해야만 합니다. 티베트인들이 소위 "검은 악마의 길"이라고 부르는 상태에 떨어지는 걸 피해야만 해요. "검은 악마의 길"은 궁극의 실제는 무한히 넓은 공이기에 우리가 어떤 짓을 하든 별다른 차이가 없다는 견해입니다.

우린 지금 '견해'라는 용어를 '마음의 궁극적 본성에 대한 이해'라는 의미로 쓰고 있습니다. 불교적 관점으로 보면 모든 것이 우리 마음의 현현입니다. 서구 사회의 문제점 중 하나가 머리에 중심을 둔다는 겁니다. 이게 우리가 수행할 때 지대한 영향을 끼쳐요. 마하무드라나 족첸 명상을 시작할 때, 티베트 라마들이 항상 묻는 말 중 하나가 "마음이 어디 있지?"입니다. 그러고는 이어 나가죠. "그게 가슴에 있는가? 그게 배에 있는가? 그게 발에 있는가? 그게 몸 전체에 퍼져 있나? 그게 네 안에 있나, 아니면 바깥에 있나?" 라마들은 마음이 머리에 있냐고 물어보는 경우가 거의 없어요. 그런 질문이 아예 떠오르질 않는 겁니다. 이런 거죠. 어떻게 그런 바보 같은 생각을! 그런데 대부분 서양인은 이렇게 대답해요. "뭐 당연히, 마음은 머릿속에 있습니다." 참 재밌어요. 마음이 어디 있습니까? 이 모든 질문들을 제쳐두고 "마음은 뇌 속에 있는 게 분명합니다."라고 말하기 전에 이런 상황을 한 번 고려해 보세요. 가령 누군가 당신을 지목하며 말합니다. "네가 내 돈을 훔친 걸 알아." 그러면 당신이 대답하죠. "저한테 하시는 말씀입니까?" 그러면서 가슴 한복판을 가리키죠. 머리가 아니고요. 감각기관 대부분이 머리 쪽에 있습니다. 맞죠? 눈, 코, 귀. 하지만 뭔가 진심으로 깊이 느낄 때 우리는 심장을 가리킵니다. 한번 생각해 보세요. 이게 왜 그런 건지 스스로 자문해 보세요.

불교적인 관점에서 보면 뇌는 그저 컴퓨터에 불과합니다. 프로그래밍을 담당하는 부분이에요. 하지만 컴퓨터를 돌리는 에너지는 어디서 옵니까? 에너지가 없다면 컴퓨터는 무용지물입니다. 컴퓨터를 돌리는 에너지는 컴퓨터 안에 있지 않아요. 최근 최고의 신경외과 의사들이 쓴 일련의 논문들을 읽고 있습니다. 어떤 논문들은 우리가 지금 뇌에 대해 많은 것을 알지만, 여전히 마음은 찾지 못했다고 말해요. 티베트인들은 마음에 대해 잘 압니다. 누군가 아주 고지식해서 새로운 개념들을 받아들이지 못하고 오래된 사고방식에 심하게 사로잡혀 있을 때 티베트인들은 "초록색 뇌를 가졌다."라고 표현합니다. 머리에 곰팡이가 피었다는 비유예요. 뇌는 생각을 담당하는 부위이고, 생각은 마음이 아니라는 걸 이해하고 있다는 말씀입니다.

불교에서 마음이라고 말할 때는 그저 지적인 능력에 관해 얘기하는 게 아닙니다. 뭔가 훨씬 더 심오한 것을 다루고 있는 거란 말입니다. 실제로 마음에 해당하는 단어와 심장을 의미하는 단어는 상호 교체가 가능하죠. 같은 단어를 쓰는 언어도 많습니다. 산스크리트 시타(chitta)와 티베트어 쎔(sem)은 심장과 마음 모두를 의미합니다. 여기 심장 부분이 여러분들이 집중하는 곳이에요. 이것이 에너지를 줍니다. 컴퓨터가 작동할 수 있게 전류를 공급하는 겁니다. 그게 없으면 컴퓨터는 멈추죠. 그래서 명상할 때 에너지를 가슴 위치로 내리는 방법을 배워야 하는 겁니다.

견해라는 주제로 다시 돌아가 봅시다. 고전적인 정의는 태초의 지혜로운 마음이란 알아차림과 일체의 비어있는 속성의 결합입니다. 우리가 껍질을 벗고 조건 지어지지 않은 마음의 본성에 도달할 수 있다면, 진실로 어떤 존재인가라는 근본적인 상태에 도달할 수 있다면, 대상과 관찰자가 불이(不二)라는 걸 알아차립니다. 우리는 의식이에요. 그것이 우리의 본모습입니다. 우리는 알고 있어요. 그렇지 않다면 잠든 상태이거나, 의식불명 상태이거나, 죽은 거죠. 하지만 이런 개념을 마치 손에 잡힐 수 있는 것처럼 오해하면 안 됩니다. "이것이 나의 알아차림이야."라든가 "이것이 나야."라고 말할 수 있는 성질의 것이 아니에요. 그것은 투명하고, 완전히 열려있고, 무한합니다. 티베트식으로 표현하자면, 그것은 비어있어요. 여기서 비어있다는 의미는 그것이 "하늘 같다."는 뜻입니다.

티베트 사람들은 마음이 하늘과 같다고 말합니다. 왜 그렇게 말할까요? 깊고, 무한하고, 푸른 하늘을 떠올립니다. 그것은 모든 것을 아우릅니다. 위에 있으면서 동시에 아래에도 있어요. 하늘이 어디서 부터 시작합니까? "이것이 내 하늘이야. 여기 한 조각이 네 것이고, 저기 한 조각이 내 것이지." 하는 식으로 얘기할 수 없다는 겁니다. 하늘은 모든 사람에게 속해요. 그것은 만물을 지지합니다. 공간이 없다면 그 무엇도 존재할 수 없지요. 티베트 사람들이 근본적인 태초의 마음을 하늘 또는 공간에 비유하는 까닭은 그것이 무한하여 손에 쥐듯 경계를 그릴 수 없기 때문입니다. 동시에 보통 공간과는 달리, 그것은 의식이기도 해요. 그 수준의 마음에 도달하게 될 때 비로소 처음으로 완전히 깨어난 것이라고 볼 수 있습니다.

알아차림은 불이(不二), 즉 둘이 아닙니다. 즉 주체도 대상도 아니에요. 거기엔 행위를 하는 '나'가 없습니다. 그저 온전히 전체인 알아차림뿐입니다. 시공간을 초월한 무한입니다. 그리고 그것이 모든 생각과 감정의 토대가 되는 거예요. 이를 이해하기 위해선 아주 찰나라도 직접 목격해야만 합니다. 그리고 바로 그것을 옳은 견해라고 하는 겁니다. 모두가 이미 그것이라는 사실이 중요한 힌트가 됩니다. 뭔가 외부적인 것을 가져올 필요가 없어요. 이미 필요한 모든 것을 갖고 있습니다. 그것을 드러내기만 하면 돼요. 그것은 늘 언제나 거기 있었습니다. 그것은 있는 그대로 절대적으로 완벽합니다. 다만 우리가 눈치채지 못할 뿐이죠. 이는 마치 우리가 햇살 한가운데 있다가 집 안으로 들어가서 커튼을 치고는 왜 어두워졌지 하는 꼴입니다. 하지만 태양은 언제나 빛나고 있어요. 타고난 지혜의 마음은 늘 현존합니다. 문제는 이를 알아차리지 못하고 있다는 것뿐입니다.

지난 세기 위대한 라마이자 엄청난 괴짜였던 빼뚤 린뽀체(Patrul Rinpoche)와 관련된 이야기입니다. 그의 제자 중 철학 박사였던 사람이 한 명 있었는데, 그는 오랜 세월 라마를 따르고 있었습니다. 그는 학식이 높으면서도 매우 헌신적이었어요. 하지만 그 모든 오랜 세월이 지난 후에도, 그 모든 찾아 헤맴과 명상 후에도, 그는 여전히 마음의 본성을 보지 못하고 있었습니다. 그리고 그 점에 대해 매우 낙담하고 있었어요. 결국 마음의 본성을 알아차리지 못했다면 그 모든 게 무슨 소용이었겠습니까? 그저 단어와 개념 들이 서로를 의지 삼아 구조물을 이룬 꼴일 뿐이었던 겁니다. 그러던 어느 날 밤, 라마의 처소에서 명상 중이던 그에게 빼뚤 린뽀체께서 말씀하셨습니다. "밖으로 나가자. 바닥에 누워 별들을 쳐다보자꾸나." 교수가 대답했습니다. "좋습니다, 그거 멋지겠군요." 그들은 함께 밖으로 나갔어요. 함께 누워 별들을 올려다보았습니다. 문득 멀리서 개 한 마리가 짖어댔어요. 빼뚤 린뽀체가 물었습니다. "방금 소리 들었나?" 제자가 답했습니다. "네, 개가 짖는군요." 그러자 빼뚤 린뽀체께서 말씀하셨습니다. "바로 그거야." 그러고는 일어나셨어요.

이해하시겠습니까? 그 소리가 개가 짖는 소리라는 것을 의식한다는 사실. 하지만 우리는 알아차리지 못합니다. 틀림없이 더 흥분되는 뭔가가 또 있을 거로 생각해요. 그래서 늘 더 수준 높고 짜릿한 뭔가를 찾아 헤맵니다. 한번은 제가 있던 사원에서 어떤 요기에게 샵까르 린뽀체(Shabkar Rinpoche)께서 지은 족첸 수행에 관한 글을 구술해 달라고 부탁했습니다. 이 글은 『가루다의 비행(Flight fo Garuda)』
이라는 제목으로 영역되었습니다. 그가 중간쯤 구술해주다 말고 말
했어요. "너도 알다시피 이 글들의 문제는 그것을 뭔가 너무 동떨어
진, 너무 멀리 있는, 믿을 수 없을 정도로 광대한 무엇인 것처럼 만든
다는 거야. 실제로는 너무나 단순명료한데 말이야. 너무나 평범해서
그것을 놓치고 있을 뿐이지." 그러니 그 모든 수십만 번에 이르는 배
례와 만다라 공양, 수백만 번에 이르는 만트라 암송과 이 모든 지독
하게 복잡한 시각화들이 그저 늘 있었던 그 자리로 돌아가 생전 처
음으로 그곳이 바로 그 자리임을 깨닫기 위함이라는 얘깁니다.

　이제껏 우리는 알아차림의 본성이란 명료함과 비어있음이라
는 견해를 다져 왔습니다. 태곳적부터 지금까지 우리는 그것이었고,
지금도 그것입니다. 그 견해에 기초하여 수행을 시작합니다. 견해는
너무나 중요해요. 이후 전개되는 모든 것의 배경이자 토대가 되기
때문입니다. 우리가 이미 필요한 모든 것을 갖추고 있음을 이해하는
게 너무도 중요합니다. 티베트에서는 우리를 무한한 보물이 들어 있
는 상자를 가진 사람으로 비유합니다. 다이아몬드, 금, 그리고 온갖
보화가 가득한 상자가 자기 집 난로 밑에 묻혀 있는 겁니다. 하지만
그는 그 사실을 잊어버렸어요. 그래서 마치 거지처럼 삽니다. 매일
같이 동전 몇 푼 모으려고 거리로 나가죠. 그게 우리가 지금 사는 모
습입니다. 우린 혹시라도 필요할 만한 것까지 모두 가지고 있어요.
우리에게는 불성이 있습니다. 그렇지만 너무나 가난하다고 느낍니
다. 너무나 무가치하다고 느껴요. 자신이 실패한 인간이라고 생각합

니다. 너무나 소외감을 느끼고, 너무나 가치 없는 인생이라고 느낍니다. 우린 생각하죠. '다른 사람들은 저리도 대단한 일들을 할 수 있는데 난 아무것도 못하는구나. 난 정말 멍청해. 내가 모든 걸 망쳐 놓았어. 이처럼 끔찍한 어린 시절을 경험했고, 그래서 지금 난 완전히 삐뚤어져 있어. 취할 수 있는 조치라고는 없어. 정신과 의사를 만나면 적어도 매일 찾아오는 이 비참한 날들을 견뎌낼 수 있게 해주진 않을까.' 그런데 말입니다, 우린 언제나 부처님이었어요! 언제나 이 무한한 지혜와 자비심을 내면에 지니고 있었다는 말입니다. 그저 숨겨져 있었고, 그래서 찾을 수가 없었던 것뿐입니다.

우리가 무가치한 벌레들이 아님을 이해하는 게 중요합니다. 우리는 붓다가 될 잠재력을 온전히 가지고 있어요. 그저 잠깐 가려져 있을 뿐인 겁니다. 밖으로 나가서 푸른 하늘을 보려고 했는데 구름이 많이 끼어 볼 수 없는 것과 같은 거예요. 하지만 하늘은 거기 있죠. 구름이 아무리 두꺼워도 하늘은 늘 거기 있습니다. 마치 비행기를 탔을 때 같은 겁니다. 구름이 거기 있지만 그 너머에 무한하고 깊은 푸른 하늘이 있는 겁니다. 거기 도달할 자격이 모두에게 있습니다. 우리는 무지한 죄인이 아니에요. 우리 존재의 바탕 그 자체에 무한한 지혜와 자비심이 들어 있습니다. 그 광경을 잊어버린 채 존재해 왔지만 그것을 되찾는 데까지는 1초도 걸리지 않아요. 마치 수백 년 동안 어둠 속에 있었던 방일지라도 불을 한 번만 밝히면 바로 밝아지는 것과 같습니다. 수백 년간 암흑이었다고 다시 밝아지는 데 그만큼의 시간이 필요한 게 아니란 말입니다. 스위치를 올리는 즉시 거기 빛이 존재합니다. 무지가 얼마나 깊든, 무가치한 느낌이 얼마나 깊든, 자신의 부정적인 감정들에서 얼마나 헤어나지 못하든, 얼마나 소외감을 느끼고 고립되었다고 느끼든, 조건 지어지지 않은 마음의 본성에 닿은 순간 모두 사라집니다. 물론 다시 돌아올 수는 있습니다. 깨달음이란 사람들이 생각하는 것처럼 일회성 경험이 아닌 경우가 많아요. 하지만 그 일별의 순간이 모든 것을 변용시킵니다. 방금, 온갖 잘못된 것들과 자신을 늘 동일시해왔음을 자각했습니다. 그것들은 우리의 본성이 전혀 아니에요! 이는 어째서 이 최초의 일별이 모든 불교 종파에서 그렇게도 강조되는지 그 이유입니다. 제 스승께서 저에게 말씀하시길 딱 한 번만 마음의 본성을 깨달으면 그때부터 명상을 시작할 수 있다고 하셨습니다. 그전까지는 비록 똑바로 해내려 노력하지만, 여기저기 쏘다니며 노는 것에 불과하다고 하셨어요. 그러다 별안간 벼락에 맞은 듯 제대로 보게됩니다. 이제 자신이 뭘 하고 있는지 압니다. 그다음 단계로 이 섬광들을 재현하는 법을 배우기 시작합니다. 그다음으로는 그것들을 연장하는 법을 배워요. 그다음 그 이해를 일상적인 의식에 통합하는 법을 배웁니다.

　　일부 사람들은 심오한 돌파구를 경험하고 나서 자신들이 완전히 깨달았다고 착각합니다. 그러고는 스스로 깨달은 사람이라는 동일시를 일으켜버리죠. 이는 "그래 좋아. 잘했어. 계속 앉아 있어라." 라고 말해줄 스승을 가지지 못했기 때문이에요. 감뽀빠와 관련한 일화가 하나 있습니다. 감뽀빠는 밀라레빠의 수제자였습니다. 밀라레빠는 11세기에 살았던 위대한 요기입니다. 매우 위대한 명상가였을 뿐만 아니라 교수이기도 했어요. 감뽀빠에게는 제자가 여럿이었지만 빡모 두빠(Pagmo Drupa)와 첫 번째 까르마빠(Karmapa)였던 뒤쑴 켼빠(Dusum Khyenpa)가 유명합니다. 빡모 두빠로부터 까규빠 학파가 시작되었습니다. 빡모 두빠는 오랜 시간 명상 중이었음에도 아무 일도 일어나지 않았다고 전해집니다. 그는 점점 지쳐갔어요. 그러던 중 밤새도록 명상에 잠긴 끝에 드디어 일별을 맛보았습니다. 엄청나게 흥분했지요. 곧장 감뽀빠에게 달려가 말씀드렸습니다. 때는 아주 이른 아침이었어요. 감뽀빠는 짬빠를 먹고 있었습니다. 짬빠는 보릿가루 반죽을 구워 만듭니다. 여기에 버터차를 섞어 공처럼 만들면 빡(pag)이라고 합니다. 감뽀빠는 앉아서 빡을 먹고 있었어요. 빡모 두빠가 헐레벌떡 뛰어 들어와서 말했습니다. "오, 제가 그것을 경험했습니다. 드디어 경험했어요." 빡모 두빠는 자기가 경험한 것을 말했습니다. 너무나 신나 있었습니다. 그런데 감뽀빠는 그저 거기 앉은 채 말했습니다. "내 생각엔 네 경험보다 지금 먹는 빡이 더 나은 것 같구나." 제자는 돌아가서 다시 앉아 명상을 이어 나갔습니다. 이게 스승의 역할이에요!

당연히 최초 일별은 아주 중요합니다. 제 스승님은 그것을 이렇게 설명하셨어요. "그건 네가 꾸불꾸불 이어진 산길을 따라 어떤 마을로 여행을 떠난 것과 같다. 처음에 넌 이 길이 실제로 그 마을로 이어졌을지 확신하지 못하지. 심지어 그 마을의 존재 자체에도 확신이 없어. 그저 거기 마을이 있다고 들었을 뿐이다. 그래서 넌 이 길을 계속 따라가다 보면 결국 거기 도달할 거라고 자신하지. 가는 길에 몇

몇 표지판들은 있어. 어느 날 산모퉁이를 돌아 나온 순간, 저기 멀리 그 마을이 눈에 들어왔다. 이는 네 여정에서 엄청난 돌파구일 게야. 이제 넌 마을이 진짜로 존재함을 안다. 이제 넌 이 길이 마을로 이어져 있음을 알아. 길이 구불구불하기 때문에 때로 마을이 보이지 않을 때가 있을는지도 모른다. 하지만 다시 보일 때마다 그것은 조금씩 가까워지지. 그러나 아직 마을에 도착한 건 아니다. 그저 마을의 모습을 스쳐본 것들이었을 뿐이지. 하지만 계속 간다면 어느 날엔간 네가 그 마을에 도착할 거다. 그리고 거기서 살 수 있겠지. 그러면 네가 바로 부처님이다."

　몇 년 전 런던에 살던 한 선불교 대가가 얘기해준 또 다른 예가 있습니다. 그는 마음이란 커다란 거울과 같다고 했어요. 거울은 먼지로 덮여 있습니다. 그리고 당신이 조그마한 핀을 가지고 그 먼지들을 긁고 있는 겁니다. 이를 통해 먼지 아래 거울이 빛나고 있음을 봅니다. 거울 대부분은 여전히 먼지로 덮여 있지만, 그 작은 빛의 반사광이 거울의 진정한 본성이죠. 물론 아직 모두 드러난 것은 아닙니다만 이는 커다란 진일보인 겁니다. 이 모든 먼지 아래 빛나는 거울이 있음을 이제 아는 거죠. 이제 할 일은 그 조그만 빛의 틈새를 더 크게 만들거나 더 많은 틈새를 만들어 나가는 겁니다. 결국 거울 전체가 완전히 깨끗해질 때까지 말이죠. 그래서 사람들이 마음의 본성에 대한 첫 번째 깨달음이 최초의 돌파구라고 말하는 겁니다. 이는 모든 불교 종파에서 똑같이 아주 중요한 점이에요. 바로 그 순간부터 당신은 더 이상 평범한 개인이기를 멈추는 겁니다. 불교적인 표현을 빌자면, 당신은 고귀한 자가 됩니다. 이것이 모든 걸 마쳤다는 의미가 아닙니다. 이게 자신이 소위 보살이라는 의미가 아니에요. 여기서 얼마든지 뒤로 물러날 수 있습니다. 그렇지만 여전히 커다란 돌파구임에는 분명하죠. 우린 이제 뭐가 진실이고 뭐가 진실이 아닌지 이해합니다. 이제 더 이상 모든 것을 믿음에 의지해 받아들일 필요가 없습니다. 이는 직접적인 불이의 경험입니다. 요점은 이것이 아주 쉽다는 겁니다. 어렵지 않아요. 이건 수년에 걸친 수행 끝에 얻어지는 그런 게 아니란 말입니다.

주된 장애물은 이 경험이 일어날 수 있도록 열린 상태로 가기 충분할 만큼 자신의 마음을 이완시키는 법을 알지 못한다는 사실입니다. 우리는 무의식적으로 이것을 몹시 어렵고 아주 고도의 기술을 요구하는 어떤 것으로 계속 생각합니다. 이런 이유로 바로 코앞의 것임에도 알아차리지 못합니다. 이래서 선생이 그렇게도 대단히 도움이 될 수 있는 겁니다. 그 깨달음 속에서 사는 선생이라면, 제자의 마음이 완전히 열려만 있다면, 자기의 경험을 전해 줄 수 있습니다. 여기서 문제는, 만일 너무 많은 기대나 두려움을 갖고 있다면 그것이 어떤 장벽을 만들어낸다는 점입니다. 그렇게 되면 마음을 열기가 몹시 어려워요. 어떻게 해볼 도리가 없습니다.

나이가 70대인 어느 영국인 비구니를 알고 있습니다. 딸도 비구니인데 50대예요. 70대인 노비구니가 제게 말하길 한번은 그녀가 라마 춤을 배우기 위해 따시종에 있는 제 스승님의 공동체에 머물렀다고 합니다. 캄뚤 린뽀체께서 아직 살아계시던 때의 일이었습니다.

그녀는 그의 제자가 아니었어요. 그녀는 겔룩빠 스승을 두고 있었습니다. 그녀는 그저 거기 앉아 춤을 지켜보고 있었다고 합니다. 제 스승께서 춤을 추고 있었어요. 그는 아주 훌륭한 춤꾼이었고 그녀는 그 모습을 계속 지켜봤습니다. 춤을 추다가 어느 순간 그가 뒤돌아 그녀를 똑바로 바라보았습니다. 그 순간 그녀의 마음 전체가 산산이 부서지면서 마음의 본성을 깨닫게 되었다고 합니다. 그녀는 그의 제자도 아니었지만, 그 순간 그녀가 완전히 열려있었고, 그것을 그가 알았기 때문입니다. 깨달음은 그 정도로 우리에게 가까이 있습니다. 우리가 보지 못할 뿐이죠. 이래서 자질을 갖춘 선생이 매우 도움이 될 수 있는 겁니다. 티베트인들은 선생 없이 마음의 본성을 깨닫는 것이 거의 불가능하다고 말합니다. 저는 그렇게 생각하지 않습니다. 실제로 어떤 사람들은 스승 없이도 저절로 마음의 본성을 깨닫습니다. 하지만 좋은 스승이 도움이 되는 건 사실이죠.

이제 앞으로 15분 정도 우리는 그저 앉아 있을 겁니다. 여러분들이 어떻게 하길 원하는지 말씀드리겠습니다. 그저 자신만의 속도로 하십시오. 우선 자기 자신을 현재로 데려올 겁니다. 마음을 분명하게 이 방으로 가져오세요. 그리고 조용히 마음을 몸속으로 가져갑니다. 다시 말해, 자신이 어떻게 앉아 있는지 의식적이 되어 봅니다. 자기 몸의 자세를 의식해 보세요. 몸에 어떤 압력이 어디서 느껴지는지 의식해 봅니다. 그냥 의식하기만 합니다. 그저 있는 그대로 그런 거구나 하고 의식하기만 하세요. 그런 다음 아주 조용히 주의를 들고 나는 숨으로 가져갑니다. 숨에 대해 생각하는 게 아닙니다. 머릿속에 자기가 있어 어느 정도 떨어진 곳에서 숨이 들어오는 것을 내려다보는 그런 것도 아닙니다. 그저 그것을 경험해보려고 하세요. 들어오는 숨과 함께 흐릅니다. 나가는 숨과 함께 흐릅니다.

아마 계속하다 보면 생각이 일어날 겁니다. 우린 생각을 합니다. 생각이란 마음의 자연스러운 놀이예요. 그것들은 바다 표면의 파도와 같은 겁니다. 그것들은 해결해야 할 문제들이 아니에요. 생각하는 것은 마음의 본성입니다. 하지만 거기에 따라갈 필요는 없는 겁니다. 거기에 에너지를 줄 필요는 없는 거예요. 그렇게 과거에 대한 모든 생각들을 놓아버리고, 미래에 대한 예상도 멈추고, 현재에는 어떤 에너지도 주지 마세요. 오직 들어오고 나가는 숨과 함께합니다. 소음이 들릴 수도 있습니다. 그건 그저 청각기관에 부딪히는 음파일 뿐입니다. 소음은 그저 자연스러운 겁니다. 그것이 들리는 것도 자연스럽습니다. 중요하지 않아요. 그 어느 쪽에도 에너지를 주지 않습니다. 어떤 소음이 들릴 때 이런 생각이 들 수도 있습니다. '오 정말 끔찍한 소음이군.' 또는 '저 소리 좀 안 들리면 좋겠다.' 하지만 떠오른 이 말들이 자기의 생각임을 그저 자각하고 다시 진행합니다. 어떤 일이 일어나든 다 괜찮아요. 아무런 문제가 없습니다. 무엇이 올라오든 자각하고, 수용하고, 그러고는 흘려버립니다. 아주 간단해요. 호흡에 머뭅니다. 순간 놓쳤다면 부드럽게 마음을 다시 되돌리세요. 어떤 일이 일어나든 자각하고, 수용하고, 흘려버립니다.

문_ 마치 마음이 갈라져서 한쪽은 목격자 또는 아는 자가 되는 듯 보입니다. 그러면 마음의 일부가 마음의 나머지 부분을 객체로 바라봅니다. 마음의 두 기능을 어떻게 다시 합치고 균형을 맞출 수 있을까요?

답_ 좋은 질문입니다. 정상적인 마음 상태라면 보통 우리는 생각과 느낌에 완전히 잠겨 있습니다. 쓸 수 있는 내적 공간이 없어요. 생각할 때, 우린 자신이 생각인 양 생각합니다. 느낄 때, 자신이 느낌인 양 느껴요. 자기의 생각과 감정에 완전히 동일시하는 겁니다. 그것들에 완전히 믿음을 부여하죠. 그것들에 완전히 삼켜지는 겁니다. 우리가 어째서 이토록 고통받는지에 대한 이유가 여기에 있습니다. 물론 그 생각과 느낌이 온통 행복, 기쁨, 그리고 평화라면 좋습니다. 하지만 그 반대인 경우도 많죠. 우울하고 화나고 좌절하여 결국 이 어두운 감정들에 완전히 휩싸이기도 합니다. 그래서 고통받지요. 명상을 시작하게 되면 표면적인 마음이 잠잠해지기 시작합니다. 그러면 마치 마음의 일부가 한 발 뒤로 물러난 듯 일종의 공간, 또는 거리가 마음속에 만들어지는 겁니다. 마음의 일부가 어떤 고요하고 움직임 없는 관찰자가 되어 그저 알 뿐입니다. 그러면 그 관찰자가 의식하는 생각과 감정이 거기 있습니다. 이런 계발은 그 자체로 엄청나게 도움이 됩니다. 이게 궁극의 실체는 아닙니다만, 여러 가

368

지 이유로 유용합니다. 그중 한 가지가 자신의 중심이 이제 더이상 온갖 생각과 감정의 소용돌이 한복판이 아니라 내적 공간속 한발 물러난 곳에 있다는 겁니다. 그렇게 우리가 숨을 한번돌릴 수 있는 멋진 내적 공간을 갖습니다.

이 내적 공간은 대상을 아주 명확하게 봅니다. 그저 관찰할 뿐절대 판단하지 않습니다. 이제 자기의 생각과 감정을 그저 생각과 감정일 뿐으로 여길 수 있습니다. 이전에 하듯 거기 함부로 신념을 부여하지 않습니다. 그것들은 더 이상 단단하지 않아요. 그것들과 자신을 동일시하지 않습니다. 그저 거품처럼 떠오르는 것들을 봅니다. 나타났다, 커지고, 팡 터지면, 이내 다른새로운 게 올라오죠. 끊임없이 계속됩니다. 이는 마음의 자연스러운 활동이에요. 좋습니다. 하지만 이들 생각과 감정에 더 이상 쫓지 않습니다. 그것들을 있는 그대로 볼 수 있습니다. 그것들은 점점 더 부서지기 쉬워지고, 점점 더 투명해집니다. 그리고 애초에 떠오르기 시작했을 때부터 갖는 공간과 같은 성질이있음을 이해하기 시작합니다. 이 모든 게 그저 무지개 같은 것들이었음을 이해하기 시작합니다. 그것은 실제가 아니에요. 어떤 생각도 잡거나 쥘 수 없습니다. 생각은 실제로 투명합니다.

이런 종류의 마음 상태를 기르면 우리의 영적 여정에 큰 도움이 됩니다. 어렵지 않아요. 사실 엄청 쉽습니다. 늘 이게 너무 어렵다고 생각해서 다른 사람들은 할 수 있어도 자기는 못 할 거로 생각합니다. 하지만 실제는 그냥 손가락 튕기는 것처럼 쉽습니다. 딱 하면 바로 됩니다. 문제는 그 후에도 계속 꾸준히 해 나가느냐 하는 거죠. 잘못 알기는 쉽습니다. 하지만 일단 단 1초라도 제대로 알게 되면, 이게 그리 특별한 게 아님을 이해할 겁니다. 그저 지금 이 순간 현존하되 거기 빠져들지 않을 뿐인 겁니다.

자, 이제 우리에게 관찰자라고 하는 주체가 생겼습니다. 그리고 생각들, 즉 관찰되는 객체도 있어요. 이제 궁금한 점이 이 둘을 어떻게 합치는가였죠. 좋은 소식은 그럴 필요가 없다는 겁니다. 어느 시점에 가면, 즉 마음이 완벽하게 깨어 있고 완전히 현존하며 동시에 완전히 이완되면, 전체가 다 허물어져 내리면서 어느새 자연스럽게 불이의, 즉 둘이 아닌 알아차림에 있는 자신을 발견하게 됩니다. 비록 잠깐일지라도 그 잠깐의 순간 동안 알아차립니다. 그 일이 일어나게끔 하는 어떤 조작도 불가능합니다. 다만 그 일이 자연스럽게 일어날 수 있는 조건들을 만들어낼 수 있을 뿐이에요.

문_ 약 3년 전 제가 요가 수업을 받을 때였습니다. 모든 게 점점 확장되기 시작했어요. 저는 겁에 질렸습니다. 이럴 때 두려움을 어떻게 다룰 수 있을까요?

답_ 실제로 마음은 무한한 공간과 잠재력이 있습니다. 또 여러 가지 상태가 있죠. 에고는 이 모든 것에 대해 통제권을 갖길 원하죠. 통제력을 잃을 듯 보이면 에고는 위협을 느낍니다. 색다른 정신 상태가 나타나는 걸 목격하면 무슨 일이 일어나고 있는지 이해하지 못해요. 그래서 두려움이 일어나고 우린 겁에 질리죠. 이런 일이 일어남을 자각하면 그저 긴장을 풀고 일종의 내적 호기심을 지닌 채 그 순간 속으로 몰입해서 어떤 일이 펼쳐질 것이며, 그것이 자신을 어디로 이끌지 지켜보는 게 좋은 생각입니다. 마음은 온갖 종류의 상태로 나타날 수 있습니다. 온갖 종류의 게임들을 즐기거든요. 그 어떤 것에도 집착하지만 않으면 됩니다. 하지만 때로 마음이 진정으로 스스로 확장되길 원할 때가 있습니다. 그 일상적인 개념적 생각을 뛰어넘고자 할 때가 있는데, 그러면 우리가 그렇게 할 수 있는 공간을 제공해주고 싶을 수도 있겠죠. 그래서 아마도 그 요가 이완 동작들이 모종의 방법으로 마음의 또 다른 층을 활성화해서는 그것이 의식화되길 바랐을는지도 모릅니다. 어쩌면 그런 일이 일어나게끔 그냥 맘 편히 허용하는 쪽이 좋은 생각일지도 몰라요.

만약 특정 신념 체계를 가지고 있다면 그 안에서 피난처를 찾을 수도 있습니다. 그게 당신을 보호해줄 거예요. 티베트인들은 명상을 시작하기 전, 이건 아마 모든 불교도가 똑같을 텐데, 붓다·불법·승단에 귀의함으로 피난처를 삼습니다. 티베트인들은 구루 요가라고 부르는 것도 합니다. 이 수행에서는 최초의 부처님부터 시작해 자신이 속한 법맥의 모든 스승을 연대순으로 시각화하고, 마지막에 지금 자신의 스승으로 끝을 맺습니다. 그런 다음 그들 모두에게 축복을 내려달라 기도드리죠. 그들 모두가 자신의 근본 스승으로 내려와 자신 안으로 녹아들고, 그 마음과 자신의 마음이 하나가 되는 상상을 합니다. 이렇게 하는 이유는 우선 자기 법맥의 축복을 일으키기 위함이지만, 이는 일종의 보호이기도 해서 명상 중에 어떤 일이 일어나도 문제없게 만듭니다. 그럼 그저 이완해서 뭐든 일어날 일이 일어나게 허용하기만 하면 되는 거죠. 두려움 없이 말입니다. 뭔가 거슬리는 일이 일어나면 다시 한번 자신의 신념 체계상 적절한 특정 스승들을 소환하면 되는 겁니다. 그러면 어떤 나쁜 일이든 바로 사라질 겁니다.

문_ 스승을 갖는 이점에 대해서는 이해하겠습니다. 그런데 스승이 자신을 찾아낼 것이기에 일부러 찾아다닐 필요가 없다고도 알고 있는데요, 이에 대해 어떻게 생각하십니까? 특히 성장하길 원하는 수행자 또는 학생의 입장에서 말입니다.

답_ 학생이 준비되면 스승이 나타납니다. 하지만 이 생각은 너무 극단적으로 치우칠 수 있어요. 이상적인 스승이 나타나 말 몇 마디만 던져 주면 팍하고 깨치게 되는 그런 상상을 하며 평생을 기다리는 사람들도 있습니다. 그런 와중에 아무것도 안 합니다. 그저 기다리고 있으니까요. 이게 한 극단입니다. 이런 사람들은 영적인 지식을 얻는 유일한 방법은 완벽한 스승을 찾는 길뿐이라고 믿습니다. 자기 스스로는 아무것도 할 필요가 없다고 생각해요. 완벽한 스승이 나타나 날 찾아내 줄 거야. 스스로 한번 자문해 보세요. 그가 뭐 하러 굳이! 다른 한편, 카르마 적인 연결이 없는 한, 세상을 헤매며 모든 가능한 구루를 만나 봤음에도 결국 아무것도 얻지 못하는 경우도 있는 게 사실입니 다. 제 생각에 이는 많은 부분 카르마에 달려 있어요. 올바른 스 승을 만날 카르마적 연결이 있다면, 그를 만날 겁니다. 그렇지 않다면 만날 수 없을 거예요. 하지만 그렇게 스승과 가르침에 접근하려 노력하는 와중에 그래도 뭔가 배우고 익히는 게 있을 겁니다. 어쩌면 스스로 일정 수준에 도달하기 전까지는, 심지어 부처님을 마주쳤다 해도, 그분이 우리를 도울 수 없을지도 모 릅니다. 어쩌면 스스로 모든 준비를 다 할 필요가 있을 수도 있 어요. 그렇게 해서 완벽한 스승을 만나더라도 그가 도울 수 있 게끔 하는 거죠. 지금 당장 스스로 준비를 시작해야 할 의무가 있어요. 스스로 명상을 배우고, 윤리적인 삶을 함께 챙기고, 자 기의 동기를 정화할 수 있는 겁니다. 마음을 길들이고 집중하 고 정화해 더욱 미묘한 상태로 만드는 수행법이 있습니다. 이 런 수행법을 실천한 다음 완벽한 스승을 만나는 행운을 갖는다 면 정말로 도움이 될 고유의 가르침을 받을 준비가 된 겁니다. 그렇지 못하면 스스로 이미 배워두었어야 할 ABC부터 가르치 느라 소중한 스승의 시간을 낭비하게 만드는 겁니다.

문_ 선처(善處)에 환생하려면 어떻게 해야 할까요?

답_ 선한 동기를 가지고 덕망 있는 행동을 하면 됩니다. 우리가 왜 여기에 있죠? 내면의 자질을 계발하고 어떤 상황에서도 가슴을 열 수 있도록 하기 위함입니다. 그럭저럭 잘살고 있다고 하면 그건 그것대로 좋은 일입니다. 또 그것이 인간 생을 낭비하는 것도 아닙니다. 다만 이 인간 생이 동물계, 신계, 지옥계 또는 아귀계와 무엇이 다른지 한 번 자문해 볼 필요가 있어요. 인간으로 태어나는 게 어째서 그렇게 소중합니까? 인간은 자신의 행위를 선택할 수 있습니다. 우린 자신의 행위에 책임을 집니다. 동물처럼 아주 본능적인 수준에서 상황에 따른 반응을 할 수도 있고, 인간만의 어떤 독특한 방식으로 행동할 수도 있어요. 그것이 우리의 지능입니다. 일어나는 모든 것에 책임 있는 선택을 할 수 있습니다. 그래서 인간의 생이 환상적인 겁니다. 누군가 자신을 모욕하면 모욕으로 되갚아줄 수도 있고, 때릴 수도 있고, 굴욕감과 함께 자리를 피하며 자신이 모든 사람에게 모욕받아 마땅하다고 스스로 비난할 수도 있습니다. 또는 상황을 이해와 인내를 가지고 살펴 그 누구도 비난하지 않고 능숙하게 다루어낼 수도 있습니다. 그런 선택권이 있어요.

명상으로 얻는 이득 중 하나는 마음을 좀 더 깨끗하게 만들어 상황에 그저 자동 반응 버튼이 눌린 것처럼 반응하지 않게 되는 겁니다. 지혜롭게 선택한다면 상황을 분명하게 살필 여유를 스스로 갖게 되고, 그만큼 적절한 반응을 할 수 있게 됩니다. 적절하고 능숙하게 반응하면 적절하고 능숙한 환생을 하게 될 겁니다. 우린 윤리적인 삶을 살아야 해요. 불교 윤리는 남을 해치지 않는 것을 골자로 합니다. 물론 우린 늘 뭔가에 해를 끼치고 살지만, 이것은 정도의 문제예요. 만일 '내가 이 당근을 먹을 때마다 수많은 곤충이 죽임을 당했고, 이 당근 또한 생명이다.' 등의 생각을 하기 시작한다면 결국 이 거대한 극단적인 견해에 사로잡혀 옴짝달싹 못 한 채 그저 굶어 죽을 수밖에 없을 겁니다. 그건 어떤 해결도 주지 못해요. 불교 윤리를 따름으로써, 우리는 죽이지 않습니다. 삶을 앗아가지 않습니다. 곤충들을 포함해 모든 존재에게 삶이란 가장 소중한 소유물이기 때문이죠. 곤충에게 가장 소중한 건 자신의 생명입니다. 모든 존재의 살 권리를 존중하는 건 중요해요. 우린 이 지구에 엄청난 재앙들을 유발합니다. 우리가 너무 변덕스럽기 때문에 그런 겁니다. 이런저런 것들이 쓸모없다고 결정하면 파괴해 버립니다. 그런 다음 뭔가 다른 부분이 고장이 나는 걸 발견하고 우리가 파괴했던 그것이 고장 난 부분을 조절하고 있었음을 뒤늦게 알죠. 지구는 스스로 균형상태에 있지만 우리의 멍청함과 '이건 좋은 것, 저건 나쁜 것'하고 구분 짓는 개념 덕분에, 또한 우리에게 좋아 보이지 않는 것이라면 뭐든 그저 없애버려도 된다고 단정지음으로써, 막대한 해를 끼치고 있습니다. 모든 것이 제각각 역할이 있음을 존중해야 합니다. 그것이 우리가 좋아하지 않는 것일지라도 말이죠.

도둑질하면 안 됩니다. 우리 물건을 훔치는 사람을 좋아할 순 없습니다. 다른 사람의 재산에 대해 자신도 권리가 있다는 생각은 현명하지 못합니다. 그것은 해롭지요. 성적인 행동에 책임지는 법도 배워야 합니다. 이 시대에 우리는 너무 무책임합니다. 막대한 숫자의 낙태가 이를 방증합니다. 우린 자신이 하는 행위의 결과를 생각하질 않아요. 다른 사람들에게 어떤 영향을 미칠지, 자신에게 어떤 영향을 미칠지, 또는 사회에 어떤 영향을 미칠지 고려하질 않습니다. 우린 태어나지 못한 아이들에 대해 생각하지 않아요. 그들도 인간일진대 말입니다. 그저 신경 쓰지 않습니다.

우리는 왜 이토록 비참합니까? 매혹적인 외모를 가지면 행복해질 거로 생각합니다. 하지만 그렇지 않습니다. 모두가 너무나 신경질적이고, 너무나 비참하고, 너무나 엉망진창이에요. 스스로 행동에 책임지지 않고 그 반향을 생각하지 않기 때문입니다. 우린 타인에게 해를 끼치고, 스스로에게도 해를 끼치고 있어요. 우린 거짓말을 합니다. 닫혀있거나 정직하지 못해요. 다음으로 술과 마약 중독 문제가 있습니다. 중독은 타인에게, 자신에게, 사회에 악영향을 끼칩니다. 불교 윤리는 어떤 것도 2,500년 전 붓다 시대의 인도 마가다에서의 삶에만 적용해야 하는 건 없습니다. 그보다 더할지언정 그 당시만큼 오늘날에도 유효해요. 그 수칙들은 문화와는 아무 관계도 없습니다. 붓다가 현재의 인도 지역에서 활동했다는 사실과도 아무런 관계가 없어요. 그 수칙들은 보편적으로 적용이 가능한 것들입니다. 이는 뭔가를 먹을지 말지에 관한 게 아닙니다. 심지어 누구와 잠자

리를 같이 할지 말지에 관한 것도 아니에요. 누군가와 왜 성관
계를 맺으며 또 그 반향은 어떨지 고려하는 겁니다. 혹시 누군
가에게 부정적으로 영향을 미치지는 않을지에 관한 겁니다. 우
리가 해를 끼칠 수도 있을지 아닐지에 관한 얘기예요.

모든 것을 잘 보살피고 성장하는 방향으로 실천해야 합니다.
달라이 라마께서 말씀하시는, 소위 보편적 책임감을 가지는 방
향으로 삶을 이끌면 잘못된 방향으로 갈 수가 없습니다. 인간
으로서 우리의 역할을 저절로 충족시키기 때문이에요. 명상은
이를 실천하는 데 더 큰 명료함을 제공합니다. 하지만 또한 우
리의 윤리적 실천이 명상을 지지합니다. 윤리적으로 행동하지
않는다면 명상을 할 수가 없다고 붓다는 늘 말씀하셨습니다.
마음이 너무 많이 방해받기 때문이에요. 삶에 윤리적인 행동이
확립되면 내적으로 더 평화롭고 고요해집니다. 마음이 훨씬 더
빨리 안정될 수 있어요. 마음이 안정되면 점점 더 깨끗해집니
다. 그러면 이해와 지혜가 저절로 일어나요. 그리고 그것들이
통합됩니다. 하나만 얻고 나머지 하나는 버릴 수 없습니다. 그
냥 한 묶음인 겁니다.

지혜에 관한 말을 들을 때 사람들은 아주 행복해합니다. 명상
에 관하여 들을 때도 아주 행복해요. 그런데 윤리 얘기를 꺼
내면 심하게 동요합니다. 윤리 강령은 모든 것이 세워질 기초
인데도 말입니다. 그것은 '이것을 해서는 안 되고, 저것을 해서
도 안 된다.' 같은 게 아니에요. 계명이 아니라는 말입니다. 심지

어 다섯 계율[五戒]에서도 "살생하면 안 된다. 도둑질해서도 안 된다."라고 말하지 않아요. 그저 "함부로 생명을 빼앗지 않는다는 규칙을 듣고 받들겠습니다."라고 합니다. 그것들은 훈련 규칙들이에요. 지금 세상에서도 다른 존재들에게 해를 끼치지 않고 살겠다는 게 우리 동기가 되어야만 합니다. 사람들이 그저 그 정도만 할 수 있어도 얼마나 순수한 세상에서 살게 될지 상상해 보세요!

문_ 살면서 어떤 상황에서 비윤리적인 행동을 했었다면 이를 고치는 과정에는 어떤 게 있을까요?

답_ 매우 특정한 과정들이 있습니다. 누군가 정말 끔찍한 일을 저질렀고 그에 대해 후회하고 있다고 쳐요. 불교 전통에는 "네 가지 반대되는 힘(gnyen po stobs bzhi / four opponent powers)"이라 부르는 것이 있습니다. 그중 첫째가 회한입니다. 우리가 후회하지 않는다면 그 어떤 것도 정화되지 않을 겁니다. 우리의 기본적인 태도가 '그건 영민함의 일종이었어, 모든 사람이 그렇게 하진 못하거든.'이라는 식이라면, 그리고 속으로 우리가 저지른 일에 대해 아주 기뻐한다면, 그것을 정화할 방법은 없겠죠. 그런 행동이 마치 독을 마신 것과 같음을 알아야 합니다. 이는 전통적인 비유예요. 독을 마시고는 생각합니다. '맙소사, 내가 무슨 짓을 한 거지?'

둘째, 의지하는 힘이라 불리는 것이 있습니다. 이는 어떤 행동을 정화하는 데 의지할 만한 뭔가를 이용한다는 뜻입니다. 티베트불교에는 특별히 정화에 맞춰진 수행법들이 몇 가지 있습니다. 티베트불교에 대해 좀 아는 분들이라면 즉시 금강살타(Vajrasattva) 수행을 떠올리실 겁니다. 천 개의 팔을 가진 관음(Chenrezig)의 금식 수행이라는 것도 있습니다. 서른다섯 분의 부처님께 고백하며 절하는 수행법 등등 많아요. 이들 다양한 정화 수행들이 의지할 힘을 소환합니다.

셋째, 해독제의 힘이 있습니다. 마치 독에 대한 해독제처럼 자신이 저질렀던 행위와 반대되는 뭔가를 한다는 뜻입니다. 예를 들면 제 친구 중 한 명이 평화운동 단체에 있었습니다. 그녀가 맡았던 프로그램은 양계장을 만드는 일이었어요. 그녀의 동기는 닭을 길러 마을 사람들에게 단백질을 공급하고 돈을 벌게 하자는 것이었습니다. 그러다 나중에 불교 신자가 되고 보니 자신이 수백 마리 닭들을 직접 죽였고, 적어도 수천 마리의 죽음에 책임이 있었음을 깨닫게 되었어요. 그녀는 자신이 저지른 일 때문에 공포에 질렸습니다. 그 동기는 나쁘지 않았어요. 닭들에 대해 개인적인 적대감을 느꼈던 것도 아니지만 자기의 행동이 무지에서 비롯되었음은 분명했습니다. 닭들에게도 생명이 있습니다. 닭들에게는 자신의 생명이 무엇보다 소중합니다. 닭들에게 소중한 생명을 빼앗는 행위가 옳지 않은 것임을 미처 몰랐던 겁니다. 그녀는 너무나 속상해했어요. 그 이후로 그녀는 기회가 생길 때마다 생명을 구하고 있습니다. 물고기들을 바다에 놓아줍니다. 새들을 풀어주기도 해요. 도살 예정이었던 양들을 구매해서 돌봐주길 희망하는 사람들에게 나누어 줍니다. 과거에 자신이 빼앗았던 모든 생명에 대한 해독제로서 의도적으로 이런 일들을 합니다. 우리도 과거에 저지른 해로운 일들에 반대되는 행위를 해볼 수 있어요.

넷째, 똑같은 잘못을 두 번 다시 하지 않겠다는 맹세의 힘입니다. 뭔가 저질렀고 그것이 잘못된 일임을 아는데도 그 짓을 계속한다면 진정으로 반성한 게 아니겠죠. 진심이 아닌 겁니다. 자신이 독을 마시고 있었음을 정말로 알았다면 다시는 마시지 않을 겁니다. 그래서 네 번째 힘은 다시 반복하지 않겠다는 맹세의 힘입니다. 이것이 진정 마음속 깊이 우러나온 것이라면 진정한 정화가 가능합니다.

문_ 새들을 놓아주는 것에 대해 생각해 봤는데요, 실제로 아직 해보진 않았지만, 차라리 그냥 새장 속에서 사는 게 더 낫지 않을까 하는 생각이 들기도 합니다. 어떻게 생각하세요?

답_ 생명을 풀어주는 일에는 상당히 모호한 면이 있습니다. 방생(放生)은 동양에서는 아주 흔한 수행입니다. 이런 이유로 새들을 사로잡아 아주 잔인한 환경에서 보관하다가 독실한 불교 신자들이 찾아오면 판매하는 일로 생계를 유지하는 사람들이 많아졌습니다. 더 끔찍한 건 이 새들이 곧바로 다시 사로잡힌다는 사실입니다. 어떤 사람들은 거북이를 좋아해서 사원의 연못에 거북이들을 풀어 줍니다. 그게 반복되어 연못이 거북이로 가득 찹니다. 결과적으로 거북이들을 일종의 지옥에 살게 만드는 꼴인 겁니다. 이렇듯 아무 생각 없이 독실한 건 좋지 않아요. 우린 좀 더 이성적으로 판단해야 합니다. 중국 식당의 커다란 수조에서 물고기를 사서 바다에 놓아준다면 살아남을 가능성이 높겠죠. 이런 행위를 할 때는 많은 기도와 만트라를 함께 암송합니다. 동양에서는 도축될 양이나 염소를 사서 돌봐줄 의향이 있는 사람들에게 나누어주기도 합니다. 이 경우 특별한 조각 리본을 달아둡니다. 그렇게 해서 그 동물이 구출된 동물임을 모두가 알아볼 수 있게 하는 거죠. 죽이지 말라는 의미입니다.

문_ 제가 살고 있는 호주 어느 지방에서는 일종의 나무를 좀먹는 벌레들이 매년 나무들을 공격합니다. 그것들을 없애지 않으면 나무가 죽습니다. 이런 경우 어떤 조언을 주시겠습니까?

답_ 좋습니다. 이 부분에 있어서 논란의 여지가 많음을 인정하겠습니다. 무엇보다 우선, 이곳은 육도윤회의 세상이에요. 탄생과 죽음이 있는 세계란 말이죠. 그 본연의 속성상 모든 면에서 만족스러울 수는 없습니다. 그리고 붓다도 속세의 삶은 먼지로 가득하다고 하셨죠. 다시 말해, 속세에서는 윤리 강령을 완벽하게 따르기가 몹시 어렵다는 겁니다. 늘 타협하며 결정을 내려야 합니다. 이 경우 당신은 어느 쪽이 더 중요한지 결정을 내려야 합니다. 나무들 또는 벌레들. 그건 당신만의 선택이에요. 만약 자신에게 나무들이 더 의미 있다고 결정한다면, 그것이 당신의 선택이 될 것입니다. 다만 개인적으로 제안하는 바는, 나무에 살충제를 뿌리기 전에 벌레들에게 말을 건네라는 겁니다. 좀 바보같이 들리실 수도 있습니다. 하지만 자신이 뭘 하려고 하는지 벌레들에게 미리 말해주세요. 벌레들에게 어떤 선택지가 있는지 분명하게 말해줍니다. 이렇게 말해주는 거죠. "봐봐, 나도 아주 유감이지만 말이야, 이게 너희들 생계가 달린 일이란 걸 알고 있어. 이게 너희들의 천성이겠지. 너희들 잘못이 아니라는 것도 알아. 하지만 난 이 나무들에 아주 애착이 있단다. 나무들이 죽는 것을 원치 않아. 그래서 미안하지만 너희들이 물러나지 않는다면 난 죽일 수밖에 없어. 너희들 결정에 달려 있단다. 마음을 먹을 때까지 48시간 여유를 줄게."

말부터 생각에 이르기까지, 아주 분명하게 얘기하세요. 여러 번 얘기하십시오. 그리고 기회를 주세요. 정말로 그 벌레들과 소통할 수 있다면, 아마 그들은 떠나기로 할 겁니다. 벌레들과 엮이고 싶어 하지 않을 수도 있어요. 하지만 적어도 시도는 해보셔야 합니다. 그들에게 정당한 기회를 주세요. 그리고 그들이 물러나지 않아 할 수 없이 죽여야만 하는 경우라도 그 책임을 느끼며 유감스러운 마음을 가지고 하세요. 죽이며 기뻐하진 마시라는 겁니다. 또한 그들의 더 좋은 환생을 빌며 기도합니다. 이들은 중생이에요. 그들도 똑같은 불성을 지닙니다. 그들 모두 우리와 마찬가지로 미래 생에 성불의 가능성을 가진단 말씀이죠. 그들도 살아갈 권리가 있다는 거죠. 결국 생명을 아무 생각 없이 함부로 빼앗아서는 안 된다는 얘기입니다. 책임감과 유감 스러운 느낌이 있어야 해요.

문_ 죽이지 않고 활동을 약화하는 정원관리용 스프레이들이 시중에 많이 나와 있습니다.

답_ 맞아요. 정말 그렇습니다. 저라면 우선 그것의 사용부터 고려해 보겠습니다. 우리는 이런저런 결정들을 내려야만 하죠. 쉽지 않아요. 하지만 적어도 아무 생각 없이 하지 말고 책임감 있는 결정을 내려야 합니다.

문_ 육류를 섭취하는 것과 관련하여 테라와다불교와 밀교 간의 차이점은 어떤 게 있을까요? 밀교에서 고기를 먹는 건 상대적으로 더 흔한 것으로 보입니다.

답_ 붓다가 고기를 드셨다는 건 상당히 명백해 보입니다. 율(Vinaya)에는 고기를 먹으면 안 된다는 말이 어디에도 없어요. 저는 채식주의자입니다. 따라서 이것이 제가 옹호하는 의제는 아니에요. 붓다의 사악한 사촌 데바다타(Devadatta)는 승단 분열을 꾀한 적이 있었습니다. 그의 제안은 승단의 규칙을 원래보다 더 엄격하게 하자는 것이었어요. 그는 모든 승려가 반드시 다 해진 가사를 입어야 한다고 주장했습니다. 반면 붓다는 원한다면 그렇게 해도 되지만 꼭 그럴 필요는 없다고 말씀하셨죠. 누군가

새 가사를 보시한다면 그걸 입어도 괜찮다고 하셨어요. 데바다타는 모든 승려가 반드시 탁발을 통해 생계를 유지해야 한다고 주장했지만, 붓다는 기본적으로 탁발이 원칙이지만 만일 누군가 식사에 초대하면 응해도 좋다고 말씀하셨습니다. 데바다타는 모든 승려가 나무 아래에서 생활해야 한다고 주장했지만, 붓다는 나무 아래에서 살 수도 있지만 누군가 오두막을 제공하면 그곳에 머물러도 된다고 하셨어요. 데바다타는 모든 승려가 엄격한 채식주의자가 되어야 한다고 주장했습니다. 붓다는 원한다면 그렇게 해도 되지만 탁발한 음식은 전부 먹어야 한다고 하셨습니다. 승려들은 이른 아침에 이집 저집을 돌며 조리된 음식을 모읍니다. 이것은 승려들이 완전히 비-차별적이어야만 한다는 생각인 겁니다. 어떤 것이 제공되든 모두 받아들여야 한다는 얘기죠. 그런 연유로 채식주의자가 없는 곳에서 승려들 역시 채식주의자가 아닌 겁니다. 테라와다불교 국가에는 채식주의자가 흔치 않습니다. 당연히 승려들도 채식주의자가 아니죠. 매우 복잡한 상황이에요.

대승불교에서 중요시하는 경전 중에 『능가경』이라고 있습니다. 거기에는 붓다가 고기를 먹는 것에 대해 엄청나게 공격하는 내용들로 가득합니다. 대부분 그게 순수하지 못하다는 이유예요. 이건 어떤 면에서 힌두교와 상당히 흡사합니다. 하지만 어찌 되었든 대승불교에는 고기를 먹는 것에 대해 상당히 삐딱한 시선이 존재합니다. 그런 이유로 한국과 중국 같은 대승불교 국가들에서는 승려들이 철저한 채식주의자들입니다. 심지어 중국 사람들은 유제품도 잘 먹지 않습니다. 단백질 공급은 주로 두부를 통해서 합니다. 그래서 대승불교 사원에 가면 늘 채식을 제공받는 겁니다.

밀교는 인도에 있던 거대한 사원식 대학들과 그 주변에서 흥기했습니다. 지금 상상해 보면 이 대학들을 다니는 승려 중 많은 수가 브라만과 크샤트리아 계급이었을 겁니다. 다시 말해, 상류 계급 사람들이었다는 거죠. 이들은 대승불교도였어요. 그 말은 고기를 먹지 않았다는 의미이죠. 그들은 순수했어요. 독신을 지키고, 술을 마시지도 않고, 채식했습니다. 채식주의 원칙은 영적인 길을 대하는 그들의 마음과 연관되어 있었습니다. 그러다가 종종 밤에 모이는 마녀집회 비슷한 소모임이 생겼습니다. 그들은 사원 바깥에 모였는데, 대개 묘지가 그 장소였어요. 왜 묘지냐고요? 첫째, 이런 곳은 아주 으스스한 장소이기 때문입니다. 둘째, 누구도 밤에 이런 곳에 오지 않기 때문이에요. 그들이 거기 나타나는 것은 비밀에 부쳐질 것이었습니다. 이들 장소에서 그들은 평소의 방식을 깨는 온갖 것들을 했습니다. 그들은 술을 마셨어요. 주위에 소녀들을 대동했지요. 고기도 먹었습니다. 춤도 추었습니다. 노래도 불렀죠. 자신들이 스스로 세운, 영적인 수행이라면 이러이러한 것들은 금기시된다는 그 모든 것들을 깨버렸습니다. 그들에게는 일종의 카타르시스였어요. 이 모든 것들이 안 그래도 이미 엄청나게 무시무시한 납골당 같은 분위기 속에서 이루어졌습니다. 그 당시의 납골당은 오늘날처럼 꽃과 환한 빛과 천사 조각상들이 있는 깔끔하게 정돈된 그런 곳이 아니었어요. 그곳에 그냥 시체를 가져다가 던져놓으면 자칼과 독수리들이 찾아와서 먹어 치우는 그런 곳이었던 겁니다. 상당히 무시무시한 곳이었고, 온갖 종류의 기괴한 일들이 벌어지는 곳이었어요. 이런 무섭고 꺼려지는 장소들에서 모든 금기들을 깨뜨려 버릴 수 있었던 겁니다. 이는 티베트 전통에서 차라리 좀 미적지근하다 싶은 방식으로 재현되는데, 그것이 촉(tshogs)이라고 알려진 두 달에 한 번 열리는 축제입니다.(촉은 스승과 본존, 불보살, 호법신에게 공양을 올리거나 중생, 영가에게 보시를 베푸는 것이다. 이로 인한 공덕으로 소원을 이루거나 장애를 제거한다.) 촉 기간에는 사원 또는 불교센터 안에서 매우 순화된 형태로 약간의 술과 고기를 먹는 것이 허용됩니다. 그런 다음 어떤 아름답고 고무적인 밀교 노래를 부릅니다. 하지만 이는 실제로 벌어졌던 일의 어떤 흐릿한 반영의 흐릿한 반영의 흐릿한 반영입니다. 그저 이것이 무엇에서 비롯된 것인지 짐작하게 해 줄 뿐이죠.

밀교는 순수함과 불순함이라는 우리의 분별에 내적인 정신 혁명을 일으키는 것을 목표로 합니다. 인도인들은 순수함이라는 개념에 광적으로 집착해요. 밀교는 이것을 깨부수려는 시도였습니다. 몇몇 힌두 요기들은 오늘날에도 그런 모든 전통 수행을 합니다. 힌두 탄트라 요기들은 아주 재밌는 사람들이에요.

그들은 진짜로 묘지에서 삽니다. 시체들 위에 앉아있어요. 시체를 먹기도 합니다. 오늘날까지도 여전히 그런 짓을 하는 이유는 그런 행위들을 '할 수 있다.' 또는 '할 수 없다.'라는 정신적인 금기들을 깨부수고 희망과 두려움, 끌림과 밀침 너머로 넘어갈 도구로 삼기 때문입니다. 그들은 관습적으로 극히 혐오스럽다고 여겨지는 모든 행위를 합니다. 이상이 그 전후 사정이었습니다.

『광장(Agora)』이라는 아주 흥미로운 책이 있습니다. 현대를 살아가는 어떤 밀교 수행자가 시간의 반은 봄베이의 사업가로 살고, 나머지 반은 옷을 모두 벗은 채 묘지에서 생활한다는 얘기입니다. 내용은 가히 충격적입니다. 하지만 책을 읽어보면, 이는 지난 8세기 마하싯다(Mahasiddha, 명상 수련을 통해 신통력을 얻은 자)들의 삶에 대한 회상으로 볼 수 있어요. 불교가 티베트로 전해졌을 무렵, 이들 밀교 수행들은 순화되어 단지 상징적인 것들로 전락한 상태였습니다. 원래대로라면 다섯 가지 감로수라는 것들이 있는데, 굳이 제가 각각 묘사하지는 않겠지만, 모두 상당히 혐오스러운 것들이었다는 점만 말씀드리겠습니다. 오늘날에는 술에 허브 알약들을 넣어 사용합니다. 하지만 그 옛날에는 장난이 아니었어요. 그들은 전통 재료들을 사용해서 만들었습니다. 그렇게 했던 이유는 무엇을 받아들일 수 있고 무엇은 그렇지 않은가 하는 정신적인 개념들을 초월하려고 시도했기 때문입니다. 이것이 밀교란 무엇인가 하는 질문의 답이에요. 지금은 주류에 합쳐지면서 많은 것들이 유실되었습니다. 물론 티베트에선 여전히 정기적으로 위대한 깨달은 스승들을 배출해내고 있는 걸로 봐서는 뭔가 아직 제대로 작동하고 있긴 합니다! 하지만 밀교적인 측면은 소실된 것이 맞습니다.

자, 그래서 다시 고기 문제로 돌아와 봅시다. 그래요, 고급 밀교에서 육식을 허용한다는 개념은 충격이었습니다. 술을 마셔도 된다. 고기를 먹어도 된다. 불교가 처음으로 티베트로 건너갔을 때 그곳 사람들은 중앙아시아의 상당 부분을 정복한 지 얼마 지나지 않은 매우 거칠고 야만적이었습니다. 그들은 매우 호전적입니다. 오늘날도 다르지 않습니다. 이는 그들이 어째서 그렇게 훌륭한 수행자들인지에 대한 이유이기도 합니다. 그들은 전사의 영혼을 소유한 자들이기에 산적 떼가 되든지 아니면 위대한 수행자가 되든지 했던 겁니다. 그들은 날 것 그대로의 에너지가 넘칩니다. 그래서 8세기 처음으로 밀교가 파드마삼바바에 의해 티베트에 소개되었을 때 티베트인들은 거기 완전히 매료되어 버렸어요. 뭐, 금방 그렇게 된 건 아니었습니다. 처음엔 아주 회의적이었어요. 그들은 이미 대승불교를 경험했었습니다. 밀교가 티베트에 소개된 시절에는 실제로 많은 논란이 있었어요. 하지만 어느 정도 시간이 지난 후에 받아들였습니다. 그게 정말 효과가 있었거든요. 거기다 합법적인 영적 수행법이기도 했습니다. 일단 긴장을 풀고, 그게 딱히 악마적인 것이 아님을, 괜찮은 것임을 깨닫게 되자, 그들은 엄청난 열정으로 밀교에 집중했어요. 그것이 티베트인들의 성격에 기가 막히게 잘 맞아떨어졌거든요. 마치 티베트인들을 위해 만들어진 것 같았습니다.

모든 종교에는 일정 부분 위선적인 면이 존재합니다. 고기를 먹어야 한다는 말이 실제로 밀교에 나오지는 않아요. 요즘 들어서는 점점 더 많은 라마들이 채식주의자가 됩니다. 특히 젊은층일수록 채식주의자가 많습니다. 건강 문제 때문이기도 하지만 대개는 보편적인 자비심에 대해 떠들고는 뒤돌아서서 소고기나 닭고기를 먹는다는 게 위선적임을 알아차렸기 때문입니다. 하지만 그것이 깨달음과는 전혀 무관하다는 게 제 신념이에요. 저는 티베트불교의 아름다운 점 중 하나가 대부분의 영적 전통에서 절대적으로 "안 돼."라고 여겨지는 온갖 것들을 한다는 데 있다고 생각해요. 그들은 지저분합니다. 청결함이 신앙 다음이라고요? 꿈도 꾸지 마십시오. 그들은 온갖 것들을 먹습니다. 고기도 먹고 양파도 먹고 마늘도 먹어요. 술도 마시고. 하여튼 해서는 안 될 것 같은 온갖 것들을 하지만 어쨌거나 그들은 깨달음을 얻는답니다! 실제로 이런 얘기들은 우리가 들으면 좋을 것들입니다. 이런 것들에 집착을 보이면 안 된다는 점을 상기시켜 주거든요. 고기를 먹지 않는다면 좋아요. 청결하게 사는 것도 좋습니다. 하지만 그런 것들은 깨달음을 얻는 것과는 하등의 관계가 없다는 말씀입니다.

문_ 마늘과 양파에 관한 얘기는 처음 들어봅니다. 마늘과 양파를 못 먹게 하는 이유가 뭐죠?

답_ 인도의 사제계급인 브라만은 고기와 양파를 먹지 않습니다. 고대 아유르베다 과학에 따르면 자연에는 세 가지 속성, 즉 특질들이 있습니다. 사트바(sattva, 고요함), 라자스(rajas, 활동), 타마스(tamas, 게으름)가 그것이에요. 음식 또한 사트빅(sattvic), 라자식(rajasic), 타마식(tamasic)으로 나뉩니다. 사트식하다는 건 순수하다는 뜻입니다. 그런 음식은 몸과 마음을 정화합니다. 여기엔 우유, 순수한 곡물, 채소, 치즈 따위가 있습니다. 그다음 라자식이 있습니다. 라자식은 뭔가 불같고 흥분되는 것이라는 뜻입니다. 여러분들을 뒤흔들어 고양하고 에너지를 주는 무엇인가입니다. 양파와 마늘, 생선과 닭고기, 차와 커피가 라자식하다고 여겨집니다. 이것들은 자극적이라고 여겨지기 때문에 순수하고 독신을 유지하는 삶을 원하는 사람에게는 역효과를 내는 것으로 되어 있습니다. 마지막으로 타마식한 음식들이 있어요. 이 음식들은 무거워서 마음을 둔하게 만든다고 합니다. 여기에 소고기, 베이컨, 술과 완전히 튀긴 음식들이 포함됩니다. 불교 율(Vinaya)에 따르면 승려들은 마늘과 양파를 먹어서는 안 되는 것으로 되어 있습니다. 그래서 동아시아의 대승불교권에서는 음식을 할 때 대개 마늘과 양파를 빼고 조리합니다.

12

**영적 스승의
역할**

밀교에서 스승의 역할에 관해 얘기해 보고자 합니다. 붓다가 살아계실 당시에는 선생님이라면 당연히 붓다였습니다. 붓다는 절대적인 권위를 가지고 계셨습니다. 『열반경』에 따르면 붓다 사후 누구를 새로운 스승으로 삼을지 아난다가 묻자, 붓다가 이렇게 답했다고 합니다. "불법 자체를 너의 스승으로 삼아라." 대승불교 전통에 따르면 스승의 역할은 선우(善友, kalyanamitra)가 되는 것입니다. 선우는 '좋은 친구' 또는 '영적인 친구'라는 뜻입니다. 그런 사람이라면 학생들보다 영적인 여정을 따라 더 멀리 여행해 봤을 게 틀림없습니다. 모름지기 구루라면 지혜와 자비를 어떤 높은 경지까지 길러야만 합니다. 학생으로서 적절한 반응은 스승의 안내 능력에 대한 신뢰를 곁들인 그 또는 그녀를 향한 깊은 감사가 되겠지요.

밀교 교단에서 구루는 아주 핵심적인 역할을 합니다. 제 생각에 여기엔 두 가지 주요 이유가 있습니다. 첫째로, 진정한 스승 또는 구루라면 우리의 선천적인 지혜와 연민 그리고 마음의 비어있고, 깨어 있고, 투명한 본성을 드러내 줄 수 있어야 합니다. 마음의 조건 지어지지 않은 본성은 언제나 우리와 함께합니다. 이는 존재의 가장 근본이 되는 일면이에요. 그러나 아무 도움 없이 여기 도달하는 것은 매우 어렵습니다. 우리에게는 이 선천적인 본성을 일별할 수 있는 심리적 환경을 만들어내 줄 수 있는 스승이 필요합니다. 그러므로 진정한 구루란 마음의 본성을 보여줄 수 있는 자입니다. 그렇기에 그 또는 그녀는 우리 삶에서 극히 중요한 사람이에요.

밀교에서는 스승의 역할을 태양에 비유합니다. 태양은 거대하고 강력해요. 지구 전체를 밝히고 덥힙니다. 하지만 누군가 종이 한 장을 땅 위에 그냥 펼쳐 놓는다면 아무리 해가 중천에 떠 있다 하더라도 기껏해야 조금 말라비틀어지거나 어쩌면 약간 쭈글쭈글해지는 정도일 겁니다. 거기 불이 붙지 않는 건 자명한 사실일 테죠. 하지만 태양과 종이 사이에 돋보기를 들고 있으면 태양광선이 초점으로 모일 겁니다. 불과 얼마 지나지 않아 종이는 갈색으로 변하기 시작하고, 이내 연기가 나기 시작하면서 금방 화염이 치솟습니다. 이처럼 비록 부처님과 보살들의 축복이 무한하고 엄청나게 강력하다고 해도 영적 스승의 중재가 없다면 우리를 직접적으로 변용시키기 어렵다고 설명합니다. 우리가 너무 오염되고 가려져 있어서 그렇다고 해요. 자격을 갖춘 스승은 그 인간 형상 안에 모든 부처님의 축복, 힘, 연민, 그리고 지혜를 품고 있습니다. 마치 돋보기처럼, 그 또는 그녀는 제자 내면의 깨달음에 불이 붙게끔 할 수 있습니다. 아시다시피 구루는 아무것도 주지 않습니다. 그 또는 그녀는 그저 이 내적 열림이 일어나게끔 허용할 뿐이에요. 나중에 이 개념에 대해 다시 얘기하겠습니다.

구루가 우리에게 줄 수 있는 두 번째는 안내입니다. 만약 알지 못하는 지역으로 몸소 여행을 떠났다면 지도를 가지고 있다고 해도 길을 잃을 확률이 매우 높겠죠. 마음의 길만큼 알지 못하는 곳이 또 있을까요? 길을 따라 걷고 있는데 갑자기 길이 둘로 갈라질 수도 있습니다. 왼쪽으로 가야 하나 오른쪽으로 가야 하나? 지도만 참조한다면 해야 할 일이 늘 명확한 건 아닙니다. 지도는 대략적인 개요를 설명해 주지만 세세한 샛길 같은 것들은 나와 있지 않지요. 다행히 올바른 길을 선택할 수도 있지만 틀린 길을 선택해 늪지대를 만날 수도 있어요!

제가 일전에 언급했던 늙은 요기와 수행을 하던 때가 생각납니다. 그 시절 저는 매일 그를 보러 갔습니다. 그러면 그는 그저 일반적인 지침들만 주곤 했어요. 제가 그에게 지금 하는 수행에 대해 말하면 그는 이렇게 말하곤 했습니다. "오, 음, 그래, 좋아." 한번은 뭔가 실제로 일어났어요. 저는 정말로 기뻤어요. 왜냐하면 어떤 경험을 했으니까요! 그래서 제가 달려가 저의 경험에 대해 말씀드렸더니 "음" 그러고는 완전히 따분하다는 표정을 보였습니다. 그러더니 그가 말했어요. "달리 일어난 일은 없었니?" 그래서 전 머리를 쥐어

짜며 기억해보려 애썼습니다. 다른 사소한 것들을 조금 기억해내고는 혹시라도 쓸모가 있을까 싶어 그것을 언급했습니다. 그가 자리에서 벌떡 일어나더니 말했어요. "다시 한번 말해 보거라." 그래서 제가 방금 한 말을 다시 했습니다. 이렇고 저런 일들이 일어났다고 설명했어요. 그랬더니 그가 말했습니다. "그거야. 그게 바로 우리가 기다리던 거야. 지금부터 넌 이것 그리고 이것을 한다." 그러더니 저를 완전히 다른 방향으로 내몰았습니다. 혼자였다면 절대 알지 못했을 겁니다. 저는 그것이 우리가 기다리고 있던 것이었다는 걸 알지 못했어요. 그건 저에게는 전혀 중요하지 않아 보였습니다. 그래서 우리에게는 스승이 필요한 겁니다. 다시 한번 말씀드리지만, 만약 안내자가 있다면 우리는 자신 있게 걸을 수 있습니다. 길을 아는 누군가와 함께 감을 알기 때문이죠. 만일 혼자 가고 있다면 천천히 갈 수밖에 없습니다. 주저하기도 많이 하겠죠. 안내하는 누군가와 함께라면 길을 따라 활보할 수 있게 되는 겁니다.

모든 이들이 자신을 날개 아래 거두어줄 완벽한 스승과의 만남을 꿈꿉니다. 사람들이 큰 어려움들을 뚫고 스승을 찾아 헤매는 내용의 영화들이 있습니다. 천신만고 끝에 제대로 동굴을 찾아내면 거기에 늙은 요기가 앉아 있죠. 그는 그들을 쳐다보며 말합니다. "아, 너를 기다려 왔단다. 왜 이리 오래 걸렸느냐?" 하지만 자신을 위해 모든 밥상을 차려줄 그런 완벽한 스승과의 만남은 아주 흔한 판타지에 불과합니다. 우연히 스승을 만나 그냥 지침을 따르기만 하면 깨달음이 보장된다는 건 그야말로 환상입니다. 저는 심지어 어떤 종류의 노력도 거부하는 사람들도 알고 있습니다. 짠 나타나서 완벽한 한 문장을 말해줄 완벽한 구루를 기다리는 중이니까요. 그런 스승을 만나면 그들은 즉시 말씀을 이해하고 최종적인 깨달음에 도달하는 거죠. 눈곱만큼의 노력도 필요치 않은 채 말입니다. 그들은 자신이 스승을 만나게 될 것이며, 그가 뭔가 말하거나 혹은 뭔가를 해서 그것으로 자신의 모든 문제가 영원히 해결되리라 믿어요.

이런 시나리오가 어디가 틀렸냐고 물을 수도 있겠습니다. 아주 근사하게 들리잖아요! 글쎄요, 무엇보다 우선, 설령 완벽한 스승을 만났다고 해도 우리 마음이 완전히 망상 속에 머물러 있는데 어떻게 그 또는 그녀가 우릴 도울 수 있겠습니까? 아마도 스승의 유일한 조언은 "가서 앉아라."일 뿐일 겁니다. 어쩌면 우리는 지침을 받을 준비가 되어있지 않았을 수도 있어요. 무엇보다 우선 훨씬 더 많은 수행이 필요할는지도 모르는 겁니다. 아무리 가장 위대한 스승들일지라도 오직 제자가 준비되었을 때라야만 도울 수 있어요. 그때까지는 스스로 준비할 필요가 있는 겁니다. 어쩌면 그렇게 하는 와중에 우리가 만나는 모든 사람이 사실은 자신의 스승임을 발견하게 될 수도 있습니다. 스승-제자 관계의 이 영역은 아주 까다로워요.

진정으로 자격 있는 구루의 필요 조건은 무엇일까요? 글쎄요, 만약 여러분들이 물리학을 공부하려 한다면 가르치는 사람이 정말로 물리학을 이해하고 있는지 확인하고 싶을 겁니다. 뭔가를 배우고자 하면 가르치는 사람이 진정 그 주제에 대해 통달했는지 알고 싶어집니다. 하물며 본성에 대한 깨달음이라는 일생일대의 순간을 염

원하는 우리는 오죽하겠습니까! 이미 스스로 그 길을 가보았던 사람이 아니라면 우리에게 길을 보여줄 수 없습니다. 그게 아니라면 누구도 그것을 드러내 보여줄 수 없어요. 그건 확실해요.

그다음에 나올 질문은 "누군가 진정으로 깨달아 자격을 갖추었다는 걸 우리가 어떻게 아는가?"일 겁니다. 이에 대한 답은 "우리는 모른다."입니다. 이건 늘 도박이에요. 하지만 그 조짐은 있습니다. 제가 스승을 볼 때 자문하는 질문 하나는 '이 모든 말씀이 그들의 선천적인 비어있음에서 비롯된 것인가, 아니면 어떤 에고로부터 기인한 것인가?'입니다. 깨달음은 카리스마와는 전혀 관계가 없어요. 우리는 카리스마에 넘어가거나, 자신을 광고하는 능력에 넘어가거나, 지적인 만족에 넘어갑니다. 하지만 그 모든 것이 어디서 나오는지? 그것이 정말로 비어있는 지혜와 고유의 연민으로부터 기인하는지? 아니면 그저 또 다른 에고 부풀리기 놀이일 뿐인지? 이런 것들을 감지할 수 있을 만큼 아주 예리해야 합니다. 자신이 깨달았다고 주장하는 누군가를 보면 저는 극히 의심스럽습니다. 제가 만났던 모든 티베트 라마들은 그런 주장을 할 생각은 꿈도 꾸지 않습니다. 대부분의 라마는 이렇게 말할 거예요. "오, 전 당신과 똑같습니다. 저도 수행하고 있죠. 저 역시 훈련 중입니다. 지금 저기 계시는 아무개 라마 보이시죠. 그는 정말 대단합니다. 놀라워요. 이런 것도 할 수 있고 저런 것도 할 수 있습니다. 그렇지만 저요, 전 그저 평범한 사람이에요." 이렇게 말했다고 해서 그분들이 설법하는 자리에 앉았을 때 내면의 자신감을 내지 못한다는 뜻이 아닙니다. 하지만 그 자신감은 그들의 가르침에서 나와야만 하는 거지 자신의 부풀려진 에고에서 나오는 게 아닌 겁니다. 제 생각에 우리가 살펴보아야 할 또 하나는 설법하는 자리에서 내려와 일반인들에 섞여 들어갔을 때 그들이 어떤 모습을 보이는지입니다. 평범한 상황들에서 어떤 행동을 보여주는지? 자신에게 이익을 줄 가능성이 없는 보통 사람들을 어떻게 대하는지?

달라이 라마께서는 우리가 선생을 잘 조사해볼 필요가 있다고 하셨습니다. 물론 어려운 일입니다. 그렇지만 서양인들은 정말 너무 쉽게 믿고 잘 속는 경향이 있어요. 동양인들은 훨씬 더 까다로워요. 그들은 나름대로 판단 기준을 가지고 있습니다. 오랜 기간 주변에서 영성과 관련된 일들을 많이 보아왔기 때문입니다. 티베트인들은 순진하지 않아요. 어떤 이들은 티베트인들이 단순한 마음을 가지며 미신적일 거라 상상하지만, 오히려 티베트인들이 서양인들을 보며 잘 속아 넘어감에 입이 딱 벌어지죠. 밀교 문헌을 살펴보면 구루로 받아들이기 전에 최대 12년 동안은 그 또는 그녀를 시험해볼 필요가 있다고까지 말합니다. 달라이 라마께서는 심지어 우리가 구루들을 잘 감시해야 한다는 말씀까지 하셨어요! 스포트라이트를 받지 않을 때 그들이 어떻게 행동하는지? 친절하고 열정적인지, 아니면 기본적으로 그저 굴러가는 대로 살며, 좋은 시간을 보내며, 사람들을 끌어들이는 걸 즐기는지? 제가 제 스승께 서양에서 상당히 논란이 많은 어떤 라마에 대해 여쭤본 적이 있습니다. 스승님은 이렇게 말씀하셨습니다. "글쎄다, 지금 수준에서는 판단을 내리기가 어렵구나.

하지만 한 20년 동안 그가 어떤 제자들을 길러냈는지 살펴본다면 알겠지." 이는 선생의 그릇을 판단할 아주 훌륭한 기준입니다. 오래 된 제자들에게 어떤 일이 일어났는가? 우리가 과연 그들과 같이 되고 싶은지? 그 구루의 주변 모습은 어떤지? 그것이 심리적으로 건전한지? 제자들이 조종당하고 있지는 않은지? 스스로 어떤 결정도 못 내리고 매번 쪼르르 구루에게 달려가지는 않는지? 그들이 구루에게 심리적으로 의지하고 있지는 않은지?

티베트 단어 '라마(lama)'는 '높으신 어머니'라는 뜻입니다. 마(ma)는 당연히 여성형입니다. 그러므로 라마는 여성명사예요. 티베트인들은 보통 이 말을 언급하지는 않아요. 구루는 어머니와 같습니다. 어머니에게 어린아이들이 있다면 그들을 돌보고, 그들을 양육하고, 소중히 여기고, 그들을 훈육하고, 그들을 훈련할 겁니다. 그게 어머니의 역할이에요. 어린아이들은 자기 어머니에게 의지합니다. 아직 아무것도 모르니까요. 하지만 만약 아이들이 다 컸는데도 여전히 어머니가 '엄마'이길 고집하며 자식이 치마 끝을 잡고 자신에게 의지하길 원한다면 이는 더 이상 좋은 어머니라고 볼 수 없지요. 좋은 어머니라면 자식이 점점 더 독립적일 수 있게끔 만들어서 나이가 차면 집을 떠날 수 있도록 기릅니다. 좋은 어머니라면 자녀들을 스스로 옳고 그름을 판단하는 자율적인 존재로 길러냅니다. 그러면 그들도 미래에 또 누군가의 훌륭한 부모가 되는 거죠. 이처럼 진정한 구루는 제자들이 자신만의 내적 지혜와 내면의 구루를 발견할 수 있게끔 제자를 훈련합니다. 그 또는 그녀는 제자가 스스로 결정할 수 있게 훈련해요. 그저 스승을 둘러싸고 언제 감로수 같은 말씀을 들려주실까 기다리는 시종 같은 무리를 만들어서는, 점점 더 스승에게 의지하고 온통 스승의 모든 바라는 바를 충족시키는 일에만 집중하게 만드는 그런 '구루'라면, 이는 그저 구루가 된다는 생각에 빠져 있는 상태일 뿐이에요. 제자들이 없다면 그 사람은 더 이상 구루가 아니게 되는 겁니다. 제자들이 그의 힘의 원천이었던 거죠. 사람들에게 뭔가를 하라고 시킬 수 있고, 심지어 원하지 않음에도 그들이 군말 없이 하게끔 만들 수 있다면, 참 대단한 권력을 맛보는 것이겠죠! 일종의 마약이 되는 겁니다.

몇몇 선생들에게 이런 종류의 일들이 일어나는 걸 목격합니다. 해를 거듭할수록 그들은 이 공생관계를 발전시켜 나갑니다. 그런 경우 제자들은 구루에게 점점 더 의지하게 되죠. 그들은 우선 구루에게 찾아가 지침을 받지 않으면 어떤 결정도 내리지 못합니다. 이런 일이 일어나고 있다면 뭔가 심각하게 잘못된 겁니다. 처음 시작할 때, 좋은 선생은 제자들에게 무엇을 해야 할지 말합니다. 그 또는 그녀는 안내를 위해서 거기에 있는 거니까요. 하지만 시간이 지남에 따라 이렇게 말하기 시작할 겁니다. "보자, 무엇을 하고 싶으냐? 지금 뭘 해야겠다고 느끼느냐?" 점점 더 스승은 제자에게 공을 떠넘겨 제자가 성장할 수 있도록 만듭니다. 그러다 알맞은 때가 오면 스승은 아마도 제자에게 하산할 때가 되었다고 말할 겁니다.

11세기 위대한 티베트 요기였던 밀라레빠는 제자들의 수행이 안정될 때까지 그들을 자신과 같은 동굴이나 가까운 동굴에 두고 관찰했습니다. 그런 다음 그들을 멀리 보내 때때로 방문해서 수행의 진척 정도를 확인하고는 했어요. 모름지기 구루라면 우리가 내적 지혜를 발견할 수 있게끔 도와 결국 스승의 조언에 의지할 필요가 없어지게끔 만들어야 하는 겁니다. 이는 어째서 마음을 정화하고 단순화시켜 점차 열리게끔 하는 우리 몫을 다할 필요가 있는지 그 이유이기도 해요. 그런 상태에서 스승을 만났을 때 진정으로 현존해서 진짜 전수가 일어날 수 있는 겁니다.

그래서 우리는 어떻게 하면 좋을까요? 우린 여기 서양에 있습니다. 주위에 선생들이 많이 없어요. 제가 어딜 가든 질문을 받는 두 가지가 있습니다. 하나는 어떻게 분노를 다루는가이고, 다른 하나가 어떻게 스승을 찾는가예요. 양쪽 다 설명하기가 아주 복잡해요. 여기도 스승 저기도 스승이라고 합니다. 진정한 스승이란 이번 생 또는 미래 생에 제자를 깨달음으로 인도하리라 맹세하고 헌신하는 사람이에요. 물론 제자의 몫도 있습니다. 스승에 대한 완전한 헌신입니다. 이렇게 스승으로서, 제자로서 서로에게 진심 어린 헌신이 필요합니다. 그렇기 때문에 극히 조심스러워야만 하는 겁니다. 만약 진정한 구루를 찾았다면 그건 이 삶이 당신에게 줄 수 있는 가장 큰 축복입니다. 적어도 이 길을 걷는 사람들이라면 말이죠. 만일 거짓된 구루를 만났다면, 티베트인들의 말을 빌자면, 스승과 제자가 손을 맞잡고 절벽에서 뛰어내리는 꼴입니다. 티베트인들은 이렇게 되면 결국 모두 지옥에 떨어질 것으로 믿습니다. 하지만 그 중간 어딘가에 진정한 구루까지는 아닌, 다른 많은 선생이 존재해요. 그렇기에 마음에 드는 선생을 만나 그와 유대감을 느낀다고 해서 매번 몸을 던져 절을 하며 "좋습니다. 저를 가지십시오. 지금부터 깨달음을 얻을 때까지 전 당신의 것입니다."라고 말해야 한다는 뜻이 아닌 겁니다.

우린 지금 여기에 있지만 어떻게 집에 돌아갈 수 있는지 배우길 원합니다. 어떻게 하면 막대한 혼란을 되돌려 진정한 본성의 궁극적인 단순함으로 돌아갈 수 있는지 배우고자 해요. 이 길에서 우릴 도울 수 있는 사람들은 많습니다. 표지판을 가리킬 수 있는 사람들이 많아요. 반드시 궁극의 구루일 필요는 없는 겁니다. 누구든 유용한 도움을 주고 안내할 수 있다면 그게 선생인 겁니다. 가르침을 주는 선생의 모습으로 올 수도 있습니다. 아니면 그저 잠깐 마주치는 사람으로 올 수도 있어요. 심지어 친척 또는 친구의 모습으로 올 수도 있는 겁니다. 어떻게 알 수 있을까요? 누구든 그로부터 배울 수 있다면 선생, 즉 영적인 친구입니다. 제 개인적인 생각으로는 우리가 진정한 구루를 찾는다는 생각에서 초점을 옮겨 영적 친구를 찾는다고 여기는 게 좋을 것 같습니다. 스승을 영적 친구라고 생각한다면 모든 것이 훨씬 넓어집니다. 친구란 많이 사귈 수 있으니까 말이죠. 붓다는 불법이 우리의 스승이라 말씀하셨고, 그렇기에 그 가르침은 여기 있습니다. 방법들이 여기 있습니다. 수행도 여기 있어요. 오랜 세월 수행해 오며 삶을 바치는 이들이 있습니다. 알고 있는 사람들은 우리 주위에 많아요. 도움을 구할 수 있습니다. 광채를 내뿜는 높으신 영적 스승의 모습, 또는 자신이 깨달았다고 말하는 광고지를 사전에 뿌리고 나타나는 그런 게 아닐는지도 몰라요. 선생들이란 아주 단순한 형태로 찾아오는지도 모릅니다. 하지만 그들이 충분히 수행을 해왔다면, 그리고 그들에게 유용한 스승이 있었다면, 순수하고 고유한 법맥에 속해 있다면, 수행에 따른 결과를 받아왔다면, 그들은 유용한 선생들입니다.

우리는 해야 할 일이 많습니다. 정화도 필요하고 배울 것도 많아요. 마음을 어떻게 진정시키는지, 어떻게 비워내는지, 어떻게 단순화시키고 그것을 이해하기 시작할 수 있는지 배워야 합니다. 반드시 부처님께서 직접 우리 앞에 서 계셔야만 하는 건 아니라는 말씀입니다. 알려진 지침을 따라 스스로 해나갈 수 있어요. 그저 완벽한 스승이 나타나기만을 하염없이 기다리는 건 그리 소용이 없단 말씀입니다. 이미 말씀드렸다시피, 완벽한 스승이 나타났다고 한들 과연 우리는 스승을 맞을 준비가 되었을까요? 우리는 평소에 꾸준히 스승을 맞을 준비를 해야 합니다. 우리가 할 수 있는 게 엄청나게 많습니다. 그렇게 하다 보면 그저 아주 작은 일이 방아쇠 역할을 해 중대한 돌파구가 만들어질 수도 있는 겁니다.

선불교를 다룬 이야기에 자주 등장하는 장면이 있습니다. 어떤 은둔자가 어딘가에 살고 있고, 어떤 승려가 근처를 지납니다. 은둔자가 어떤 수수께끼 같은 몇 마디를 던지면 승려가 그것을 '알아채'는 겁니다! 하지만 이 승려가 누군가로부터 수수께끼 같은 몇 마디를 건네받기 전, 30년간 좌선을 했다는 얘기는 해주지 않아요. 동양인들의 생각에 그건 당연한 얘기이기 때문입니다. 은둔자가 건넨 것은 그저 말 몇 마디가 아니었던 겁니다. 그저 문장뿐이었다면 우리도 읽고 생각할 수 있습니다. '그래서?' 그렇다고 해서 우리에게 중대한 통찰이 일어날 방아쇠 역할을 하진 않아요. 문제는 과연 준비되었는가입니다. 그 모든 끝없이 이어졌던 시간은 몇 달, 몇 년에 걸친 좌선, 모든 행위에 대해 깨어있는 의식을 가져왔던 것들, 마음을 어떻게 준비하고 단련하면 현존할 수 있는지에 대해 진심으로 익혔던 시간인 겁니다. 이해하시겠습니까? 그 모든 걸 구루에게 받을 수는 없어요. 상당 부분이 제자에게서 나와야 하는 겁니다.

마하싯다들의 삶에 대한 많은 이야기가 전해집니다. 마하싯다는 8세기~9세기에 인도에 살았던 위대한 요기들을 말합니다. 그들은 흔히 속세의 사람들이었어요. 재단사, 소상공인, 보석상인 등 각기 다른 이력을 가진 온갖 종류의 사람들이 자신들이 일종의 영적인 수렁에 빠져 있음을 알았던 겁니다. 그들은 어디론가 찾아가거나 하지 않았어요. 문득 스승이 나타나 그들에게 약간의 가르침을, 그저 아주 조그만 기술적 조언을 해주었을 뿐입니다. 그러고는 사라져버려 두 번 다시 나타나지 않기도 했어요. 하지만 그들은 배운 기술을 갈고닦았습니다. 그것을 받아 변용시켜 일상의 삶에 융합했습니다. 위대한 성취를 이루어낼 때까지 말이죠. 다시 말해, 그들이 구루와 함께 살았던 게 아니란 말입니다. 구루를 딱 한 번 봤을 수도 있었어요. 하지만 매진했던 겁니다. 끈질기게 궁구하고 또 궁구해서 결국 성취가 일어날 때까지 몇 날 며칠 계속했던 겁니다.

완벽한 스승을 찾는다는 이상적인 생각은 어쩌면 그저 나태함의 또 다른 형태일 수도 있는 겁니다. "뭐, 내가 아직 깨닫지 못했지만 그건 아직 스승을 찾지 못했기 때문이지." 하지만 그런 와중에도 우리가 할 수 있는 게 있어요. 왜냐하면, 제가 처음 시작할 때 말씀드렸듯이, 우리가 애쓰는 그 일이 실제로 늘 지니고 있던 그것과 다시 연결되려는 것이자 내면의 구루를 찾는 일이기 때문입니다. 늘 여기 있던 자기의 태초의 본성, 지혜의 마음에 다시 연결되는 겁니다. 결국 수행이란 피난처입니다. 어쩌면 티베트불교 신자로서 할 말은 아닐는지도 모르겠습니다만, 하지만 솔직하게 말씀드리자면, 그저 어떤 구루 주위에 다가가는 것에만 사로잡혀 자리를 차지하려 다투고, 확실히 라마의 눈도장을 받기 위해 애쓰는 데 시간을 온통 쓰는 건 전혀 불법과 상관이 없는 겁니다. 그런 건 그저 똑같이 진부한 속세의 감정일 뿐이에요. 얻음과 잃음, 행복과 슬픔, 칭찬과 비난, 명성과 논란, 몇몇 구루 주위에서 적나라하게 이런 모습들을 볼 수 있습니다. 거기엔 광란의 질투와 경쟁이 있어요. 차라리 집에 가서 소파에 앉아 가족들에게 친절하도록 노력하며 그들을 불법 수행의 지렛대로 삼는 편이 낫습니다. 만나는 모든 이들을 사랑스럽고, 자비롭고, 친절하고, 참을성 있게 대하는 법을 배우는 게 나아요. 사람들이 구루를 찾아 나서야겠다는 생각에 사로잡히면 결국 그저 어떤 단체에 봉사하며 극히 좁은 시야를 갖게 되는 경우가 매우 빈번합니다. 거기엔 오직 그 구루뿐이어서 구루의 승단, 단체, 그리고 가르침만이 있을 뿐입니다. 다른 건 존재하지 않아요. 특정 집단에 발을 담그는 것에 대해 의구심이 든다면 거기 있는 사람들을 한번 잘 살펴보세요. 그들이 거리에서 매일 만나는 사람들에 비해 더 깨어있어 보이나요?

　일부 라마들이나 모든 전통의 몇몇 다른 선생들에게서나 볼 수 있는 아주 특별한 존재감을 보이고, 정말로 지혜를 갖춘 그런 선생을 만나는 게 더 좋다고 저는 믿습니다. 어떤 비어있고 에고가 느껴지지 않는 특질이랄까, 그런 게 느껴질 때가 있습니다. 그러면 자신이 고유한 진짜 스승과 함께하고 있음을 알 수밖에 없어요. 그들은 자신을 과시하는 데엔 전혀 관심이 없습니다. 온통 단순하지만 그의 존재감에서 뭔가 특별함이 경험되는 그런 스승, 그런 선생을 만나면 그로부터 약간의 가르침이라도 얻어야 합니다. 그러고는 돌아와 수행에 매진하는 거죠. 그런 대상을 만나지 못했다면 이해, 지혜 그리고 고유의 수행과 관련된 가능한 모든 자료를 뒤져 거기서 배우면 됩니다. 할 수 있는 게 너무나 많아요. 지금 당장이라도 시작할 수 있습니다. 기다리기만 해선 아무것도 얻지 못해요!

　'구루'라는 말은 참 치명적일 수 있습니다. 사람들을 완전히 거꾸로 뒤집어 계속 그렇게 살게 할 수도 있어요. 제가 완벽한 스승을 두어서 그게 아직 익지 않은 신 포도라고 말씀드리자는 게 아닙니다. 하지만 솔직히 그게 여러분들에게 진정으로 필요한 것이란 생각이 들지 않아요. 진짜 필요한 건 더 많은 수행일 뿐, 이상향을 찾아 나서는 것 같은 이런 환상이 아닙니다. 『쿤둔(Kundun)』이라는 영화를 보면 달라이 라마께서 하시는 위대한 대사가 있습니다. "탄 장군, 당신이 나를 해방할 수는 없습니다. 나 자신만이 나를 해방할 수 있어요." 붓다는 자신은 오직 길을 가리킬 뿐이라고 하셨습니다. 길은 각자가 걸어야만 해요. 이는 일견 모순되어 보일 수도 있습니다. 정말 완벽한 스승을 만나면 스승이 우리의 진도를 가속할 수도 있는 게 사실이니까 말이죠. 이 부분에 대해선 의심의 여지가 없습니다. 제 말씀은, 여러분이 천우신조로 도움을 줄 완벽한 스승을 만났다면, 그거 잘 됐군요! 잘 따라가시기만 하십시오! 하지만 기다리기만 하지는 마세요. 구루의 출현에 목을 매며 인생을 살지는 마세요. 그건 정말 시간 낭비입니다. 제가 관찰해본 바에 따르면, 그런 장면들이 우리 본성의 진짜 야수성을 가감 없이 드러내는 경우가 많았어요. 몇몇 구루는 터무니없이 난폭해집니다. 개인적으로 저러다가 배에서 뛰어내릴 수도 있겠다 싶은 정도예요. 연민은 어디로 가고, 능숙함은 어디다 버렸을까요? 사람들은 너무나 혼란스러워 이렇게 중얼거리죠. "이것은 어떤 가르침인 게 틀림없어." 이는 마치 "더 세게 때려주세요, 어이쿠, 아프네요. 이건 분명 저한테 도움이 될 겁니다."라고 말하는 것 같아요. 전혀 당신에게 좋은 게 아닐 수도 있는 겁니다! 그저 피멍만 만드는 것일 수 있는 겁니다! 물론 언제나 그렇다는 건 아니에요. 몇몇 구루는 아주 멋진 장면을 연출합니다. 하지만 사람들의 에너지가 구루 주위의 역동성에 사로잡혀 내면을 살피고 진정한 자신을 찾는 작업에 집중하지 못하는 경우가 잦습니다. 그런 일들에 사로잡히느니 차라리 삶을 평이하게 유지하며 수행과 하나가 되는 데 집중하는 편이 낫습니다.

능숙한 구루는 훌륭한 외과의사와 같습니다. 어디에 메스를 대야 할지 그냥 압니다. 비록 잠깐 아플지라도 몸은 그것이 낫는 과정임을 압니다. 그리고 정말 낫지요. 반면 능숙하지 못한 외과의사는 엉뚱한 곳을 찔러, 핵심적인 부분에 접근하지 못합니다. 그런 사람은 환자가 상처 입고, 피 흘리고, 후유증이 남도록 방치하지요. 아픔을 유발하는 건 목적이 아닙니다. 요점은 의사의 주의가 필요한 몸의 핵심적인 부분에 접근해 환자가 낫고 변용되는 것이죠.

마지막으로 생각해보면, 결국 모두가 자신의 구루입니다. 스스로 내적 지혜에 도달해야만 해요. 물론 위험할 수 있습니다. 내면의 목소리가 나타나 우리가 듣고 싶은 말만 할 수 있기 때문이에요. 하지만 만약 우리가 하길 원하지 않는 것을 콕 집어서 말하는 목소리라면 그야말로 진정한 내면의 안내자일 겁니다!

모든 이들은 내적 지혜를 갖추고 있습니다. 그것과 점점 더 많이 접촉하는 게 좋습니다. 그러면 어떤 내적 균형을 경험하기 시작하고 자율성이 느껴지기 시작합니다. 결국 언제까지나 어린아이로 남아있는 대신 성장하려고 노력할 뿐인 겁니다. 붓다는 깨어있지 못한 사람들을 "어린아이들"이라고 불렀습니다. 가끔 "바보들"이라고 번역되는 경우가 있습니다만, 실제 뜻은 바보들이 아닙니다. 그것은 아직 미성숙한 사람들을 뜻해요. 그래서 어떤 영적인 여정 중에 일정 기간 있었던 사람이라면 그간에 자신에게 어떤 일이 일어났었는지 가끔 되돌아볼 필요가 있습니다. 정말로 어떤 내적 변용이 있었고, 정말로 성장하기 시작했는지? 더 큰 이해를 얻고 있는지? 내면의 심리적 삶이 점점 더 깨끗해지고 단순해지고, 더 열리고 비워지는지? 부정적인 감정들, 탐욕과 욕망, 분노와 혐오, 망상과 혼란이 잦아드는지, 늘어나는지, 아니면 그대로인지?

11세기 티베트에 살았던 위대한 뱅갈 출신의 성자 아띠샤 (Atisha)는 수행이 성공적인지 아는 방법은 자신의 부정적 감정들이 줄어드는지 그렇지 않은지 살펴보면 된다고 말했습니다. 줄어들지 않는다면 수행이 효과가 없는 것입니다. 줄어든다면 올바른 길로 가고 있음을 압니다. 스스로 시험해 볼 수 있어요. 평가해줄 누군가가 필요하지 않습니다. 바로 여기가 길입니다. 그에 대해서는 너무나 많은 문헌이 존재합니다. 사람들은 이 길을 걸어왔어요. 그들이 지금 여기에 우리와 함께 있는 겁니다. 굳이 모든 것을 포기하고 인도로 달려갈 필요가 없습니다. 바로 여기, 바로 지금, 이곳이 우리가 수행할 장소입니다. 가족, 일, 사회적 책무를 저버릴 필요가 없습니다. 여기서 수행할 수 없다면 도대체 어디서 수행을 할 수 있단 말입니까? 어딜 가든 자신의 마음은 함께 합니다. 여기 있을 때 가지는 마음은 히말라야에 가더라도 똑같은 마음입니다. 똑같은 에고, 똑같은 문제들, 왜 히말라야에 갑니까? 왜 지금 여기서 해결하지 않습니까? 어떤 스승도 대신 해줄 수 없습니다. 그 어떤 스승도 우리의 탐욕, 분노, 질투를 제거해 준 역사가 없어요. 어떤 스승도 우리의 에고를 제거하지 못합니다. 각자가 해야만 하는 거예요.

문_ 경험과 스승으로부터 전달받은 것들 외에, 스스로 얼마만큼의 경전과 문헌을 찾아봐야 할까요?

답_ 글쎄요, 경전과 논서들은 대단합니다. 읽으면 읽을수록 많은 도움을 받을 겁니다. 선생을 가졌든 그렇지 못하든, 가르침의 전체 토대를 이해하는 것은 아주 중요합니다. 그러므로 누군가 불교도의 길을 따르고 있다면 기본적인 불교 경전들을 읽어볼 필요가 있습니다. 경전과 논서 들은 길을 더 명확하게 만드는 데 도움이 됩니다. 어떤 길을 따르고 있든 그에 관련된 기본적인 교과서랄까, 경전들을 읽어볼 필요가 있습니다. 지금 우리는 자신의 무지를 알아차리고 제거하려 애쓰고 있습니다. 물론 더 많은 이해와 지혜를 얻기 위한 한 가지 방법은 공부와 독서가 될 것입니다. 초기에 불교는 '듣기'로 시작했습니다. 붓다가 살아계실 때는 '경전'이 없었기 때문입니다. 지금 시대로 따지면 그것은 읽기를 의미하기도 해요. 더 확장한다면 연구, 읽기, 듣기, 조사하기를 망라합니다. 그런 후에 앉아서 그것에 대해 생각해 봅니다. 만약 조금이라도 의심이 든다면 누군가 더 다양한 지식을 가진 사람을 찾아가 질문합니다. 읽었던 것에 대해 정말로 진지하게 생각해보고, 질문하고, 수행해서 그것이 자신과 하나가 될 정도가 되어야만 합니다. 내용을 이미 알고 있는 게 아니라면 하나가 될 수 없겠죠. 공부해야 해요. 그런 다음 더 많이 아는 누군가를 만나면 아주 좋습니다. 안내를 잘 받을 수가 있어요.

문_ 달라이 라마 성하께서 이곳에 계실 때, 이따금 사람들이 그분의 발아래 엎드려 발을 만지려 하는 등의 모습을 보이면, 그분께서 사람들에게 일어나라고 말씀하시는 걸 볼 수 있었습니다. 잠시 후 수많은 청중 앞에서 그분께서 말씀하셨어요. "스승을 공경하지 마시고 말씀을 공경하십시오." 그 말씀이 제게 많은 의미를 주었습니다. 하지만 티베트불교가 무조건 좋다고 여기고, 제가 아직 진정성을 의심하는 라마를 만나서도 대단하다고 생각하는 친구들을 만나면 어찌해야 좋을지 아주 난처합니다.

답_ 어렵죠. 때로 사람들이 라마에게 열심을 내면 마치 사랑에 빠지는 것 같아집니다. 하지만 그들에게 이렇게 말하는 건 소용없습니다. "네가 사랑에 빠진 라마는 완전 나쁜 놈이야." 왜냐하면 관심 밖이거든요. 들리지도 않습니다. 게다가 조심해야 할 필요가 있습니다. 어쩌면 그가 실제로 보살일 수도 있거든요. 보살에게 악의를 품는 것은 삼천대천세계의 모든 존재들을 죽인 것보다 더 큰 죄라고 합니다. 그렇다면 우린 정말 큰일이 난 겁니다! 이처럼 존경하지 않는 라마를 언급해야 하는 등의 상황에 직면했다면, 저라면 그 또는 그녀를 깔보지 않겠습니다. 또한 과도하게 열정적인 척하지도 않을 거예요. 이렇게 말할 것 같습니다. "오 그래, 잘됐네." 나중에 누군가 그 라마에 대해 뭔가 알고 있는지 물었다 해도 비판하지 않으리라는 건 여전히 확실합니다. 기껏해야 이렇게 말하겠죠. "글쎄, 그 스승은 다소간 논란이 있어." 저는 우리가 마음대로 누군가를 업신여겨도 된다고 생각하지 않습니다. 다만 누가 와서 "봐봐, 내가 이 사람을 만났어. 꽤 흥미로웠지만 확신이 가지는 않더군. 넌 어떻게 생각해?" 하는 식으로 물어본다면, 그에게 최대한 외교적인 어법으로 제 생각을 말해 줄 겁니다. 그리고 어쩌면 그 사람을 피하는 게 나을는지도 모른다고 제안할 수도 있겠습니다. 하지만 누군가 이미 사랑에 빠져 완전히 홀려있다면, 할 수 있는 일이라고는 그런 전반적인 열정에 참여치 않고 차분함을 유지한 채 그들이 진정되기를 기다리는 것밖에 없을 거예요. "오, 너 단단히 미쳤구나. 그 사람 완전 아무 쓸모가 없다고 소문이 자자해." 라고 말하는 건 능숙하지도 자상하지도 않은 행동입니다. 어쩌면 그들에게는 그 선생이 도움이 될 수도 있어요. 그 시점에서 그들에게 딱 안성맞춤인 선생이었을 수도 있는 겁니다. 확실히, 가장 불확실한 선생들일지라도 누군가에게는 도움이 되니까요. 아니면 왜 사람들이 그에게 모이겠습니까? 훨씬 더 흠 없다고 여겨지는 다른 구루가 그들에게는 도움이 안 될 수도 있는 겁니다. 딱 그때 필요한 학생들과의 카르마적인 연결이 없으면 그럴 수도 있어요.

이 상황들은 극히 불안정해요. 어떤 이가 진짜 구루인지 아닌지 판단할 신호 따위가 전혀 없습니다. 특히 그가 카리스마 있는 사람이라면 사람들이 사랑에 빠지지 않고는 배길 수가 없게 되는 겁니다. 그게 그런 거예요. 또한 오래된 제자들의 경우 이미 자기 구루에게 너무나 많이 투자했기에 의문을 품으려 하지 않습니다. 그러면 자기들이 바보같이 보일 테니까요. 자기들이 잘못된 선택을 했다고 보이지 않게끔 물밑에선 안간힘을 쓰고 있을는지도 모릅니다. 또한 꽤 열정적으로 새로운 사람들을 끌어들이려 애씁니다. 더 많은 사람이 끌려올수록 자기들이 선택한 스승이 더 유효하게 보일 테니까요.

문_ 구루와 불법에 대한 성찰이 더 필요할 것 같습니다.

답_ 달라이 라마 성하께선 이 점에 대해 아주 강경하십니다. 만약 스승에 관해 알려진 확실하고 증명된 어떤 것이라도 있다면, 특히 모종의 비윤리적인 행동과 관련된 것이라면, 반드시 공개적으로 알려져야 한다고 말씀하시죠.

문_ 크리슈나무르티(Krishnamrti)의 책을 읽어봤는데요, 거기서는 외부의 구루 같은 건 없다고 얘기합니다. 우리 각자가 스스로 길을 찾아야 한다고 말씀하세요. 이것이 당신께서 말씀하시는 바입니까?

답_ 크리슈나무르티가 했던 말씀은 대략 이런 내용이었습니다. "빵을 구우려고 한다. 빵은 맛이 좋다. 겉은 바삭바삭하고 안은 촉촉하고 영양가 있다. 밀가루와 물이 필요하다. 거기 어딘가 오분도 필요하다. 열, 효모균도 필요하다. 좋아, 이제 만들어보자. 그런데 만약 내가 당신에게 빵 만들기에 대해 상세한 지침을 준다면 당신은 결국 신선하지 않은 빵을 만들 뿐이다." 제 요지는 이렇습니다. 당연히 차근차근 지침을 알려줄 누군가가 필요해요. 가령 "밀가루는 이만큼, 물은 이만큼, 거기에 약간의 소금이 필요합니다. 그것들을 잘 섞고, 효모균을 넣습니다. 그다음 이런 식으로 반죽합니다. 그런 다음 부풀도록 놔두세요. 다 부풀면 다시 한번 반죽해야 합니다. 그러는 동안 오븐을 켜세요. 왜냐하면 그게 아주 뜨거워야 하거든요. 다음 거푸집에 반죽 덩어리를 넣습니다. 넣기 전 버터를 발라두는 것을 잊지 마세요. 그렇지 않으면 달라붙을 겁니다. 그런 다음 오븐에 넣습니다."

갓 만든 빵이 신선하지 않을 수는 없습니다. 누구도 그렇게 만들 수 없어요. 그건 불가능합니다! 누군가 수행하는 방법을 알려주면 결국 신선하지 못한 깨달음을 얻게 될 것이라는 말은 틀린 겁니다. 크리슈나무르티가 잘못 얘기한 거예요. 누구도 신선하지 못한 깨달음을 얻었던 적은 없습니다. 만약 당신이 고유의 영적 통찰을 얻었다면, 그것은 역사상 일어났던 최초의 고유 영적 통찰과 완전히 똑같이 신선합니다. 그러므로 제가 드리는 말씀은 크리슈나무르티가 했던 말과 전혀 다릅니다. 크리슈나무르티는 이렇게 말했습니다. "에베레스트산을 오르라. 가이드 없이, 이끌어줄 밧줄 없이, 산소통 없이, 길은 거기 있기 마련이다. 그것을 찾아라." 그런데 크리슈나무르티 자신은 스승들을 가졌습니다. 크리슈나무르티는 명상하는 법을 배웠어요. 스승들은 크리슈나무르티에게 많은 지침을 줬고, 그런 과정 끝에 크리슈나무르티는 위대한 구루가 되었습니다. 그는 말하죠. "어떤 영성 책도 읽지 말라, 그 어떤 것도 읽지 말라." 그러고는 출판사를 차려 자신의 책들을 출판하기 시작했어요. 저도 크리슈나무르티를 사랑합니다만, 아시다시피, 그는 좀 못 된 데가 있어요.

문_ 관정(灌頂, initiation) 의식에 대해 여쭤봐도 될까요?(티베트불교에서는 밀교 수행을 하기 전 반드시 자격을 갖춘 스승으로부터 관정, 구전[口傳], 구결[口訣]을 받아야 한다. 관정은 계를 받고 이를 지킬 것을 약속한 사람에게만 줄 수 있다. 이 모든 과정이 '티베트불교의 입문 의식'이라고 할 수 있다. 다만, 관정은 종파에 따라, 근기에 따라 다양한 형태가 있다.) 특히 여기 서양에선 너무나 많은 구루가 건너와서 각기 다른 관정 의식을 제공합니다. 마치 뷔페식당에 온 듯한 느낌입니다. 얘기해줄 구루나 안내자가 없다면 어떻게 골라야 합니까? 특정 관정 의식에 갈지 말지 어떻게 알죠?

답_ 개인적으로 말씀드리자면, 불교계에서 누구도 토를 달지 않을 만큼 숭고하다고 간주하는 특정 라마들이 있습니다. 특히 연로하신 분 중에 많아요. 그런 분들과 불법 인연을 맺는 것은 아주 좋다고 믿습니다. 하지만 그런 스승들은 많지 않아요. 첫째로,

관정을 받기 전에 지계(持戒)에 대한 확신이 있는지 없는지부터 살펴야 합니다. 계를 지킬 자신이 없다면 관정은 오히려 방해될 겁니다. 저라면 이렇게 자문해볼 겁니다. "이 관정 의식이 나에게 필요하고 내 수행에 유용할까?" 그저 돌아다니며 이런저런 관정을 받는 건 의미가 없어요. 그러나 어떤 위대한 선생이 특별히 나타났고, 본인도 계를 지킬 자신이 있다면 받는 걸 망설이실 이유가 없어요. 하지만 다른 사람들이 모두 받으러 간다고 해서 유심히 살피다가 부담을 느끼고 따라가는 짓은 하지 마세요.

몇 년 전 제가 어떤 불교센터에 있을 때 센터의 핵심 라마께서 같이 계셨습니다. 그분이 요가 밀교 관정 의식 중에 가장 높은 단계인 헤루까(Heruka) 본존 관정 의식을 베풀 예정이었어요. 그는 이에 끔찍할 정도로 진심이었기에, 이 수행을 실천할 수 있는 사람만이 관정 의식을 받을 자격이 있다고 말했죠. 첫째 날 약 여섯 명 정도, 승려들이 자기들 이름을 적고 갔습니다. 그들은 아마도 이미 그것을 받아서 자기의 수행 일부로 계속하고 있었을 겁니다. 다음날이 되자 명단은 약 20명이 되었어요. 그 다음 날이 되자 50명이 되었습니다. 마지막 날, 그가 관정 의식을 할 때 참여하지 않은 사람은 저 혼자뿐이었습니다. 거기 일반인들이 수백 명은 있었어요. 그 사람들이 수행을 유지하리라고 마음을 먹어서 그런 건 아니었겠죠. 그저 부담을 느꼈던 겁니다. "오, 하지만 린뽀체께선 한 번도 이런 걸 주신 적이 없었어. 이건 정말 커다란 기회라고. 놓치면 안 돼⋯." 좀 냉철해질 필요가 있습니다. 왜냐하면 관정을 받고, 그것을 헌신적으로 지키지 않으면 그건 아주 심각해요.

문_ 누군가 어떤 라마와 개인적인 인연이 있고 여기 또 다른 라마께서 오셔서 관정 의식을 해주신다고 하면, 자신의 라마께 그것을 받아도 된다는 허락을 구해야 하나요?

답_ 저라면 그렇게 하겠습니다. 저는 제 라마께 문의드리고는 했어요. 대개 이렇게 말씀드렸습니다. "아무개가 이런 관정 의식을 하고 있습니다. 받으러 가는 게 좋을까요?" 그러면 이렇게 말씀하시고는 했습니다. "그는 아주 위대한 라마다, 아주 대단한 축복이 될 게야. 하지만 다른 한편으로 보면 이것은 네 개인적 신성이 아니야. 그게 너의 전통이 아니거든. 그러니 뭐가 중요하겠니?"

문_ 계(戒)를 지키지 않으면 무슨 일이 일어납니까?

답_ 계를 지키지 않는 건 수행의 장애물을 만드는 겁니다. 하지만 지킬 수도 없으면서 계를 계속 받는 건 좋지 않아요. 말이 안 됩니다.

문_ 어떤 가르침을 받고 그것을 12년 동안 수행을 했습니다. 이제는 그 수행을 그만두고 싶은 생각이 들었습니다.

답_ 금강살타(Vajrasattva) 정화 수행을 당신이 계속해오던 수행에 합치면 좋을 거로 생각합니다. 때로 사람들은 수행의 과제를 잔뜩 모으고는 그것을 해결하느라 매일 세 시간씩 매달리기도 해요. 그게 단순히 어떤 커다란 짐이 되어 버리는 겁니다. 그렇게 되면 수행을 가능한 한 빨리 쳐내기 위해 미친 듯이 달려요. 그러면 정말이지 전혀 소용없는 짓이 되는 겁니다. 그 많은 약속을 지키려 애를 쓴다니 참으로 영웅적이고 대단하다고 할 수도 있겠지만, 우리 삶을 더 어렵게 만들고 무거운 짐들을 지게 하려는 목적으로 불법을 배우는 건 아니지 않습니까. 다르마란 모름지기 우릴 가볍게 만드는 법입니다!

문_ 수행하면서 어떻게 균형을 잡으십니까? 당신이 받아 실천하는 계와 명상 간에 말입니다. 명상과 받은 내용의 관상 수행을 같은 양으로 해야 하나요?

답_ 글쎄요, 그것이 수행 내용을 꽤 간략하게 유지하는 게 어째서 좋은지 그 이유 중 하나라고 생각합니다. 그러면 앉아서 명상을 할 여유가 생기거든요. 다른 수행 전에 앉아서 명상을 하면 아주 좋습니다. 그러면 마음이 고요히 가라앉고 수행에 이용할 약간의 내적 공간이 확보되거든요. 그런 후에 다른 정식 수행을 할 수 있습니다. 그리고 끝마칠 때쯤, 바로 그 관상하는 상태를 마음속으로 가능한 한 오래 유지합니다. 이런 방법으로 두 가지를 함께 실천할 수 있습니다.

문_ 예전에 "내적 안내자(inner guide)"에 대해 말씀하신 적이 있습니다. 설명해주실 수 있겠습니까?

답_ 마음의 본성이란 우리의 불성입니다. 그것은 선천적인 지혜와 연민이에요. 언제나 거기 있습니다. 그것은 말하자면 얼어붙은 채로 혼란이라는 광대한 산맥 아래 묻혀 있습니다. 하지만 거기 있어요. 우린 그것을 드러내는 법을 배워야만 합니다. 그것을 거대한 지하 수맥 같은 것이라고 보면, 그 위는 마치 사막 같아 보이는 겁니다. 우리는 꽤 메말라 있어요. 지혜도 많지 않고 연민도 많지 않다는 얘깁니다. 하지만 땅을 파기 시작하면 잠시 후 수분이 있는 축축한 땅을 느낄 수 있습니다. 더 깊은 수준으로 접근하기 시작했음을 자각합니다. 계속 깊이 더 깊이 파다 보면 마침내 이 내적 지혜, 내적 연민과 이해의 샘에 도달하기 시작합니다. 하지만 거기 완전히 도달하기 이전부터라도 그에 대한 암시를 만날 수 있는 겁니다. 그런 내적 구루가 진짜 구루예요. 외부의 그 어떤 진짜 구루도 그저 이 내면의 진짜 구루를 향해 방향을 가리킬 뿐인 겁니다.

내적 안내자는 언제나 우리 안에 있습니다. 그게 우리의 진정한 모습이에요. 그게 진정한 본성입니다. 그것은 광대하며 앎 자체입니다. 우린 그저 혼동의 구름으로 그것을 덮고 있을 뿐이에요. 하지만 그것은 외부에서 오는 게 아닙니다. 마치 외부로부터 오는 축복을 받아 그것이 열리는 것으로 생각할 수 있습니다. 하지만 실제로 일어나는 일은 스스로 무지의 구름이 흩어지면 거기 언제나 있었던 깊고 푸른 하늘을 볼 수 있게 되는 겁니다. 뭔가를 얻어야 한다거나 누군가 뭔가를 주는 게 아니에요. 이것은 우리의 본래 풍요로움을 드러내는 문제일 뿐입니다.

마음이 고요하고 중심이 잡혀 있을 때, 혼돈이 어느 정도 가라앉았을 때, 거기 공간과 침묵이 우리의 내적 지혜가 자기 목소리를 찾게끔 만들어 줍니다. 그 순간 우린 그냥 압니다. 이것은 어떤 매우 심오한 수준이에요. 심지어 언어적인 것이 아닐 수도 있어요. 이 영원의 앎이 그저 거기 있을 뿐, 우린 무엇이 적절하고 무엇이 행해져야 하는지 그때그때 압니다. 그렇다고 지능과 관련된 것도 아닙니다. 분석과 관련된 것도 아니에요. 그저 순간순간 앎뿐입니다. 이는 우리 내면의 매우 심오한 원천으로부터 나옵니다. 언제가 거기 있었지만 보통은 자신과 단절된 그런 원천입니다. 이게 진정한 우리입니다. 그래서 말씀드리는 게 진짜 수행이 우리를 태고의 지혜로 되돌려 준다는 얘깁니다.

문_ "바깥의 구루"는 "내면의 안내자"와 분리된 개체입니까?

답_ 고유한 외부 안내자는 우리를 원래 본성으로 되돌려 줍니다. 이 점이 진짜 선생이라면 깨달음의 불꽃을 일으킬 수 있다고 말하며 시작한 이유이죠. 달리 얘기하자면, 마치 그들이 내면에서 어떤 열림을 촉발하는 것 같은 겁니다. 그 열림을 통해 잠깐이라도 이 말도 안 되게 광활한 의식을 일별할 수 있는 겁니다. 그것이 바로 조건 지어지지 않은 마음이고, 그게 진정한 안내자예요. 왜냐하면 그 지혜, 그 봄은 완벽하게 자연스럽고 완벽하게 적절하기 때문입니다. 그건 그냥 있는 그대로 명료함, 봄, 지혜, 앎의 본래 품성인 겁니다. 일상에서도 별안간 그런 대단한 명료함을 경험하기도 해요. 그럼 그냥 알지요. 비록 그게 어디서 기인했는지 알지 못해도 말입니다. 그런 걸 직감이라고 부르죠.

문_ 그것이 "돈오(頓悟, momentary insight, 순간적인 통찰)"라고 알려진 것인가요?

답_ 정확합니다. 어떤 번갯불 같은 것.

문_ 번갯불이라. 어떤 거대한 광원으로부터 온.

답_ 정확합니다.

문_ 하지만 안정적이지는 않군요.

답_ 네, 안정적이지 않죠.

문_ 안정적으로 만드는 게 우리의 목표일까요?

답_ 정확합니다. 지혜의 마음과 완벽히 하나가 되는 것. 그리고 이들 번갯불을 모으는 것에서 시작합니다. 그러면 번갯불들이 점차 더 길어지고 더 잦아지죠. 그게 한 가지 방법입니다.

문_ 스스로 하는 수행이 중요하고 거기에 선생의 안내가 곁들여져 야 한다고 강조하셨습니다. 불교에서 종교의식이 우리 성장에 얼마만큼 중요할까요? 다른 말로 해서, 만약 의식이 실제로 도 움이 되지 않는다고 생각하면 그게 우리 성장에 얼마만큼 장애 가 될까요?

답_ 사람마다 다르다고 생각합니다. 어떤 사람들은 의식이 도움이 되기도 하거든요. 티베트불교 의식에서는 마음을 완전히 사로 잡는 시각화 과정이 늘 포함됩니다. 그리고 나면 말로 읊는 암 송과 몸짓으로 하는 수인(mudra)이 따르죠. 이런 식으로 몸, 말, 그리고 마음을 통합합니다. 그리고 이는, 만약 이해와 완전한 집중이 있다면, 극히 도움이 됩니다. 그래서 티베트인들도 하는 겁니다. 하지만 다른 사람들은 집중이 잘 안되거나 딱히 도움 이 되지 않는다고 느낄 수 있어요. 물론 의식을 하지 않아도 전 혀 문제가 없습니다. 대신 다른 형태의 수행을 하면 되죠. 의식 에 전혀 참여하지 않고 족첸 명상만 하시는 라마분을 알고 있 습니다. 그런 식인 겁니다. 또한 위대한 족첸의 대가이시면서 종교의식을 많이 하시는 분도 알고 있습니다.

13

밀교

테라와다불교에 따르면 우리는 끝없는 탄생, 죽음, 재탄생, 재-죽음의 세상에 갇혀있습니다. 이런 윤회의 이유는 우리가 무엇인가를 욕망하고 그것에 너무나 단단히 집착하기 때문이죠. 삶의 수레바퀴는 반복해서 고통을 주고 있지만, 우린 거기 매달리고 있습니다. 테라와다불교에서는 가장 미세한 욕망의 뿌리까지 모두 없애야 한다고 강조합니다. 대승불교에서는 우리가 윤회라는 수레바퀴에 갇힌 이유는 무지 때문이라고 말합니다. 진짜가 아닌 것을 진짜라고 여기고, 유일한 진짜 실재를 비현실이라고 생각합니다. 일체 만물이 진실로 어떤지 잘못 이해하고 있음을 반영합니다. 그렇기에 우리의 과업은 소위 '초월적 지혜'를 길러내는 것이 됩니다. 초월적 지혜는 우리의 무지를 뿌리째 끊어 낼 것입니다.

밀교에서는 우리가 끝없는 탄생과 죽음의 세계에 갇힌 이유는 불순한 지각들 때문이라고 말합니다. 우리는 우리에게 보이는 바를 고정되어 있고, 일상적이고, 더럽혀진 실재라고 믿습니다. 자신 또한 불순한 존재라고 봅니다. 따라서 이에 대한 해독제는 순수한 지각 또는 순수한 시점을 길러내는 게 됩니다. 이를 이해한다면 밀교의 수행법 전체가 납득이 갑니다. 육도윤회를 넘어가는 길은 그것이 사실은 늘 열반이었음을 깨닫는 것입니다. 기본적인 무지로 인해 불순한 지각들이 야기되었고 그럼으로써 모든 것이 일상적이고, 고통이며, 더럽혀진 것처럼 보이는 겁니다. 따라서 '렌즈를 닦아야' 하고, 그럼으로써 그저 일상적으로만 보였던 것이 실제로는 지고의 순수한 초월적 세계였음을 알아차리게 된다는 말이죠. 이것이 밀교적 관점의 기본적인 토대입니다. 그리고 이는 깨어난 마음만이 알아차릴 수 있습니다. 대승불교 경전에는 다음과 같은 얘기가 나옵니다. 어느 때 붓다의 시자였던 아난다가 붓다에게 묻습니다. "아미타불, 아촉불, 그리고 보생여래 같은 부처님들은 깨달은 존재들이 가득한 아름다운 정토를 가지고 계신데, 어째서 붓다가 머무시는 정토는 오염된 존재들과 부정한 장소들로 가득 차 있습니까? 당신께서도 부처님이신데 왜 당신의 정토는 순수하지 않습니까?" 붓다가 대답하셨죠. "나의 정토에는 아무것도 잘못된 것이 없다. 주위를 둘러보면, 내게는 그 어떤 결함도 보이지 않는다. 문제는 너의 불순한 지각이다. 그것으로 인해 모든 것이 더럽혀진 듯 보이는 게지."

한번은 까마 까규(Karma Kagyu) 전통의 수장이신 제16대 까르마빠 성하께서 매우 아프셨던 적이 있었습니다. 그때 저는 델리에 싸꺄 티진(Sakya Trizin) 성하를 뵈러 갔었는데, 까르마빠 성하도 거기 계셨어요. 싸꺄 티진 성하께서는 티베트불교의 네 가지 전통 갈래 중 하나인 샤꺄빠 수장이셨습니다. 제가 "까르마빠께서 그토록 아프시다니 너무 끔찍합니다!"고 말하자 싸꺄 티진 성하는 이렇게 말씀하셨습니다. "까르마빠는 아프지 않다. 까르마빠는 생과 사를 초월한 존재야. 까르마빠가 아프다고 보는 것은 그저 네 불순한 지각일 뿐이다." 그래서 전 이렇게 대답했죠. "뭐, 네, 하지만 아주 덕이 높아 분명 깨끗한 지각을 갖고 계신 따이 씨뚜 린뽀체(Tai Situ Rinpoche)께서도 까르마빠께서 아프신 것에 대해 우려하고 걱정하시던데요." 그러자 싸꺄 티진 성하는 이렇게 대답했습니다. "시투 린뽀체는 걱정하지도 우려하지도 않는다. 시투 린뽀체가 우려하고 걱정한다고 보는 것도 네 깨끗하지 못한 지각이지." 어떤 식인지 아시겠죠! 우리는 자신의 지각을 정화해야 합니다. 그러면 이곳이 늘 열반이었음을 보게 될 겁니다. 여기 하나라도 문제가 있다고 여겨지면 그것은 오직 자신의 왜곡된 관점 때문이라는 겁니다.

밀교는 대승불교와 철학을 공유합니다. 물론 밀교는 철학이 아닙니다. 그것은 수행 방법과 관점, 또는 세계관이에요. 철학적인 입장은 대승불교로부터 가져왔어요. 티베트인들은 밀교가 귀류논증중관(歸謬論證中觀學派, Prasangika Madhyamaka) 학파로부터 왔다고 말합니다. 실제로 밀교는 유식학파(Yogachara)와 중관학파(Madhyamaka) 관점의 조합인 것으로 보입니다. 대승불교에서 수행 방법은 다음과 같습니다. 우리는 여기 있고, 모두가 타고난 부처의 가능성을 지닌다. 그것을 불성이라고 부르는데, 마치 씨앗과 같다. 수행의 길은 이 씨앗이 점점 자라 마침내 완전한 불성으로 무르익을 때까지 그것에 물과 영양분을 주는 것이다.

평범하고 오염된 중생도 깨달음의 가능성을 지닙니다. 모두가 불성이라는 배아를 지니며, 그것을 수 겁에 이르는 시간 동안 기르고 있어요. 대승불교 입장에서 부처가 되려면 아주 긴 시간이 필요합니다. 그것이 자라 가지와 잎사귀가 나고 마침내 완전히 자란 깨달음의 나무가 될 때까지 끝없는 세월 동안 씨앗을 가꾸어야만 해요. 이는 어떤 경이로운 비전이라고 볼 수도 있겠지만, 또한 완전히 맥빠지는 상황이라고 볼 수도 있는 거죠. 이렇게 생각할 수 있어요. "뭐 수십 겁이 걸린다고? 도대체 어쩌란 말인지?" 이런 우려에 대한 반응으로 밀교와 같은 아주 급진적인 입장이 나왔습니다. 밀교는 판 전체를 뒤집어 놓습니다.

대승불교는 '원인의 길'이라고 불립니다. 우리는 원인을 가지고 시작하는데, 그 원인은 불성이라는 배아입니다. 배아라고 부르는 이유는 그것이 결실을 볼 때까지 양육하기 때문입니다. 이에 반해 밀교는 '결실의 길'이라고 불립니다. 애초 무시무종(無始無終)의 시간에 걸쳐 우리는 이미 부처님이었다는 입장이기 때문입니다. 그런데 문제가 무엇이냐면, 우리가 그 사실을 알아차리지 못하는 것이란 얘깁니다. 그렇다면 자신의 선천적인 불성을 길 자체로 사용하지 않고 뭘 그리 꾸물거리는가? 이렇게 결실로부터 시작합니다. 그것을 길로 사용하는 것이죠. 달리 말해서 반대편 끝에서 시작하는 겁니다. 그러므로 밀교는 자신을 부처 또는 완전히 개화된 불성의 어떤 일면을 상징하는 특정 밀교 보살로 시각화하는 것을 매우 강조합니다.

대부분의 불교 명상은 호흡, 마음 그 자체, 때로는 아주 단순한 기하학적 도해에 집중합니다. 하지만 밀교 명상에서는 '창조적 상상' 또는 시각화라고 부르는 것들에 의지합니다. 다른 불교 수행법들과 차이가 나는 부분입니다. 밀교가 처음 불교라는 흐름 속으로 편입된 게 언제인지 아무도 모르지만, 기원후 몇 세기에 걸쳐 이미 존재했었다는 점은 분명합니다. 어쩌면 처음부터 있었을 수도 있어요. 티베트인들은 밀교가 처음 시작부터 늘 거기 있었고, 게다가 붓다가 몸소 가르치셨을 거로 믿습니다. 뭐가 사실이든, 4세기 또는 5세기 무렵이 되면 밀교는 비록 여전히 매우 비밀스러운 수행 형태였지만 극히 번창했어요.

그 시절 인도에는 나란다, 비크라마쉴라, 그리고 탁실라 같은, 대학을 겸하는 거대한 사원이 있었습니다. 거기엔 수천수만에 달하는 학승들이 소속되어 모든 불교 학파의 철학을 연구했습니다. 그 복합체 안에 밀교 가르침들도 동시에 수행하는 많은 스승이 있었어요. 하지만 그들은 밖으로 드러나지 않았습니다. 겉으로 보면 이들은 불교 승려들로 보이지만, 사실 그들은 힌두 요기들이었다는 말도 있습니다. 그들 자신은 이에 대해 말한 바가 없고, 그것이 대중적인 입문 의식 등과 같은 형태로 널리 퍼지거나 공개적이지도 않았어요. 밀교가 티베트의 국교가 되기 전까지는 말입니다. 저는 밀교가 의도적으로 티베트의 국교가 된 건 아니라고 생각합니다. 오히려 밀교 스승들은 밀교가 스승과 겨우 몇 명의 제자들 사이에 전수되는 비밀스럽고 조용한 형태로 이어지길 바랐습니다. 밀교를 수행하려면 먼저 관정을 받아야 합니다. 인도에 남아 있는 초창기 기록을 살펴보면, 단 한 명의 제자라도 관정을 받기 전에 구루에 의해 수년에 걸쳐 시험을 받았다고 합니다. 자격이 인정되면 일대일로, 마음 대 마음으로 전수했다고 해요. 요즘은 달라이 라마 성하께서 한 번에 10만 명에게 칼라차크라(Kalachakra) 관정 의식을 해주시기도 합니다.

앞서 말씀드렸듯 밀교 수행은 창조적 상상에 크게 의존합니다. 이런 걸 평생 경험해 보지 못하셨을 분들을 위해 예를 하나 들어볼게요. 티베트인들이 구루 린뽀체라고 부르는 빠드마삼바바(Padmasambhava)를 예로 들어보겠습니다. 빠드마삼바바는 이 주제에 아주 적절합니다. 인도에서 건너온 스승으로 8세기 티베트에 밀교를 소개했거든요. 그는 대중의 귀의 대상이 되어왔습니다. 우리가 무엇을 하든 올바른 동기를 가지고 일을 진행하는 게 중요함은 두말할 필요가 없지요. 올바른 동기란 조건 지어지지 않은 실재에 도달하고자 하는 염원, 그리고 내적 지혜와 연민을 얻어 타인을 이롭게 한다는 마음입니다. 그 밖의 동기는 적절치 않습니다. 우선 붓다, 붓다의 가르침, 그리고 깨달은 수행자들의 공동체를 귀의처로 삼습니다. 그다음, 타인을 위해 깨달음을 성취하겠다는 서원을 세웁니다. 그런 다음에야 비로소 명상을 시작합니다.

빠드마삼바바 명상을 하고 있다면 우선 자신이 앉아 있는 모습을 시각화합니다. 이제 육체가 공간 속으로 녹아 들어갑니다. 그 공간 속에서 심장의 중심에 어떤 음절이 나타나게 됩니다. 지금 같은 경우 그것은 빰(PAM)이 될 터인데, 이는 빠드마(Padma)를 말합니다. 이를 씨앗음절이라고 부릅니다. 이제 그 빰(PAM)이 사방으로 빛을 발산하여 온 우주를 정화합니다. 그러면 온 우주와 그 안의 모든 것이 완벽하고 무결한 순수의 세계가 되며, 거기 모든 존재가 오염된 부분이 정화되어 신 같은 존재가 됩니다. 그런 다음 빛이 다시 빰(PAM)으로 수렴되고, 순식간에 본인은 빠드마삼바바로서 나타납니다. 수행자는 본인 스스로가 모든 부처님의 지혜와 자비를 품은 빠드마삼바바임을 보아야 합니다.

　　우리가 이런 종류의 명상을 할 때는 거기에 믿음을 부여하는 것이 매우 중요합니다. 이 중 그 무엇도 지어낸 이야기가 아닌, 모든 것이 정확하고 정밀한 사실이라는 말입니다. 서양인들이 마주치게 되는 문제 중 하나가 이토록 세밀하게 상상하는 것에 익숙하지 않다는 것입니다. 우리 중 많은 이들이, 적어도 처음에는, 이를 꽤 어렵다고 느끼지만 시각적인 성향이 발달한 사람들은 상대적으로 쉽게 받아들입니다. 하지만 매우 세세하게 시각화하는 것보다 더 중요한 것은 이것이 현실이라는 믿음입니다. 믿지 않으면 효과가 나타나지 않아요. 사람들이 이런 종류의 명상들을 할 때, 보통은 정말로 이렇게 생각합니다. "나 팻은 빠드마삼바바인 척하며 여기 있다. 현실적으로 나는 팻이다. 지금 난 빠드마삼바바라고 여기는 판타지를 진행 중이다." 그런데 진실로 우리는 빠드마삼바바예요. 그가 원초적인 지혜와 연민의 마음을 상징하기 때문입니다. 우리는 팻인 척하는 빠드마삼바바인 겁니다. 이런 형식은 여러분에게 상당히 이질적으로 보이겠지만, 실제로 지혜의 마음 발산인 겁니다. 이는 타고난 불성의 발현으로, 수많은 세대에 걸쳐 현현된 스승들의 모습을 취할 뿐인 겁니다. 그리하여 그들이 우리를 영혼의 매우 심오한 영역으로 다시 연결해 줄 극히 능숙한 도관 역할을 하는 거예요. 이런 세계는 논리적인, 1차원적인 생각만으로는 닿을 수 없는 곳입니다.

　우리의 심리적인 위계 안에는 지극히 미묘해 오직 깨달은 자의 상상을 통해서만 도달할 수 있는 수준들이 존재합니다. 이들 명상은, 우리가 정말로 그것들과 하나가 될 수만 있다면, 마음의 심오한 수준들을 아주 빠르게 엽니다. 매우 비범한 효과를 보게 돼요. 이로부터 얻게 될 거대한 유익에 비하면 우리가 들이는 노력은 하찮은 수준입니다. 종종 자신이 진정으로 믿지 않는 부분들이 있음을 발견하고 당황하기도 합니다. 그저 게임을 하고 있다고 생각하는 거죠. 효과를 보기 위해서는 '내'가 수행하고 있다는 이원적인 생각을 멈추고 수행에 완전히 몰입해야 합니다. 그냥 수행 그 자체가 되세요. 주체-객체 이분법을 없애고 명상 자체가 되는 즉시, 결과는 순식간에 나타납니다. 이런 연유로 처음에 서양인들에게 티베트불교는 무척 이질적으로 느껴지지만 더욱더 많은 서양인들이 티베트불교로 향하게 되는 겁니다.

　스스로를 빠드마삼바바로 보고 있기에, 빠드마삼바바임에 확신을 갖습니다. 이 시점에서 우리의 본래 지혜의 품성이 형상을 취한다면, 그것은 빠드마삼바바의 형상을 취할 겁니다. 이것은 우리 불성의 현현입니다. 이것은 마치 무지개와 같아요. 이 시각화는 고착된 무엇이 아닙니다. 빠드마삼바바는 간, 창자, 심장을 갖지 않아요. 그는 무지갯빛으로 만들어졌습니다. 일체 형상은 모두 의미를 지녀요. 두 개의 팔은 지혜와 자비입니다. 불법의 각종 요소가 모여 단일 형태로 승화된 모습입니다. 그리고 그것이 우리의 진정한 모습이에요. 이것을 명심해야 합니다. 이것이야말로 나의 진정한 모습이고, 평소 '나'라고 생각하는 것은 일시적이고 덧없는 망상인 겁니다. 그리고는 앉아 스스로 구루 린뽀체(빠드마삼바바)로 봅니다. 이때 모든 세세한 부분에 이르기까지 가능한 최대한 분명하게 시각화하는 것에 아주 열심히 노력합니다. 각각의 부분들을 차례차례 자세히 시각화하고, 다시 모든 부분을 합쳐 전체로서 일별을 얻습니다. 빠드마삼바바가 거기 광채를 내뿜으며 앉아 있군요. 가슴 중앙에는 만개한 연꽃이 보입니다. 그 위로 접시 같은 초승달이 보이는군요. 그 접시 위에 빰(PAM)이라는 음절이 보이고 주위로는 만트라 글자들이 바로 세워진 상태로 배치됩니다. 빠드마삼바바의 만트라에서도 빛이 발산되고 있군요. 이 발산되는 빛들은 뻗어나가 온 우주를 정화합니다. 그 안의 모든 존재가 자연스럽게 정화됩니다. 이제 우리가 부처님이니까요.

여기까지가 제가 "결실을 길로 삼는다."고 묘사한 것입니다. 이제 우리는 부처입니다. 부처는 존재들을 정화할 능력이 있습니다. 마음속으로 부처라면 응당 그러할 것, 그리고 행위들을 합니다. 즉,

사방으로 빛을 발산해 모든 것 그리고 그 안의 모든 존재들을 완전히 정화합니다. "존재들"이라 언급할 때, 단지 인간 존재만을 의미하지 않습니다. "존재들"이라 함은 동물, 곤충, 물고기, 영적 존재, 천국과 지옥 그밖에 모든 곳의 모든 이들을 포함합니다. 놀랍도록 광대한 우주 전체를 통틀어 모든 존재가 해방됩니다. 그들 모두가 자신의 지혜와 연민의 천성을 의식하게 되고, 모두가 빠드마삼바바로 수렴됩니다. 세상 전체가 티 없는 정토가 됩니다. 그런 다음 빛이 모여들었다가 다시 발산됩니다. 이번에는 우주 안의 모든 부처님과 보살들에게 공양하는데, 이때 모든 중생도 포함됩니다. 이제 그들도 부처님이기 때문이죠. 이제 우주 전체가 부처님으로 가득 찬 완전무결한 정토입니다. 이를 시각화하며 만트라를 외웁니다. 그러다 마지막에 가서 이 광대한 우주, 이제 부처님과 보살들로 완전히 채워진 이 우주가 한 줄기 빛으로 녹아듭니다. 그 빛이 자신 안으로 녹아듭니다. 자신은 중심으로 녹아내립니다. 연꽃과 초승달은 만트라로 녹아듭니다. 만트라는 빰(PAM)이라는 씨앗음절로 녹아듭니다. 씨앗음절은 녹아 솟아올라 나다(nada)라고 불리는 작은 원 안으로 빨려들어 갑니다. 그리고 그 원마저 녹아 사라집니다. 각각의 단계마다 녹아드는 모습들을 아주 정확하게 그려 지켜봅니다. 결국 아무것도 남지 않을 때까지 계속 지켜보는 거예요. 그러면 그것이 본래의 완전무결한 마음의 상태입니다. 이 상태 그대로 안식을 취합니다. 이 생각과 개념을 뛰어넘는 상태를 가능한 한 오래 유지합니다. 다시 생각이 일어나기 시작하면, 즉시 빠드마삼바바로서 나타나 이 수행을 행함으로써 얻은 모든 공덕을 바칩니다.

나중에 하루 중 자신의 업무를 막 시작하려 할 때, 스스로를 빠드마삼바바로 봅니다. 만나는 모든 존재들을 빠드마삼바바의 화신들로 봅니다. 누군가를 만나더라도 그들의 내재된 불성을 자각합니다. 들리는 모든 소리는 만트라가 울려 퍼지는 소리입니다. 좋은 소리, 거친 소리 할 것 없이, 모든 소리가 그저 만트라입니다. 좋은 생각, 나쁜 생각, 똑똑한 생각, 멍청한 생각 할 것 없이, 모든 생각이 그저 구루 빠드마삼바바의 지혜의 마음 놀이일 뿐입니다. 종일 알아차림을 유지하려 노력하며, 만나는 모든 존재가 실제로는 구루 린뽀체가 그저 평범한 척 연기하고 있을 뿐임을 압니다. 들리는 모든 소리가 옴 아 훔 바즈라 구루 빠드마 싯디 훔(OM AH HUM VAJRA GURU PADMA SIDDHI HUM, 빠드마삼바바의 만트라)의 경이로운 울려 퍼짐입니다. 우리가 갖는 모든 생각들이 그저 지혜의 허허로운 놀이가 보여주는 핵심적인 품성들일 뿐입니다. 아무 걱정할 필요가 없어요. 이러한 상태를 온종일 유지할 수 있다면 순수한 지각을 계발한다는 게 어떤 의미인지 배우게 될 겁니다.

이상이 밀교가 작동하는 방식입니다. 제가 지금 아주 간결하게 설명드렸지만, 기본적으로 이런 식으로 작동하는 겁니다. 때로 사람들이 밀교를 처음 접하면, 일견 그 끝없는 복잡함에 겁을 집어먹습니다. 너무나 많은 보살이 있고, 너무나 많은 수준이 존재하고, 너무나 많은 수행법과 접근 방식이 있어요. 도대체 어디서부터 시작해야 하나? 마음이 그저 압도당해 어찌할 바를 모를 수가 있습니다. 하지만 수행의 핵심적인 요점은 실은 아주 간단해요. 문제는 다른 수행들과 마찬가지로 직접 해야만 한다는 겁니다. 하루에 고작 10분 정도 하는 걸로는 충분치 않아요. 수행을 일상으로 가져와야 합니다. 자신의 마음을 변용시켜야만 합니다. 꽤 괜찮은 아이디어들을 즐기듯 하는 그런 게 아니에요. 존재의 핵심을 변용시키려는 일에 대한 것이란 말입니다. 그저 이따금 맛보는 정도로는 어림도 없습니다. 진정으로 수행에 임해 그것을 맛보고 소화해내고, 자신을 성장시키는 데 사용하지 않는 이상 효과를 보지 못합니다. 어떤 사람들은 이 수행을 매일 조금씩 합니다. 그러고는 나머지 시간에는 잊어버려요. 그러면서 왜 아무 일도 일어나지 않는지 의아해합니다. 하지만 이건 그저 명상을 위해 앉았을 때만 하는 그런 게 아님을 문헌에서 아주 명백하게 밝히고 있어요. 시각화 작업을 매일의 생활 속에 안착시켜야만 합니다. 초창기 스승들은 실제로 그렇게 했습니다. 그들은 실제로 자신의 시선을 순수한 지각으로 변용시켰습니다. 그 어느 때에도, 어떤 사람을 만나든 그것을 사용했으니까요.

여기에 더해지는 밀교의 또 다른 면이 있습니다. 바로 내적 에너지를 다룰 수 있게 하는 겁니다. 이는 일단 시각화 작업이 안정되고 필요한 몇몇 만트라들을 암송하면 가능해집니다. 만트라는 불보살 본성의 정수입니다. 모든 부처님과 보살에게 해당되는 고유의 만트라가 있어 해당 신성을 경험하고 그것과 연결되는 방법으로 쓰입니다. 완벽한 집중과 시각화를 동반한 만트라 암송으로 해당되는 불보살의 자질을 실체화시킬 수 있습니다. 그것들은 만트라 안에 담겨 있는 마치 일종의 암호 코드와 같습니다. 명상과 시각화 그리고 만트라 암송을 통해 그 암호를 풀어내고 해당 에너지에 연결되는 겁니다. 완벽한 집중으로 그것을 암송하며, 시각화에 진정으로 집중하고, 수행 중 일점에 모아지게 되면 결과는 아주 빠르게 나옵니다. 만일 여전히 마음에 계속 의심이 남아 있다면 몇 겁을 수행해도 아무 일도 일어나지 않을 겁니다. 문헌에서는 이 점을 콕 집어 강조하고 있습니다.

말해줄 수 있는 게 너무나 많지만 너무 많이 얘기하는 건 망설여집니다. 여러분들 중 많은 분이 평생 밀교 관정을 받을 일이 없기 때문이에요. 그렇지만 사람들이 자주 혼동하는 몇 가지에 대해서는 짚어드리려고 합니다. 밀교를 모르는 사람들이 밀교 사원에 들어가 벽에서 온갖 존재들의 모습을 보며 의아해하는 경우가 잦습니다. 종종 이렇게 물어요. "이게 불교랑 무슨 상관이 있죠?" 그림 속 인물 중 많은 수가 나체입니다. 상당수가 격노한 모습으로, 마치 악마들처럼 보입니다. 심지어 성교 중인 모습도 보입니다. 하지만 이런 그림들은 그것이 처음 나타났을 때 비하면 그리 복잡하거나 기이한 축에도 못 낍니다. 이 보살의 모습들은 정서 상태의 세 가지 기본 수준 중 하나를 상징합니다. 첫 번째 정서 상태는 평화로움으로, 자비의 관세음보살, 지혜의 문수보살, 구원의 여성 보살 타라 같은 인물로 나타납니다. 그들은 고요하고, 평화롭고, 부드럽게 미소 짓는 모습으로 표현됩니다. 이들을 보고 문제 삼는 사람들은 없습니다. 가끔 타라가 초록색 또는 푸른색으로 표현되는 정도를 문제 삼을까요. 하지만 기본적으로 문제가 없습니다. 마치 우리 편인 듯, 잘 생기고 우호적으로 보이기 때문입니다.

그다음 두 번째 정서 수준을 만나게 되는데, 이를 티베트어로 시마토(zhi ma khro)라고 합니다. 이는 "평화롭지도, 그렇다고 분노하지도 않는"이라는 뜻이에요. 이들은 영웅적 보살들인데, 헤루카(heruka)와 다키니(dakini)의 형상을 취하는 것으로 알려져 있습니다. 이들은 깨달음을 향한 에너지 분출을 상징합니다. 이들의 특징적인 자질은 열정이에요. 초창기 불교 형태에서는 욕망이 해방에 주요 장애물로 인식되었습니다. 하지만 대승불교, 특히 밀교에서는 열정과 분노 같은 감정의 근원을 추적해 들어가면 그것들이 막대한 에너지로 이루어졌다고 이해합니다. 어떤 국면에 이르러 이 에너지가 부정적인 힘으로 왜곡되어 버린 것이라고 설명하죠. 그렇지만 이 에너지 자체는 아주 깨끗하고 지혜롭습니다. 이는 부정적인 감정에 대한 180도 바뀐 엄청난 태세 전환입니다. 분노, 교만, 질투, 열정 같은 감정을 뿌리 뽑아야 한다고 여기는 대신 그 에너지들을 돌려 깨달음을 얻기 위한 연료로 사용할 수도 있겠다는 생각인 겁니다. 이들 감정은 이제 더 이상 격파해야 할 적들이 아닌 겁니다. 그것들은 이제 깨달음으로 가는 여정에서 주요 조력자들이 되었습니다. 이는 밀교 전반에 걸쳐 깔린 숨은 주제예요. 이를 이해하면 밀교 도해들이 이해될 겁니다.

티베트 문헌들은 부정적인 감정들이 크면 클수록 가진 지혜 또한 더 크다고 말합니다. 이에 따른 필연적인 귀결이지만 부정적인 감정이 없다면 지혜 또한 없는 겁니다. 이것이 우리가 영적인 수행이라는 미명 하에 맘껏 탐욕, 열정, 증오, 욕망을 드러내도 좋다는 뜻일까요? 일부 사람들은 그렇다고 생각합니다만, 이는 오해입니다. 부정적 자질을 통제되지 않고 순화되지 않은 상태로 내버려 둔다면 그야말로 육도윤회의 원인이 됩니다. 하지만 통제되고 변용될 수만 있다면 윤회를 벗어나기 위한 연료로 쓸 수 있는 거예요. 제 마음속에 늘 떠오르는 예는 로켓입니다. 지구의 중력장이 잡아당기는 힘을 뿌리치고 로켓이 발사되기 위해서는 엄청난 양의 연료가 필요합니다. 하지만 일단 우주 공간으로 나가면 더 이상 많은 힘이 필요치 않아요. 사실상 자가-추진이 가능합니다. 영적인 여정도 딱 그와 같습니다. 이 평범한 천성이라는 중력의 끌어당김, 평범하고 무지하고 에고가 기반이 된 마음의 끌어당김이 극도로 강력합니다. 조건 지어지지 않음이라는 상태로 최초 쏘아 올려지기까지가 무지막지하게 어려워요. 그만큼 우리의 조건 지어진 마음이 엄청나게 강력하기 때문입니다. 통찰 명상을 일상적으로 하고 있다고 해도 쏘아 올려지기에 부족한 경우가 많습니다. 그렇기 때문에 이 최초 발사를 위해서 가용한 모든 방법을 끌어모을 필요가 있어요.

밀교는 우리가 가진 가용한 모든 것들을 가져다 씁니다. 심지어 쓰레기 같은 것들까지 몽땅 모아서 마음의 조건 지어지지 않은 천성에 가닿기 위한 연료로 사용합니다. 이것이 밀교가 어째서 그렇게나 위협적으로 보일 수 있는지, 어째서 실제로 매우 위험할 수도 있는지, 그리고 왜 스승의 안내가 필요한지 그 이유입니다. 밀교 문헌들을 살펴보면 완벽한 스승의 필요성을 끊임없이 강조합니다. 그렇지 않으면 아주 위험한 길이 될 수 있어요. 우리가 소달구지를 몰고 길을 가고 있다면 딱히 신경 써야 할 문제가 일어날 일이 없습니다. 하지만 스포츠카를 몰고 가고 있다면 아주 조심해야 하죠. 운전대를 잡기 전에 아주 훌륭한 선생에게 잘 배울 필요가 있습니다. 이는 밀교가 에너지, 특히 성적인 에너지를 사용하기 때문입니다. 이는 또한 초창기 불교에서 훨씬 더 고상한 방식으로 변용 또는 승화되어 표현된 바 있습니다. 밀교에서는 그 에너지가 모든 내적 지혜 센터들을 개방시키는 도구로 변용되는 겁니다.

밀교가 난잡한 성생활, 원하는 만큼의 분노, 만취 상태에 이르는 음주, 또는 기타 감각들을 남용하는 행위들에 대한 면허를 부여한다고 상상한다면 이는 커다란 오해입니다. 이와 정반대로, 밀교는 존재하는 수행법들 중 가장 절제되고 가장 통제된 수행법입니다. 마음을 다루는 정말 수많은 밀교 서약이 존재합니다. 남용을 허용하는 면허를 주는 길이 전혀 아니에요. 하지만 이 길이 우리가 가진 모든 것을 가져다 쓰는 길인 것은 분명합니다. 그래서 크나큰 헌신과 명확한 안내가 동시에 필요합니다.

보살의 세 번째 수준은 영웅적 수준 다음으로 등장하는데, 토와(khro ba)라고 하며 성냄이라는 뜻입니다. 영웅적 수준과 격렬함의 수준은 주위에 어떤 화염이 둘러쳐져 있는가로 구별할 수 있습니다. 평화로운 형상들은 주위에 아우라를 두르고 있습니다. 영웅적 형상들은 아주 잘 정돈된 화염 격자가 둘러쳐져 있습니다. 성냄의 형상들은 아주 사나운 화염에 둘러싸여 있어요. 영웅적 보살들은 성욕에 기반을 둡니다. 성냄의 보살들은 분노에 기초합니다. 내면에 갖는 이 모든 감정을 순한 자극부터 완전한 격노에 이르기까지 모두 다루고 있어요. 비록 형상들이 매우 화난 듯 보이지만, 가슴에는 완전한 사랑, 지혜, 자비가 있습니다. 그들은 실제로는 전혀 화가 난 게 아닙니다. 그저 그런 형태로 현현했을 뿐이에요. 그것은 막대한 에너지를 품은 변용된 분노입니다. 실제로 화가 나 있는 어떤 라마도 저는 알지 못하지만, 명상 중에는 그들 중 많은 경우가 극도로 격분한 보살로 현현합니다. 이러한 보살들은 각자의 배우자들과 합쳐져 몇 가지 것들을 상징합니다. 우리도 이러한 나눠진 상대 극성에 속하지만, 이 상대 극성들은 언제나 합쳐져 보다 높은 합일체로 거듭납니다. 그것들은 지혜와 자비의 합일, 지복과 비어있음의 합일 등등을 상징하죠. 하지만 기본 개념은 언제나 마음의 두 가지 특질을 합쳐 하나로 만든다는 겁니다. 이를 남성과 여성의 생생한 성교로 표현합니다. 밀교 사원에서 난잡한 성교 파티를 가진다는 의미가 아니에요.

티베트불교는 구루를 아주 많이 강조합니다. 구루는 다루기가 상당히 난해한 주제입니다. 왜냐하면 예전에 제가 말씀드렸듯, 초창기 인도와 티베트 양쪽에서, 구루와 제자 간의 관계는 매우 은밀한 것이었기 때문입니다. 스승은 고작해야 몇 안 되는 아주 적은 친밀한 제자들만 둘 뿐이었어요. 스승은 그들 모두를 아주 잘 알고 있었고, 그들 또한 스승을 잘 알고 있었습니다. 상호 신뢰가 충분했어요.

수행법들은 개인 맞춤형이었습니다. 제가 제 스승님과 인도에 있을 때는 수도원에 계실 때, 그리고 티베트 일반인들을 상대할 때와는 달리 아주 적은 수의 서양인 제자들만을 두고 있었습니다. 보통 서양인들이 찾아오면 다른 라마들에게 보내버리시곤 했어요. 하지만 가끔 몇몇을 골라 함께 머물러도 좋다고 허락하셨습니다. 그리고 우리 모두 비록 같은 수행을 시작했지만, 얼마 지나지 않아 서로 아주 다른 수행을 하고 있었어요. 저는 다른 누구와 함께 가르침을 받은 적이 한 번도 없습니다. 거기에는 미국인, 네덜란드인, 스위스인 비구니들이 있었어요. 제가 비구니가 되고 몇 년이 지나서 온 분들이었습니다. 우리는 사매지간이었죠. 때때로 우리 중 한 명이 비구니계를 받는 문제에 대해 여쭈면 제 라마께선 이렇게 말씀하시고는 했습니다. "셋 또는 넷이 될 때까지 기다리자꾸나. 그때가 되면 너희 모두에게 수계를 내려주겠다." 그렇게 우리는 관정과 구전을 함께 받을 예정이었지만, 함께 가르침을 받은 적은 없었습니다.

예를 들면, 캄뚤 린뽀체께서는 제게 특정 수행을 하도록 권하시고는 했어요. 그럼 저는 이런 생각을 했습니다. "환상적이군. 딱 내가 원하던 수행이야." 그리고 제 사매들에게 얘기하면 그들은 이렇게 말하는 식이었습니다. "오, 제발 그런 수행을 하라고 말씀하지 않으셨으면 좋겠다." 그러면 제가 말하죠. "그게 네 반응이라면 절대 그런 말씀을 하실 리가 없지." 그리고 실제로도 그랬어요. 저는 제 라마께서 저보다 더 저를 잘 알고 있다는 걸 알고 있었습니다. 이따금 제가 생각지도 못한 것들을 하라고 말씀하셨어요. 하지만 해보면 너무나 완벽하게 저에게 맞아떨어지곤 했습니다. 이런 종류의 확신은 아주 중요합니다. 그리고 자신을 완벽하게 이해하는 스승을 가졌음을 알 때 그런 확신이 생기죠. 그런 스승에게 어찌 확신과 신뢰를 품지 않을 수 있겠습니까?

그런데 밀교가 동양과 서양 양쪽 모두에서 너무나 인기가 많아진 나머지 많은 라마들이 끊임없이 비행기를 타고 세상을 돌아다니는 일이 일어나고 있습니다. 그런데 여기서 문제가 발생합니다. 가령 그분들이 이곳에 왔다고 칩시다. 아마 며칠 정도 이곳에 머무르실 텐데, 관정 의식을 해주고 약간의 가르침을 여러분에게 드릴는지도 모릅니다. 그러고는 그냥 떠나야 하죠. 어쩌면 향후 5년 정도는 다시 오시지 않을 수도 있는 겁니다. 무엇보다 먼저, 여러분들이 어떻게 그 스승과 만날 것이며, 둘째로, 만났다손 치더라도 다음에 어떻게 다시 보시겠습니까? 그리고 그분들이 여러분들을 기억이나 하시겠습니까? 이건 큰 문제예요. 밀교 문헌들에 의하면 받아들이기 전 자신의 스승을, 또는 잠재적 스승을 최대 12년까지 점검해봐야만 한다고 적혀 있어요.

진짜 고유한 스승은 이번 생뿐 만을 위함이 아닙니다. 그는 우리의 모든 생을 위해 존재해요. 그가 우리를 깨달음으로 이끌어 줄 수 있다고 신뢰해야 합니다. 왜냐하면 스스로 그 수준의 깨달음을 얻은 자만이 그것을 우리에게 건네줄 수 있기 때문입니다. 더불어, 진정한 구루라면 제자로부터 마음의 고유하고 선천적인 지혜, 알아차림, 그리고 명료함을 드러내 보여줄 수 있어야 합니다. 이는 조건

지어지지 않은 상태로, 생각을 넘어서고, 개념을 넘어섭니다. 이 마음을 보여 제자가 잠깐 일별할 수 있도록 만들 수 있어야 진짜 구루입니다. 그러한 관계를 갖는 건 어렵습니다. 하지만 불가능하지 않아요. 하지만 그러한 긴밀한 관계를 갖기 전이라 할지라도 상당히 오랜 시간 동안 혼자 잘해 나갈 수도 있습니다. 자질이 증명되고 확신을 불러일으키는 라마들의 방문을 통해 간헐적인 가르침과 지도를 건네받아 어찌어찌 꾸려나갈 수 있어요. 이번 생에서 그들이 꼭 우리의 라마일 필요는 없습니다. 우리에겐 그들을 향한 귀의가 있고, 한동안 그것으로 충분합니다. 어떤 라마를 향한 헌신을 갖는 게 필요한데, 이는 밀교 수행을 할 때 언제나 라마를 중심에 두어야 하기 때문입니다. 그저 귀의하는 척할 수는 없습니다. 귀의하든지 그렇지 않든지 둘 중 하나입니다.

개인적으로는 밀교가 모두를 위한 것이라고는 생각지 않습니다. 또한 여러분이 밀교의 길을 따르겠다고 마음먹었다면, 모든 것을 포기하고 물러나 강도 높은 집중 수행에 들어갈 준비가 되어있지 않은 이상, 수행을 간소하게 유지하는 게 중요하다고 생각해요. 몇몇 라마들이 이것이 그들에게 얼마나 어려운 일인지 지적해 주신 바가 있습니다. 법맥을 이어받은 자로서 그들은 많은 서로 다른 수행을 익혀야 하는데, 그중 단 하나의 수행법도 지켜보고 완전히 소화해낼 시간이 당최 없는 겁니다. 성공할 가능성이 있는 현실적인 길은 당사자에게 의미 있을 딱 하나의 간단한 수행법을 숙지시켜 그것에 집중하는 수밖에 없으리라는 점에 라마 모두가 동의합니다.

티베트불교의 장점 중 하나는 마치 커다란 영적 슈퍼마켓 같다는 겁니다. 선불교 수행센터에 가면 이런 말을 들을 수 있습니다. "이것이 우리가 선 수행을 하는 방법입니다." 만일 그 방법대로 하지 않겠다고 생각하면 다른 곳으로 가볼 수밖에 없어요. 위빠사나 수행센터에 간다면 이런 말을 듣습니다. "이것이 우리가 위빠사나 명상을 하는 방법입니다." 그 방법이 마음에 들지 않으면 "그것참 운이 없네요." 하는 식입니다. 하지만 밀교에는 너무나 많은 수행법이 존재합니다. 위빠사나가 있고, 참선 수행 같은 명상도 있습니다. 연구에 매진할 수도 있으며, 부처님과 보살을 색의 조합으로 꾸미는 총천연색 시각화 작업도 한 꾸러미가 넘게 존재합니다. 모든 이들을 만족시킬 만큼 뭔가, 예를 들면 평화로운 것, 분노에 찬 것, 평화로운 듯한 것, 분노에 찬 듯한 것 등등이 있습니다. 여성, 남성, 초록, 빨강, 파랑, 흰색, 엄청나게 많은 팔과 다리, 딱 한 쌍씩의 팔과 다리, 단 하나의 머리, 여러 개의 머리, 일어선 자세, 앉은 자세, 누운 자세. 당신이 원하는 방식으로 온갖 것들이 구비되어 있습니다. 엄청나게 다양해 사람들이 자신의 수행에 적용하기 적합한 것을 반드시 찾을 수 있어요. 자신이 좋아하는 뭔가를 찾아 그것과 진정으로 동일시를 이루면 그것과 계속 함께 할 수 있습니다.

지역을 방문한 라마들은 하나같이 자신의 특정 수행법이 가장 특별하고, 가장 비밀스럽고, 궁극적이고, 최상이며, 들어본 것 중 최고의 숨겨진 보물이라고 말할 겁니다. 그러면 여러분들이 생각하겠죠. "오, 난 저걸 해야만 해." 그리고 다음 주가 되면 다른 누군가가 또 다른 뭔가를 들고 찾아옵니다. 결국 완전히 혼란에 휩싸여, 완전히 좌절하는 것으로 끝을 맺지요. 게다가 최악인 것은 이것들이 완벽하게 비현실적이라는 겁니다! 중요한 점은 너무 포부를 크게 갖지 말라는 겁니다. 초심으로 돌아가야만 해요. 무엇보다 우선 동기입니다. 어쨌거나 우리는 왜 이것을 하고 있는가, 무엇을 위해? 자비의 마음, 보리심, 다른 존재들의 안녕을 위해 깨닫겠다는 포부를 가지세요. 윤리적인 삶을 진심으로 함께 가져가야 합니다. 해 끼치지 않고, 거짓말하지 않고, 성적인 비행을 멀리합니다. 현실적일 필요가 있어요. 진지하게 영적인 길을 따르겠다고 마음을 먹었다면 바닥에서부터 시작해야 합니다. 자신의 행위에 책임감을 느껴야 하고 무엇이 미덕이고, 무엇이 부덕인지 이해하고 있어야만 합니다.

첫째로, 자신의 생활에서 기초적인 불교 계율들을 함께 챙겨야 합니다. 그런 다음 단순하고, 쉽게 접근이 가능하며, 일상생활과 조화가 가능한 형태의 수행을 하는 것이 좋겠죠. 그러면 즉시 효과를 발휘할 수 있고, 아주 만족스러울 수 있습니다. 정말로 뭔가 변용이 일어나고 있음을 느낄 수 있습니다. 하지만 여기서 너무 큰 포부를 갖는 함정에 빠지는 건 피해야만 합니다. 전 세계를 돌아다니며 아주 높은 관정 의식들을 받고는, 결국 이 모든 헌신들을 해 내느라 기진맥진하는 것으로 끝나는 사람들을 알고 있습니다. 더 높은 수준의 관정 의식은 대개 더 많은 헌신을 요구하기 마련입니다. 그 말은 매일같이 이 수행을 해야만 한다는 뜻이에요. 그것만으로 한두 시간은 족히 걸릴 수도 있습니다. 그런 수행 여러 개를 한다면 그 프로그램들을 다 하는 데만도 서너 시간은 금방 지나게 됩니다. 그에 더해질 자기의 일, 가족, 사회관계, 게다가 자신이 받은 헌신 수행을 온전히 수행치 못하면 지옥에 가게 되리라는 공포가 더해지죠. 처음에는 삶을 진정 의미 있고 즐거움이 가득한 것으로 변용시킬 의도였던 것이 그저 무거운 짐이 되어 버립니다. 매일 진행하는 헌신 수행이 세 시간 정도 된다는 어떤 라마분을 알고 있습니다. 충분히 일찍 일어나 아침에 그것을 최우선으로 쳐낼 수 있으면 그렇게 안심이 될 수가 없다고 합니다. 만약 그렇지 못했다면 남은 하루 그것이 무거운 부담으로 계속 느껴진다고 해요. 밤이 되어 기진맥진한 상태에서 세 시간에 걸친 수행을 해야만 한다는 걸 알기 때문입니다. 보시다시피 그리 도움이 되지 않습니다. 특히 일반인들에게는 더 그렇습니다. 저의 스승 라마께서는 제게 늘 이렇게 말씀하셨어요. "너무 큰 책무를 짊어지지는 말거라. 수행을 아주 조그맣게 그리고 단순하게 가져가야 해. 그러면서 그것을 반드시 해내는 거지." 아주 좋은 충고입니다. 관정 의식을 해주겠다는 라마분들을 만날 때면 저는 언제나 아주 분명하게 밝혀 왔습니다. 죄송하지만, 제가 이 헌신 수행을 지켜내기는 힘들 것 같습니다. 관정을 받기 전에 그렇게 말하는 겁니다. 그러면 그분들이 제가 그것을 받아도 될지 말지 결정할 수 있는 거죠. 대부분 그들은 괜찮다고 말씀하십니다.

이 모든 헌신 수행 속에 빠져 곤란해지기는 쉬워요. 이는 일종의 불법에 대한 탐욕입니다. 무엇도 놓치고 싶지 않은 겁니다. 자, 핵심은 밀교에서 자기의 선생과 자신의 길을 아는 것이 중요하다는 점입니다. 그것을 가능한 한 간소하게 가져가야 하지만, 반드시 실천해야 합니다. 충분히 도전적인 과제여야겠지만, 그렇다고 너무 많아 압도적이어서는 안 됩니다. 계속할 수 있을 만큼이어야만 하고 점점 더 자기의 삶, 관계, 일 속에 통합시킬 수 있을 만큼이어야 합니다. 수행하는 시간과 일상의 삶에 더 이상 경계가 없어질 때까지 말이죠.

문_ 앞서 말씀하신 수행과 헌신은 그저 스스로를 또 다른 새장 속에 가두는 꼴은 아닐까요?

답_ 네, 물론입니다. 하지만 누군가 수행에 진심이라면, 이는 매우 강력합니다. 정신적으로 그리고 심리적으로 강력한 반향을 일으킬 수 있습니다. 그렇기에 아주 조심해야 해요. 이 점에 대해서는 사람들에게 여러 번 강조해도 모자라지 않습니다. 그렇지 않으면 몇몇은 이 모든 것을 너무 가볍게 여길 수도 있거든요. 문제가 되지 않는다는 잘못된 인상을 가진 채 말입니다. 하지만 실제로는 정말로 문제들이 나타날 수 있다는 게 오랜 세월에 걸친 확실한 사실입니다. 이건 우리를 새장 속에 가두자는 게 아니고, 그저 현실적이어야 한다는 말입니다. 약을 먹을 때 용법과 용량을 지키지 않는다면, 혹은 약을 먹지 않거나 다른 뭔가를 먹는다면, 여러분들에게 해로울 수 있잖습니까. 여기 이것은 마음과 내적 에너지, 그리고 육체의 다양한 에너지 중심을 다루는 문제입니다. 그러니 조심해야만 하는 겁니다. 우리가 뭘 하고 있는지 알고 있어야만 해요. 반드시 헌신적이어야 합니다. 정말로 잘 이해하고 있는 선생도 필요해요. 자신의 능력치도 파악하고 있어야만 하며, 자신의 상황에 부적절한 것은 받지 말아야 합니다. 이것들은 그저 경고들입니다. 왜냐하면 때때로 사람들은 이것들을 너무 일상적인 양 받아들이거든요.

그러다가 스스로 망칠 수도 있습니다. 그러고는 수행이나 스승 또는 자기 자신을 비난하죠.

문_ 씨앗음절들을 당신께서는 어떻게 시각화하십니까?

답_ 무엇보다 우선은 씨앗음절을 두고자 하는 곳에 공간을 확보해야 합니다. 하지만 그것에 우선하여 모든 것을 녹여야 해요. 당신과 주위 환경 전체가 하나의 거대한 공간이 됩니다. 그 공간 안에 대체 현실을 창조하기 시작합니다. 하지만 우선 모든 것들을 쓸어버릴 필요가 있는 겁니다. 아주 간단해요. 그저 모든 것들이 공간 속으로 녹아 사라진다고 생각하면 됩니다. 그런 후에 모든 것을 다시 짓기 시작하는 거죠.

문_ 비어있음 명상과 같은가요?

답_ 뭔가 다른 종류의 비어있음입니다. 비어있음 명상을 하면서 우리가 "일체 법은 공하다."라고 말할 때, 이는 일체 법이 사라지는 걸 의미하지는 않습니다. 이는 그저 일체 법에 어떠한 천부적인, 단단한 실체가 없다는 의미일 뿐이지요. 하지만 밀교 명상 중에 모든 것이 비어있는 본성이 된다고 말하면, 그것은 아주 문자 그대로 받아들여지는 것입니다. 모든 것이 녹아내려 이 공간 같은 비어있음 속으로 사라진다는 의미입니다.
우리는 사물이 단단하다는 생각에 너무나 고정되어 있습니다. 그게 바로 우리가 말하는 순수하지 못한 지각, 이 모든 것을 진짜라고 본다는 겁니다. 하지만 심지어 물리학에서조차 물질은 대부분 공간으로 구성되어 있다고 말하죠. 여기 실질적인 단단함은 극미하고, 그조차도 실제로는 단단하지 않을는지도 모릅니다. 하지만 우린 우리가 사물을 지각하는 그 방식대로 실제로도 사물이 그러하다고 착각하지요.

지각에는 수많은 층이 존재합니다. 우리 각자가 자신이 지각하는 방식이 유일한 방식이라고 믿어요. 하지만 그렇지 않지요. 밀교는 우리 인식을 변용하고, 정화하고, 개방하는 걸 다룹니다. 딜고 켄쩨 린뽀체(Dilgo Khyentse Rinpoche)께서 말씀하시길 본인은 여덟 살 때 처음 이 명상을 시작하셨다고 합니다. 벽과 모든 가구가 떨리기 시작하더니 급기야 투명해지는 걸 목격하셨다고 해요. 뭐 그분은 린뽀체이시니 그럴 수도 있겠죠. 하지만 그런 종류의 지각이, 사물을 마치 지혜의 빛으로 만들어진 듯 보는 그런 지각이, 사물을 단단한 것으로 보는 우리의 일반적인 지각보다 실제로 더 실제에 가깝다는 건 부인할 수 없는 사실입니다. 만약 사물을 투명한 것으로 보게 되면 벽을 통과해 걸을 수 있을지도 모릅니다. 그렇지 못한 이유는 오직 "사물이란 이런 거야. 그리고 그 외의 경우는 있을 수가 없어."라고 말하는 순수하지 못한 지각을 지녔기 때문입니다. 그게 바로 우리의 무지한 마음인 겁니다. 밀교는 사물의 진정한 존재 방식에 우리를 맞추려는 노력입니다. 이해하시겠습니까? 자신의 주위에 이러한 천상의 저택과 정토를 창조할 수 있게 되면 우린 이렇게 생각할 겁니다. "자 이제, 이건 이렇다고, 저건 저렇다고 여기는 척하겠어. 물론 그게 그렇지 않다는 건 알지만, 어쨌거나 그런 척하겠어." 하지만 실제로 시각화는 우리의 일상적인 지각보다 사물의 실제 천부적인 속성에 더 가까워요. 그렇기에 그것이 우리에게 그토록 깊이 영향을 끼칠 수 있는 겁니다. 이는 어떤 아주 심오한 수준에서 우리가 이미 그것을 자각하고 있기 때문이에요. 우린 그것이 참임을 알고 있습니다.

14

시각화 명상

불보살을 시각화하는 수행은 밀교에서 아주 중요한 의미를 갖습니다. 밀교를 이해하고자 하면 시각화 수행을 하는 근본적인 이유를 이해해야 합니다. 자신이 무엇을 하고 있는지에 대한 이해가 없다면, 온갖 종류의 복잡다단한 것 속으로 자신의 마음을 가져갈 수 있을는지는 몰라도, 요점을 완전히 잃어버릴 수도 있어요. 많은 사람이 시각화를 백일몽이나 공상쯤으로 여기고 자신이 부처님과 보살인 듯 상상하는 건 그저 또 다른 마음의 유희일 뿐이라고 생각합니다. 심지어 시간 낭비인 것처럼 보일 수도 있어요. 그러니 이것이 진정 무엇인지 내밀히 살펴봅시다!

무엇보다 우선, 창조적 상상의 힘을 이해하는 것이 중요합니다. 마음에는 여러 층이 존재합니다. 표면에 가까울수록 언어에 반응합니다. 더 깊이 들어가면 갈수록 말보다는 이미지에 반응해요. 마음으로 깊이 들어갈수록 언어 표현의 의미를 이해하지 못합니다. 하지만 이미지들에 대해서는 상당히 수용적입니다. 이들 이미지는 훨씬 더 깊은 층으로 스며들며 변용을 끌어냅니다. 그저 표면적일 뿐인 개념들로는 꿈도 꾸지 못할 일이에요. 자비로운 생각들을 예로 들어 볼 수 있습니다. 가령 타인의 고통을 대신 짊어진다든가 모든 존재가 행복했으면 하는 바람 같은 게 있겠죠. 이런 것들은 어느 한 층에서는 동기부여가 되는 좋은 수행이지만 마음의 모든 층에 이르기까지 스며들며 내려가지는 않습니다. 아주 원시적인 마음은 이 모든 것에 조금도 관심을 보이지 않아요. 그런 생각들은 지성의 수준, 즉 저 위쪽 머릿속 어딘가에 남아 맴돌 뿐입니다. 마음을 완전히 변용하려면 훨씬 더 깊은 층들에 가 닿을 방법이 필요한 겁니다. 이는 이미지들을 이용함으로써 가능해요. 융 학파의 심리학에서 어째서 이미지들로 만들어진 도구들을 그렇게나 많이 사용하는지가 일례가될 겁니다. 하지만 티베트 전통에서 사용되는 이미지들은 임의적인게 아니에요. 때때로 사람들이 이렇게 말합니다. "우리가 시각화할 때 떠올리는 부처님과 보살들은 우리에게는 생소하다. 그들은 우리 문화의 일부가 아니야. 그들은 우리 서양인들의 의식 일부를 형성하고 있지 않아. 우리에게 의미 있는 이미지들을 사용해 시각화하는게 좋겠어."

어떤 수준에서는 정곡을 짚고 있는 말입니다. 하지만 이 이미지들은 결코 임의적이지 않아요. 누군가 그저 앉아서 마음속에 떠올려

만든 게 아니라는 겁니다. 이것들은 어떤 깨달은 마음의 현현(顯現)입니다. 그래서 그것들이 의식의 지극히 깊은 층들에 이르기까지 열 수 있는 겁니다. 그게 아니라면 우린 그저 앉아 자신이 편하게 느끼는 뭔가를 시각화할 수도 있었을 거예요. 가령 미키마우스 같은 것 말이죠. 왜 안 되겠어요? 미키마우스는 우리 문화의 일부인데? 천수천안관세음보살을 시각화하는 것보다 훨씬 더 쉬울 겁니다. 일단 시작부터, 미키마우스는 팔이 두 개밖에 없어요. 하지만 스스로 자문해볼 필요가 있습니다. "어떤 마음의 상태에서 미키마우스의 이미지가 나왔을까? 그가 깨달은 마음을 받은 걸까? 월트 디즈니와 그의 만화 제작자들이 깨달았을까? 미키마우스는 어떤 자질들을 담고 있을까?" 어떤 이미지를 대상으로 명상하고 있다면 그것이 표상하는 것을 받게 됩니다. 그래서 이미지를 고를 때는 주의가 필요한 겁니다. 만일 깨달음에 연관된 자질들을 목표로 한다면 어떤 깨달은 마음이 품었던 이미지를 대상으로 명상해야만 해요. 자, 그래서 언젠가 완전한 깨달음에 이른 서양인이 나타나 적절한 이미지들을 제시해줄 때까지, 티베트 이미지들을 고맙게 생각하며 사용해야 하는 겁니다. 이를 두고 서양인들의 마음은 동양인의 마음과는 뭔가 근본적으로 다르다고 속단해 버려서는 안 됩니다. 이는 논란의 여지가 많습니다. 이 신성한 이미지들은 아주 심오한 상태의 산물들로 알려져 있어요. 이런 이미지를 사용함으로써 문화적인 맥락과 무관하게 우리 역시 같은 심오한 상태에 도달할 수 있습니다.

한번은 제 라마이신 캄뚤 린뽀체께 이런 질문을 들고 간 적이 있습니다. "저는 지금 타라(Tara)를 시각화 중입니다. 엄청난 헌신을 쏟고 있어요. 그런데 그녀가 금발일 거라는 확신이 들거든요. 그래서 그녀를 시각화할 때 늘 금발로 설정합니다. 만일 제가 타라의 실제 모습을 본다면, 그녀의 머리카락이 무슨 색일까요?" 캄뚤 린뽀체께서는 이렇게 답변하시더군요. "검은색." 달리 말해, 부처님과 보살들의 모습은 우리 자신의 선입견과 마음 상태에 좌우되지 않는다고 저에게 말씀하셨던 겁니다. 또한 우리의 내적 현실화에 상응하는 더 높은 현실 세계가 있기는 하지만, 그 또한 그들과는 무관하다는 말씀이기도 했습니다. 부처님과 보살들에도 많은 위계가 있습니다. 동양에서는 부처님과 보살들을 기본적으로 자기들과 동떨어진 존재들로 본다는 문제를 갖고 있어요. 마치 신들이 있어 믿음을 갖고 기도하면 유익한 것을 내어주는 것 같은 상황입니다. 서양에서의 문제는 반대편 극단으로 치달아서 그들을 그저 순수한 정신적 개념일 뿐인 것으로 보는 겁니다. 천수관음은 자비를 상징합니다. 문수보살은 지혜를 상징하죠. 물론 그들은 모두 기본적으로 그저 우리 마음이 지어낸 것들인 게 사실입니다. 자비와 지혜라는 개념을 연관시키기 위한 그저 방편일 뿐이라는 말입니다. 그렇게 우린 그들을 어떤 완전히 다른 방식으로 볼 수 있습니다. 또한 그들은 여전히 우리 마음 밖에서 어떤 현실성도 갖지 못합니다. 그런 식으로 생각하자면, 당연하지만 사실입니다. 하지만 사실, 우리 마음 밖에서는 그 어떤 것도 현실성을 갖지 못해요. 이 탁자가 단단하고 실재한다고 생각을 하지만 탁자 또한 여러 층의 인식 수준이 적용되는 그저 우리 마음의 지어낸 바일 뿐입니다. 탁자의 실제 품성은 우리의 감각과 정신적인 해석을 통해 존재하는 그것과 전혀 같지 않습니다. 그런데도 우린 탁자는 실재한다고 생각하면서도 천수관음은 실재가 아니라고 여기지요.

진실이 어딘가 존재하는 다른 길에 있지는 않은지 스스로 자문해봐야 합니다. 어쩌면 천수관음이 현실이고 다른 모든 것은 그저 우리가 지어낸 것들일 수도 있어요. 천수관음은 보신(報身)이면서 법신(法身)의 천성이기 때문입니다. 물론 천수관음은 무한한 형태로 나타날 수 있습니다. 동정녀 마리아가 다양한 형태로 나타나는 것처럼 말입니다. 하지만 마리아에 대한 믿음을 가진 모든 이들이 비슷한 식으로 마리아를 목격하는 경향이 있죠. 이처럼 자비심을 대상으로 명상하는 자들에게는 천수관음이 어떤 특정 방식으로 현현하는 경향이 있는 겁니다. 이는 간단한 문제가 아닙니다. 천수관음은 실제로 사람이 아니기 때문이에요. 전 지금 정토에 천수관음이라고 불리는 누군가가 존재한다고 주장하는 게 아닙니다. 하지만 다르게 생각해보면, 천수관음이 사람이 아닐진대, 사람들이 진짜 사람일까요? 우리는 스스로 훌륭한, 각자 개인인, 자족하는 사람들이라고 생각하지만, 이는 그저 망상에 불과함을 알아야 합니다. 그리고 저에게는 그에 비하면 천수관음이 훨씬 더 현실적으로 보입니다. 어쨌거나 그는 법신의 고유한 현현이니까 말이죠.

마음속에 이들 진실 양쪽 모두를 동시에 잡는 법을 배워야 합니다. 천수관음은 마음의 자비로운 품성의 표현인 동시에 우리 외부에도 이런 힘 또는 표현이 존재함을 아는 겁니다. 결국 둘이 아닌 세상에서 안이니 밖이니 하는 것은 없으니까요. 여기 문제가 있다고 보는 건 그저 현혹된 마음의 상태 안에서의 일일 뿐입니다. 표면적인 분리란 전적으로 우리의 무지로 인한 것이에요. 그래서 천수관음이 안과 밖 동시에 존재하기에 사람들, 의자, 탁자, 그리고 어떤 개인적에고 등에 대한 보통 일반적인 개념들보다 오히려 훨씬 더 실재의 현현에 가깝다는 말입니다.

스스로를 불보살이라고 시각화할 때 '이것은 앉아서 천수관음인 척하는 나. 내가 현실이고 천수관음은 그저 만들어진 믿음일 뿐이다'라고 생각해서는 곤란합니다. 이점은 아주 중요해요. 진짜 현실은 본인이 천수관음이고, 그가 이 사람인 척하는 겁니다. 우리는 모두 불성을 지닙니다. 또한 모두가 선천적으로 완전하고 순수합니다. 문제는 우리의 진정한 모습과 연결을 잃었다는 겁니다. 우리의 진정한 품성은 천수관음인 거예요. 나의 천수관음, 그녀의 천수관음, 그의 천수관음, 수많은 천수관음 같은 게 아닙니다. 오직 법신으로서 천수관음이 있을 뿐이에요. 이는 우리를 분리함과 동시에 모두를 하나로 합치기도 하는 겁니다. 마음의 본성, 즉 불성은 나의 불성 또는 그녀의 불성이라 말할 수 있는 게 아니에요. 그저 오직 불성입니다. 하늘과 같아요. 무한하며 모든 것을 포함합니다. 진정한 본성에 있어 모두가 그것입니다. 우리는 분리되어 있지 않아요.

그러므로 시각화 명상을 할 때 가장 중요한 점이 '나는 천수관음이다.'라는 확신을 갖는 겁니다. 이건 분명하고 정확하게 시각화하는 일보다 훨씬 더 중요해요. '지금의 내가 진정한 나다.'라는 확신을 길러야만 합니다. 평소 들고 다니는 일시적인 '나'는 버리세요. 이러한 이해와 확신으로 시각화한다면 아주 빠르게 자신을 변용할 겁니다. 이를 그저 마음속 게임 정도로 취급한다면 무한히 시각화를 반복해도 그저 집중력을 기를 수 있는 정도일까, 변용은 어림도 없습니다. 이와 비슷하게, 외부의 천수관음을 시각화할 때도, 가능한 최대한 세세하게 시각화하는 것이 좋긴 합니다. 하지만 더 중요한 건 그 순간 거기 그가 정말로 있다는 확신이에요. 온갖 일들을 하는 중에, 비록 지금은 가려져 있어 보지 못하지만 천수관음이 몸소 함께한다는 확신을 가질 수 있다면 모든 것에 의미가 부여되고, 긍정적인 자질들을 얻기 위한 모든 방법이 효과를 발휘할 것입니다. 하지만 그저 정신적인 게임일 뿐이라고 여긴다면 소용이 없습니다.

어떤 수행이든 온전히 진심으로 임하는 게 중요합니다. 시각화를 잘 해내는지 그렇지 않은지는 중요하지 않아요. 심지어 너무 자주 집중력을 잃어서 반복해서 마음을 다시 돌려야만 한다 해도 큰 문제가 아닙니다. 중요한 건 지금 하는 것에 온전히 진심인가 하는 점입니다. 만약 그렇지 않다면 효과는 없습니다. 방법에 있어서 단단한 믿음을 가져야 합니다. 방법을 믿기 위해 스스로에 대한 믿음 또한 필요합니다. 우리가 티베트인이 아니라는 것도 문제가 되지 않습니다. 티베트어를 못 한다는 것 또한 문제가 되지 않습니다. 명상을 진행할 때 영어를 쓰든 그 밖에 다른 언어로 하든 문제가 되지 않습니다. 중요한 점은 우리가 핵심적으로 이 수행에 필요한 모든 자질들을 갖추고 있다는 사실을 아는 것이며, 그런 자질들을 통해 진정한 본성으로 되돌아갈 수 있게 되는 겁니다. 복잡한 수행이나 비전되는 요가 같은 것들을 해야만 하는 것도 아니에요. 가장 간단한 수행일지라도 그것을 정말로 이해하고 진심으로 한다면 효과를 발휘합니다.

시각화는 매우 심오한 도구입니다. 육체적 수준에서도 그렇습니다. 티베트불교에는 포와(pho ba, 의식전이)라는 수행법이 있습니다. 포와는 죽는 순간 의식을 부처님의 정토로 이전시키는 겁니다. 그렇게 해서 의식이 더 낮은 세계로 떨어지는 것을 방지하는 거죠. 포와 수행을 할 때는 자신을 육체의 중심을 거쳐 올라가는 통로를 가진 특정 불보살로 동일시해야 합니다. 심장 부근에는 진주알 같은 씨앗이 놓여 있어요. 특정 음절을 읊조리고 씨앗이 이 관을 통해 뛰어올라 머리 꼭대기로 나오는 모습을 시각화합니다. 그러면 그것이 부처님의 형상으로 머리 위에 앉아 있는 구루 안으로 들어갑니다. 그런 식으로 우스꽝스러운 소리를 내며 이 씨앗이 중심 통로를 위아래로 오르내리는 모습을 시각화하는 거죠. 또 다른 용도로는 허무감을 극복하는 운동으로 쓰입니다. 그런 용도일 때는 자신을 머리를 통과해 올라가는 관을 가진 어떤 불보살로 상상하고 이 작은 진주알이 올라갔다가 내려오고, 다시 올라갔다가 내려옴을 반복하는 모습을 시각화합니다. 이는 어려운 요가 수행 같은 게 아닙니다. 제 어머니도 하셨어요. 평생 한 번도 명상해보지 않은 아주 평범한 사람들도 이 수행을 합니다. 각각 스물한 번으로 구성된 여러 차례의 세션을 거치면 정수리에서 통증이나 가려움, 또는 뜨겁거나 차가운 느낌이 나기 시작해요. 그리고 3일 안에 정수리가 열리면서 피와 림프액이 스며 나옵니다. 머리에 신성한 풀 쿠사(kusha)의 두꺼운 줄기가 통과할 수 있을 정도의 크기까지 정수리가 열려요. 그러면 평범한 수행자들이 정수리에 조그만 풀들이 난 모습으로 돌아다니는 모습을 볼 수 있을 겁니다! 말씀드렸듯, 숙련된 요기들은 아무도 없어요. 모두 여러분이나 저 같은 평범한 사람입니다. 오직 시각화의 힘만으로 정수리에 구멍이 열린 겁니다. 이런 상황이 시각화의 힘에 대해 뭔가 말해주죠? 마음은 강력한 힘이 있습니다. 우린 마음이 얼마나 강력한지 늘 알고 있지는 못해요. 능숙하게 한 점 집중된 마음은 그 어떤 것이라도 그냥 해냅니다. 그렇게 심지어 불성의 깨달음도 해내는 겁니다. 이들 수행이 우리가 의식의 심오한 수준에 다다를 수 있게끔 세심하게 설계된 것들임을 아십시오. 수행을 과소평가해서도 안 되고, 자기의 수행력을 과소평가해서도 안 됩니다. 어떤 수행을 하든 그것을 규칙적으로 진지하게 한다면 누구든 결과를 얻습니다.

수행은 규칙적이어야 합니다. 또한 완전한 주의를 기울인 상태에서 이루어져야 합니다. 자신이 하는 것에 완전히 몰입할 필요가 있습니다. 이런 식으로 수행한다면 심지어 들인 노력보다 더 많은 결과를 얻게 될 겁니다. 수행법들이 세심하게 설계되었을 뿐만 아니라 법맥의 축복이 내려진 것들이기 때문이기도 합니다. 어떤 깨달은 마음에 의해 최초 만들어진 그 시점부터 깨달은 마음에서 깨달은 마음으로, 세대를 거듭하며 우리에게까지 이어져 왔다는 의미인 겁니다. 그러한 전수는 여전히 거기 생생히 살아 있습니다. 그것은 여전히 따뜻해요. 숙련자들이 전부 죽어버린 후 나중에 책을 발견해서 그들이 했던 수련법을 애써 재현해 내는 그런 게 아니에요. 맥이 끊어진 적이 한 번도 없었다는 얘기입니다. 수행법들은 스승으로부터 제자에게로, 다시 스승으로부터 제자에게로 이어져 내려와 당신에게까지 이른 겁니다. 과거에도 이 수행들이 효과가 있었음을 알 수 있습니다. 그렇지 않았다면 굳이 귀찮게 전수하려 하지는 않았을 테니까요. 이들 수행법이 어떤 소중한 법맥 속에서 늘 전해 내려와 오늘에 이르렀다는 사실을 존중하고 인정해야 합니다. 수행법들에는 수백 년에 걸쳐 그것을 수련해 왔던 사람들의 생각들, 축복들, 그리고 내공이 함께 전해지고 있습니다. 그저 비어 있는 게 아니에요. 그것들은 너무나 소중하기에, 수행에 임할 때는 그것이 커다란 특권임을 알아야 합니다.

우리는 지금 우리가 무엇을 하고 있는지 이해할 필요가 있습니다. 티베트불교에서는 이를 "순수성을 다시 모으기(recollecting the purities)"라고 말합니다. 천수관음 같은 형상들이 임의적인 것이 아님을 알아야 합니다. 시각화 과정 속 각각의 부분 하나하나에 모종의 의미가 담겨 있다는 뜻이에요. 천수관음께서 연화좌 위에 앉아 있는 모습을 예로 들어 보겠습니다. 천수관음은 비록 육도윤회 속에 있지만 결코 그에 젖어 들지 않는다는 걸 상징합니다. 연꽃이 진흙 투성이 속에서 피어도 절대 진흙에 오염되지 않듯 천수관음도 그렇게 윤회 한가운데 앉아 있습니다. 연꽃이 뿌리내리기 위해서는 진흙이 필요합니다. 완전무결한 연꽃으로 자라기 위해서는 진흙과 썩어가는 나뭇잎이 가득한 연못이 필요해요. 이처럼 보살에게는 진흙 같은 일상의 존재들이 사는 육도윤회의 세상이 필요한 겁니다. 더 진흙투성이고 더 더러울수록 그 꽃봉오리는 영광스러울 겁니다. 우리 삶이 늘 평화롭고, 순수하고, 오염되지 않은 상태일 뿐이라면 그 꽃봉오리도 허약한 것일 수밖에 없어요. 스스로 정화하고 미덕을 기르기 위해 윤회 속의 문제와 갈등과 어려움들이 필요한 겁니다. 각자에게 자신만의 어려움과 갈등이 필요해요. 우리를 난처하게 만들고 공격하는 사람들이 필요합니다. 그들이야말로 수행 과제들이기 때문입니다. 이것이 우리가 배우는 방식이고, 자신의 진정한 모습을 찾는 방법인 것입니다.

집중 수행에 들어가 모든 것이 잘 돌아가고 평화롭다고 느낄 때 사랑, 관용, 선한 생각, 그리고 자비로 충만하기는 어렵지 않아요. 몇 마리 늑대가 바깥 어딘가에서 울고 있는 게 신경 쓰이는 전부인데, 아무 문제가 될 게 없죠. 하지만 거기서 나와 '진짜' 세상으로(더 이상 딱히 진짜가 아니겠지만 그저 어떤 다른 세상이란 의미로) 들어갔을 때 온갖 종류의 반대, 어려움, 문제들을 다루어야만 합니다. 그럴 때 우리가 진정 어느 수준에 와 있는지 알 수 있는 겁니다. 이 압박들에 대해 반응하고 풀어나가는 방식이 우리가 과연 가슴속에 불법을 간직하고 있는지, 아니면 그저 머릿속에 맴돌고만 있는지 알려줄 겁니다. 이것은 가령 천수관음 수행을 하고 있을 때 그저 편안한 방석 위에 앉아 잠깐 하고 나머지 시간에는 잊어버리는 게 어째서 그다지 소용이 없는지 그 이유입니다. 삶을 변용시키길 진정 원한다면 수행을 일상으로 가져가는 게 필수입니다.

수행을 일상으로 가져가기 위한 두 가지 방법이 있습니다. 우선 자신을 천수관음이라고 여깁니다. 팔은 두 개든 천 개든 상관없어요. 그저 이것이 우리 고유의 품성임을 알아차립니다. 그리고 동시에 만나는 모든 존재들을 천수관음으로 봅니다. 보통은 여성은 타라(Tara), 남성은 천수관음으로 보는 걸 선호하죠. 이렇게 본다면 우리의 인식이 어떻게 변할지 상상해보세요! 태도가 어떻게 변용될지 상상해보세요! 만나는 모든 사람 발밑에 엎드려 절하라는 뜻이 아니에요. 당신 또한 천수관음이니 말입니다. 천수관음이 천수관음을 만나는 겁니다. 자신과 다른 이들 모두를 불보살로 여긴다면 마음은 즉시 지금 이 순간에 집중하며 모든 행위에 심오한 의미를 부여합니다. 우리가 먹는 모든 게 불보살에게 바치는 공물이 됩니다. 우리가 내뱉는 모든 말은 만트라가 울려 퍼지는 소리가 됩니다. 모든 생각은 법신의 지혜 놀음이 됩니다. 수행 세션이 끝나갈 즈음부터 이를 시작합니다. 태초의 비어있음 안으로 모든 것을 흡수한 후, 우리는 보살로 재탄생합니다. 모든 소리가 만트라입니다. 모든 생각이 태고의 지혜 놀음입니다. '정상적인' 지각이란 그저 망상에 불과하다는 이해를 일상으로 가져옵니다. 그것은 진짜 현실이 아닌 겁니다. 그냥 순수하지 못한 지각일 뿐이죠. 모든 탄트라 수행법의 요지는 자신의 지각을 정화하여 사물의 진정한 모습을 보는 겁니다.

수행을 일상으로 가져가기 위한 (경전에 적힌) 두 번째 방법은 가

습속에 천수관음을 가져오는 겁니다. 천수관음 또는 라마(Lama)를 가져올 때, 또는 더 좋게는 천수관음으로서 라마(Lama)를 가져올 때, 그를 받아들일 수 있도록 가슴을 준비시켜야만 합니다. 누구든 만약 자기 집에 덕이 높은 라마(Lama) 또는 부처님을 초대했다면 깨끗이 청소하고 아름다운 천과 꽃들로 장식해서 준비할 테니까요. 분위기를 망치는 불쾌하거나 신경 쓰이는 그 어떤 것도 원하지 않을 겁니다. 그와 같이 가슴속에 부처님을 초대할 때도, 그들이 충분히 편안히 계실 만큼 마음이 순수하고 가치 있게끔 세심한 주의를 기울여야만 합니다. 그러므로 하루를 지내며 자신이 어떤 생각을 하는지 의식적이어야만 합니다. 쓸데없는 생각과 감정이 올라올 때 그것을 자각하고 흘려보낼 수 있어야만 해요. 그것들을 억압하지 않습니다. 보고, 자각하고, 수용합니다. 하지만 거기 매달리지는 않는 겁니다. 그저 흘려보낼 뿐이에요. 능숙하고, 유용하고, 긍정적인 생각들이 떠오른다면 그것들 또한 자각합니다. 그러고는 받아들이고 진작시키는 거죠.

이것이 지금 이 순간에 살며 자신의 지각을 정화하는 법을 배울 또 다른 능숙한 방법입니다. 자기의 가슴속에만 천수관음을 간직한 게 아니라 다른 모든 사람의 가슴속에도 그러함을 압니다. 습관적인 방식으로 본다면, 우리의 지각은 구름에 덮여 있어요. 오늘 구름에 가려 하늘을 볼 수 없다고 해도 하늘은 거기 있죠. 우리가 볼 수 있는지 없는지와는 무관하게 하늘은 늘 거기 있습니다. 구름이 아무리 까매도 하늘은 언제나 푸른색입니다. 구름이 아무리 하얘도 하늘은 파란색이에요. 이처럼 자신이 아무리 어둡고 부정적으로 느껴도 마음의 본성은 언제나 결함이 없고 물들지 않습니다. 생각이 아무리 고양된 것일지라도 마음의 본성은 항상 같아요. 선한 생각을 한다고 더 좋아지거나 하지 않습니다. 나쁜 생각을 해도 더 나빠지지 않아요. 일상생활 중에 라마 또는 천수관음을 가슴속에 시각화하면 그것이 곧 커다란 보호막이 됩니다.

제가 영국에 살던 열여덟 살 무렵, 티베트불교에게 제가 말 그대로 '발견'되어졌습니다. 옴마니반메훔이라는 만트라에 대해 듣게 되었어요. 저는 우리가 옴마니반메훔을 항상 말해야 한다고 그냥 단정 지었어요. 당시에는 도서관에서 일하고 있었는데, 일하는 중에 끊임없이 옴마니반메훔을 읊조리기 시작했습니다. 당연히 큰소리로 할 수는 없었어요. 주위에 사람들이 있었으니까요. 그저 마음속으로 읊조리기 시작했던 겁니다. 얼마 지나지 않아 제 마음은 둘로 갈라져 한쪽은 어떤 고요하고 차분하며 비어있는 부분이 되어 그 안에 옴마니반메훔만 끊임없이 메아리치고 있었고, 그 주변에 있는 마음에서만 온갖 생각과 감정이 일어났습니다. 이 두 개의 마음은 서로 분리되어 있었어요. 그러자 저는 오히려 전보다 더 효율적으로 일상생활을 해 나갈 수 있게 되었습니다. 언제나 현재에 머무르며 매사에 초연함과 여유를 마음속에 가질 수 있었기 때문입니다. 주변부에서 무슨 일이 벌어지든 그것은 말 그대로 주변부에 불과할 뿐이었어요. 그래서 생각과 감정에 잠식됨 없이 훨씬 더 신중하게 선택할 수 있게 되었고, 마음에 대단한 균형이 주어졌습니다. 제게 엄청난 돌파구가 되었어요.

　이와 비슷한 방식으로, 가슴속에서 부처님을 보는 수행은 내적 여유 공간을 계발할 기회를 줍니다. 이런 내적 공간을 갖게 되면 자기의 생각과 감정을 떨어져 볼 수 있습니다. 이는 생각과 감정이 일어날 때 즉각적인 동일시를 방지한다는 뜻입니다. 보통은 자기의 생각과 감정에 자기를 너무나 강력하게 동일시합니다. 그것들에 동일시하기 때문에 그것들을 불투명하고, 단단하고, 무겁고, 실제인 무엇으로 만들어 버리는 겁니다. 밀교는 이를 회피하기 위한 수많은 방법을 제시합니다. 그중 하나가 현혹된 중생의 마음 대신 천수관음의 마음과 자신을 동일시하는 겁니다. 만트라나 불보살 또는 그 둘 다가 가슴속에 있는 광경을 보는 수행을 통해, 우리가 누구이며 진정한 본성이 무엇인지 알아차리게끔 돕는 여유 공간과 초연함을 기르게 됩니다. 이는 일상생활을 훨씬 더 즐겁게 만듭니다. 피난처로 삼을 어떤 조용하고 차분한 중심을 가지게 되었기 때문이죠. 수행 자체는 매우 간단하여 누구나 할 수 있습니다. 성실히 할 수만 있다면 그야말로 경이로운 변용 효과를 보게 됩니다. 방법 자체는 어렵지 않아요. 유일한 문제는 우리의 게으름, 그저 하지 않는다는 것뿐입니다. 스스로 그렇게나 많은 기회를 가져왔건만 어째서 아직 부처가 아니겠습니까? 그저 제 나태함 때문일 따름입니다. 변명의 여지가 없어요.

　얼마 전에 누군가가 너무나 멋진 라마이신 잠괸 꽁뛸(Jamgon Kongtrul)께 이 수행에 관한 조언을 부탁드린 적이 있습니다. 그가 말했죠. "그저 해라." 이 수행들은 정말 복잡한 게 아닙니다. 누구든 할 수 있어요. 그냥 자신에게 달린 겁니다. 누구도 강제로 시킬 수 없어요. 누구도 강제로 방해할 수도 없죠. 온 마음으로, 할 수 있는 최대한 자주 한다면 경이로운 효과를 얻게 될 겁니다. 반쪽 마음으로 우왕좌왕하며 자기가 뭘 하는지 제대로 알지 못한 채, 그것이 효과를 낼 것이라는 믿음도 딱히 없이 한다면 효과가 있을 가능성이 거의 없습니다. 그러고는 방법 또는 자신을 비난하죠. 부처님의 자비로 이 방법들이 우리 손에 쥐어졌음을 감사하게 여겨야 해요. 어디서든 쓸 수 있으면서도, 우리가 명상 중이라는 사실을 누구도 알아차리지 못할 몇몇 방법들이 있어요.

일상을 수행으로 바꾸지 않는 한 아무것도 변하지 않을 겁니다. 그저 법당에 찾아가거나 또는 매일 일정 시간 수행하는 것만으로는 충분치 않습니다. 얼마나 다양한 지식을 쌓았는지 또는 개념과 생각들을 얼마나 똑똑하게 이해하는지도 상관이 없어요. 오직 내면에서 뭔가가 정말로 변하고 있는가가 문제일 뿐입니다. 이 수행들로 마음이 밝아지고 있는지? 가슴이 진정으로 열리고 있는지? 더 친절한 사람들이 되어가고 있는지? 더 배려심이 많아지는지? 가슴에서 우러나오는 진정한 연민을 느끼는지? 이들 질문에 대한 답이 "아니다." 라면 그저 지적 유희를 즐기고 있을 뿐인 겁니다.

1994년, 제가 네팔에 있을 때입니다. 15년 이상 승려 생활을 하던 호주인으로부터 편지를 받았습니다. 약 열한 장 분량의 긴 편지였어요. 서양인 중에 얼마나 많은 사람이 오랜 세월 불법을 수행해

왔음에도 결국 자기의 삶에 어떤 변화도 일으키지 못했는지에 관해 제가 책에 써놓은 적이 있었는데, 그걸 읽었다고 했습니다. 그 글에는 제가 그들을 몇 년 후에 만나도 똑같은 오래된 문제들이 거기 여전히 있는지, 대체 왜 그런 건지 물어보는 내용이 있었습니다. 편지를 주신 분도 이런 제 관찰에 동의하고 있었어요. 편지에서 그는 천수관음 수행을 하며 집중 수행을 해오던 중 자신이 그저 암기로 수행하고 있었음을 깨달았다고 합니다. 수행은 그의 마음을 전혀 변용시키지 않았다고 해요. 시각화를 하는 수행은 그저 머릿속에서만 맴돌았다고 합니다. 그래서 달라이 라마 성하께 찾아가 한동안 마더 테레사를 위해 일해도 되겠느냐고 여쭤보았다고 합니다. 달라이 라마께서 이렇게 대답했다고 합니다. "그래, 괜찮다. 가사를 입을 필요는 없다. 그저 가서 거기서 일하려무나."

편지의 대부분은 그가 인도 콜카타에 머무를 때의 얘기였습니다. 마더 테레사를 위해 일하며 자비심을 다루던 시기였지요. 그건 무척 아름다운 편지였습니다. 지금 가지고 있었더라면 좋았을 걸 하는 생각이 드네요. 그가 말하는 바와 같이, 자비란 배설물과 욕창이 뒤덮인 더러운 누군가를 씻기고 보살피는 일에 관한 것입니다. 자신이 받은 보살핌에 그 어떤 보답도 할 수 없는 이들에게 말이지요. 심지어 몇몇 환자들은 매우 공격적이기까지 했다고 합니다. 그들은 보살핌을 받기 원하지 않았다고 해요. 분명 고마운 마음도 없었을 겁니다. 그들은 여러분의 자비심을 경멸합니다. 그런 환경에서 여러분의 자비심은 어떠할까요? 어디 있을까요? 그분 말씀이 마더 테레사의 방법에 따르면, 수녀들이 병들고 죽어가는 자들을 돌볼 때 그들을 예수님으로 본다고 합니다. 다시 말해 '오 불쌍한 사람 같으니. 이제 위대한 보살인 내가 여기 있어요. 당신을 보살피겠습니다.'라는 식으로 그저 동정심을 내는 게 아니란 말입니다. 그녀들은 심오한 존중과 사랑을 가지고 순수한 지각으로 그들을 보며 그 일을 하는 겁니다. 그녀들은 예수님을 섬길 기회를 얻음에 감사를 드립니다. 자신들의 임무가 특권이자 커다란 기쁨이라고 느끼며 임하는 겁니다. 결코 거들먹거리는 동정심이 아닌 거예요. 그러한 마음의 특질이 그들을 지탱하는 겁니다. 여기에 더해, 당연히, 하루의 반 이상을 기도와 묵상에 쓴다고 합니다. 그저 콜카타 도심을 뛰어다니기나 하는 게 아닌 겁니다. 이는 모든 불교 신자가 생각해보아야 할 중요한 점이라는 생각을 합니다. 이는 정규 수행과 그로부터 얻어지는 이해와 경험에 있어 절대적 핵심이에요. 하지만 그것만으로는 충분치 않습니다. 그 이해가 우리 일상의 행동과 타인과의 상호관계에 적용이 되어야만 해요. 그렇지 못하다면 뭔가 크게 잘못된 겁니다. 방석에 앉아 자비심에 대해 생각하며 스스로 틀림없이 친절하고 타인을 돌보는 사람이라 확신하는 건 아주 쉽죠.

지금 가슴 한가운데 엄지손가락만 하게 관세음보살을 시각화해봅시다. 그는 두 팔 또는 네 개의 팔이 있고 달 모양 접시 위 연화좌에 앉아 있습니다. 그는 모든 부처님의 지혜와 연민의 정수입니다. 그는 우리의 진정한 본성이고, 우리 마음의 정수입니다. 그의 가슴에 달 모양의 접시가 있고 그 주위를 둘러가며 옴마니반메훔 만트라가 배치됩니다. 달 모양 접시 중앙에 하얀색으로 흐림(HRIH, 가슴과 평온과 에너지를 주는 만트라)이라는 음절이 적혀 있습니다. 흐림(HRIH) 음절로부터 빛이 방사되고 있습니다. 그것은 우리 몸을 가득 채우고 모든 무지와 부정적 감정들을 정화하고 있습니다. 그런 다음 흘러 나가 온 우주에 스며듭니다. 모든 곳으로 갑니다. 인간과 동물뿐만 아니라, 모든 영의 세계, 천상의 세계, 지옥의 세계까지 뻗칩니다. 온 우주 모든 세계로 퍼져나갑니다. 모든 존재에 닿을 때마다 그들 또한 관세음보살로 변용됩니다.

이제 가슴 한가운데 위치한 관세음보살로 빛을 되돌립니다. 지금 이 순간부터, 여러분의 생각이나 느낌은 그 무엇이든 관세음보살의 지혜가 펼쳐진 바입니다.

텐진 빠모의
서양인을 위한 불교 강의

2024년 11월 15일 초판 1쇄 발행

지은이 텐진 빠모 • 옮긴이 김윤종
발행인 박상근(至弘) • 편집인 류지호 • 편집이사 양동민
편집 김재호, 양민호, 김소영, 최호승, 하다해, 정유리
디자인 쿠담디자인 • 제작 김명환 • 마케팅 김대현, 이선호 • 관리 윤정안
콘텐츠국 유권준, 김대우, 김희준
펴낸 곳 불광출판사 (03169) 서울시 종로구 사직로10길 17 인왕빌딩 301호
        대표전화 02) 420-3200 편집부 02) 420-3300 팩시밀리 02) 420-3400
        출판등록 제300-2009-130호(1979. 10. 10.)

ISBN 979-11-7261-095-1 (03220)

값 25,000원

잘못된 책은 구입하신 서점에서 바꾸어 드립니다.
독자의 의견을 기다립니다. www.bulkwang.co.kr
불광출판사는 (주)불광미디어의 단행본 브랜드입니다.